Gerhard Vollmer

Was können wir wissen?

Band 2

Die Erkenntnis der Natur

Was können wir wissen?

Band 2
Die Erkenntnis der Natur

Beiträge zur
modernen Naturphilosophie

Prof. Dr. rer. nat. Dr. phil. **Gerhard Vollmer**
Zentrum für Philosophie und Grundlagen der Wissenschaft
der Justus-Liebig-Universität Gießen

Mit einem Geleitwort von
Prof. Dr. Hans Sachsse

Mit 14 Abbildungen und 15 Tabellen

4. Auflage

S. Hirzel Verlag Stuttgart

ÜBER DEN AUTOR

Prof. Dr. rer. nat. Dr. phil. Gerhard Vollmer ist am 17. November 1943 in Speyer am Rhein geboren. Er studierte Mathematik, Physik und Chemie in München, Berlin und Freiburg und arbeitete als Praktikant beim Deutschen Elektronen-Synchrotron (DESY) in Hamburg. Sein Physikstudium beendete er 1968 mit dem Diplom. Er promovierte 1971 bei Siegfried Flügge in Freiburg über Umkehrprobleme der Streutheorie und war dort bis 1975 Wissenschaftlicher Assistent für theoretische Physik.

Neben seiner Tätigkeit als Naturwissenschaftler studierte er Philosophie und allgemeine Sprachwissenschaft. Ein einjähriger Aufenthalt 1971/2 als postdoctoral fellow bei Mario Bunge in Montreal (Kanada) regte ihn an, über Probleme der modernen Wissenschaftstheorie zu arbeiten. 1974 promovierte er in Philosophie mit einer Arbeit über Evolutionäre Erkenntnistheorie. Diese Arbeit erschien 1975 im S. Hirzel Verlag, Stuttgart, und inzwischen in 8. Auflage.

Von 1975 bis 1981 lehrte er am Philosophischen Seminar der Universität Hannover. Seine Arbeitsgebiete sind Logik, Erkenntnis- und Wissenschaftstheorie, Grundlagen der Physik und der Biologie und Naturphilosophie. Ab 1981 war er Professor am Zentrum für Philosophie und Grundlagen der Wissenschaft in Gießen, seit 1991 am Seminar für Philosophie der Technischen Universität Braunschweig.

Bibliografische Information der Deutschen Nationalbibliothek
Die Deutsche Nationalbibliothek verzeichnet diese Publikation in der Deutschen Nationalbibliografie; detaillierte bibliografische Daten sind im Internet über http://dnb.d-nb.de abrufbar.

ISBN 978-3-7776-1249-2

4. Auflage 2008
3., durchgesehene Auflage 2003
2., durchgesehene Auflage 1988
1. Auflage 1986

Druck: Druckerei Hofmann, Schorndorf

Unseren Kindern,
denen die Kürze dieser
Aufsätze zu verdanken ist

INHALT

Band 1 enthält folgende Beiträge:

Nachweis der Erstveröffentlichungen

Die Unvollständigkeit der Evolutionstheorie.
Aus B. Kanitscheider (Hrsg.): Moderne Naturphilosophie. Königshausen und Neumann, Würzburg 1984, 285–316

Ein neuer dogmatischer Schlummer? Kausalität trotz Hume und Kant.
Akten d. 5. Int. Kant-Kongresses (Mainz 1981). Bouvier, Bonn 1981, 1125–1138

Kann es von einmaligen Ereignissen eine Wissenschaft geben?
Aus F.W.Korff (Hrsg.): Redliches Denken. Festschrift für G.-G. Grau zum 60. Geburtstag. Frommann-Holzboog, Stuttgart 1981, 180–194

Evolutionäre Erkenntnistheorie und Leib-Seele-Problem.
Aus W. Böhme (Hrsg.): Wie entsteht der Geist? Herrenalber Texte *23* (1980) 11–40

Probleme der Anschaulichkeit.
Philosophia Naturalis *19* (1982) 277–314

Jenseits des Mesokosmos – Anschaulichkeit in Physik und Didaktik.
Der Physik-Unterricht *18* (1984) 5–22

Die Einheit der Wissenschaft in evolutionärer Perspektive.
Original englisch: The unity of science in an evolutionary perspective. Beitrag zur 12th Int. Conf. on the Unity of the Sciences (Chicago 1983) Reprinted in G. Radnitzky (ed.): Centripetal forces in the sciences. Paragon, New York 1988, 171–206.
© 1983 by The International Cultural Foundation, Inc., New York

Probleme des Reduktionismus für die Biologie.
Akten des 3. Int. Wittgenstein-Symposiums (Kirchberg 1978). Hölder-Pichler-Tempsky, Wien 1979, 318–324

Reduktion und Evolution – Argumente und Beispiele.
Original englisch: Reduction und evolution – arguments and examples. In W. Balzer/ D. A. Pearce/ H.-J. Schmidt (eds.): Reduction in science: structure, examples, philosophical problems. Reidel, Dordrecht 1984, 131–152
© 1984 by D. Reidel Publishing Company, Dordrecht, Holland

Woher stammt die Asymmetrie der Zeit? Zeitpfeile in Physik und Kosmologie.
Naturwissenschaften *72* (1985) 470–481

Kopf und Computer.
Manuskript zu einem fünfteiligen Radiokolleg beim Deutschlandfunk, gesendet September/Oktober 1979

Allen Verlagen und Herausgebern sei für die Erlaubnis zum Abdruck in diesem Band herzlich gedankt.

GELEITWORT

von Prof. Dr. Hans Sachsse

„Die Erkenntnis der Natur" heißt der Titel dieses Bandes. Von unserem allgemeinen Bildungswesen wird die Erkenntnis der Natur unterschätzt, ja schlecht behandelt, obwohl sie weitgehend unser Leben bestimmt. Sie hat nicht nur faktisches, sondern auch existentielles Gewicht. Fünf Punkte seien hervorgehoben.

1. Der Erwerb der Naturerkenntnis hat über seinen Inhalt hinaus große *pädagogische Bedeutung*. Er befaßt sich mit der sinnlich wahrnehmbaren Wirklichkeit, so daß die Aussagen letztlich durch Beobachtung begründbar und kontrollierbar sind. Zwar gibt es auch unter den Naturwissenschaftlern Unterschiede in der Deutung der Ergebnisse, aber sie sind geringfügig im Vergleich zu den nahezu unüberbrückbaren Gegensätzen zwischen den geistigen Einstellungen etwa von Christentum, Islam, dialektischem Materialismus, Hinduismus und positivistischer Weltauffassung. Die Naturwissenschaft ist in ihren Aussagen scharf durch die *Sache* gebunden. Wahr und falsch sind keine Angelegenheit der Auffassung, sondern wissenschaftlich unterscheidbar. So ist die naturwissenschaftliche Erkenntnis beispielhaft für die Weise und Sicherung der Erkenntnis überhaupt, und von ihren Aussagen geht ein *Zustimmungszwang* aus. Erreicht wird diese Sicherheit durch die Beschränkung auf relativ einfache Objekte und auf das durch Beobachtung Begründbare. Erst diese methodisch definierte intersubjektive Überprüfung liefert die relativ gute allgemeine Übereinstimmung. Allerdings darf man sich über die genannte Einschränkung auch nicht hinwegsetzen. Der Naturwissenschaftler ist sehr daran interessiert, daß jener Geltungsanspruch nicht, wie das oft geschieht, erhoben wird, wo ein Rückbezug zur experimentellen Beobachtung gar nicht vorhanden ist.

2. Vielfach wird die Meinung geäußert, die Unterscheidung von Natur- und Geisteswissenschaften sei überholt, es gebe nur *eine* Wissenschaft. Nun stehen die Ergebnisse der Disziplinen gewiß in wesentlicher Beziehung zueinander, aber de facto bestehen doch erhebliche Unterschiede in den Einstellungen der Natur- und Geisteswissenschaft-

ler zu allen Problemen des Lebens. Man kann den Gegensatz nicht überbrücken, wenn man ihn an seinen Wurzeln verkennt. Die Meinungsunterschiede sind schwer behebbar, da sie unbewußt auf frühgeprägter Begriffsbildung beruhen. Und unser Erziehungswesen trägt noch zu ihrer Vertiefung bei. Es sind Unterschiede der Weltauffassung, die das soziale Leben gefährden.

3. Die Natur als Erkenntnisgegenstand bietet ein grandioses Spektrum, ein Panorama von außerordentlicher Vielseitigkeit im Rahmen großer Einheit. Hier sieht man beispielhaft, was *Ordnung* bedeutet. Das Ganze präsentiert sich als hochgradige, staunenswerte Differenzierung, als anschauliche Synthese von Vielem in Einem. Und es ist eine Welt, die unabhängig von menschlichen Hoffnungen und Wünschen, vom Stückwerk menschlicher Bestrebungen existiert, ein entlastetes Feld für den Verstand, ein Reichtum an Sachverhalten und Beziehungen, der dem Menschen in anscheinend unbegrenzter Weise offensteht. Das ist die Landschaft, in die wir gesetzt sind, das tägliche Brot, mit dem wir zu tun haben. Es lohnt sich das Studium, wenn wir richtig damit umgehen wollen.

4. Beim Studium der Natur findet sich auch der *Mensch* selbst in diesem Gesamtsystem vor; er hat sich an ihm gebildet, ihm seine Instrumente, seine Kategorien, seine Begriffe und Verständigungsmittel, seine Sprache und seine Gestaltungsmöglichkeiten abgewonnen. Er sieht den Ort, wo er als Glied dem Ganzen eingefügt ist, und bekommt einen Begriff von seinen natürlichen Funktionen in diesem Superorganismus. In der Erarbeitung und Darstellung des Zusammenhangs dieser naturhaften Gegebenheiten liegt das existentielle Gewicht der Evolutionären Erkenntnistheorie. Die menschliche Erkenntnis besitzt wesentliche Merkmale, die von der Natur bestimmt sind. Diese Wechselbeziehung kommt in den beiden Buchtiteln „Die Natur der Erkenntnis“ (Band 1) und „Die Erkenntnis der Natur“ (Band 2) zum Ausdruck. Natur und Erkenntnis stehen in doppelter Beziehung, eines hat sich am anderen gebildet. Und so wird auch verständlich, daß es die Natur in ihrem Reichtum nicht nur gibt, sondern daß wir sie auch verstehen können, daß die abstrakten mathematischen Konstruktionen auf die Wirklichkeit auch passen. So gibt die Evolutionäre Erkenntnistheorie wesentliche Aufschlüsse über die Entstehung und die Art und Weise wissenschaftlichen Erkenntnisvermögens.

5. Die Erkenntnis der Natur ist nicht nur anregend und lehrreich und sie klärt nicht nur den Platz, auf dem wir uns in dieser Welt befinden, sondern sie bietet auch gewaltige Möglichkeiten, unsere Lebensbedingungen zu gestalten und zu verändern. Diese Machtpotentiale sind gleichzeitig eine große Gefahr. Der Kern der Meinungsverschie-

denheiten heute beruht auf verschiedenen Einschätzungen der naturwissenschaftlich-technischen Möglichkeiten, ob es sich nun um Kernkraftwerke oder um Rüstung, um Computer oder um die Gefahren von Giften und Drogen handelt. Viele Debatten, die oft durch hohe Emotionalität gekennzeichnet sind, die sogar zu Drohungen und innen- und außenpolitischen Auseinandersetzungen führen, lassen ausreichenden Sachbezug vermissen. In der Erregung kümmern wir uns zu wenig um die Sachverhalte, die unser Leben bestimmen. In einer Zeit, die bis ins private Detail durch unsere naturwissenschaftlich-technische Entwicklung bestimmt ist, ist das naturwissenschaftliche Verständnis, die naturwissenschaftliche Allgemeinbildung, ist die schlichte Erkenntnis der Natur noch immer auf den zweiten Platz gedrängt. – Erkenntnis ist wesentlich, weil sie dem Menschen die Möglichkeiten zum Handeln liefert. Aber sie sagt nur, wie die Dinge sind, nicht wie sie sein sollten. Damit liefert sie den praktischen Anstoß für eine ethische Neubesinnung. Denn was wir wollen und was wir wollen sollen, können wir nur an Hand der faktischen Gegebenheiten entscheiden.

Das Werk von Gerhard Vollmer ist eine erfreuliche Erneuerung der Naturphilosophie. Der Autor bringt eine ausgezeichnete Vorbildung mit, er ist als Physiker *und* als Philosoph promoviert und ausgewiesen. Er ist ein führender Kopf der Evolutionären Erkenntnistheorie. Seine Arbeiten sind in besonnener Abwägung geschrieben und vermeiden einseitige Ansprüche. Der erste Beitrag behandelt die Unvollständigkeit der Evolutionstheorie und erörtert Lücken und Probleme. Beim Leib-Seele-Problem werden im Zusammenhang mit modernem Material und ohne dogmatischen Anspruch die verschiedenen Lösungsmöglichkeiten diskutiert und wird zum Schluß eine Interpretation der Evolutionären Erkenntnistheorie nahegelegt. Immer spürt man die Haltung des an der Erfahrung orientierten, selbstkritischen Forschers, der dem Stoff der Naturerkenntnis in verständlicher Sprache viel bislang Unbedachtes und Staunenswertes abzugewinnen vermag.

Naturphilosophie ist heute zu einem Kernproblem geworden. Vollmers Werk entspricht deshalb einer Not unserer Zeit.

EINFÜHRUNG

Moderne Naturphilosophie – was kann das sein? Ist Naturphilosophie nicht längst tot, erkrankt an der Allgemeinheit und Vagheit ihrer Fragestellungen, gestorben an ihren spekulativen Wucherungen im deutschen Idealismus und beerbt von Naturwissenschaft und Wissenschaftstheorie? Sind wir nicht in der glücklichen Lage, auf Naturphilosophie gänzlich verzichten zu können? Ein Blick auf ihre geschichtliche Entwicklung belehrt uns darüber, daß es eher umgekehrt ist: Naturphilosophie brauchen wir mehr denn je.

In einem historischen Überblick lassen sich – ohne Anspruch auf systematische Vollständigkeit – vier „Zeitalter" der Naturphilosophie unterscheiden: Vorsokratik, Renaissance, Romantik und Moderne.

Die *erste* Phase fällt in das 6. und 5. Jahrhundert v.Chr. Die frühesten philosophischen Fragen überhaupt waren *natur*philosophische Fragen. Wissenschaft und Philosophie waren damals noch nicht getrennt, somit auch nicht *Natur*wissenschaft und *Natur*philosophie. Man könnte durchaus vom „goldenen Zeitalter" der Naturphilosophie sprechen. Von den Vorsokratikern – die bekanntesten sind Pythagoras, Thales, Anaximander, Parmenides, Heraklit, Empedokles, Demokrit – wurden viele Fragen zum ersten Male gestellt. Tatsächlich liegt ihre Bedeutung mehr in der Neuheit ihrer Problemstellungen und in der Kühnheit ihrer Modelle als in der Richtigkeit ihrer Lösungen.

Die *zweite* bedeutende Epoche der Naturphilosophie fällt mit dem Entstehen der neuzeitlichen Naturwissenschaft zusammen, liegt also im 17. Jahrhundert. Namen wie Galilei, Descartes, Kepler oder Newton sind untrennbar mit ihr verbunden. Newtons Hauptwerk, das die klassische Mechanik und Gravitationstheorie begründet, heißt *nicht* „Nova physica" oder ähnlich, sondern „Philosophiae naturalis principia mathematica" („Mathematische Prinzipien der Natur*philosophie*"). Neu in dieser Phase sind die Betonung der Erfahrung, insbesondere des Experiments (als einer *Frage* an die Natur und als eines *Eingriffs* in das Naturgeschehen) und der Einsatz höherer mathematischer Hilfsmittel. „Das Buch der Natur ist in mathematischen Zeichen geschrieben." Diese Überzeugung, von Kepler und Galilei ausgesprochen, wurde zugleich das Glaubensbekenntnis der neuzeitlichen Naturwissenschaft.

Wann die Trennung von Naturwissenschaft und Naturphilosophie eigentlich begonnen hat, ist schwer zu sagen. Vermutlich war sie in der Verknüpfung von Theorie und Erfahrung, wie sie für die Naturwissenschaft charakteristisch wurde, von vornherein angelegt. Unzweifelhaft aber ist, wie sie „vollstreckt" wurde: durch die spekulative Naturphilosophie des deutschen Idealismus im 19. Jahrhundert, ein *drittes* Stadium der Naturphilosophie. Vorbereitet wurde sie durch Kant; vollendet haben sie Schelling und Hegel. Obwohl auch von dieser Art, über die Natur nachzudenken, wichtige Anregungen für die Naturwissenschaft ausgingen, stieß sie wegen ihres spekulativen Charakters auf starke Ablehnung seitens der Naturforscher. Der Begriff „Naturphilosophie" wurde – wenigstens in Deutschland – für hundert Jahre eher zu einem Schimpfwort. „Der Name Naturphilosophie . . . besitzt einen üblen Klang", stellt Wilhelm Ostwald 1902 in seinen Vorlesungen über Naturphilosophie fest.[1] Und dabei ist es im Grunde bis heute geblieben.

Bezeichnend für diese Einschätzung ist die Tatsache, daß der Untertitel von Monods „Zufall und Notwendigkeit" im Französischen zwar „Essai sur la philosophie naturelle de la biologie moderne" lauten durfte, im Deutschen dagegen nur auf „Philosophische Fragen der modernen Biologie" hinweist.

Nun blieb auch die Naturphilosophie nicht ohne Nachfolger. Es waren im wesentlichen zwei Richtungen, die sich das Erbe dieser klassischen Disziplin teilten: die *Naturwissenschaften* selbst, die mehr und mehr Fragen der Naturphilosophie beantworten konnten und dabei eigenständige, empirisch gestützte und theoretisch durchstrukturierte wissenschaftliche Disziplinen hervorbrachten, und die *Wissenschaftstheorie im engeren Sinne*, die Strukturen und Methoden der Wissenschaft deskriptiv untersucht und auch normativ vorschreibt. Die unleugbaren Erfolge dieser durchaus legitimen Erben der traditionellen Naturphilosophie haben dabei den Blick dafür verdunkelt, daß immer noch zahlreiche Probleme offen sind, die weder von der fachlich-empirischen noch von der metatheoretisch-methodologischen Seite her angegangen werden können.

Es gibt deshalb gute Gründe, der Naturphilosophie eine weitere, eine *vierte* Epoche zuzubilligen. Diese Epoche würde vor allem noch in der Zukunft liegen und könnte durchaus eine Blütezeit werden. Die moderne Naturphilosophie sollte drei Aufgaben miteinander verbinden. Sie sollte erstens Fragen diskutieren, die zwar durchaus *innerhalb* einer Naturwissenschaft entstehen, dort aber wegen ihres *allgemeinen* oder *nicht-empirischen* Charakters nicht beantwortet werden, z.B. Fragen nach der Natur von Raum und Zeit, nach der Entstehung des Kosmos, nach den wesentlichen Merkmalen und dem Ursprung des Lebens, nach dem Verhältnis von Gehirn und Bewußtsein, nach Freiheit und Determination unserer Entscheidungen. Die moderne Naturphilosophie könnte zweitens Probleme bearbeiten, die in *mehreren* Wissenschaften auftreten, ohne einer von ihnen speziell anzugehören. Dazu gehören zunächst eine wissenschaftsverträgliche *Ontologie*, dann aber auch und vor allem Probleme, die hier der Kürze halber nur durch Stichworte wie „Zufall, Kausalität, Determinismus, Teleologie und Teleonomie, Symmetrie, Systemeigenschaften, Einheit der Natur, Zeitrichtung, Fortschritt, anthropisches Prinzip" charakterisiert werden können. Und sie könnte drittens die Aufgabe übernehmen, aus den zahlreichen verstreuten Befunden der Einzelwissenschaften ein einheitliches Weltbild herzustellen.

Die Aufgabe der modernen Naturphilosophie ist also – im Gegensatz zur analytisch und explikativ orientierten Wissenschaftstheorie – vor allem eine *synthetische.*[2] Sie versucht (oder sollte versuchen), die aspekthaft gewonnenen faktischen Erkenntnisse der einzelnen Disziplinen zu einem *konsistenten* und möglichst *umfassenden* Gesamtbild vom Universum, vom Menschen und von seiner Stellung in eben diesem Kosmos zusammenzufügen. Richtungweisend waren hier nach Anfängen bei Ostwald und Boltzmann vor allem Schlick, Reichenbach, Bavink, in neuerer Zeit Sachsse, Drieschner oder Kanitscheider, die sich nicht gescheut haben, der Naturphilosophie Arbeiten oder Bücher namentlich zu widmen. Auch die Existenz einer Zeitschrift „Philosophia Naturalis" seit 1950 ist als ein positives Zeichen in diese Richtung zu werten. Eine Synthese allerdings, wie sie Bernhard Bavink (1879–1947) in seinem großartigen Werk „Ergebnisse und Probleme der Naturwissenschaften"[3] für die Naturwissenschaft bis etwa 1940 gelungen ist, steht noch aus.

Auch die hier zusammengestellten Beiträge sind nur Mosaiksteine zu einer solchen modernen Naturphilosophie. Sie sind zu verschiedenen Gelegenheiten entstanden und unterschiedlichen Themen gewidmet. Einige von ihnen nehmen kurz, aber nachdrücklich Bezug auf die Grundgedanken der Evolutionären Erkenntnistheorie (vgl. Band 1). Es wurde jedoch nicht der Versuch unternommen, durch überleitende Texte den Eindruck einer inhaltlichen Kontinuität zu erwecken.

Eines allerdings haben alle diese Arbeiten miteinander (und mit der „Evolutionären Erkenntnistheorie") gemeinsam: Sie nehmen einen konsequenten *naturalistischen* Standpunkt ein. „Naturalismus" läßt sich zwar nicht erschöpfend, aber doch kurz und treffend charakterisieren als die These oder Überzeugung, daß es sowohl in der Natur als auch in unserer Vernunft *ausschließlich mit natürlichen Dingen zugeht*, daß also alle realen Systeme, die überhaupt verstehbar sind, durchaus natürlich, den Naturgesetzen unterworfen, evolutiv entstanden und wissenschaftlicher Analyse im Prinzip zugänglich sind.

Diese Auffassung wird verschiedentlich auch als Materialismus, Physikalismus, Reduktionismus, Positivismus, Szientismus bezeichnet. Wäre mit diesen Begriffen nicht mehr gemeint als die Behauptung, daß alle realen Systeme *materiell-energetisch* konstituiert sind (wissenschaftlicher Materialismus), daß die Physik die *allgemeinsten* Naturgesetze formuliert und für *alle* realen Systeme gelten muß (Physik als Grundwissenschaft), daß der Versuch, Systeme aus den Eigenschaften ihrer Bestandteile zu erklären, zumindest *heuristisch sinnvoll* ist (methodologischer Reduktionismus), daß nur *prüfbare* Behauptungen als *empirisch* gelten dürfen (kritischer Rationalismus) und daß umgekehrt *kein System* a priori und notwendig von wissenschaftlicher Erforschung *ausgeschlossen* bleiben muß (Universalitätsanspruch der empirisch-wissenschaftlichen Methode), dann wäre gegen diese Bezeichnungen nichts einzuwenden. Da sie aber im allgemeinen mit einem negativen Beigeschmack versehen werden, ziehen wir es vor, den neutralen Term „Naturalismus" zu verwenden.

Die ersten Beiträge greifen zentrale Probleme der Naturphilosophie (Evolutionstheorie, Kausalität, Kosmologie, Leib-Seele-Problem) auf und beleuchten sie aus naturalistischer Sicht.

Der erste Beitrag über „Die Unvollständigkeit der Evolutionstheorie" zeigt, daß die Evolutionstheorie zwar nicht als beschreibende, wohl aber als *erklärende* Theorie des Evolutionsgeschehens unvollständig ist. Um die evolutive Entstehung eines organismischen Merkmals über Mutation und Selektion zu erklären, muß nämlich gezeigt werden, daß schon jeder (oder fast jeder) Schritt auf dem Wege dorthin positiv bewertet werden konnte. Da viele Merkmale oder Organe erst von einer gewissen Perfektionsstufe an ihre Funktion erfüllen und selektiv wirksam werden können, müssen in der Regel andere, schon „unterwegs" bewertbare Funktionen die Rolle des „Zugpferds" übernehmen. Für eine kausale Evolutionsforschung ist deshalb der Nachweis von Doppel- und *Mehrfachfunktionen* besonders wichtig. In der Evolutionsbiologie ist das bisher nicht genügend beachtet worden, was Kreationisten und anderen Evolutionsgegnern die Argumentation erleichtert. Wenn wir also hier die Evolutionstheorie kritisieren, so letztlich deshalb, um sie besser verteidigen zu können.

Der Beitrag „Ein neuer dogmatischer Schlummer? Kausalität trotz Hume und Kant" zeigt zunächst, warum Humes empiristische Deutung der Kausalität – Kausalfolgen sind nicht mehr als *regelmäßige zeitliche Abfolgen* von Ereignissen – weder den Laien noch den Wissenschaftler befriedigen kann: Sie verlangt mit der zeitlichen Abfolge zu wenig, mit deren Regelmäßigkeit dagegen zu viel. Der wirkliche Unterschied zwischen einer echten kausalen Beziehung (propter hoc) und einer rein zeitlichen Abfolge (post hoc) läßt sich aber durchaus angeben. Er liegt in der zwischen Ursache und Wirkung ausgetauschten Energie (bzw. Impuls). Ein solcher Energieübertrag ist also eine *notwendige* Bedingung bei der Charakterisierung der Kausalität. Dieses Merkmal wurde so lange übersehen, weil Kausalbegriffe in physikalischen Theorien praktisch nicht vorkommen, so daß sie gänzlich entbehrlich zu sein schienen.

Mit einem ähnlichen, aber weniger folgenreichen Mißverständnis beschäftigt sich der kurze Beitrag „Kann es von einmaligen Ereignissen eine Wissenschaft geben?". Diese Frage wird nicht nur von Aristoteles, sondern auch von vielen modernen Autoren verneint, zu Unrecht, wie sich an zahlreichen Beispielen, insbesondere an der Kosmologie, zeigen läßt. Natürlich bringt die (nicht nur faktische, sondern sogar definitorische) Einzigkeit unseres Universums besondere Schwierigkeiten mit sich. Das Nachfolgeproblem, wie der irrtümliche *Eindruck* entstehen konnte, Wissenschaft sei ausschließlich an Gesetzen interessiert, führt dann u.a. wieder auf die empiristische Deutung der Kausalität (vgl. den vorhergehenden Beitrag) zurück.

Das Leib-Seele-Problem darf auch heute noch getrost als „Weltknoten" bezeichnet werden. Von der empirischen Seite ist hier im Augenblick keine Entscheidung zu erwarten. Im Gegenteil – *dieselben* empirischen Befunde werden sowohl von Dualisten (Interaktionisten) als auch von Monisten (Identitätstheoretikern) als Bestätigungen ihrer Auffassungen verbucht. Der Beitrag „Evolutionäre Erkenntnistheorie und Leib-Seele-Problem" versucht deshalb, zur begrifflichen Klärung beizutragen, die möglichen Positionen übersichtlich darzustellen und vor allem die *metatheoretischen* Argumente gegeneinander abzuwägen. Auch so läßt sich eine Entscheidung nicht erzwingen; aber es wird doch deutlich, warum eine *identitätstheoretische* Position gerade unter methodologischen Gesichtspunkten vorzuziehen ist.

Die beiden nächsten Aufsätze gehören inhaltlich eng zusammen. Der erste, „Probleme der Anschaulichkeit", versucht zu erklären, was unter „Anschaulichkeit" sinnvollerweise verstanden werden kann. Von drei möglichen Explikationen – Erlebbarkeit, Transformierbarkeit, Projizierbarkeit – erweist sich die erste als zu eng, die letzte als zu weit und nur die mittlere als angemessen. Danach ist eine Struktur anschaulich, wenn man sie in eine Struktur mittlerer Dimensionen transformieren kann. Die Fruchtbarkeit dieser Explikation erweist sich an vielen konkreten Beispielen. Insbesondere können danach weder die klassische noch die moderne Physik anschaulich sein.

Diese Tatsache hat wichtige wissenschaftstheoretische, wissenschaftshistorische und didaktische Folgerungen. Sie werden in dem

Beitrag „Jenseits des Mesokosmos – Anschaulichkeit in Physik und Didaktik“ genauer untersucht. Aristotelische Bewegungslehre und mittelalterliche Impetustheorie sind Formulierungen der mesokosmischen Vorstellungen, denen wir intuitiv „schon immer“ und immer noch folgen; sie sind wahrhaft *mesokosmische* Physik. Der Physikunterricht muß also nicht nur neue Information vermitteln, sondern gleichzeitig Vor- und Fehlurteile ausräumen. Mit einem kumulativ-induktiven Wissenschaftsmodell ist diese Aufgabe nicht zu bewältigen. Daraus ergeben sich Argumente für eine kontrastierende Didaktik, für eine qualitative Physik und für den überlegten Einsatz von Algorithmen und Computern.

Auch die drei folgenden Arbeiten hängen thematisch zusammen. Ihre gemeinsamen Themen sind die Einheit der Natur, die Einheit der Wissenschaft und Reduktionsprobleme. Der Beitrag „Die Einheit der Wissenschaft in evolutionärer Perspektive“ diskutiert, was „Einheit der Wissenschaft“ bedeuten kann und soll, warum uns dieses Thema überhaupt interessiert (Reduktion als Beseitigung von Redundanz) und was für die Möglichkeit einer solchen Vereinheitlichung spricht. Entscheidend ist hier das *Evolutionsargument*, wonach sich die evolutive Einheit der Natur in einer deduktiven Einheit der Wissenschaft spiegeln sollte. Wenn sich komplexe Systeme aufgrund kausaler Prozesse aus einfacheren *entwickelt* haben, dann sollte es auch möglich sein, das Verhalten der komplexen Systeme aus den Gesetzen der einfacheren zu *erklären*. Dagegen besagt die Tatsache, daß alle realen Systeme der Evolution unterworfen sind, noch nicht, daß sie damit auch denselben Evolutionsgesetzen unterlägen. Die Übertragung evolutiver Gesetze von einer Phase der Evolution auf eine andere kann allenfalls heuristischen Wert haben.

Natürlich stehen jeder solchen Reduktion große Schwierigkeiten im Wege. Der nächste Beitrag untersucht insbesondere die „Probleme des Reduktionismus für die Biologie“. Zwar sind längst nicht alle Argumente, die gegen eine Reduzierbarkeit der Biologie auf Physik und Chemie vorgebracht werden, wirklich stichhaltig. (Zum Beispiel steht der Satz von der Vermehrung der Entropie keineswegs im Widerspruch zur Existenz und zur Höherentwicklung von Organismen.) Doch müssen gerade in der Biologie das Auftreten neuer Systemeigenschaften und die konstitutive Rolle des Zufalls berücksichtigt werden. Nur ein Reduktionsprogramm, das diese Schwierigkeiten in seinen Reduktionsbegriff einbezieht, kann überhaupt *Aussicht* auf Erfolg haben.

Der Beitrag „Reduktion und Evolution – Argumente und Beispiele“ beleuchtet das Verhältnis von Theorien zueinander. Reduktionsprobleme treten in verschiedenen Bereichen auf und haben dort auch unterschiedlichen Charakter. Für die *Einheit* der Wissenschaft ist *strenge* Reduktion (Reduktion durch logische Deduktion) zumindest als regulative Idee bedeutsam, für die *Geschichte* der Wissenschaft dagegen *approximative* Reduktion. Zwar haben wir es in beiden Fällen mit evolutiven Prozessen zu tun; jedoch handelt es sich hier um die Evolution realer Systeme, dort um die Evolution wissenschaftlicher Theorien. Für die universelle Evolution greift wieder das Evolutionsargument: Ist das Komplexe aus dem Einfachen *ent*standen, so sollte es auch aus dessen Gesetzen *ver*standen werden können. In der Evolution der Wissenschaft dagegen bringt Erkenntnisfortschritt in der Regel eine *Korrektur* älterer Theorien mit sich; hier sind deshalb nur approximative Reduktionen zu erwarten.

Ein typisch naturphilosophisches Thema behandelt der Aufsatz „Woher stammt die Asymmetrie der Zeit? Zeitpfeile in Physik und Kosmologie". Natürliche Prozesse laufen immer nur in einer Richtung ab: Sie sind *irreversibel*, zeigen einen „Zeitpfeil". Überraschenderweise spiegeln sich diese Zeitpfeile *nicht* in den dynamischen Grundgleichungen der zugehörigen physikalischen Disziplinen, sondern „nur" in den Rand- und Anfangsbedingungen, die ihrerseits einer Erklärung zugänglich sein sollten. Dabei scheinen die verschiedenen Zeitpfeile miteinander zusammenzuhängen. Es liegt deshalb nahe, nach einem „Urpfeil" zu suchen. Der aussichtsreichste Kandidat dafür ist der kosmologische Zeitpfeil. Die Problematik der Zeitpfeile führt in die Grundlagen der Physik, ja aller Naturwissenschaften. Sie rührt auch an *ungelöste* physikalische, naturphilosophische und erkenntnistheoretische Probleme. Das macht wohl die Faszination dieses Themas aus.

„Kopf und Computer" geht zurück auf ein Radiokolleg des Deutschlandfunks und soll dazu anregen, sich über die Zukunft unserer Erkenntnismöglichkeiten Gedanken zu machen. Daß wir biologisch auf dem Wege zum Superhirn seien, ist im Hinblick auf die erforderliche Zeit nicht zu erwarten und unter ethischen Aspekten nicht zu wünschen. Unsere Chancen liegen vielmehr darin, daß wir unsere Möglichkeiten bei der Lösung anstehender Probleme besser nutzen. In gewissem Sinne haben wir bisher sogar „Gehirnverschwendung" betrieben. Bei einer überlegten Nutzung unserer Fähigkeiten werden sicher Computer als „Denkzeuge" eine wesentliche Rolle spielen. Dem hier nur vorsichtig angesprochenen Thema „Künstliche Intelligenz" ist denn auch mein nächstes Buch gewidmet.

Alle Beiträge sind unabhängig voneinander lesbar. Sie sind unverändert abgedruckt; nur die Literaturangaben wurden auf neueren Stand gebracht.

Anmerkungen

1 Ostwald, W.: Vorlesungen über Naturphilosophie. Veit, Leipzig 1902, 1

2 Die synthetische Funktion einer modernen Naturphilosophie betont B. Kanitscheider: Analytic and synthetic philosophy. In G. Andersson (ed.): Rationality in science and politics. Reidel, Dordrecht 1984, 159–190, vor allem die Abschnitte 4 bis 6.

3 Bavink, B.: Ergebnisse und Probleme der Naturwissenschaften. Eine Einführung in die heutige Naturphilosophie. Hirzel, Zürich $^{6}1940$, $^{8}1944$, $^{9}1949$, $^{10}1954$

DIE UNVOLLSTÄNDIGKEIT DER EVOLUTIONSTHEORIE

1 Der Status der Evolutionstheorie

Für die Biologie ist die Evolutionstheorie eine wahrhaft *integrative* Disziplin: Es gibt keinen Bereich biologischer Forschung, für den nicht auch Evolutionsprobleme bedeutsam sind und der nicht seinerseits die Evolutionsforschung bereichert. Wir können uns hier den Nachweis dafür ersparen, wie eng Taxonomie und Systematik, vergleichende Anatomie und Embryologie, Paläontologie und Biogeographie, klassische und molekulare Genetik, Mutationsforschung und Zuchtexperimente, Molekularbiologie und Biogenetik mit der Evolutionstheorie zusammenhängen. *Alle Biologie ist Evolutionsbiologie.*

Neben dieser integrativen Funktion hat die Evolutionstheorie ein weiteres unschätzbares Verdienst. Sie hat die Biologie herausgeführt aus einer statischen Betrachtungsweise (in der nur gesammelt und geordnet wird, „was es alles gibt") oder allenfalls aus einem kinematischen Stadium (in dem Wandel als solcher – also Evolution im *deskriptiven* Sinne – zwar gesehen und anerkannt, aber nicht erklärt wird) in ein *dynamisches* Stadium (in dem solche Wandlungsprozesse durch Kräfte oder Faktoren *erklärt* werden). Lamarcks und Darwins Leistung war also weniger, die Evolution der Organismen behauptet und belegt, als Ansatze zu ihrer Erklärung geliefert zu haben.

Trotz dieser ihrer überragenden Rolle ist die Evolutionstheorie noch immer umstritten. Bekanntlich war schon die Darwinsche Auffassung vom „Ursprung der Arten", seine Lehre über das Bestehen, den Ablauf und die Faktoren der biologischen Evolution, heftigen Angriffen ausgesetzt. Auch ihre modernen Nachfolger, die vor allem Genetik und Molekularbiologie einbeziehen, werden kritisiert

- als *tautologisch* („survival of the survivor"),
- als *widersprüchlich* („Evolution" könne nicht zu Neuem führen),
- als faktisch *falsch* (Kreationisten, Neo-Vitalisten, Neo-Lamarckisten, Großmutationen) oder wenigstens

– als *unvollständig* („kritische" Evolutionstheorie, nicht-Darwinsche Evolution, random drift).

Aber nicht nur Wahrheits- und Vollständigkeitsansprüche der Evolutionstheorie werden bestritten; viel grundsätzlicher noch wird ihr *Wissenschaftscharakter* überhaupt in Zweifel gezogen. Für Karl Popper zum Beispiel ist die Evolutionstheorie nichts weiter als ein metaphysisches Forschungsprogramm, fruchtbar zwar, aber einer empirischen Überprüfung nicht zugänglich. Sie könne zwar vieles *erklären*, auch zur Theorienbildung anregen, sei aber nicht in der Lage, prüfbare *Prognosen* zu machen, an denen sie wirklich scheitern könnte. Da nach Popper die prinzipielle Falsifizierbarkeit einer Theorie erst ihren Charakter als Erfahrungswissenschaft ausmacht, sei die Evolutionstheorie – entgegen ihrem Anspruch – *keine empirisch-wissenschaftliche Theorie*.

Die meisten dieser Vorwürfe können leicht entkräftet werden. Manche beruhen auf schlichter Unkenntnis. Dies verleitete einen Evolutionstheoretiker zu der boshaften Bemerkung, die Heftigkeit der Angriffe gegen die Evolutionstheorie sei direkt proportional zur Unkenntnis ihrer Kritiker. – Daß die Evolutionstheorie tautologisch oder inkonsistent sei oder daß sie den Tatsachen schlicht widerspreche, ist jedenfalls heute kein ernsthaftes Argument mehr. – Die Tauglichkeit (fitness) eines Organismus kann über seine Stabilität, seine Reproduktionstreue und seine Vermehrungsrate nicht nur unabhängig von seiner tatsächlichen Nachkommenzahl definiert, sondern in elementaren Fällen (RNA-Strukturen, Viren, Bakterien) sogar ohne Kenntnis dieser Größe empirisch ermittelt werden. – Daß Entwicklung nur zur Entfaltung bereits bestehender (und möglicherweise verborgener) Anlagen, niemals aber zur Entstehung *neuer* Eigenschaften führen könne, wird zwar durch die Etymologie der Wörter „Evolution", „Entwicklung", „Emergenz" nahegelegt, ist aber Unsinn, wie insbesondere die Systemtheorie zeigt. – Und daß die Evolutionstheorie empirisch widerlegt sei, kann *trotz* der zahlreichen neu hinzugekommenen Fakten nicht (mehr) ernsthaft behauptet werden, nachdem sich Erdalter, Evolutionsgeschwindigkeit, Fossilfunde, Genetik und Molekularbiologie als mit ihr bestens verträglich erwiesen haben. –

Auch daß die Evolutionstheorie nicht prüfbar (nämlich nicht falsifizierbar) sei, ist anhand zahlreicher Beispiele widerlegt worden.[1] Freilich bedarf es einer eingehenden und sachkundigen Analyse, wenn man die Begriffe, Objekte, Gesetze, Behauptungen und Argumente der Evolutionstheorie klar herausarbeiten will. Zusammenfassend läßt sich wohl die Behauptung vertreten, daß die Evolutionstheorie in wesentlichen Teilen zwar durchaus programmatischen (d.h. heuristischen, zu Fragen und Hypothesen anregenden) Charakter hat, daß sie aber nicht unprüfbar oder gar pseudowissenschaftlich ist. Sie stellt somit keineswegs ein metaphysisches, sondern ein durchaus empirisch-wissenschaftliches Forschungsprogramm dar. Wenn sie dabei im Vergleich zu den Theorien der Physik von besonderer Natur ist (hoher Erklärungs-, geringer Prognosewert), so macht sie das nicht verdächtig, sondern methodologisch gerade besonders interessant. Aber gewiß sind längst noch nicht alle ihre diesbezüglichen Probleme ausdiskutiert.

Am hartnäckigsten halten sich jedoch Behauptungen, die Evolutionstheorie sei unvollständig und deshalb ergänzungsbedürftig. Auf eine solche Kritik laufen fast alle Einwände hinaus, welche die Form haben: Über Mutation und Selektion mag man ja vieles erklären können, aber gewiß *nicht* die Entstehung

- des ersten Lebewesens,
- der arterhaltenden Zweckmäßigkeit,
- neuer systematischer Einheiten (Familien, Ordnungen, Klassen, Stämme . . .),
- des Menschen,
- des menschlichen Auges,
- des menschlichen Gehirns,
- von Logik und Sprache,
- von Normen und Werten.

Trotz ihrer Ähnlichkeit in der Argumentations*form* unterscheiden sich solche Kritiken dann doch wesentlich darin, ob sie die Evolutionstheorie nicht nur für erweiterungs*bedürftig*, sondern auch für erweiterungs*fähig* halten und *welche* Evolutionsfaktoren sie zur Ergänzung vorschlagen.

Dabei wurden oder werden u.a. diskutiert:

– individuelle Selbstanpassung	(Lamarck),
– Vererbung erworbener Eigenschaften	(Lamarck, Darwin),
– élan vital	(Bergson),
– Entelechie	(Driesch in Anlehnung an Aristoteles),
– Bewußtseinsdrang	(Teilhard de Chardin),
– interne Selektion	(„kritische“ Evolutionstheorie),
– random drift und neutrale Evolution	(Kimura).

Definiert man „Darwinismus“ durch die ausschließliche Anerkennung von Mutation und Selektion, so war kurioserweise nicht einmal Darwin ein konsequenter Darwinist. Wer nun aber weitere Evolutionsfaktoren fordert oder aufstellt, der wird erstens die *Bedeutung* seiner Begriffe klar explizieren, zweitens die *Notwendigkeit* des zusätzlichen Faktors an Beispielen nachweisen und drittens zu zeigen versuchen, daß der vorgeschlagene Faktor die behauptete oder festgestellte Lücke tatsächlich *ausfüllt*. Da es nicht einfach ist, alle diese Bedingungen gleichzeitig zu erfüllen, ist die Einführung zusätzlicher Evolutionsfaktoren nach wie vor umstritten.

Es ist jedoch notwendig, zwischen Evolutionskritikern und Evolutionsgegnern (oder Anti-Evolutionisten) zu unterscheiden. Wie jede wissenschaftliche Theorie bedarf auch die Evolutionstheorie der kritischen Prüfung. Sollte sie falsch oder unvollständig sein, so wird nur besonnene und ernsthafte Kritik das herausfinden. Diese Kritik kann sich auf die Überprüfung in der Erfahrung und auf die Konfrontation mit konkurrierenden Theorien beziehen. Natürlich darf dabei auch nach den empirischen Belegen oder den theoretischen Argumenten für die *Tatsache* der Evolution gefragt werden. Wer aber heute *in Kenntnis* dieser Belege und Argumente noch ernsthaft das Faktum der Evolution bezweifelt, dem ist nicht zu helfen; er kann nicht mehr als vernünftiger Evolutionskritiker, sondern nur als unbelehrbarer Evolutionsgegner gelten.

Man kann natürlich auch heute noch behaupten, die Erde ruhe, sie sei eine Scheibe oder eine Hohlkugel (und wir lebten auf der Innenseite), es gebe einen horror vacui, einen Feuerstoff (Phlogiston) oder eine Wärmeflüssigkeit (Caloricum). Bei aller Vorläufigkeit und Revidierbarkeit unseres Wissens wird sich doch niemand mehr auf eine ernsthafte wissenschaftliche Diskussion über solche Behauptungen einlassen.

2 Evolutionsfaktoren

Nun muß man deutlich sehen (und sagen), daß schon die Evolutionstheorie in ihrer heute anerkannten Form (als „Synthetische Theorie") sich nicht auf Mutation und Selektion als Evolutionsfaktoren beschränkt. Nicht nur waren die Begriffe „Mutation" und „Selektion" wesentlich zu *präzisieren*, nämlich zu „Ketten ungerichteter Mikromutationen" und „differentielle Reproduktion infolge unterschiedlicher Tauglichkeit". Vielmehr mußten längst *weitere Mechanismen* als Evolutionsfaktoren anerkannt werden: Einnischung (Annidation), Isolation, Gendrift, Genrekombination. Es ist also schon seit dem Bestehen der „Synthetischen Theorie" (Julian Huxley 1942) nicht mehr zulässig, die Evolutionstheorie ausschließlich über Mutation und Selektion zu definieren oder die Evolution der irdischen Organismen auf diese beiden Faktoren (und sonst nichts) zurückführen zu wollen.

Zwar würden im Prinzip auch schon Mutation und Selektion allein ausreichen, um ein Evolutionsgeschehen zu bewirken; für die Beschreibung der *tatsächlichen* Evolutionsvorgänge auf der Erde genügen sie jedoch nicht. Sie erklären beispielsweise nicht, wie es zur Arten-

aufspaltung und damit zu der überwältigenden Arten*vielfalt* kommt; sie erzwingen noch keine *Höher*entwicklung, wie wir sie tatsächlich vorfinden (wenn wir das Prädikat „höher" nur in irgendeinem vernünftigen Sinne definieren); und sie geben auch noch keinen Hinweis auf die vergleichsweise hohe Evolutions*geschwindigkeit*, der die höheren Tiere ihre (und wir unsere) Existenz verdanken. Kurzum, mit dem alleinigen Wirken von Mutation und Selektion wäre es durchaus noch verträglich, wenn die Evolution bei einer einzigen Sorte optimal angepaßter, aber primitiver, Einzeller stehengeblieben wäre.

In Tabelle 1 sind die maßgebenden Evolutionsfaktoren aufgezählt (Spalte 1), und es ist auch angegeben, für welche Charakteristika der irdischen Evolution sie jeweils „verantwortlich" sind (Spalte 2) und was geschähe, wenn der betreffende Faktor außer Kraft gesetzt würde (Spalte 3).

Natürlich lassen sich die maßgebenden Evolutionsfaktoren nicht wirklich außer Kraft setzen, so wenig wie man beispielsweise die Gravitationskraft vorübergehend abschalten kann. *Mutationen* treten immer auf, weil eine hundertprozentig genaue Replikation – jeden-

Evolutionsfaktor	maßgebend für	bei Fehlen folgt
Mutation	Evolutionspotential, Anpassungsfähigkeit	*kurzfristig* (wegen bereits vorhandener genetischer Variabilität): noch Evolution *langfristig:* Uniformität, Stagnation (und bei Umweltänderung: Aussterben)
Selektion (differentielle Reproduktion)	Informationserhalt, Anpassung, infraspezifische Evolution, Höherentwicklung	zunächst Bevölkerungsexplosion, dann aber Informationsverlust, Degeneration
Annidation (Einnischung)	Artenvielfalt Koexistenz	eliminative Konkurrenz und schließlich Dominanz einer einzigen Art
Isolation	Artenbildung Artenaufspaltung	Uniformität, kaum Evolution
Gendrift (Sewall-Wright-Effekt)	Evolutionsgeschwindigkeit	Evolution langsam
Rekombination der Gene	Evolutionsgeschwindigkeit	Evolution sehr langsam

Tab. 1: Evolutionsfaktoren und ihre Rolle in der Evolution

falls gegenüber jeglicher Konkurrenz – zu aufwendig und zu langsam wäre. *Selektion* ist wegen der Endlichkeit der Nahrungs- und Energiequellen unvermeidlich; sie kann durch Schaffung günstiger Umweltbedingungen („paradiesischer" Zustände) nur vorübergehend aufgehoben werden. Die Existenz (und Neuentstehung) *ökologischer Nischen* erlaubt überhaupt erst die Koexistenz verschiedenartiger Organismen und darüber hinaus ihre Kooperation bis hin zur Symbiose. Ohne ökologische Nischen würde *eine* überlegene Variante alle anderen verdrängen und je nach Wachstumsverhalten entweder (exponentielles Wachstum) ihrerseits wieder von neuen konkurrierenden Mutanten verdrängt werden oder (hyperbolisches Wachstum) für alle Zeiten die Oberhand behalten.

Ohne *Isolationsmechanismen* – die in ihrer *relativen* Bedeutung, vor allem von sympatrischer und allopatrischer Isolation, noch nicht ganz geklärt sind – käme es überhaupt nicht zur Aufspaltung in verschiedene Arten. Es müßte *totale Panmixie* herrschen: Jedes Lebewesen wäre im Prinzip mit *jedem* anderen fruchtbar kreuzbar; alle Kombinationen wären möglich; es gäbe also zu jedem Zeitpunkt nur eine einzige Art. Da eine Höherentwicklung nur erfolgen könnte, wenn sie alle Angehörigen der Art betrifft, könnte die Evolution, wenn überhaupt, nur ganz träge verlaufen. Es ist aber klar, daß dieser Zustand gar nicht beibehalten würde, da jeder auch nur mäßig wirksame Isolationsmechanismus die isolierte Teilpopulation begünstigen und die Evolution beschleunigen würde.

Der Genvorrat einer Art ist keine unveränderliche Größe. Vielmehr gibt es allmähliche Verschiebungen des Genbestandes. Die Geschwindigkeit dieser *Gendrift* hängt vor allem von der Größe einer Population ab. Die Populationsgröße ist natürlichen *Schwankungen* unterworfen und mit ihr auch die Häufigkeitsverteilung der Gene. Nun ändert sich, wie man sich leicht klarmacht, in kleineren Populationen der Genbestand schneller als in großen („bottleneck-Effekt"). Ein einziges befruchtetes Weibchen, das einen neuen potentiellen Lebensraum erreicht (z.B. durch einen Sturm auf eine Insel verschlagen wird), stellt einen Extremfall dieser Situation dar („Gründer-Prinzip"). So beeinflussen die Schwankungen der Populationsgröße vor allem die *Evolutionsgeschwindigkeit*.

In noch stärkerem Maße gilt das für die *Rekombination* der Gene (infolge Chromosomen-Neuverteilung bei der Meiose, durch crossing over und bei der Paarung). Diese Genrekombination ist eine relativ späte „Erfindung" des Lebens, die es erlaubt, viele Varianten *gleichzeitig* auszuprobieren, und die für die Höherentwicklung der Lebewesen auf der Erde ihrerseits die Rolle des „Experimentators" gespielt hat. Freilich sind Leben und Evolution auf diesen Trick nicht unabdingbar angewiesen; aber ohne ihn wären die höchstentwickelten irdischen Organismen wohl auch heute noch bakterienartige Einzeller.

Mutationen sind ungerichtet. Sie werden zwar ausgelöst, also verursacht (und sind in diesem Sinne nicht absolut zufällig); ihre Ursachen sind jedoch mit ihren phänotypischen Auswirkungen nicht gesetzmäßig verknüpft. Die Mutationen bringen daher ein *Zufallselement* in den Verlauf der Evolution. Auch Gendrift und Genrekombination sind Zufallsfaktoren. Selektion, Annidation und Isolation sind dagegen im wesentlichen deterministischer Natur. So kommt es zu dem charakteristischen konstruktiven Zusammenspiel von „Zufall und Notwendigkeit" in der Evolution, wie Monod, Eigen und andere Autoren es beschreiben.

Diese in ihrer Kürze notwendig skizzenhaften Betrachtungen dürften deutlich machen, daß für eine angemessene Erfassung des irdischen Evolutionsgeschehens tatsächlich alle genannten Evolutionsfaktoren gebraucht werden. Sie sollten aber auch zeigen, daß die moderne Evolutionstheorie sich längst nicht mehr mit Mutation und Selektion als den Baumeistern der Evolution begnügt, sondern tatsächlich weitere erklärende Mechanismen in Anspruch nimmt.

3 Ein Standardeinwand: Makroevolution

Konnten wir bisher zeigen, daß die genannten Evolutionsfaktoren zur Beschreibung und Erklärung des faktischen Evolutionsgeschehens *notwendig* sind, so bleibt doch zunächst offen, ob sie dafür auch *hinreichend* sind, ob sie uns also tatsächlich alle Evolutionserscheinungen verstehen lassen. Als zweifelhaft gilt dies vor allem bei den Erscheinungen der *Makroevolution*. Während die Mikroevolution „nur" die Veränderungen innerhalb einer Art, also die innerartliche oder *infraspezifische Evolution* betrifft, bezieht sich der Ausdruck „Makroevolution" auf Veränderungen über die Art hinaus, auf die Entstehung neuer Organe, Typen, Baupläne, Lebensweisen, neuer Arten, Gattungen, Ordnungen und höherer systematischer Einheiten (Taxa), auf die *transspezifische Evolution* oder Typogenese. Die Makroevolution hat nicht nur vom Ein- zum Vielzeller, sondern auch von den Fischen über Amphibien und Reptilien zu Vögeln und Säugern geführt. Dabei wurden offenbar ganz neue Lebensräume erschlossen, neue ökologische Nischen geschaffen und erobert, neue Lebensweisen ausprobiert, neue Nahrungsquellen gefunden. Kann man auch diese gewaltigen Veränderungen evolutionsgenetisch verstehen?

Für die Erklärung der Mikroevolution genügen, soweit wir wissen, tatsächlich *Mikromutationen*, kleine, zufällige, ungerichtete Erbänderungen, die durch elementare Kopier- und Übersetzungsfehler zustandekommen. In 2 haben wir gesehen, daß die Mikroevolution sogar dann noch einige Zeit weiterginge, wenn eines Tages gar keine Mutationen mehr aufträten: Infolge der statistischen Streuung besitzt der Genpool einer Art ein natürliches Evolutionspotential, das durch Rekombination von Genen zur Bildung und Erprobung zahlreicher neuer Varianten ausgenützt werden kann. Die unvermeidlich stattfindenden neuen (Mikro)Mutationen verschaffen der Art freilich eine zusätzliche reaktive Bandbreite und sichern vor allem auch langfristig ihre Anpassungs- und Evolutionsfähigkeit. Braucht man nun zur Erklärung der Makroevolution entsprechende *Makromutationen*?

Zunächst einmal ist klar, daß solche Makromutationen – falls sie existieren – unser Problem, die Erklärung der Makroevolution, tatsächlich lösen könnten. Wenn aus Kiemenatmern Lungenatmer, aus Wassertieren Landbewohner, aus eierlegenden Tieren lebendgebärende wurden, so müssen diese Prozesse natürlich auch von ungeheuren *genetischen* Veränderungen begleitet gewesen sein. Gibt es sprunghafte Erbänderungen solchen Ausmaßes, daß Gene und Chromosomen nicht nur im Detail verändert, sondern ganz neu geschaffen und kombiniert werden?

Solche Großmutationen sind bisher nie beobachtet worden. Sie könnten zwar unser Problem lösen, scheinen aber einfach nicht aufzutreten. Auch theoretisch dürfen solche Ereignisse als zu unwahrscheinlich ausgeschlossen werden. Makromutationen gibt es nach allem, was wir wissen, nicht.

Man könnte versucht sein, *qualitativ* folgendermaßen zu argumentieren: Makromutationen sind gewiß äußerst unwahrscheinlich und extrem selten. Aber für das Verständnis der Evolution brauchen wir ja auch nur einige wenige solcher Großmutationen, etwa für die Entstehung neuer Klassen (bei den Wirbeltieren Rundmäuler, Knorpelfische, Knochenfische, Amphibien, Reptilien, Vögel, Säugetiere) oder neuer Ordnungen (bei den Plazentatieren Insektenfresser, Fledermäuse, Hasenartige, Nagetiere, Raubtiere, Elefanten, Unpaarhufer, Paarhufer, Wale, Primaten). Solche Übergänge brauchen also in Millionen von Jahren nur einmal oder eben nur ganz selten vorzukommen. Es ist deshalb kein Wunder, daß wir derartige Makromutationen in den wenigen Jahrtausenden, Jahrhunderten oder Jahrzehnten, in denen wir Naturbeobachtung, Biologie oder Genetik betreiben, noch nie beobachtet haben.

Aber dieses Argument läßt sich *quantitativ* widerlegen. Mutationen im Sinne der Neuentstehung eines Gens oder eines ganzen Chromosoms sind nämlich, wenn wir das Wissen der heutigen Molekularbiologie zugrundelegen, so unwahrscheinlich, daß sie auch in Milliarden von Jahren überhaupt nie vorkommen dürften; sie sind *praktisch unmöglich*.

Außerdem müßten ja, wenn solche Makromutationen tatsächlich genügend häufig auftreten, um die Evolution zu beeinflussen, Mutationen etwas kleineren Ausmaßes (z.B. Neubildungen von Fast-Genen) wesentlich häufiger vorkommen, noch bescheidenere Erbänderungen (halbe Gene) natürlich schon gewaltig oft. Auch so etwas wird jedoch *nicht beobachtet*, und dieses Faktum (dieses Ausbleiben) ist seinerseits statistisch völlig verständlich. Erst recht sind damit die postulierten Großmutationen unmöglich.

Makroevolution erfordert gewaltige genetische Veränderungen. Wie kommen diese Veränderungen zustande?	**Beurteilung**
a) Durch seltene „glückliche" *Großmutationen*, bei denen ganze Gene oder Chromosomen *neu* gebildet werden.	Solche Großmutationen sind viel zu unwahrscheinlich und auch faktisch nie beobachtet worden. Die Theorie der evolutiven Sprünge (*Saltationstheorie*) wird deshalb zu Recht verworfen. Wir müssen also bei der Erklärung der Evolution mit Mikromutationen auskommen.
b) Durch *zahlreiche passende gleichzeitige Mikro*-Mutationen an vorhandenem Genmaterial.	Solche *System*mutationen sind ebenso unwahrscheinlich wie die vorher genannten Großmutationen. Genetisch unterscheiden sie sich von ihnen nur dadurch, daß das Erbmaterial bereits vorhanden ist. An den einschlägigen Wahrscheinlichkeits-Abschätzungen bzw. *Un*wahrscheinlichkeits-Betrachtungen ändert sich dadurch jedoch gar nichts.
c) Durch *einzelne Mikro*mutationen mit *extremen positiven* (d.h. artbildenden und und arterhaltenden) Auswirkungen.	Tatsächlich gibt es Mikromutationen mit vergleichsweise *extremen* phänotypischen Folgen. Aber diese Folgen sind entweder *Schädigungen* (z.B. Phenylketonurie, eine folgenschwere Stoffwechselkrankheit, durch einen einzigen Nukleotidaustausch) oder *Atavismen* (Rückfälle in ältere stammesgeschichtliche Stufen, z.B. Vierflügligkeit bei Drosophila). *Neue Typen* (Goldschmidt: „hopeful monsters") entstehen dabei nicht.
d) Durch zahlreiche *gleichgerichtete Mikro*mutationen *nacheinander*.	Mutationen werden zwar ausgelöst, sind jedoch in ihren Auswirkungen nicht gerichtet; zwischen Auslöser der Mutation und Wirkung der Mutation besteht kein zwingender Zusammenhang. Gleichgerichtete Folgemutationen bis zur Entstehung eines fertigen Organs (z.B. eines Auges) wären dagegen nur *teleologisch* zu erklären. Für das Auftreten teleologischer Faktoren in der Natur gibt es aber nicht den geringsten empirischen Beleg. Teleologische Erklärungen wurden vielmehr mit dem Fortschreiten der Naturwissenschaft mehr und mehr entbehrlich. Wir können uns deshalb nur auf *un*gerichtete Mikromutationen berufen.
e) Durch zahlreiche *ungerichtete Mikro*mutationen *nacheinander*, von denen jede einzeln durch die Selektion positiv bewertet wird.	Diese Möglichkeit erfordert eine *Präzisierung* der Evolutionstheorie. Mit der allgemeinen Antwort „Mutation und Selektion" ist es dabei offenbar nicht getan. Es muß gezeigt werden, daß alle Zwischenstufen existieren oder wenigstens möglich sind und daß auch Mutationen „unterwegs" zum fertigen Organ schon einen Selektionsvorteil bieten. Wozu aber sollte (z.B.) ein halbes Auge gut sein?

Tab. 2: Wir kommen makroevolutive Schritte zustande?

Angesichts dieser Situation, in der die geforderten Makromutationen *empirisch und theoretisch* ausgeschlossen werden können, müssen wir uns fragen, ob und wie wir uns mit den bescheidenen Mikromutationen behelfen können. Hier gibt es nun mehrere Möglichkeiten, die wir in Tabelle 2 zusammenstellen (wobei wir der Vollständigkeit halber auch die Großmutationen noch einmal aufgenommen haben).

Aus der Tabelle können wir in mehrfacher Hinsicht lernen. Schon in 2 haben wir betont, daß „Mutation" und „Selektion" *nicht ausreichen*, um dem tatsächlichen evolutiven Geschehen auf der Erde gerecht zu werden. Aber auch unter Berücksichtigung weiterer Evolutionsfaktoren bedürfen „die beiden großen Konstrukteure des Artenwandels" (Konrad Lorenz) einer *genaueren Charakterisierung*. Die Frage „Wie sind die Reptilien entstanden?" ist durch die Auskunft „über Mutation und Selektion" nicht angemessen beantwortet. Zunächst einmal müssen Makromutationen (a) ausgeschlossen werden: Es gibt sie nicht. Aber auch Mikromutationen bieten keine Lösung, wenn sie als gehäuft (b), als extrem nützlich (c) oder als gerichtet (d) vorausgesetzt werden müssen. Der Evolutionsbiologe sollte also zeigen können, daß das evolutive Geschehen sich über zahlreiche, kleine, ungerichtete Mutationsschritte verstehen läßt, die nacheinander auftreten und von denen jeder oder nahezu jeder positiv bewertet und deshalb beibehalten wird (e).

Wird die Evolutionsbiologie dieser Forderung gerecht?

4 Zauberformeln der Evolutionstheorie

a) „Artenwandel"

Auf der Suche nach den Fakten und den Faktoren der Evolution wird der Biologe zunächst einmal die *Veränderlichkeit* der Arten nachzuweisen versuchen. Arten, die nicht veränderlich wären, könnten auch nicht auseinander hervorgehen, nicht miteinander verwandt sein.

Ein solcher Nachweis wird wenigstens teilweise erbracht, indem man die Wandelbarkeit rezenter Formen aufzeigt. War Darwin noch auf die Ergebnisse künstlicher Selektion bei Nutzpflanzen und Haustieren angewiesen, so gibt es heute schon weit mehr Belegmaterial. Evolutionsexperimente lassen sich sogar unter kontrollierten Bedingungen im Labor durchführen. Je kleiner der Organismus ist, desto kürzer ist seine Generationsdauer, und desto länger sind die evolutiven Ketten, die man beobachtend und analysierend verfolgen kann. So kennt man „Stammbäume" über Hunderte von Generationen bei Drosophila, über Tausende bei Bakterien und über Zehntausende von Generationen bei Viren.

Gleichwohl gehören diese lehrreichen Untersuchungen immer noch in den Bereich der Mikroevolution. Die Makroevolution umfaßt nicht Jahre und Jahrhunderte, sondern Jahrmillionen und Jahrmilliarden. Wir werden also nach längeren Evolutionsketten Ausschau halten müssen.

b) „Frühformen"

Wenn Arten sich verändern, dann müssen sich auch die heute lebenden aus anderen früheren Formen entwickelt haben. Solche Urahnen sollten sich dann wenigstens fossil nachweisen lassen. Und wirklich hat die paläontologische Forschung hier eindrucksvolle Belege vorzuweisen. So fand man zum heutigen Pferd die Urform Eohippus (oder Hyracotherium), zum Nashorn die Frühform Hyrachyus, zum Elefanten das Moeritherium und sogar zum Wal einen Urahnen, den Protocetus.

Die Existenz von Frühformen beweist allerdings nur, daß eine Entwicklung stattgefunden hat; über Wandlungsgeschwindigkeit und Evolutionsverlauf, über Kontinuität und Ursachen kann sie noch nichts aussagen.

c) „Lückenlose Ahnenreihen"

Nach der Theorie verläuft das Evolutionsgeschehen in zahlreichen, kleinen Schritten. Die Stammesgeschichte muß also kontinuierlich sein – oder wenigstens *quasi-kontinuierlich*, wenn wir die diskrete Struktur der genetischen Information und den daraus folgenden unstetigen Charakter von Mutationen berücksichtigen wollen. In einer evolutiven Kette muß es deshalb auch alle Zwischenstufen geben bzw. gegeben haben.

Tatsächlich ließ sich die vermutete Kontinuität für viele Arten und Gattungen an Fossilien dokumentieren. Man kennt lückenlose Ahnenreihen für Trilobiten, Ammoniten, Austern, Schnecken[3], Elefanten, Kamele, Pferde. Dabei gilt der Stammbaum der Pferde mit Recht als das „Paradepferd" der Evolution (Ernst Haeckel), weil hier die Fundsituation besonders günstig ist.

Freilich belegen auch diese eindrucksvollen Formenketten nur die *Kontinuität der infraspezifischen Evolution*. Sie zeigen, daß hier keine

Entwicklungssprünge auftreten oder angenommen werden müssen. Dies ist eine wichtige *Bestätigung* der Evolutionstheorie. Aber unsere selbstgestellte Aufgabe ist damit noch nicht gelöst. Zunächst einmal wollen wir ja nicht nur den *Verlauf* der Stammesgeschichte möglichst lückenlos rekonstruieren, sondern auch die *Faktoren* der Evolution studieren und erkennen, ob und inwieweit sie das Evolutionsgeschehen tatsächlich erklären können. *Warum* haben sich die Pferde so entwickelt? Warum zum Beispiel sind sie allmählich und im Durchschnitt immer größer geworden, von 30 cm Schulterhöhe bei Eohippus bis 150 cm bei Equus?

Solche über längere Zeiträume andauernde gleichgerichtete Entwicklungen oder „evolutive Trends“ gibt es in großer Zahl. Zu ihrer Erklärung führt man gerne Begriffe ein wie „Orthogenese“ (Haacke 1893, Eimer 1897), „Orthoselektion“ oder „Orthoevolution“ (Plate 1913). Erklärt ist damit aber noch nichts. Der Begriff „Orthoevolution“ charakterisiert zunächst nur ein Bekenntnis, nämlich die *Überzeugung*, daß beobachtete Trends, also langfristig gleichgerichtete Merkmalsänderungen, durch einen anhaltend wirksamen Selektionsdruck erklärt werden können. Der jeweilige Selektionsvorteil muß jedoch in jedem Einzelfall auch wirklich nachgewiesen werden. Andernfalls dürfte man nur von zufälligen Trends oder „random drift“ sprechen. Auch bei der Evolution der Pferde, insbesondere bei ihrer Größenzunahme, wird man Orthoevolution vermuten, also davon ausgehen, daß über lange Zeiträume die jeweils größten Tiere begünstigt waren. Der erklärende Nachweis, daß auf Größenzunahme ein gleichmäßiger Selektionsdruck stand, muß aber hier wie in allen anderen Fällen erst einmal erbracht werden.

Bei den Pferden ist dies tatsächlich möglich. Die Vorläufer der Pferde waren Waldbewohner und somit Laubfresser. Wegen der zunehmenden Versteppung Nordamerikas waren sie „gezwungen“, zum Leben in der freien Steppe überzugehen und Grasfresser zu werden. Dieser Wechsel der Umweltbedingungen begünstigte Zehenreduktion, Hufbildung, Zahnwandel, Gebißveränderungen und eben auch zunehmende Körpergröße, die ja mit einer Steigerung der Körperkraft, der Fluchtschnelligkeit, des Aktionsbereichs und einer Rationalisierung des Stoffwechsels einhergeht. In diesem Fall können wir also den *beschriebenen* Sachverhalt tatsächlich auch mit Hilfe Darwinscher Prinzipien *erklären*.

Gleichwohl handelt es sich bei den hier erwähnten Ahnenreihen trotz der langen Zeiträume und des zum Teil beachtlichen Formenwandels nur um Mikroevolution. Evolutionsbiologisch werden das heutige Pferd und seine ausgestorbenen Urahnen gar nicht verschiedenen Arten zugerechnet. Es ist zwar sicher, daß Eohippus und rezentes Pferd nicht kreuzbar wären. Wenn es das Urpferd noch gäbe (wobei es natürlich nicht „Urpferd" hieße), *dann* würde es gegenüber dem neuzeitlichen Pferd gewiß eine selbständige Art darstellen. Der Artbegriff ist jedoch ausschließlich über die Fortpflanzungsgemeinschaft, also im Zeit*quer*schnitt oder „synchronisch" definiert und nicht im Zeit*längs*schnitt oder „diachronisch". Nur bei *gleichzeitig* lebenden (oder gleichzeitig gelebt habenden) Organismen kann man sinnvoll fragen, ob sie fruchtbar kreuzbar sind und also zur selben Art gehören. Deshalb gehören die Ahnen einer Art, z.B. des Pferdes, definitionsgemäß alle derselben Spezies an, weshalb wir auch nur von infraspezifischer Evolution sprechen. Was uns jedoch bei der Diskussion um die Makroevolution besonders interessiert, sind die *Übergänge zwischen verschiedenen Ordnungen, Klassen und höheren Kategorien.*

Diese beiden Gesichtspunkte – nicht nur Beschreibung, sondern auch Erklärung, nicht nur Mikroevolution, sondern auch Makroevolution – sollen uns auch bei der Beurteilung der weiteren evolutionsbiologischen „Zauberformeln" leiten.

d) „Missing links"

Trotz der überzeugenden Kontinuität der infraspezifischen Evolution wäre es durchaus noch denkbar – und der Schöpfungsbericht legt diese Vorstellung ja auch nahe –, daß von Anfang an ganz verschiedene Arten existiert hätten, die zwar Ähnlichkeit, aber keinerlei genetischen Zusammenhang, keine genealogische Verwandtschaft, keinen verbindenden Stammbaum, keine gemeinsamen Ahnen aufwiesen, sondern, unabhängig entstanden, sich auch unabhängig und durchaus kontinuierlich weiterentwickelt hätten. Zwischen den verschiedenen systematischen Einheiten bräuchte es dann keine Verbindung und keine Übergänge zu geben.

Nun behauptet aber die Evolutionstheorie über die Wandelbarkeit der Arten (a,b) und über die Kontinuität des evolutiven Geschehens (c) hinaus auch eine *Urverwandtschaft* alles Lebendigen, die *monophyletische* Abstammung aller Organismen. Diese Behauptung wird durch zahlreiche Untersuchungen aus Physiologie, Biochemie, Molekularbiologie, Genetik und anderen Disziplinen aufs schönste bestätigt. Erinnert sei hier nur an die Universalität des genetischen Codes, an die Tatsache also, daß alle Organismen molekularbiologisch dieselbe „Sprache" benützen. Eine solche Urverwandtschaft läßt aber auch phylogenetisch Kontinuität *zwischen* den höheren Kategorien der biologischen Systematik erwarten. Es sollte auch hier Zwischenglieder geben, die sich fossil nachweisen lassen müßten.

Tatsächlich hat die Paläontologie viele solche „missing links“ oder „fossile Brückentiere“ ans Licht gebracht. Als Beispiele geben wir in Abbildung 1 die Übergangsformen zwischen den schon in 3 genannten Tierklassen an. Ein Kreuz am Namen verrät dabei, daß die betreffenden Taxa ausgestorben sind. Außerdem sind die jeweiligen Erdzeitalter und die Funddaten aufgeführt.

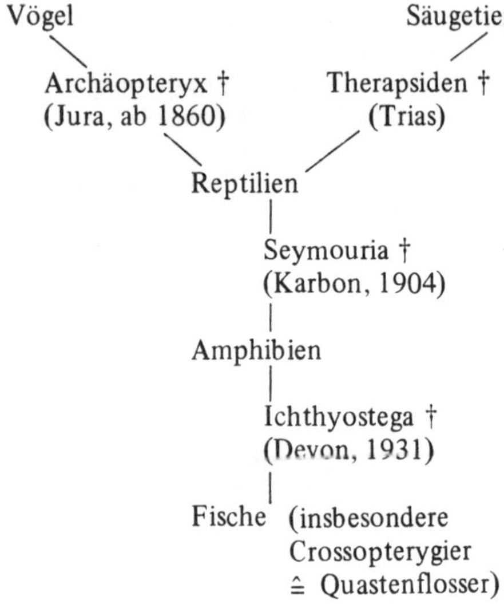

Abb. 1: Auch zwischen ganzen Tierklassen gibt es (fossil nachgewiesene) Übergangsformen.

Natürlich gibt es auch zwischen den hier eingetragenen Formen noch weitere Vertreter, welche die behauptete Kontinuität weiter untermauern, z.B. zwischen Archäopteryx und rezenten Vögeln noch Ichthyornis † und Hesperornis †, zwischen Therapsiden und „wirklichen“ Säugetieren die Gattung Diarthrognathus † (vgl. 4f.).

Spricht man von „Übergangsformen“, so meint man damit nicht, daß diese Lebewesen in allen Merkmalen *zwischen* Ausgangs- und Endform stünden. Auch die Amphibien stellen ja nicht in jeder Hinsicht die „Mitte“ zwischen Fischen und Reptilien dar. Vielmehr vereinen solche Brückentypen in sich mosaikartig Merkmale beider Formen. Tabelle 3 verzeichnet beispielsweise, in welchen Zügen der Urvogel Archäopteryx – wohl das berühmteste dieser „missing links“ oder

Reptil-Merkmale	Vogel-Merkmale
knöcherner Augenring Kiefer mit Kegelzähnen (wie bei Krokodilen)	
	Federkleid Vogelschädel
Rippen ohne Versteifungsfortsätze	Armskelett vogelähnlich
Brustbein klein, flach drei freie Finger mit Krallen	Vogelflügel
	Vogelbecken (nach hinten gedrehte Schambeine)
lange Schwanzwirbelsäule (aus 20 unverschmolzenen Wirbeln) Schienbein und Wadenbein nicht verwachsen	Beinskelett vogelähnlich (verschmolzene Fußwurzel- und Mittelfußknochen) erste Zehe den anderen gegenübergestellt

Tab. 3: Der Urvogel Archäopteryx als „Mosaiktyp": Reptilien- und Vogelmerkmale fügen sich mosaikartig zusammen.

vielmehr inzwischen „existing links" – *noch* mit seinen Vorfahren, den Reptilien, übereinstimmt und in welchen anderen *schon* mit seinen Abkömmlingen, den Vögeln.

Ähnliches gilt für alle anderen Übergangsformen. Wegen des mosaikartigen Ineinandergreifens „altmodischer" und „zukunftsweisender" Merkmale spricht man dabei auch von *Mosaikevolution* oder von *additiver Typogenese*.

Man könnte fragen, warum die Übergangsformen immer ausgestorben sind. Die Antwort, sie seien *wegen* ihres „halbfertigen" Charakters nicht durchsetzungsfähig gewesen, liegt natürlich nahe. Sie ist aber in den meisten Fällen falsch. Auch die Amphibien sind ja nur „halbfertige" Landtiere und leben dennoch munter weiter. Da sie aber noch existieren, sind sie natürlich nicht zu „missing links" geworden. Nur *ausgestorbene* Formen konnten überhaupt vermißt werden.

Bedenkt man, daß im Laufe der Evolution wesentlich mehr (etwa 100mal so viele) Tierarten ausgestorben sind, als heute noch existieren, so wird einem klar, daß die „missing links" nur wenige von überwältigend vielen ausgestorbenen Formen sind. Nur wegen ihres Übergangscharakters richtet sich unser Augenmerk besonders auf sie; die Gründe für ihr Aussterben brauchen aber nichts mit ihrer Brückenrolle zu tun zu haben.

Wenn allerdings die gesuchten Bindeglieder in nur wenigen Exemplaren und in räumlich und zeitlich eng begrenzten Verbreitungsgebieten gefunden werden (Archäopteryx z.B. in nur sechs Exemplaren und ausschließlich in Solnhofener Plattenkalken des Oberen Jura), dann liegt auch die Vermutung nahe, daß diese Evolutionsphase tatsächlich nur kurze Zeit dauerte und auf ein kleines Verbreitungsgebiet beschränkt war. Nach dem, was wir in 2 über die Bedeutung der Populationsgröße gesagt haben, leuchtet es ein, daß die Evolutionsgeschwindigkeit in diesen Stadien relativ hoch und die vermutete Übergangsform auch nur in *vergleichsweise* wenigen Exemplaren vertreten war. Daß wir den Archäopteryx überhaupt fossil nachweisen können, darf insofern als ausgesprochener Glücksfall angesehen werden.

Es wäre deshalb nicht einmal verwunderlich, wenn wir gar keine Vertreter solcher Zwischenformen mehr fänden. Lägen die Solnhofener Plattenkalke unter einem Gebirge, unter Gletschereis oder auf dem Meeresgrund oder wären sie bereits wieder ausgewaschen, so wüßten wir über den Archäopteryx nichts. Durch die Fundsituation würde dann ein Typensprung von den Reptilien zu den Vögeln *vorgetäuscht.*[6]

Umgekehrt wird sich der Evolutionsbiologe hüten, tatsächliche Lücken im Fossilmaterial oder „missing links" gleich als *Typensprünge* zu interpretieren und die Kontinuitätsthese der Evolutionstheorie leichtfertig aufs Spiel zu setzen. Vielmehr wird er davon ausgehen können, daß wirklich Zwischenglieder existiert haben und daß die Evolutionssprünge nur Artefakte der Fundsituation sind.

Echte Typensprünge oder Großmutationen sind also weder theoretisch zu erwarten, noch müssen sie aufgrund paläontologischer Befunde postuliert werden. Das ändert freilich nichts daran, daß die Evolutionsgeschwindigkeit veränderlich ist und daß Phasen der Stagnation, langsamer und schneller Evolution einander ablösen.

e) „Präadaptation"

Konnten wir auch die Wandelbarkeit der Arten (a), die Existenz von Frühformen (b), die Kontinuität der Entwicklung (c) und den monophyletischen Ursprung allen Lebens (d) *deskriptiv* plausibel machen, so fehlt uns doch noch immer die gewünschte Erklärung für das evolutive Geschehen. Wir sind durchaus überzeugt, *daß* aus Reptilien Vögel hervorgegangen sind. Aber *wie* und *warum* konnten sich Landbewohner zu gleit- und flugfähigen Tieren entwickeln?

Was helfen Federn, wenn keine Flugmuskulatur zur Verfügung steht? Was nützen andererseits Flugmuskeln, wenn man zum Fliegen zu schwer ist? Wozu aber wäre ein leichtes Skelett gut, wenn man kein Flügel hat? Wozu wiederum dienen Flügel, die noch keine Federn tragen? Und was kann man mit einem linken Flügel anfangen, wenn kein rechter da ist? Wie also konnte es zur Ausbildung so vieler Merkmale kommen, die erst *alle zusammen* das Fliegen ermöglichen? Welcher Selektionsdruck fördert die Ausbildung der Flugfähigkeit, solange man noch nicht fliegt?

Bei solchen skeptischen Fragen wird nun ein weiteres Zauberwort in die evolutionsbiologische Diskussion eingebracht, nämlich der Begriff der „Präadaptation". Dieser Begriff wurde von L. Cuénot eingeführt und dient der Beschreibung von zunächst *funktionslosen* Merkmalen, die erst in einem *späteren* Stadium der Evolution eine Funktion übernehmen, also *adaptiv* werden.[7] Der Organismus ist also in gewissem Sinne an spätere Umweltbedingungen und Anforderungen vorangepaßt oder *präadaptiert*.

Solche Fälle kommen zweifellos vor. Zwar behaupten strenge Selektionisten, funktionslose Strukturen dürfe es nicht geben und eine solche Funktionslosigkeit könne immer nur eine scheinbare sein, die durch genauere Nachforschung ausgeschlossen werden könne. Jedoch ist es evolutionsbiologisch durchaus denkbar, daß ein Merkmal entsteht und beibehalten wird, das selektions*neutral* ist, das also zwar keine Funktion und daher keinen positiven Selektionswert besitzt, aber eben auch keinen Nachteil bringt. In Ausnahmefällen können sogar *nachteilige* Eigenschaften beibehalten werden, nämlich kurzzeitig bei Gendrift in kleinen, isolierten und deshalb konkurrenzlosen Populationen und sogar langfristig, wenn das nachteilige Merkmal genetisch an ein Merkmal gekoppelt ist, dessen positiver Selektionswert den angenommenen Nachteil überwiegt. Wenn aber sogar Nachteile in Kauf genommen werden können, dann sind natürlich neutrale Eigenschaften erst recht möglich. Präadaptation ist also durchaus denkbar.

Fische atmen durch Kiemen und besitzen nur geringfügig versteifte Flossen. Die Crossopterygier jedoch – als deren lebendes Fossil der rezente Quastenflosser gelten darf – verfügten über zusätzliche Nasenrachenräume, Lungensäcke und Stützknochen in den Flossen, obwohl sie immer „noch" Fische waren. Sie waren „präadaptiert", an Land zu gehen und zu Vorfahren der Landwirbeltiere zu werden. – Einige Reptilien entwickelten bereits gewichtsparende Hohlknochen, die auf das Fliegen des späteren Archäopteryx „vorbereiteten". – Manche gingen vom vierfüßigen zum zweifüßigen Laufen über, so daß die Vorderbeine frei wurden und zu Flugwerkzeugen umgewandelt werden konnten. Sie waren zum Fliegen „präadaptiert". – Wenn man so will, dann waren sogar die Bakterien, die gegen Penicillin resistent, oder die Insekten, die gegen DDT immun sind, für das Leben mit Medikamenten und Insektiziden „präadaptiert".

Gleichwohl ist der Ausdruck „Präadaptation" gänzlich verfehlt. Zunächst einmal handelt es sich ja gerade *nicht* um eine Anpassung, sondern um ein zufälliges, neutrales (oder sogar nachteiliges) Merkmal, das eben so mitgeschleppt wird. Von einer „Vor-Anpassung" zu sprechen, legt dagegen eine teleologische Deutung nahe, die weder zulässig noch eigentlich beabsichtigt ist. Die „präadaptierten" Lebewesen sind in keiner Weise an die Zukunft angepaßt und schon gar nicht vor-angepaßt. Vor allem aber führt eben die statistische Streuung der Merkmale einer Art oder Population und damit ihre genetische (und evolutive) Bandbreite zu Abweichungen vom Normal- oder Durchschnittstyp *in ganz verschiedene Richtungen*. Darunter kann *zufällig* auch eine Abweichung sein, die sich später als nützlich erweist. Man spricht deshalb heute lieber von „Prädisposition".

Auch diese Bezeichnung ist nicht besonders glücklich. Erstens ist die Vorsilbe „Prä-" im Grunde überflüssig, weil ja schon das Wort „Disposition" auf mögliche oder zukünftige Bedingungen verweist. Sie ist zweitens irreführend, indem sie erneut ein *gerichtetes* oder gar zielgerichtetes (teleologisches) Element suggeriert, das ja gerade vermieden werden soll. Freilich hat sich der Ausdruck eingebürgert, und mit einiger Vorsicht wird man ihn auch ohne Nachteil verwenden können.

Trotzdem kann auch das Faktum der Prädisposition unser Problem *nicht* lösen. Funktionslose Strukturen, wie sie dabei postuliert und auch beobachtet werden, mag es zwar geben. Aber eine funktionslose Struktur wird desto unwahrscheinlicher, je weiter sie vom erprobten und optimal ausgelegten Normaltyp abweicht. Denn je größer die Abweichungen sind, desto mehr alternative Varianten wird es geben. Wie immer in der Evolutionslotterie gibt es auch hier unglaublich viele Nieten und nur verschwindend wenige Treffer. Ob man sich dabei auf die Anpassung an eine gegenwärtige oder an eine zukünftige Umwelt bezieht, spielt für eine solche Wahrscheinlichkeitsbetrachtung keine Rolle.

Der gesamte Genvorrat einer Reptilienpopulation mag zufällig einige Mutationen *in Richtung auf* Flugfähigkeit aufweisen. Gleichzeitig wird es aber auch Mutationen in *alle anderen* Richtungen geben. Warum aber sollten ausgerechnet alle Mutationen in Richtung Fliegen in *einem* Individuum zusammenkommen, wenn noch keine Selektion solche Merkmale oder Merkmalskombinationen begünstigt?

Eine funktionslose Struktur kann immer nur *unbedeutend* sein; keine Fischart wird eine *funktionslose* halbe Lunge, keine Reptilienart einen *funktionslosen* linken Flügel entwickeln. Die zufällige Entstehung eines solchen funktionslosen, aber prädisponierten Merkmals ist beliebig unwahrscheinlich, ebenso unwahrscheinlich wie die fiktiven Makromutationen oder gerichteten Folgen von Mikromutationen, d.h. *praktisch unmöglich*. Prädispositionen im Sinne unbedeutender Merkmalsveränderungen, die sich *später* als zufällig nützlich erweisen, mag es geben; aber die makroevolutiven Vorgänge erklären sie gerade nicht.

f) „Funktionswechsel“

Bei genauerer Prüfung der Fälle, in denen Präadaptationen oder Prädispositionen für die Makroevolution verantwortlich gemacht werden, wird man feststellen, daß die betrachteten Strukturen auch gar nicht funktionslos sind, sondern ihre Funktionen lediglich *gewechselt* haben. Insbesondere dienen die Vordergliedmaßen der Wirbeltiere in einer beispielhaften Folge von *Funktionswechseln* zum Schwimmen, zum Laufen, zum Graben, zum Greifen, zum Klettern und eben auch zum Fliegen.

Daß Organe ihre Funktion wechseln können, gehört zu den Grundeinsichten der Evolutionsbiologie. Die Bedeutung dieser Tatsache ist schon von Darwin erkannt und betont worden.[8] Am Wechsel von Funktionen kann man die Gesetzmäßigkeiten der Evolution studieren, insbesondere ihre unerschöpfliche Phantasie, ihren Opportunismus, das Verhältnis von Form und Funktion und das Zusammenwirken von Zufall und Gesetzmäßigkeit. Von den unzähligen Beispielen seien hier nur noch wenige aufgezählt.

Ein Insektenbein kann nicht nur als Laufbein, sondern „nebenbei“ auch als Grabschaufel, Kiefer, Saugrüssel, Ruder, Geräuscherzeuger, Paarungswerkzeug und als Legeröhre dienen. – Bei Hautflüglern wie Bienen und Wespen ist der ursprüngliche Legeapparat der Weibchen zu einem Wehrstachel „umfunktioniert“ worden. Nur die Königin kann noch Eier legen, dafür aber nicht stechen. Die Arbeiterinnen dagegen können zwar stechen, aber keine Eier mehr legen. (Die männlichen Tiere schließlich können demgemäß weder stechen noch Eier legen.) – Die frühesten Fische hatten noch keinen Kiefer. Die Kieferknochen entstanden erst später aus Knochen, die ursprünglich der Unterstützung der vordersten Kiemenbögen gedient hatten. – Zähne entstanden aus Schuppen, Schwimmblasen aus primitiven Lungen (nach Darwin sollte es übrigens umgekehrt sein[8]), usw.

Die Gehörknöchelchen im Mittelohr der Säugetiere sind ihrerseits aus abgewanderten Knochenteilen des „primären“ Kiefergelenks der Fische entstanden. Bei den frühen Landwirbeltieren rückte zunächst ein Kieferknochen ins Ohr und wurde bei den Säugern zum „Steigbügel“, bei Amphibien, Reptilien und Vögeln zur „Columella“. Später wanderten dort – allerdings nur bei den Säugetieren – zwei weitere Teile des Kiefergelenks ein, die zu „Hammer“ und „Amboß“ umgewidmet wurden; die Kiefer arbeiten nun mit einem „sekundären“ Kiefergelenk, das andere Knochen beansprucht. Diese Umstellung ist so charakteristisch, daß man sie als entscheidendes Kriterium für die Grenzziehung zwischen Reptilien und Säugern benützt, eine Unterscheidung, die im übrigen wegen der „Verzahnung“ der Merkmale (vergleiche Mosaik-Evolution in 4d) recht schwierig ist.

Ein eindrucksvoller fossiler Beleg für diesen Übergang ist die Gattung Diarthrognathus †, die sowohl („noch“) das primäre als auch („schon“) das sekundäre Kiefergelenk besitzt. Diarthrognathus steht also tatsächlich *auf* der definitorisch (und zum Teil willkürlich) festgelegten Grenze zwischen Reptil und Säugetier. Hier wird dieselbe Funktion von zwei Strukturen ausgeübt. So wird verständlich, wie und warum die Knochen des primären Kiefergelenks entbehrlich und für neue Aufgaben frei werden konnten.

Es kann jedenfalls kein Zweifel bestehen, daß Funktionswechsel für den Gang der Evolution charakteristisch und konstitutiv sind. Sie lassen uns auch verstehen, wie ein Organ zustandekommen mag, das seine Funktion überhaupt erst ausüben kann, wenn es fertig ist. Die ersten Schritte in Richtung auf dieses Organ werden eben gerade *nicht* um dieser Funktion willen unternommen, sondern aus anderen Gründen, im Hinblick auf eine andere Funktion, bei der auch schon jeder evolutive Zwischenschritt positiv bewertet wird.

Trotzdem sind wir noch nicht am Ziel. Unser Anliegen ist es ja, das Auftreten neuer Organe, neuer Funktionen, neuer Baupläne zu *erklären*. Wir haben nun erkannt, daß dabei Funktionswechsel eine wichtige Rolle spielen. Wir haben damit aber noch nicht geklärt, warum solche Funktionswechsel überhaupt stattfinden. Wenn größere evolutive Abläufe sich durch den Wechsel von Organfunktionen *beschreiben* lassen, *warum* kommt es zu solchen Ablösungen? Wie werden sie ausgelöst? Ist es vorstellbar, daß der Legeapparat einer Biene *plötzlich* zum Wehrstachel umgebaut wird? Waren die Knochen der Fischahnen zuerst Kiemenstützen und dann *mit einem Male* Kieferknochen? Und konnten die Kiefergelenkteile von Diarthrognathus etwa *über Nacht* zu den Gehörknöchelchen der Säugetiere werden? Sicher nicht. – Oder gibt es etwa ein Zwischenstadium, in dem weder die eine noch die andere Funktion ausgeübt wird? Gibt es Merkmalsausbildung ohne Funktion? Auch das haben wir in 4e (unter dem Stichwort „Präadaptation“) bereits ausgeschlossen.

Wir sehen, daß der Begriff des Funktionswechsels, so angemessen er zur *Beschreibung* des Evolutionsgeschehens auch sein mag, zur

Erklärung dieser Vorgänge doch noch nicht ausreicht. Was aber fehlt uns für eine solche Erklärung? Wollten, nein müssen wir nicht zeigen, daß die stammesgeschichtlichen Veränderungen durch zahlreiche, aufeinander folgende, aber ungerichtete Mikromutationen zustandekommen, von denen jede (oder fast jede) *einzeln durch die Selektion positiv bewertet* wird? Wie ist diese Aufgabe mit der Idee des Funktionswechsels zu vereinbaren?

5 „Wenn ich an das menschliche Auge denke, bekomme ich Fieber." (Darwin)

Offenbar leisten alle die genannten Zauberformeln der Evolutionsbiologie noch nicht das, was sie sollten bzw. was wir von ihnen erhoffen – nämlich das makroevolutive Geschehen in Übereinstimmung mit und unter ausschließlicher Verwendung von Prinzipien der Evolutionstheorie zu *erklären*. Diese Tatsache wird von Evolutions*gegnern* durchaus gesehen und geschickt genützt. Sie legen Beispiele makroevolutiver Veränderungen vor, denen nicht nur der Laie hilflos gegenübersteht, sondern bei denen auch das bisher entwickelte begriffliche Werkzeug des Evolutionstheoretikers versagt. Beliebte Beispiele sind dabei u.a. die Entstehung von Flügeln, die Entstehung des Ohres, die Entstehung des menschlichen Auges, die Entstehung des Lebens überhaupt. Auch Darwin hat – das zeigt unsere Kapitel-Überschrift – diese Schwierigkeit schon gesehen und offen eingestanden.

Nun sind offene Fragen noch keine Widerlegung. Sie werden aber in Argumente umgemünzt, indem man nicht nur feststellt, daß das Problem vorerst *ungelöst* ist, sondern auch behauptet, daß es mit evolutionstheoretischen Mitteln eben *unlösbar* sei. Dazu gibt es zwei Strategien. Der Evolutionsgegner appelliert entweder an die *Intuition* seines Gesprächspartners und versichert, daß etwas so Kompliziertes (und Schönes) wie das erste Lebewesen oder das menschliche Auge doch unmöglich „durch Zufall" entstanden sein könne, wie es die Evolutionstheorie behauptet. Oder er gibt dem Einwand eine *mathematische Scheinpräzision* und weist nach, daß für die Entstehung des fraglichen Merkmals mindestens so und so viele Teilschritte erforderlich seien und daß die Wahrscheinlichkeit, alle diese Schritte zufällig und gleichzeitig zu bekommen, extrem klein und damit das Auftreten des Merkmals (also z.B. des Auges) praktisch unmöglich sei.

Dieses Argument gewinnt sogar noch an Überzeugungskraft dadurch, daß jemand, der Strukturen und Funktionen lebendiger Systeme im Detail studiert, von der unvergleichlichen Komplexität dieser

Systeme *erst recht* überzeugt wird. Tatsächlich ist es unglaublich, welch phantastische Vielfalt, Dynamik und Komplexität Organismen aufweisen. Fast jede neue Entdeckung der Biologie verstärkt diesen Eindruck und macht die Alternative „Komplexität *oder* Zufall?" sogar noch überzeugender.

Ist nun also das menschliche Auge „zusammengewürfelt" worden, durch *zufällige* Kombination zufälliger Einzelschritte entstanden, oder nicht? Hier nützt es zunächst einmal nichts, wenn man feststellt, daß sich Augen im Tierreich rund vierzigmal unabhängig voneinander entwickelt haben. Diese Tatsache legt zwar nahe, daß die „Erfindung" des Auges so schwierig doch nicht gewesen sein dürfte. Sie belegt auch die naheliegende Vermutung, daß auf der Fähigkeit, optische Signale zu verarbeiten, ein starker Selektionsdruck steht. Die vielen verschiedenen Augentypen lassen uns sogar hoffen, daß sich die Evolution des Wirbeltierauges (das ja nicht fossiliert) vielleicht durch Vergleich verschiedener rezenter Augenarten rekonstruieren lassen werde. Aber zur *Erklärung* der Evolution von Augen reicht das alles noch nicht. Immer noch fehlt der Nachweis, daß schon jeder Einzelschritt *in Richtung auf* ein fertiges Auge selektiv begünstigt war und nicht erst das vollendete Organ.

Nun sind wir in der glücklichen Lage, diesen Nachweis beim Auge tatsächlich führen zu können. Das Wirbeltierauge ist weder als fertiges Ganzes entstanden, noch in zahlreichen *gerichteten* Mutationsschritten zusammengebaut worden. Wir können – wenigstens im Prinzip – alle Vor- und Zwischenstufen rekonstruieren und zeigen, wie jeder Schritt selektiv bewertet wird.[9]

Im Grunde beginnt die Evolution des Auges schon bei unbelebten Systemen mit Prozessen, die durch Licht ausgelöst oder verhindert werden. (Ein Beispiel ist die lichtinduzierte Zersetzung von Silberjodid oder Silberbromid, die wir bei Filmen und Photoplatten ausnützen.) So ist es kein Wunder, daß schon Einzeller Lichtreaktionen aufweisen. Sie können immerhin „wissen", ob es Tag oder Nacht ist. Eine einfache Kombination von lichtempfindlichem Pigment und lichtabsorbierenden, also „schattenspendenden" Zellteilen erlaubt dann bereits eine rudimentäre Richtungsempfindlichkeit und damit z.B. phototaktisches (d.h. lichtorientiertes motorisches) Verhalten.

Bei Mehrzellern können nun schon spezielle Zellen arbeitsteilig für Aufgaben der Lichtverarbeitung „freigestellt" werden. Bei beweglichen Tieren werden sich solche lichtempfindlichen Zellen vor allem an der Vorderseite ansammeln, da es für das Tier im allgemeinen wichtiger ist zu wissen, wohin es geht, als zu sehen, wo es war. Derart benachbarte Zellen lassen sich dann auch leicht nervös zusammenschalten, also „verdrahten" und koordinieren.

Andererseits sind solche Zellen an der Vorderseite eines Tieres besonders gefährdet. Deshalb wird es ein Vorteil sein, die Lichtsinneszellen in einer schützenden Vertiefung unterzubringen. Diese *Schutzfunktion* kann in jedem Einzelschritt positiv bewertet werden. Von einer gewissen Grubentiefe an ergibt sich nun aber ganz von selbst ein weiterer Vorteil: Ein Grubenauge erlaubt einfaches Richtungs- und Bewegungssehen, da der Grubenrand das Blickfeld einschränkt und eine Lichtquelle dadurch *im* Blickfeld oder eben auch *außerhalb* liegen kann.

Richtungs- und Bewegungssehen sind natürlich um so schärfer, je enger die Öffnung für den Lichteinfall ist. So kann sich schrittweise und unter laufender selektiver Kontrolle ein Lochkamera-Auge ausbilden. Ein solches Auge taugt nun aber auch, ohne für diesen Zweck selegiert worden zu sein, zum Bildsehen. Damit ist wieder eine neue Funktion entstanden. Allerdings hat eine derartige Lochkamera den Nachteil, daß das entstandene Bild entweder (bei großer Blende) unscharf oder (bei kleiner Blende) lichtschwach ist. Auch ist sie anfällig gegen das Eindringen von Fremdkörpern. Wieder ist es nun zunächst die Schutzfunktion, welche die Entwicklung einer ausfüllenden durchsichtigen (gallert- oder glasartigen) Substanz oder die Abdeckung der Blende durch ein durchsichtiges Häutchen begünstigen wird. Wie nebenbei ergibt sich so aber auch die Möglichkeit zu einer schrittweisen Verbesserung der optischen Eigenschaften, insbesondere zur Bildung einer Sammellinse, die dann Bildschärfe und Lichtstärke glücklich vereinigt.

Diese Skizze zeigt, daß und wie das Wirbeltierauge durchaus in kleinen, einzeln bewerteten Schritten entstehen konnte. Das gleiche gilt natürlich auch für die zentralnervöse Verarbeitung der optischen Reize. Auch sie brauchte offenbar nicht mit einem Schlag, also durch eine Makromutation, aufgebaut zu werden, sondern konnte ebenfalls schrittweise erfolgen, wobei nacheinander Sehen überhaupt, dann Richtungssehen, Bewegungssehen und schließlich Bildsehen ermöglicht und vervollkommnet wurden.

Studiert man nun diese Evolution des Linsenauges, so fällt auf, daß die beteiligten Strukturen ihre Funktionen gar nicht wechseln, daß vielmehr die genannten Merkmale neben ihrer ursprünglichen und zunächst für die Evolution allein wesentlichen Funktion ganz nebenbei eine zweite Funktion ausbilden bzw. übernehmen, die allerdings erst von einem gewissen Reifegrad an zum Tragen kommt. Die zweite Aufgabe braucht dabei die erste nicht *abzulösen*; beide können durchaus gleichzeitig und nebeneinander bestehen. Die Einsenkung der lichtempfindlichen Zellen dient dem Schutz *und* dem einfachen Bewegungssehen, die Lochkamera dem besseren Bewegungssehen *und* der einfachen Abbildung, die durchsichtige Deckhaut dient dem Schutz vor Fremdkörpern *und* – als Sammellinse – dem lichtstarken Bildsehen.

Was wir finden, ist also jeweils eine *Doppelfunktion* der beteiligten Strukturen. Diese Doppelfunktion braucht nicht von Anfang an vorzuliegen. Vielmehr stellt sich die zweite Funktion häufig erst ein, nachdem die erste einer längeren evolutiven Bewertung unterworfen war; ja, die schrittweise Ausbildung der ersten Funktion führt überhaupt erst zur zweiten. Erst eine *ausreichende* Vertiefung des Augenbechers erlaubt Schattenbildung, erst eine *starke* Verengung der Blende ermöglicht eine Abbildung, und erst eine *vollständige* Schutzhaut kann bei variabler Dicke ansatzweise als Sammellinse dienen.

Welche Einsicht haben wir hiermit gewonnen? Erst der Begriff der *Doppelfunktion* hat es uns möglich gemacht, die Evolution des Wirbeltierauges und damit auch des menschlichen Auges wirklich zu verstehen. Und wir dürfen vermuten, daß solche Doppelfunktionen ein entscheidendes Element bei allen makroevolutiven Vorgängen sind. Zum Verständnis makroevolutiver Prozesse ist der Nachweis derartiger Doppel- oder auch Mehrfachfunktionen nicht nur willkommen, sondern unbedingt erforderlich. Wie sonst könnten über Mikromutationen Merkmale entstehen, die erst im fertigen Zustand „funktionieren", also erst mit und nach ihrer Vollendung einen Selektionsvorteil bieten? Wie sonst wäre eine lange Folge zahlreicher „geeigneter", „richtiger", „passender", „günstiger" Mutationsschritte *in Richtung auf* das funktionsfähige Merkmal, Gewebe, Organ, Prinzip denkbar, die nicht im Zufallschaos bzw. im Abgrund statistischer Unwahrscheinlichkeiten verschwände?

Wir behaupten also, daß die heute anerkannte Evolutionstheorie dann und nur dann zur erhofften Erklärung des Evolutionsgeschehens ausreicht, wenn sie die Rolle der Doppelfunktion berücksichtigt und wenn es ihr gelingt, solche Doppelfunktionen in hinreichend vielen Fällen nachzuweisen.

6 Die Lücke der Evolutionstheorie: Nachweis von Doppelfunktionen

Von der Evolutionsbiologie ist die tragende und unverzichtbare Rolle von Doppelfunktionen bisher nicht genügend beachtet und betont worden. Das zeigt schon ein kurzer Blick in die besten Bücher zur Evolutionstheorie.[10] Wir müssen darauf verzichten, diese Bücher bzw. ihre „Lücken" zu zitieren. In der Regel begnügt man sich mit den genannten Zauberformeln „Mosaikevolution, Präadaptation, Funktionswechsel". Wird im Einzelfall tatsächlich einmal eine Doppelfunktion entdeckt, so wird sie wohl dankbar registriert; daß aber Doppelfunktionen das Evolutionsgeschehen überhaupt erst möglich und verständlich machen und für eine kausale Evolutionsforschung unabdingbar sind, das wird im allgemeinen übersehen. So bleibt die Evolutionsbiologie, ohne es zu wissen oder zu wollen, bei der Beschreibung des evolutiven Geschehens stehen. Es gelingt ihr nicht, zur *Erklärung* dieses Geschehens vorzudringen, also auch die Frage „warum?" zu beantworten. Auf diese Unvollständigkeit ist im Titel dieser Arbeit Bezug genommen.

Die Frage, die sich der Evolutionsbiologe grundsätzlich stellen muß, wenn er kausalanalytisch interessiert ist, lautet also: „Welche Doppelfunktion (oder Mehrfachfunktion) ist es, bei der die langfristige positive Bewertung der *einen* Funktion die *andere* Funktion ganz nebenbei zur Funktionsreife bringen konnte?"

In vielen Fällen erfordert die Antwort auf diese Frage gar keine neuen empirischen Fakten, sondern nur eine Änderung der Blickrichtung. Vielleicht wird man der vorliegenden Doppelfunktion nur deshalb nicht gewahr, weil man nicht danach sucht. So weisen zahlreiche der in 4f genannten Fälle von Funktionswechsel eine zeitliche *Überlappung* der früheren und der späteren Funktion auf; für einige Zeit lag also tatsächlich eine Doppelfunktion vor. Ein einfaches Beispiel ist die Evolution der Pferdezähne. Diese müssen in einer Übergangszeit sowohl zum Laub- als auch zum Grasfressen getaugt, also eine Doppelfunktion ausgeübt haben. Ebenso können Robben oder Seehunde ihre Flossen „noch" zum Gehen *und* längst auch zum Schwimmen benützen.

In anderen Fällen wird man allerdings auf *neue* empirische Erkenntnisse angewiesen sein. Dann kann die Suche nach der Doppelfunktion eine wertvolle heuristische Rolle übernehmen. Es wird sich jedenfalls lohnen, weitere Fälle von Doppelfunktionen zu studieren. Hier sollen noch einige Beispiele zur Sprache kommen, die – wie das Auge – besonders gern als anti-evolutionistische Argumente herangezogen werden und andererseits unsere These „keine Makroevolution ohne Doppelfunktion" auf das schönste bestätigen.

Die Lungensäcke des Quastenflossers bildeten sich aus Ausstülpungen der Speiseröhre. Durch Verschlucken von Luft (und anschließende Sauerstoff-Absorption) konnten die Tiere die Sauerstoffarmut der Devon-Sümpfe ausgleichen, worauf natürlich ein starker Selektionsdruck stand. Die Wandung der Speiseröhre übernahm damit offenbar eine *Doppelfunktion*.

Leichte, aber stabile Knochen zu besitzen, war auch für ein flugunfähiges Reptil nicht wertlos. Sie konnten für die Fortbewegung, für die Bodenschnelligkeit, beim Klettern, beim Fallen, bei Luftsprüngen vorteilhaft sein. Erst viel später mag sich dann herausgestellt haben, daß sie auch für den Gleitflug und für andere Arten des Fliegens taugen, also eine *Doppelfunktion* ausüben können.

Zweifüßiges Laufen kann, schon lange bevor es zur Flugfähigkeit kommt, beim Sichern, beim Klettern, beim Festhalten von Nistmaterial, beim Fangen von Beute, bei der Abwehr von Freßfeinden nützlich sein. Dabei können natürlich auch mehrere Funktionen ausgeübt werden. Das Fliegen ist dann nur eine *weitere* Funktion, die von der Zweifüßigkeit erfüllt wird.

Vogelflügel müssen, bevor sie wirklich zum Fliegen dienen konnten, ihrerseits andere Aufgaben erfüllt haben, denen sie auch in „halbfertigem" Zustand gerecht wurden. Solche Zwecke könnten ein langsameres Fallen, der Gleitflug, also ein verzögertes Fallen mit Ortswechsel, oder der Insektenfang gewesen sein. In allen Fällen sind auch erste Ansätze schon wertvoll und selektiv wirksam. Erst viel später mag dann die Flugfähigkeit als zweite (oder dritte) Funktion *hinzugekommen* sein. Auch Vogelfedern dürften in erster Linie dem Wärmeschutz (und auch als Fangnetz?) und erst später *zusätzlich* dem Fliegen gedient haben, und der fertige Flügel dient seinerseits nicht nur der Fortbewegung, sondern auch als Waffe, als Schmuck, als Ruder oder sogar (bei den Alken) als Flosse.

Eine besonders schöne Bestätigung unserer These bietet die Entstehung des Säugerohres. In 4f hatten wir berichtet, daß die Gehörknöchelchen Hammer und Amboß bei Reptilien noch im Kiefergelenk liegen und – unter anderen Namen – der Gelenkung dienen, bei Säugetieren dagegen im Mittelohr sitzen, wo sie die Schallübertragung leisten. Die Zwischenform Diarthrognathus macht darüber hinaus verständlich, wie und warum diese Knochen mit Ausbildung des sekundären Kiefergelenks allmählich „entbehrlich" wurden. Aber warum sind sie ins Ohr gewandert? Gab es denn einen Selektionsdruck, der bereits die ersten Ansätze einer solchen Umwidmung belohnen konnte? Wo ist die vermutete Doppelfunktion, die uns den Übergang verständlich machen würde? Sollten die Knöchelchen etwa einige Zeit *sowohl* der Gelenkung als *auch* der Schallübertragung gedient haben? Genau so ist es!

Reptilien nehmen Bodenvibrationen „schon immer" über schallleitende Knochen wahr, und zwar über Vorderbeine, Brustgürtel, Wirbelsäule und Schädelknochen einerseits, über (den auf dem Boden aufliegenden) Unterkiefer, *Kiefergelenk*, Schädel und Ohr andererseits. (Auch Vögel haben in den Beinen noch feine Sinnesorgane, die Bodenerschütterungen registrieren.) Die Knochen des Kiefergelenks leiten also schon bei Reptilien auch Schall zum Ohr; sie sind von ihrer

Funktion her schon immer Teile des Gehörs, versehen also ursprünglich tatsächlich eine *Doppelfunktion.*[11] Eine bessere Bestätigung hätten wir uns gar nicht wünschen können.

Ist so die *Rolle* und die *Notwendigkeit* der Doppelfunktion durchaus gesichert, so ist ihr *Vorliegen* doch längst nicht in allen fraglichen Fällen auch wirklich nachgewiesen. Wir müssen es vielmehr als eine bislang unerfüllte Aufgabe der Evolutionsbiologie ansehen, solche Nachweise tatsächlich zu erbringen. Dabei wird es häufig genügen müssen, daß man zeigt, wie es gewesen sein *könnte*, welche Doppelfunktion also für die allmähliche Ausbildung eines Merkmals verantwortlich gewesen sein mag, ohne daß wir zeigen können, ob die Evolution tatsächlich so verlaufen ist.

Trotz dieses relativ bescheidenen Programms – schon ein *Modellweg* würde uns genügen – bleibt die Aufgabe in ihrer Gesamtheit letztlich *unerfüllbar*. Man schätzt die Zahl der heute lebenden Arten auf zwei Millionen. Etwa hundertmal so viele, also rund 200 Millionen, sind bereits wieder ausgestorben. Alle Arten unterscheiden sich voneinander in mehreren Merkmalen. Es gibt also so unglaublich viele Merkmale bei Organismen, daß eine vollständige phylogenetische Erklärung über Doppelfunktionen nicht für alle diese Merkmale erhofft werden kann. In diesem Sinne wird die Evolutionsbiologie immer unvollständig und lückenhaft bleiben. Auch darauf bezieht sich der Titel dieser Arbeit.

Vor dieser Einsicht wird man nun – erneut etwas bescheidener geworden oder auch recht ungehalten – fragen, für wieviele Merkmale von Organismen und für welche denn die behauptete Doppelfunktion eigentlich nachgewiesen werden müsse, damit man die Evolutionstheorie als ausreichend gesichert und die genannten Evolutionsfaktoren als vollständig ansehen dürfe. Die Antwort ist einfach, wenn auch nicht von der zweifellos wünschenswerten Präzision.

Wissenschaft sucht nach Erklärungen für alles, was uns einer Erklärung zu bedürfen scheint. Doppelfunktionen – und damit erklärende Modellwege – sollten also für alle jene Erscheinungen angestrebt werden, die wir für erklärungsbedürftig halten. Jedenfalls sollte man Erklärungen der genannten Art wenigstens für jene Merkmale von Organismen geben können, die von Anti-Evolutionisten als angeblich überzeugende Argumente *gegen* die Richtigkeit oder mindestens gegen die Vollständigkeit der Evolutionstheorie vorgebracht werden.

Für das Auge – ein Lieblingsbeispiel der Evolutionsgegner – ist dies in befriedigender Weise gelungen (vgl. 5). Weitere phylogenetische Erklärungen existieren; viele Fragen sind auch noch offen. Und in einigen Fällen mag eine nachträgliche kausale Erklärung des Evolutionsverlaufs sogar ganz unmöglich sein.

Wegen der praktischen Unmöglichkeit, dieses Erklärungsprogramm völlig abzuschließen, wird freilich ein uneinsichtiger Evolutionsgegner immer neue, bisher unerklärte Merkmale und damit ungelöste Probleme vorlegen können. Dieses Argumentationsmuster – „die Evolutionstheorie mag ja vieles erklären, aber gewiß nicht das Merkmal X" – hatten wir schon in 1 als charakteristisch bezeichnet. Niemand kann gehindert werden, sich auch nach hundert oder tausend geglückten phylogenetischen Erklärungen noch immer nicht geschlagen zu geben und für die verbleibenden Phänomene eine Entelechie, eine vis vitalis, eine evolutive Schwerkraft oder Gott als Lückenbüßer einzusetzen.

Dieses Argumentationsmuster wird sich aber schließlich doch leerlaufen; es muß einfach langweilig werden. Deshalb sei auf die pragmatische Frage „Wann sollen wir diesen Dialog endlich abbrechen?" auch *pragmatisch* geantwortet: „Dann, wenn wir nicht mehr befürchten müssen, daß unseren Kindern in der Schule eine kreationistische oder deutlich anti-evolutionistische Lehre als mit der Evolutionstheorie gleichwertig, als wissenschaftlich vertretbar oder gar als überlegen angepriesen wird; dann also, wenn „Affenprozesse" wirklich keine Aussicht mehr auf Erfolg haben."

Vorerst aber stehen selbst Biologen den Argumenten und vor allem den Standardbeispielen der Evolutionsgegner häufig hilflos gegenüber. Sie haben den Evolutionsgedanken sozusagen mit der Muttermilch ihrer biologischen Ausbildung übernommen, nehmen die *Tatsachen* der Evolution zu leicht für eine *Erklärung* der Evolution, halten die unzähligen Bestätigungen der Evolutionstheorie für Beweise und ihren Erfolg für ein Wahrheitskriterium. Da man sich in dieser Einschätzung mit allen Kollegen einig weiß, wird nicht nur die Evolution, sondern auch die Evolutionstheorie immer schon vorausgesetzt, kaum wirklich studiert und nur ganz selten argumentativ durchdacht. So kommt es, daß erst die Evolutionsgegner den Biologen auf die Lücken in seinem Wissen und seinem theoretischen Verständnis aufmerksam machen und möglicherweise ratlos und zweifelnd zurücklassen.

Jean Piaget beklagt sich einmal darüber[12], daß ein Laie sich zwar nicht einbilde, ein guter Physiker oder Philosoph zu sein, daß sich aber jeder für einen guten Psychologen halte und deshalb bereitwillig psychologische Hypothesen und Erklärungen anbiete, ohne sich der Oberflächlichkeit seiner Vermutungen auch nur bewußt zu sein. Mit der Evolutionstheorie dürfte es ähnlich stehen. Tatsächlich scheinen viele zu glauben, mit den Begriffen „Mutation" und „Selektion" sei schon alles Wesentliche und Wissenswerte zur Evolutionstheorie gesagt. Auf die Frage „Wie ist dieses bestimmte Merkmal (z.B. das menschliche Auge) entstanden?" antwortet man flott mit diesen

Schlagwörtern und meint, damit wirklich etwas Informatives gesagt und die Frage vielleicht sogar beantwortet zu haben.

Die Auskunft „durch Mutation und Selektion" erklärt jedoch noch überhaupt nichts. Sie ist nicht viel mehr als das *Bekenntnis*, daß das fragliche Merkmal auf *natürliche Weise* entstanden und andererseits auch kein bloßes Zufallsprodukt sei, so daß eine phylogenetische Erklärung wohl *möglich* sei. Gegeben ist die erhoffte Erklärung dadurch jedenfalls noch nicht. Dies bleibt jedoch meist unbemerkt. Auch der Nachweis eines Selektionsvorteils, einer arterhaltenden Funktion, eines Anpassungswertes, reicht noch nicht aus. Er zeigt nur, wieso das fragliche Merkmal, *einmal entstanden*, beibehalten wurde, aber nicht, wie es entstand. Und selbst dann, wenn eine lückenlose Entstehungsgeschichte aufgewiesen werden kann, bleibt die Frage nach dem „warum?" noch unbeantwortet, ist noch keine wirkliche Erklärung gegeben. Sie liegt erst dann vor, wenn gezeigt ist, *daß und wie* zahlreiche ungerichtete Mikromutationen nacheinander, von denen jede (oder fast jede) einzeln positiv bewertet werden konnte, zur Ausbildung des Merkmals geführt haben.

Wieder war es bereits Darwin, der die Schwierigkeit solcher Erklärungen voraussah: „Strukturwandlungen, bei denen jedes Stadium für eine sich verändernde Art vorteilhaft ist, sind nur unter gewissen speziellen Bedingungen begünstigt."[13] Diese Bedingungen können wir aber jetzt angeben. Bei mikroevolutiven Veränderungen handelt es sich meist um Merkmale, die bereits vorhanden sind und nur quantitativ ausgestaltet werden müssen (z.B. die Körpergröße beim Pferd). Bei Makroevolution dagegen ist die Forderung, daß jeder Einzelschritt positiv bewertet wird, nur erfüllbar, wenn eine *Doppelfunktion* vorliegt, bei der – um es zu wiederholen – die Ausbildung der *einen* Funktion als Nebenprodukt eine *weitere* Funktion zur Funktionsreife bringt.

7 Warum hat es die Physik besser?

Angesichts der Schwierigkeit und der Unabschließbarkeit seiner Aufgabe mag der Evolutionsbiologe sehnsüchtig oder neidisch auf Nachbardisziplinen blicken und sich fragen, warum es beispielsweise die Kollegen aus der Physik so viel besser zu haben scheinen.

Nun ist es natürlich nicht so, daß die Physik von allen Zweifeln und Einwänden unbelastet wäre. Auch physikalische Theorien werden schließlich nicht bewiesen, sondern sind fehlbar und stehen gewissermaßen immer nur bis zur allfälligen und im Prinzip jederzeit möglichen Widerlegung zur Verfügung. Aber diese prinzipielle Vorläufigkeit allen Wissens hat doch für den Physiker nicht die fatale Konsequenz, daß Kritiker beliebiger Vorbildung und eben auch physikalische Laien laufend Gegenbeispiele, nämlich reale Systeme, aus dem Ärmel schütteln und damit auch schon die Grundlagen der einschlägigen Theorie in Frage stellen können.

In genau dieser Situation befindet sich aber der Biologe, wenn er nach einer *Erklärung* für altbekannte organismische Strukturen gefragt wird; hat er nämlich nicht gleich eine Antwort bereit – und häufig weiß er deshalb keine, weil sie eben noch *niemandem* bekannt ist –, so wird gleich die Evolutionstheorie als ganze in Frage gestellt. Offenbar besteht hier eine Asymmetrie, die den Biologen gegenüber seinem Kollegen aus der Physik benachteiligt. Wie kommt es zu dieser Asymmetrie?

Es wäre zwar nicht ganz falsch, aber doch recht oberflächlich, diese Asymmetrie mit dem Hinweis erklären zu wollen, die Biologie oder wenigstens die Evolutionstheorie sei eben eine *historische* Disziplin und könne als solche keine allgemeinen Gesetze formulieren und deshalb auch keine deduktiv-nomologischen Erklärungen geben. Zwar ist es tatsächlich zweifelhaft und vielleicht sogar ausgeschlossen, daß sich für geschichtliche Abläufe, in die bewußte Wesen eingreifen, allgemeine Gesetzmäßigkeiten auffinden lassen. Diese Schwierigkeit überträgt sich jedoch nicht automatisch auf die *Naturgeschichte*. Die Entstehung und Entwicklung unseres Kosmos, die Evolution von Quasaren, von Galaxien, von Sternen, von Planetensystemen, von Kontinenten und Atmosphären sind Gegenstand ernsthafter und erfolgreicher Forschung. Diese Bemühungen haben zwar mit charakteristischen Schwierigkeiten zu kämpfen (Einmaligkeit ihrer Objekte, mangelnde Reproduzierbarkeit der Phänomene, Anthropozentrik unserer Beobachtungssituation), sind aber doch als wissenschaftliche Disziplinen legitim und anerkannt.

Auch der Biologe steht vor der Schwierigkeit, mit historisch Einmaligem konfrontiert zu sein. Aber warum sollte er nicht trotzdem allgemeine Gesetze formulieren können, die für viele oder für alle Organismen gelten? Sind nicht die Vertreter einer Art in der Regel vielfach vertreten, bei Einzellern sogar in überwältigend großen Mengen? Tatsächlich ist es in Sinnesphysiologie, Genetik, Molekularbiologie, Populationsbiologie, Evolutionstheorie auch längst *gelungen*, solche Gesetze zu formulieren. Offenbar müssen wir den Unterschied zwischen Physik und Biologie doch etwas genauer untersuchen, wenn wir die festgestellte Asymmetrie verstehen wollen. Dazu studieren wir zunächst einmal das Vorgehen des Physikers in einem Bilderbuchfall.

Fordert man einen Physiker auf, die Eigenschaften eines bestimmten Doppelsternsystems zu ermitteln und zu erklären, so wird er zunächst alle verfügbaren *Daten* über das fragliche System zusammenstellen: Lage, Relativbewegung, Helligkeit, Spektraltyp und Intensitätsverteilung, Absorptionslinien, Rotverschiebung, zeitliche Veränderungen, Pulsperioden usw. Bei der Erkärung dieser beobachtbaren Eigenschaften, insbesondere der Stabilität des Systems, wird er sich natürlich nicht damit begnügen zu versichern, es werde eben durch Gravitation und Zentrifugalkräfte stabil gehalten (so wenig wie der Biologe sich mit Schlagwörtern wie „Mutation" und „Selektion" zufriedengeben kann). Vielmehr wird er versuchen, die beobachteten Eigenschaften mit Hilfe des Gravitationsgesetzes und der Newtonschen Mechanik (oder auch mit Hilfe der Allgemeinen Relativitätstheorie, die ja eine verbesserte Gravitationstheorie ist) und weiterer einschlägiger Theorien zu *erklären*. Dazu benützt er sowohl allgemeine *Gesetze* als auch die speziellen Randbedingungen und Daten des betreffenden Systems, soweit sie ihm bekannt sind. So wird es ihm im günstigen Falle gelingen, auch die nicht unmittelbar beobachtbaren Details – Sternmassen, Abstand, Umlaufzeiten, Geschwindigkeiten, Temperaturen, chemische Zusammensetzung, Alter, Brennstadium usw. – zu ermitteln.

Legt man nun ein zweites Doppelsternsystem vor, so wird der Physiker ganz analog vorgehen. Er wird *dieselben Gesetze* verwenden und nur die neuen Daten angemessen zu berücksichtigen haben. Dabei kann er sich die Arbeit relativ leicht machen: Die entwickelte Theorie stellt ihm ein Schema, ein allgemeines Problemlösungsverfahren zur Verfügung, in das die jeweils neuen Daten nur noch eingespeist werden müssen. Das gilt dann natürlich auch für das dritte und jedes weitere System. Die Lösung des einen Problems liefert zugleich ein Verfahren, einen *Algorithmus*, zur Lösung aller anderen Doppelstern-Probleme. Das Wesentliche sind dabei die allgemeinen Gesetze; die Rand- und Anfangsbedingungen sind dagegen austauschbar, für das Verständnis von Doppelsternsystemen unwesentlich, kontingent.

Der Biologe hat es da ungleich schwerer. Er besitzt kein schematisches Verfahren, keinen Algorithmus, der es ihm erlauben würde, die Lösung eines Problems auf das folgende Problem zu übertragen. Sollte es ihm gelingen, die Entstehung des menschlichen Auges über Prinzipien der Evolutionstheorie zu erklären, was der Erklärung eines ersten Doppelsternsystems über Prinzipien der Gravitationstheorie etwa entspricht, so kann er diese Erklärung doch nicht auf das nächste Problem, auf die Erklärung des Ohres, des Flügels, des Gehirns, übertragen. Für jedes Merkmal ist eine *neue* phylogenetische Erklärung erforderlich. In diese Erklärung gehen die Besonderheiten des jeweiligen Systems ganz wesentlich ein.

Das liegt nicht daran, daß für organismische Systeme die physikalischen Gesetze unanwendbar wären oder gar ungültig würden. Es ist auch nicht sinnvoll anzunehmen, daß die einschlägigen biologischen Gesetze eben noch nicht entdeckt wären. Der Grund liegt vielmehr darin, daß die Naturgesetze einfach nicht ausreichen, um einen *Algorithmus* zur Lösung biologischer Erklärungsprobleme zu formulieren. Man kann vielmehr sagen, daß die Randbedingungen das biologische System in einem gewissen Sinne überhaupt erst *konstituieren*.

Etwas vereinfachend könnte man auch behaupten, Gegenstand des wissenschaftlichen Interesses seien für den Physiker die Naturgesetze, für den Biologen dagegen die individuellen Randbedingungen. Was den Physiker an einem Doppelsternsystem interessiert, ist das, was es mit anderen Doppelsternsystemen oder mit anderen gravitativ gebundenen Systemen gemeinsam hat. Den Biologen dagegen interessiert an seinen Forschungsobjekten gerade das Besondere, Individuelle, Einmalige; für ihn ist das Typische, das Auffällige, das „Spezifische" einer biologischen Spezies nicht das, was sie mit anderen Arten verbindet, sondern das, was sie von allen anderen Arten *unterscheidet*.

Natürlich interessiert sich der Biologe auch für Gesetze, und der Physiker studiert auch die besonderen Merkmale spezieller Objekte (in der Geophysik z.B. die Eigenschaften des Planeten Erde). Aber ein Physiker, der sich *nur* um die allgemeinen Gesetzmäßigkeiten kümmert, bleibt immerhin noch ein Physiker; er kann es sich sozusagen „leisten", von allen individuellen Details abzusehen, da sein Forschungsgebiet, die theoretische Physik, auch dann noch umfangreich genug ist. Ein Biologe dagegen, der sich nur um die allgemeinen Charakteristika lebender Systeme bemühen wollte, würde praktisch aufhören, ein Biologe zu sein; das Wissen um die biologischen Details, der Einblick in den Feinbau der biologischen Systematik und die Kenntnis individueller Unterschiede sind für ihn – anders als für den theoretischen Physiker – unverzichtbar. Das macht es auch so problematisch (wenn auch nicht aussichtslos), *in Analogie* zur theoretischen Physik eine theoretische Biologie begründen zu wollen.

Die Gründe dafür lassen sich angeben. Es sind im wesentlichen drei Besonderheiten lebender Systeme, die dem Biologen die Arbeit so erschweren. Eine dieser Besonderheiten liegt in der ungeheuren *Komplexität* jedes Lebewesens, eine zweite in der unglaublichen organismischen *Vielfalt*, eine dritte in der konstitutiven Rolle des *Zufalls*. Wir werden sehen, daß diese drei Gesichtspunkte eng miteinander zusammenhängen.

Organismen sind hochkomplizierte Systeme. In ihrer Komplexität übertreffen sie alle unbelebten Systeme bei weitem, insbesondere diejenigen, mit denen es der Physiker in der Regel zu tun hat. Zwar ist es noch nicht gelungen, ein allgemein anerkanntes *Maß* für Komplexität anzugeben. Es dürfte aber einleuchten, daß *jedes* vernünftige (d.h. unsere Intuition angemessen berücksichtigende) Komplexitätsmaß Organismen einen höheren Komplexitätsgrad zuschreiben wird als einem Stern, einem Planetensystem oder auch einer ganzen Galaxis. Die Komplexität hängt nämlich nicht so sehr von der Zahl der Bausteine ab (und damit z.B. nicht von der Masse), sondern von der Art und Weise, wie diese Bausteine miteinander verbunden, aneinander gekoppelt sind.

Man kann sich das leicht an folgender Überlegung verdeutlichen. Die Sonne hat um Größenordnungen mehr Bausteine als ein Einzeller und auch als ein Elefant. Sie ist aber wesentlich einfacher aufgebaut. Sie ist sogar einfacher als die Erde, so daß wir auch heute noch das Geschehen im Sonneninnern und im Innern ferner Sterne besser verstehen als die Vorgänge in unserer eigenen, doch so nahen Erde. Könnte man bei der Sonne an irgendeiner Stelle eine größere Menge (beispielsweise einen Kubikkilometer) Sonnenmaterie entfernen und an einer anderen Stelle wieder einfügen, so würde sich an dem Gesamtsystem doch nichts Wesentliches ändern. Nimmt man dagegen von einem Organismus hier ein Stück heraus, um es dort wieder einzusetzen, so ändert das im allgemeinen *sehr viel*. Kann doch der Austausch eines einzigen Nukleotids in der Erbsubstanz zu schwerwiegenden Schäden und sogar zum Tode führen.

Der Grund für die Komplexität organismischer Strukturen ist also darin zu suchen, daß Organismen – wie Staudinger und Jordan immer wieder betonen – von der makroskopischen bis hinunter zur molekularen Ebene *durchstrukturiert* sind. So hat jedes Teil eine besondere Struktur und eine besondere Funktion und ist deshalb *nicht* gegen andere Teile austauschbar. Schon das macht die Erforschung eines solchen Systems schwierig.

Solche hochkomplizierten Systeme kann es nun in ungeheurer Zahl und *Verschiedenheit* geben. Tatsächlich sind schon alle existierenden Lebewesen voneinander verschieden. Trotzdem ist es möglich und sinnvoll, diese unterschiedlichen Individuen nach ihrer Ähnlichkeit in Klassen einzuteilen. Insbesondere darf der Biologe für viele Zwecke die Vertreter einer *Art* als *gleichwertig* ansehen; sie bilden im Hinblick auf diese Zwecke eine *Äquivalenzklasse*. Ähnlich sind für den Physiker alle Elektronen untereinander gleich, ebenso alle Protonen, alle Wasserstoffatome, alle Wassermoleküle, alle Quarzkristalle, alle Neutronensterne. Sie bilden ebenfalls Äquivalenzklassen. Für solche Äquivalenzklassen lassen sich dann im günstigen Falle Regelmäßigkeiten finden und allgemeine Naturgesetze formulieren.

Die Systeme des Biologen fallen dann aber offenbar in viel mehr Äquivalenzklassen (z.B. 200 Millionen) als die Systeme des Physikers. Sollte nun für jede Klasse ein je eigener Algorithmus zur Beschreibung und Erklärung erforderlich sein, so leuchtet ohne weiteres ein, daß eine (fiktive) vollständige Biologie unglaublich viel *mehr* Algorithmen benötigt als eine (ebenfalls fiktive) vollständige Physik. Das bedeutet natürlich eine zweite Schwierigkeit für die Erforschung von Lebewesen.

Es gibt aber noch eine weitere Besonderheit. Die Zahl der biologischen Arten, so stellten wir fest, ist ungeheuer groß. Die Zahl der Lebewesen (also aller Individuen) ist dann noch einmal vielfach größer. Gleichwohl ist durch die Zahl der *wirklichen* Organismen die Zahl der prinzipiell möglichen oder *denkbaren* Organismen bei weitem nicht ausgeschöpft. Es sind viel *mehr* Systeme von organismischer Komplexität *möglich*, als jemals Organismen existiert haben oder existieren werden.

Es ist nützlich, sich wenigstens andeutungsweise klarzumachen, wie groß die Zahl der prinzipiell möglichen Objekte von organismischer Komplexität ist. Als besonders eindrucksvoll gelten ja im allgemeinen schon astronomische Größenordnungen. („Weißt Du, wieviel Sternlein stehen?“)

Am Nachthimmel sichtbar sind etwa 6000 Sterne; die Zahl der Sterne in unserer Milchstraße beträgt aber 100 Milliarden (10^{11}), die Zahl der Galaxien ebenfalls 10^{11}, die Zahl der Sterne im Kosmos etwa 10^{22}; die Welt ist 10^{17} Sekunden oder 10^{40} Elementarzeiten alt; und die Zahl der Elementarteilchen im Universum ist 10^{80}. Astronomische Größenordnungen sind ja durchaus sprichwörtlich.

Aber die Zahlen, um die es hier geht, sind von *über*astronomischer Maßlosigkeit. Jordan[14] schätzt zum Beispiel allein die Zahl der möglichen Drosophila-Varianten auf mindestens 10^{3000}. Größere Organismen könnten dann natürlich in noch wesentlich mehr verschiedenen Formen existieren. Solche Zahlen, bei denen schon der Exponent eine große Zahl (über 100) ist, nennt Elsasser[15] „immens“.

Die Zahl der möglichen Konfigurationen von der Komplexität eines Organismus ist demnach „überastronomisch“ oder „immens“. Davon wurde und wird im Laufe der Naturgeschichte immer nur ein vergleichsweise *winziger* Bruchteil verwirklicht. Die Auswahl der wirklich realisierten Systeme unter den prinzipiell möglichen erfolgt aber im wesentlichen über *Zufallsfaktoren:* ungerichtete Mutationen, zufällige Populationsschwankungen und die Lotterie der Genrekombination. Daher weisen biologische Systeme immer auch einen Aspekt des Zufälligen, Variablen, Individuellen, Kontingenten, Indeterminierten auf, der in der Physik zwar auch existiert, aber bei weitem nicht so hervortritt. So sind viele biologische Fakten im allgemeinen weder durch deterministische noch durch Wahrscheinlichkeitsgesetze zu beschreiben, zu erklären oder gar zu prognostizieren. Das ist eine dritte Schwierigkeit für die Biologie.

Der tiefere Grund für die erwähnte Asymmetrie ist also nicht das rein *historische* oder naturgeschichtliche Element (das es auch *schon* in der kosmischen Evolution gibt), auch nicht das *Eingreifen bewußter Wesen* (die es über weiteste Strecken der biologischen Evolution *noch nicht* gibt). Der Grund liegt vielmehr in der Komplexität der Organismen, in der Tatsache, daß der Biologe ungleich mehr verschiedene Objektklassen erfassen muß als der Physiker, und in dem Zufallselement, das den Evolutionsverlauf prägt und an dem unser Erklärungsanspruch scheitern muß.

Allerdings hat auch die moderne Physik einsehen müssen, daß sogar in der unbelebten Natur das individuelle Element eine größere Rolle spielt, als man vermutet hatte. Nicht nur stellt sich mehr und mehr heraus, daß die fundamentalen Naturgesetze eher statistischer als deterministischer Natur sind. Hier könnte sich der Einfluß des Zufalls ja immerhin noch über die Beteiligung zahlreicher Bausteine *herausmitteln*; die Durchschnittsbildung könnte also deterministisches Verhalten „simulieren". Vielmehr zeigt sich, daß typisch quantenmechanische und damit mikroskopische und zufallsbedingte Phänomene in zahlreichen Fällen auf die Makroebene abgebildet oder „verstärkt" werden, so daß die Erklärungsmethoden der klassischen Physik dort versagen: spezifische Wärme, Kristallstruktur (insbesondere Schneekristalle, die alle voneinander verschieden sind), Supraflüssigkeit, Supraleitung, Laser, Maser. Es ist ja auch genau diese makroskopische (phänotypische) Abbildung von mikroskopischen (genotypischen) Strukturen, welche den Erkenntnisfortschritt der Biologie so schwierig und zugleich so faszinierend macht.

Schließlich haben auch die jüngeren Untersuchungen über chaotische Systeme, nichtlineares Verhalten, exponentielle Fehlerfortpflanzung und schwache Kausalität[16] ganz neues Licht auf diese Probleme geworfen. Sah man früher Systeme, bei denen kleine Unterschiede (oder Meßfehler) in den Anfangsbedingungen (Ursachen) große Unterschiede in den Endzuständen (Wirkungen) zur Folge hatten (Würfel, Roulette, Lotto), eher als pathologische Ausnahmen von den Regeln einer im wesentlichen stark kausal geordneten Welt an, so stellt sich allmählich heraus, daß die bisherige Beschränkung der Physik auf berechenbare und prognostizierbare Systeme eine gewaltsame und folgenreiche Einengung des Blickfeldes bedeutet. Das Verhalten eines Dreikörpersystems, die Bildung von Planeten, die Umpolungen des Erdmagnetfeldes, die sprichwörtlichen Launen des Wetters oder das Auftreten von Wirbelstürmen sind danach nicht nur schwer, sondern über eine kurze Anfangsphase hinaus überhaupt nicht berechenbar. (Das Wetter „weiß" sozusagen selbst noch nicht, was es in zwei Wochen „will".)

All das zeigt, daß auch der Physik der historisch-individuelle Aspekt, der dem Biologen so vertraut ist, nicht auf die Dauer fremd bleiben kann. Zu einer Annäherung und zu einer größeren Vergleichbarkeit von Physik und Biologie kommt es also neuerdings nicht deshalb, weil die Biologie allmählich zu einer Gesetzeswissenschaft würde, sondern vor allem dadurch, daß auch die Physik mehr und mehr gezwungen ist, mit einmaligen Objekten, Systemen, Eigenschaften, Ereignissen und Prozessen umzugehen. Das allein erleichtert zwar dem Biologen nicht schon die Arbeit; aber es läßt doch eine größere methodische Einheit und mehr Verständnis der Wissenschaftler füreinander erhoffen.

8 Zusammenfassung

Die Evolutionstheorie versucht, den Ablauf und die Ursachen der biologischen Evolution gesetzmäßig zu erfassen. Sie will dabei das Evolutionsgeschehen nicht nur beschreiben, sondern auch erklären. Insbesondere sollte sie uns das Entstehen neuer Formen, neuer Arten, neuer Organe, neuer Funktionen verstehen lassen. Da Makromutationen weder faktisch beobachtet werden noch theoretisch zu erwarten sind, muß die Evolutionstheorie nicht nur die Mikroevolution, sondern auch die Makroevolution (transspezifische Evolution) erklären über zahlreiche zufällige, ungerichtete Mikromutationen, von denen jede (oder fast jede) einer selektiven Bewertung unterliegt.

Das ist noch nicht in ausreichendem Maße gelungen; gemessen an ihrem Erklärungsanspruch ist nicht nur Darwins Theorie, sondern auch die moderne Evolutionstheorie noch unvollständig. Die bisher entwickelten begrifflichen Werkzeuge („Zauberformeln") wie „evolutive Kontinuität", „Mosaikevolution", „Prädisposition" und „Funktionswechsel" reichen dazu nicht aus, da sie im wesentlichen deskriptiver Natur sind. Im makroevolutiven Bereich sind Erklärungen nur möglich über den Begriff der *Doppelfunktion*: Ein Merkmal kann gleichzeitig zwei (oder mehr) Funktionen haben. Dabei kann die Ausbildung der einen Funktion eine zweite bis zur Funktionsreife bringen. Nur so ist begreiflich, wie ein Merkmal schrittweise entstehen kann, das erst als ganzes funktionsfähig ist.

Die Rolle, die Notwendigkeit und die Existenz von Doppelfunktionen sind in der Evolutionsbiologie – oder jedenfalls bei ihrer Vermittlung – bisher nicht genügend beachtet worden. Will man auch Evolutionsgegner überzeugen, so wird man weitere solche Fälle von Doppelfunktion suchen und untersuchen müssen. Wegen der ungeheuren Zahl organismischer Merkmale, die als erklärungsbedürftig empfunden werden könnten, kann dieses Erklärungsprogramm nie zu Ende geführt werden. In dieser Hinsicht wird die Evolutionsbiologie auch in Zukunft unvollständig bleiben.

Ihre grundsätzliche Unvollständigkeit kann dann jedoch kein Einwand mehr gegen die Wissenschaftlichkeit der Evolutionstheorie sein. So wenig wie vom Physiker wird man vom Biologen verlangen dürfen, daß er alles, was existiert, bis ins Detail erklärt. Die Gründe dafür sind die Komplexität organismischer Systeme, ihre Vielfalt und die konstitutive Rolle des Zufalls bei ihrer Entstehung. Die Unvollständigkeit der Evolutionstheorie hat prinzipielle Gründe, die freilich nicht auf die Biologie beschränkt sind. Wir mußten sie aufdecken, um sie zu verstehen. Wir mußten also die Evolutionstheorie *kritisieren*, um sie besser *verteidigen* zu können.

Der Leser wird entscheiden müssen, was uns dabei besser gelungen ist.

Anmerkungen

1 Vgl. Williams, M.B.: Falsifiable predictions of evolutionary theory. Philosophy of Science *40* (1973) 518–537;
Ruse, M.: Karl Popper's philosophy of biology. Philosophy of Science *44* (1977) 638–661;
–,–: Darwinism defended: A guide to the evolution controversies. Addison-Wesley. London 1982, p. 131–142.

2 Remane, A./ Storch, V./ Welsch, U.: Evolution. Tatsachen und Probleme der Abstammungslehre. dtv 4234, 1973, S. 12.

3 Vgl. hierzu Willmann, R.: Die Schnecken von Kos. Spektrum der Wissenschaft, Feb. 1983, S. 64–76. Es ist bezeichnend, daß auch bei dieser Arbeit zunächst zwar behauptet wird, die Schnecken von Kos bildeten eine „nahezu lückenlose Folge von Formen, die den Wandel der Arten und *die ihn vorantreibenden Prozesse* in einzigartiger Weise widerspiegelt" (S. 64), daß aber am Ende das Problem, welche arterhaltende Funktion die verschiedenen Schneckenmerkmale (Knoten, Rippen und Kiele) hatten, doch *ungelöst* bleibt: „Vermutungen über den Zweck der Skulpturen gibt es viele . . ., aber *keine läßt sich bisher stichhaltig begründen.*" (S. 76) (Hervorhebungen von mir.)

4 Es soll jedoch nicht verschwiegen werden, daß auch bei dem vorbildlich dokumentierten Stammbaum der Pferde noch deutliche Lücken bestehen. (Vgl. Willmann[3], S. 66.) Es ist eben immer eine Frage der Optik, ab wann man eine quasi-kontinuierliche Folge als geschlossen oder „lückenlos" bezeichnen will. Die menschliche Stammesgeschichte ist *hervorragend* belegt, wenn wir mit anderen Säugern vergleichen. Aber da wir uns für unsere eigene Vergangenheit und vor allem für das Tier-Mensch-Übergangsfeld naturgemäß so brennend interessieren, empfinden wir gerade die noch verbleibenden Lücken als besonders schmerzlich.

5 Zum Mosaikcharakter des Archäopteryx vgl. Linder, H.: Biologie. Metzler. Stuttgart [18]1978, S. 305; Siewing, R. (Hrsg.): Evolution. G. Fischer. Stuttgart 1978 (UTB 748), S. 246.
6 Erben, H.K.: Die Entwicklung der Lebewesen. Spielregeln der Evolution. Piper. München 1975, S. 195–9.
7 Diese Definition gibt Erben[6], S. 224 nach Cuénot, L.: L'adaptation. Doin. Paris 1925. Andere Autoren sprechen auch bei *Funktionswechsel* von Präadaptation, z.B. Luria, S.E./ Gould, S.J./ Singer, S.: A view of life. Benjamin/Cummings. Menlo Park 1981, p. 631. An der im folgenden geäußerten Kritik, daß die Bezeichnung „Präadaptation" irreführend ist und das dadurch bezeichnete Phänomen zur Erklärung der Evolutionsvorgänge *nicht* ausreicht, ändert sich durch diese alternative (und immerhin angemessene) Definition nichts. Zum Funktionswechsel vgl. später 4f.
8 Darwin, Ch.: Die Entstehung der Arten. ([1]1859, [6]1872). Reclam. Stuttgart 1963, S. 295 (Kap. 7).
9 Eine anschauliche Darstellung dieser Rekonstruktion gibt Ditfurth, H. v.: Der Geist fiel nicht vom Himmel. Hoffmann und Campe. Hamburg 1976, S. 110–124 (auch dtv).
10 Eine erfreuliche Ausnahme bildet das auch sonst ausgezeichnete Buch Remane et al.[2], in dem auf S. 124–5 Mehrfachfunktionen behandelt werden.
11 Hierzu vgl. Wahlert, G. und H. v.: Was Darwin noch nicht wissen konnte. Deutsche Verlagsanstalt. Stuttgart 1977, S. 156 (auch dtv, S. 226).
12 Piaget, J.: Einführung in die genetische Erkenntnistheorie. Suhrkamp (stw). Frankfurt 1973, S. 15.
13 Darwin[8], S. 300 (Kap.7).
14 Z.B. in Jordan, P.: Schöpfung und Geheimnis. Stalling. Oldenburg 1970, S. 82.
15 Elsasser, W.M.: The chief abstractions of biology. North-Holland. Amsterdam 1975, p. 80ff.
16 Deker, U./ Thomas, H.: Unberechenbares Spiel der Natur – die Chaos-Theorie. Bild der Wissenschaft, Jan. 1983, S. 62–75.

EIN NEUER DOGMATISCHER SCHLUMMER? KAUSALITÄT TROTZ HUME UND KANT

1 Hume und die moderne Wissenschaftstheorie

In der Diskussion über Kausalität stellt Hume einen Wendepunkt dar. Er machte darauf aufmerksam, daß wir das Bestehen einer kausalen Beziehung empirisch gar nicht nachweisen könnten, sondern allenfalls die regelmäßige oder ausnahmslose Abfolge einer Ereigniskette. „A ist (die) Ursache von B" bedeutet dann nicht mehr (aber auch nicht weniger) als „Immer wenn A eintritt, dann tritt auch B ein".

Die empiristische Kritik hat alle Nachfolger Humes, Philosophen wie Naturwissenschaftler, stark beeindruckt. Kant fühlte sich durch sie aus „dogmatischem Schlummer" geweckt; Physiker räumten ein, daß Begriffe wie „Ursache, Kausalität, kausale Notwendigkeit, Kausalprinzip" in ihren Theorien tatsächlich nicht vorkommen; Positivisten wie Comte und Mach empfahlen daraufhin, diese Begriffe ganz der Metaphysik zu überlassen; Russell glaubte, der Ursachebegriff könne und müsse durch den Funktionsbegriff ersetzt werden; manche behaupten, die Frage „Warum?" sei in den empirischen Wissenschaften überhaupt entbehrlich, ja sie werde schon gar nicht mehr gestellt (z.B. Sachsse, 19), das Kausalitätsprinzip stelle eine typische Philosophenkonstruktion dar (z.B. Wright, 43).

So weit wollen die meisten Wissenschaftstheoretiker allerdings nicht gehen. Sie versuchen, den Begriff der kausalen Verknüpfung auf die gesetzmäßige Abfolge von Ereignissen zu reduzieren (Schlick, Reichenbach, Carnap, Stegmüller). So glaubt man einerseits der stichhaltigen Kritik Humes gerecht zu werden, andererseits aber doch den *Gebrauch* der einschlägigen Begriffe rechtfertigen zu können. Im allgemeinen ist es auch bequemer, ausschließlich auf der *metatheoretischen* Ebene zu argumentieren: Man hat dann nur mit Nominaldefinitionen zu tun, erspart sich den mühsamen Umgang mit den Theorien der modernen Physik und kann trotzdem dem forschenden Wissenschaftler noch Vorschläge oder gar Vorschriften machen, wie er seine Terminologie wählen sollte.

Als ein Beispiel diene die folgende Definitionskette (nach Stegmüller, 460–2): Der Begriff des „Kausalgesetzes" wird ausschließlich durch Rückgriff auf metatheoretische Merkmale eingeführt als „deterministisches, quantitatives Ablaufgesetz". Eine „kausale Erklärung" ist dann eine deduktiv-nomologische Erklärung, für die mindestens ein Kausalgesetz benötigt wird (und deren Antecedensereignis nicht später ist als das Explanandumereignis). Schließlich ist dann „Ursache" (des Ereignisses B) die Gesamtheit der Antecedensbedingungen einer adäquaten kausalen Erklärung (für B).

Scheibe (252) interpretiert jede Frage nach einer Ursache als Frage nach einer Erklärung und setzt dementsprechend Ursache und Erklärung gänzlich gleich. Bavink (222) will die Hauptmerkmale des Kausalitätsbegriffs, Notwendigkeit und Richtungssinn, sogar auf *logische* Notwendigkeit und die Asymmetrie *logischer* Beziehungen zurückführen. Gelegentlich wird die Interpretation sogar auf die *methodologische* Ebene verschoben. Das Kausalitätsprinzip ist dann weder eine Aussage über die Welt noch eine über unsere wissenschaftliche Beschreibung der Welt, sondern nur eine heuristische Regel, eine forschungsstrategische Maxime (Nagel, 324).

2 Ontologie, Epistemologie, Methodologie

Die Bedeutung dieser Begriffsverschiebung kann man sich an der folgenden Tabelle 1 klarmachen, welche die Ebenen durch Beispiele charakterisiert. Die Reihenfolge der genannten Disziplinen entspricht dabei ihrer Rangordnung: Die Ontologie ist der Erkenntnistheorie, beide sind der Methodologie hinsichtlich ihres Erkenntnisanspruchs vorgeordnet. Ontologische Hypothesen implizieren erkenntnistheoretische Aussagen, aber nicht umgekehrt (vgl. Bunge, 167–8). Die realistische Interpretation der Wissenschaften ist also die anspruchsvollste. Wer dagegen – wie der Instrumentalist – eine solche realistische Interpretation für unzulässig oder für bedeutungslos hält, nimmt offenbar eine bescheidenere Position ein; für ihn bedürfen dann allerdings erkenntnistheoretische Aussagen und methodologische Maximen einer eigenen, unabhängigen Begründung.

Es ist nun kein Zweifel, daß die Begriffe „Ursache, Wirkung, Kausalität" ursprünglich *ontologisch* gemeint waren, daß das „allgemeine Kausalitätsprinzip" eine Aussage *über die Welt* sein sollte und daß „kausale Zusammenhänge" als in der Welt vorhanden und nicht erst durch das Subjekt gestiftet gedacht waren. Gerade deshalb hat die Scholastik davor gewarnt, *post hoc* und *propter hoc* zu verwechseln oder gleichzusetzen (die ja nur ontologisch unterschieden sind).

Disziplin	Ontologie	Erkenntnistheorie	Methodologie
typische Fragestellung	Wie sieht die Welt aus?	Wie sieht unser Wissen von der Welt aus?	Wie erlangen wir solches Wissen?
Beispiele:			
Reduktion	Belebte Systeme (Organismen) sind aus unbelebter Materie entstanden.	Biologie ist auf Physik reduzierbar (ihre Begriffe sind physikalisch definierbar, ihre Gesetze aus physikalischen ableitbar).	Versuche, die Entstehung des Lebens physikalisch zu erklären! Versuche, Organismen zu synthetisieren!
Unschärferelation	Elektronen *haben* nicht gleichzeitig scharfen Ort und Impuls.	Ort und Impuls eines Elektrons können nicht gleichzeitig genau *gemessen* werden.	Versuche nicht, Ort und Impuls eines Elektrons gleichzeitig genau zu messen!
kausale Verknüpfung, Kausalrelation	A ist Ursache von B (bewirkt B, ruft B hervor, löst B aus, auf A folgt notwendig B).	A ist Antecedens einer adäquaten kausalen Erklärung für B.	Versuche, B durch A zu erklären! Bevorzuge dabei deduktiv-nomologische Erklärungen!
Kausalprinzip: „Jedes Ereignis hat eine Ursache.“	Zu jedem Ereignis B gibt es ein Ereignis A (Ursache), dessen notwendige Folge (Wirkung) B ist.	Für jedes Ereignis gibt es eine adäquate kausale Erklärung.	Suche (unermüdlich) nach Ursachen bzw. nach kausalen Erklärungen (vor allem dann, wenn etwas anders abläuft als erwartet)!

Tab. 1: Drei Diskussionsebenen – Ontologie, Erkenntnistheorie, Methodologie

Einerseits schien nun Humes Kritik gezeigt zu haben, daß dem *propter hoc* über das regelmäßige *post hoc* hinaus nichts empirisch Aufweisbares entspreche, daß es nur eine (schlechte?) Gewohnheit sei, wenn wir aus dem regelmäßigen „A und *dann* B“ ein „A und *deshalb* B“ machen, daß die Rede von einer kausalen Notwendigkeit empirisch nicht legitimiert werden könne, daß es keinen *ontologischen Unterschied* zwischen post hoc und propter hoc gebe, der sich irgendwie empirisch festmachen oder auch nur kognitiv kennzeichnen ließe.

Andererseits hat doch auch die Selbstverständlichkeit, die subjektive Gewißheit, mit der wir den post-hoc-Folgen eine propter-hoc-Interpretation geben, viele Denker beeindruckt. Hume selbst führt diese Überzeugung auf einen *Instinkt* zurück, den wir mit den Tieren gemeinsam hätten. Kant jedoch wollte sich mit dieser Erklärung nicht zufrieden geben.

3 Kant und die Evolutionäre Erkenntnistheorie

Instinkte könnten versagen; das Kausalgesetz jedoch schien nie zu versagen, schien gar nicht versagen zu können. Er konnte sich diese Unfehlbarkeit, diese „Notwendigkeit und Allgemeinheit", mit der wir die Welt kausal interpretieren, nur erklären, indem er das Kausalprinzip zu einem synthetischen Urteil a priori erhob, ihm transzendentalen, d.h. erfahrungskonstitutiven Charakter verlieh. Diese (durchaus rationalistische) Deutung war ein wichtiger Schritt, eine epochemachende Entdeckung. Sie wurde zwar in der Folge vielfach angegriffen; aber die Rolle des Subjekts beim Entstehen von Erfahrung, des kognitiven Inventars für die Strukturierung des Empfindungschaos ist unbestritten.

Allerdings interpretiert die Evolutionäre Erkenntnistheorie (Lorenz, 1941, 1943; Campbell, 1974; Vollmer, 1975; Riedl, 1979) Kants „synthetisches Apriori" als „angeboren", d.h. als *ontogenetisch a priori*, aber als stammesgeschichtlich erworben, d.h. als *phylogenetisch a posteriori*. Die Untersuchungen der Entwicklungspsychologie – insbesondere Piagets – zeigen, daß auch diese „angeborenen" Erfahrungsstrukturen bei jedem Individuum noch einer jahrelangen *Reifung* bedürfen. Aber eben diese Reifung erfolgt nach einem (außerhalb der Reaktionsnorm) unveränderlichen Programm, das selbst genetisch fixiert, also angeboren ist.

So haben Biologie und Psychologie zu einer erheblichen Modifikation des Kantischen Ansatzes geführt. Was Kant beschreibt, ist (bestenfalls) der Weltbildapparat des erwachsenen Kulturmenschen, das biologisch bedingte, ratiomorphe Inventar an Hypothesen, Erwartungen, Vorurteilen über die Welt, die uns – wie Kant entdeckt hat – Erfahrungen erst ermöglichen, die aber – anders als Kant glaubte – weder fertig noch vollständig noch unveränderlich noch widerspruchsfrei zu sein brauchen. Individualentwicklung, biologische Evolution und moderne Naturwissenschaft *können* natürlich bei Kant noch nicht berücksichtigt sein. In der biologischen Umdeutung des Kantischen Apriori verlieren aber die Kategorien und Grundsätze des reinen Verstandes ihre Unfehlbarkeit: Sie sind nur noch umweltgerecht, überlebens-adäquat; sie passen auf den Mesokosmos, die Welt der mittleren Dimensionen; außerhalb können sie versagen.

Auch das kausale Denken *paßt* offenbar auf diesen Mesokosmos; es wurde in den Jahrmillionen der Evolution erprobt und hat sich als tauglich erwiesen; es hat sich bei der Erfassung der Umwelt *bewährt*. Es muß einen evolutiven Gewinn bedeutet haben, ein solches Denken zu entwickeln.

4 Worin liegt der selektive Vorteil des kausalen Denkens?

Wenn Hume mit seiner Kritik recht hätte – und das glauben ja Kant und Kant-Gegner gleichermaßen –, dann müßte es doch genügen, das ausnahmslose Auftreten gewisser Ereignisfolgen zu erwarten. Der ratiomorphe Apparat würde den Anforderungen des Mesokosmos vollkommen gerecht, wenn er nur das regelmäßige *post hoc* verrechnete, ohne ein *propter hoc* hineinzulesen. Dies leistet z.B. schon der bedingte Reflex: Er berücksichtigt häufiges Auftreten einer Ereignisfolge, ohne irgendeine Einsicht in kausale Zusammenhänge vorauszusetzen oder zu liefern.

Warum hat sich „die Natur“ nicht mit dem Lernen durch bedingte Reflexe „begnügt“? Warum hat sie den „Luxus“ des kausalen Denkens erlaubt, ja belohnt? Worin liegt der Vorteil, wenn der ratiomorphe Apparat kausale Verbindungen erwartet und sieht, wo nur invariante Ereignisfolgen existieren? Gibt es vielleicht doch – gegen Hume und gegen Kant, gegen Hume-Kritiker und gegen Kant-Kritiker – einen ontologischen und empirisch (nämlich in der Selektion) relevanten Unterschied zwischen (regelmäßigem) post hoc und (kausalem) propter hoc?

Die Evolutionäre Erkenntnistheorie legt eine bejahende Antwort nahe, ohne jedoch diesen Unterschied benennen zu können. Wenn es ihn gibt, wo könnte er liegen? Wie könnte man ihn finden? Warum wurde, warum wird er übersehen? Wenn Kausalität eine ontologische und dazu empirisch relevante, aber über gesetzmäßiges Verhalten hinausgehende Bedeutung besitzt, d.h. einem realen Sachverhalt entspricht, warum wird dann in den Theorien der Naturwissenschaft, insbesondere der Physik, nicht auf diese reale Struktur Bezug genommen?

5 Ein Hinweis aus der Relativitätstheorie

Durchmustert man die modernen physikalischen Theorien, so wird man feststellen, daß der Begriff „Ursache“ tatsächlich nirgends vorkommt. Die „Wirkung“ taucht zwar als physikalische Größe auf, aber in einem sehr eingeschränkten Sinn (als „Energie mal Zeit“), wobei von der naturphilosophisch interessanten Seite des Wirkungsbegriffs gerade abgesehen wird. Aber die „Wirkung“ tritt noch an anderer Stelle auf: als „Nahwirkung, Fernwirkung, Wechselwirkung“. Hier könnten wir sogar – was allerdings nicht üblich ist – ebensogut von „Nahursache, Fernursache, Wechselursache“ sprechen. Und hier sind wir offenbar von der Kausalvorstellung nicht mehr weit entfernt.

Nah- und Fernwirkungen spielen in der Diskussion der *Relativitätstheorie* eine Schlüsselrolle. Nach Einsteins grundlegenden Postulaten kann sich kein Signal schneller als mit Lichtgeschwindigkeit ausbreiten: Fernwirkungen – also momentane Signalübertragungen – gibt es nicht, z.B. auch keine ideal starren Körper oder völlig inkompressible Flüssigkeiten.

In Newtons Gravitationstheorie war die Gravitation eine Fernwirkung: Würde die Sonne jetzt explodieren und dadurch ihre Massenverteilung erheblich ändern, so würden wir das zwar optisch erst nach 8 1/2 Minuten sehen, aber die Erde würde es gravitativ sofort „spüren“ und z.B. von ihrer üblichen Bahn abweichen. Nach Einsteins Allgemeiner Relativitätstheorie – die ja eine Gravitationstheorie ist – breiten sich aber auch gravitative Signale (z.B. Gravitationswellen) nur mit Lichtgeschwindigkeit aus, so daß wir von einer Explosion der Sonne auf *keine* Weise schneller erfahren könnten als nach 8 1/2 Minuten.

Ohne Signalübertragung aber keine Wirkung! Von Ursache und Wirkung sprechen wir nur dann, wenn zwischen ihnen ein Signal übertragen wurde; das Signal stellt die kausale Beziehung überhaupt erst her. Was aber wird bei *jedem* Signal übertragen? Es ist nicht die Masse; Lichtsignale z.B. oder Gravitationswellen sind nicht mit einem Transport von Ruhemasse verbunden. Aber bei jedem Signal findet ein *Energieübertrag* (und eine Impuls- oder Drehimpulsänderung) statt. Ohne Energieübertrag kein Signal, keine Nachricht, keine kausale Verknüpfung, keine Wirkung, keine Ursache!

6 Kausalität und Energieübertrag

Aufgrund dieser Überlegungen können wir unsere Frage (aus 4) versuchsweise beantworten: *Der ontologische Unterschied zwischen (regelmäßigem) post hoc und (kausalem) propter hoc ist der Energieübertrag!* Im allgemeinen erfolgt dieser Energieübertrag von der Ursache zur Wirkung.

Es gibt allerdings Ausnahmen: Wenn wir den kalten Wind für eine Erfrierung verantwortlich machen, dann ist die Energie von der Wirkung an die Ursache übergegangen. Ähnliches gilt für Reibungsvorgänge (Bremsen sind Ursachen, werden aber aufgeheizt) und ganz allgemein für Wechselwirkungen, die zur *Verlangsamung* einer Bewegung führen, z.B. auch für den Stoß einer leichten Kugel an eine ruhende schwere. Deshalb kann man – wenn man sich an den üblichen Gebrauch des Begriffs „Ursache" hält – nicht grundsätzlich die Ursache als Energielieferant, die Wirkung als Energieempfänger charakterisieren. Ob es sinnvoll wäre, die wissenschaftliche Terminologie entsprechend zu *ändern*, soll hier nicht diskutiert werden.

Die Bedeutung dieser These können wir uns an den üblichen Beispielen klarmachen: Tag und Nacht, Blitz und Donner, Stein und Fensterscheibe.

Obwohl Tag und Nacht regel-, ja gesetzmäßig aufeinanderfolgen, bezeichnen wir natürlich nicht den Tag als die *Ursache* der nächsten Nacht. Aber warum nicht? Der Hume-Anhänger hat kein überzeugendes Argument gegen den Vorschlag des wilden (oder zu ordentlichen?) Denkers, dies eben doch zu tun. Charakterisiert man jedoch kausale Beziehungen durch den Energieübertrag, so ergibt sich die Antwort von selbst.

Lange glaubte man, der Blitz sei die Ursache des Donners: Regelmäßig war der Blitz eher zu sehen als der Donner zu hören. Franklin konnte dann aber die (schon vor ihm geäußerte) Vermutung bestätigen, daß beides Wirkungen einer *vorausgehenden* elektrischen Entladung sind. Die optische Erscheinung (der Blitz) ist also *nicht* die Ursache der akustischen (des Donners). (Nur weil die Lichtgeschwindigkeit größer ist als die Schallgeschwindigkeit, wurde der Blitz als Ursache, der Donner als Wirkung interpretiert. Wäre es umgekehrt, so hätte man den Donner vor dem Blitz wahrgenommen und ihn als Ursache, den Blitz aber als Wirkung angesehen.)

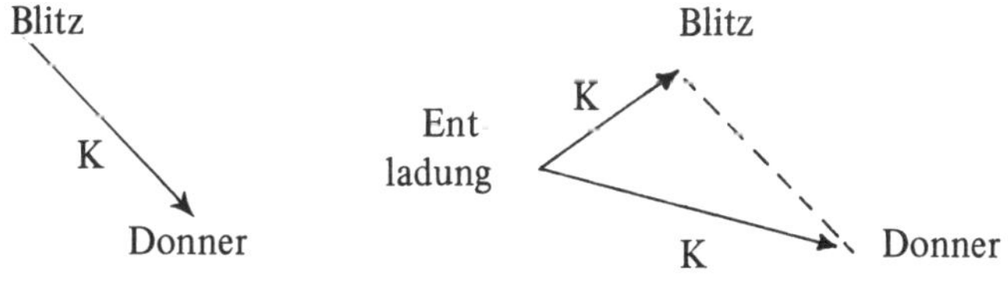

Wieder liefert uns die ontologische Charakterisierung der Kausalität das gewünschte Argument: Der Energieübertrag erfolgt gar nicht vom Blitz zum Donner, sondern von der Entladung zum Blitz und von der Entladung zum Donner. Die Gesetzmäßigkeit der Abfolge von Blitz und Donner kann dann durch eine *indirekte* kausale Beziehung (gemeinsame Ursache als gemeinsamer Energielieferant) *erklärt* werden.

Wo wir üblicherweise eine kausale Beziehung ($\vec{K}$) sehen, da finden wir also auch den behaupteten Energieübertrag. Ganz allgemein behaupten wir: *Wann immer wir sinnvoll von Kausalität, von Ursache und Wirkung, von kausaler Beziehung sprechen, da werden wir auch den zugehörigen Energieübertrag nachweisen können.*

Dies ist eine recht anspruchsvolle These. Sie läßt sich aber an so vielen Fällen belegen, daß man, sobald einmal der Zusammenhang zwischen Kausalität und Energieübertrag klargeworden ist, eher umgekehrt argumentieren wird: Nicht die Beispiele liefern dann Tests für die genannte These, sondern wer immer das Bestehen einer kausalen Beziehung behauptet, dem wird man als Beleg den Nachweis des Energieübertrags abverlangen!

Wenn wir sagen, daß ein Stein die Fensterscheibe zerstört habe, so dürften wir damit nach Hume und den modernen Empiristen nicht *mehr meinen*, als daß der Stein der Fensterscheibe sehr nahe gekommen sei und daß eben in einem solchen Falle bisher alle Fenster zersprungen seien (Carnap, 202–3; Stegmüller, 443–4). Dem Physiker wird bei dieser Analyse so unwohl sein wie dem Laien. *Tatsächlich* meinen wir mehr als dieses gesetzmäßige post hoc: Gemäß unserer energetischen Deutung der Kausalrelation behaupten wir, daß der Stein Energie an das Fenster abgegeben habe, und dies rechtfertigt unser „propter hoc". Natürlich können wir uns irren; die „wahre" Ursache mag ein Schuß, der Knall einer Explosion, eine Überspannung der Scheibe gewesen sein; aber in allen Fällen heißt „wahre Ursache" eben jenes Ereignis, von dem die Energie zur Zerstörung der Scheibe tatsächlich ausging. Auf die Häufigkeit dieser Ereignisfolgen kommt es dabei offenbar nicht an.

Die hier gegebene ontologische Deutung der Kausalität hat natürlich weitreichende Konsequenzen in allen Gebieten, in denen über Ursache und Wirkung diskutiert wird. Nur einige davon können im folgenden angedeutet werden.

7 Ontologische Charakterisierungen

Es wird nun möglich, *kausale Beziehungen* und *Ursachen* ontologisch zu charakterisieren. Die metatheoretische Definition wird dadurch nicht falsch oder überflüssig, sie wird jedoch ontologisch begründet. Der Begriff des *Kausalgesetzes* erfährt eine weitere Präzisierung. Es gibt dann drei Klassen von wahren, allgemeinen Sätzen: zufällig wahre (alle Kugeln in dieser Kiste sind rot), gesetzmäßig wahre (ohne Energieübertrag: Schwingungsdauer $= 2\pi \cdot \sqrt{\frac{\text{Pendellänge}}{\text{Erdbeschleunigung}}}$) und Kausalgesetze (mit Energieübertrag: Erwärmung führt zur Ausdehnung).

Damit kann auch der Begriff der *kausalen Notwendigkeit* teilweise rehabilitiert werden. Kausale Notwendigkeit bedeutet offenbar mehr als logische Notwendigkeit. Wenn ein Stein gegen eine Fensterscheibe fliegt, dann sehen und sagen wir ihre Zerstörung nicht *nur* deshalb voraus, weil dies allen unseren bisherigen Erfahrungen entspricht („das war schon immer so"), sondern weil wir den physikalischen Vorgang, insbesondere den Energieübertrag kennen, der die Zerstörung verursacht, auslöst („es muß so sein"). Es ist also (im Gegensatz zu den Behauptungen in Carnap, 199–201, und Stegmüller, 441) durchaus ein Unterschied zwischen einer allgemeinen Konditionalaussage und einem Kausalgesetz im angedeuteten Sinne. Und dieser Unterschied ist nicht nur ein semantischer, sondern ein kognitiv bedeutsamer.

Damit ist keineswegs behauptet, diese kausale „Notwendigkeit" verleihe Kausalbehauptungen irgendeinen unangreifbaren Status. Natürlich bleibt es auch in dieser Frage beim hypothetischen Charakter unseres Wissens über die Welt. Eine „transzendentale Deduktion", wie Kant sie anstrebte, erübrigt sich; sie ist weder möglich noch nötig. Das Vorliegen eines Energieübertrags ist vielmehr empirisch nachprüfbar. Kausalbehauptungen sagen mehr als bloße Folgebehauptungen; ihr empirischer Gehalt ist also größer; sie sind somit – im Prinzip – sogar leichter widerlegbar. (Dieser Vorteil wird allerdings durch die Schwierigkeit, Existenzbehauptungen („es gibt einen Energieübertrag") zu widerlegen, teilweise aufgehoben.)

Analog wird *„Zufall"* ontologisch definierbar als ein post-hoc-Ereignis *ohne* Energieübertrag. Daß ein Ereignis zufällig sei, wird so zu einer sinnvollen, empirisch nachprüfbaren Hypothese, die sich nicht nur auf das *Fehlen einer Erklärung* beruft.

Ob diese Charakterisierung auch für den absoluten Zufall der Mikrophysik brauchbar ist, bleibe dahingestellt. Sollte „die Kausalität" im Mikrobereich nicht gelten, sollte es also regelmäßige post-hoc-Ereignisse *ohne* Energieübertrag geben (z.B. Kernzerfall), so würde das eine Widerlegung unseres Ursache-Wirkung-Denkens, unseres naiven universellen Kausalprinzips, bedeuten. Unter dem Gesichtspunkt der Evolutionären Erkenntnistheorie wäre das aber weder überraschend noch tragisch: Was wir mesokosmisch zu erwarten gelernt haben, braucht mikro- oder megakosmisch nicht zuzutreffen.

Auch einmalige oder seltene Ereignisse (Urknall, Entstehung des Planetensystems, Biogenese, Supernovae) werden wissenschaftlich untersucht. Tatsächlich macht auch die ontologische Charakterisierung der Kausalität durch den Energieübertrag einmalige Ereignisse einer Kausalanalyse zugänglich und rechtfertigt somit Kosmologie, Biogenetik, Evolutionstheorie als wissenschaftliche Disziplinen. Die Behauptung des Aristoteles (wiederholt u. a. von Helmholtz, Wigner, Pauli, Eigen, Hund, Frey), daß es von einmaligen Ereignissen keine Wissenschaft geben könne, ist falsch. Auch die Definition Kants, Natur sei „das Dasein der Dinge, sofern es nach allgemeinen Gesetzen bestimmt ist", erweist sich als unnötig eng und als eine petitio principii (weil die Allgemeingültigkeit der Kategorien dadurch nämlich zu einer analytischen Konsequenz dieser Definition wird). Die Schwierigkeit, bei seltenen Ereignissen zwischen Naturgesetzen und Rand- und Anfangsbedingungen zu unterscheiden, bleibt natürlich trotzdem bestehen.

Die Auffassung der Empiristen, *jede* Kausalbehauptung sage implizit, daß es sich hier um einen Spezialfall eines allgemeinen Gesetzes handle (Carnap, 203; Stegmüller 439f.), erweist sich somit als ein Irrtum (es sei denn, man wollte diese allgemeine Gesetzlichkeit nun im Energieübertrag selbst sehen).

8 „Energieprobleme"

Der Satz von der Erhaltung der Energie ist für die ontologische Deutung der Kausalität *konstitutiv*. Er ist hinreichend für die Möglichkeit eines effektiven Energieübertrags, allerdings *nicht notwendig*: Auch Vorgänge, bei denen jeweils nur die Hälfte der abgegebenen Energie tatsächlich übertragen würde (während die andere Hälfte unter Verletzung des Energiesatzes verschwände), könnten kausale Verbindungen herstellen. Faktisch gehen ja bei makroskopischen Prozessen tatsächlich immer Energieanteile in Nebenwirkungen „verloren" (Reibung, Streuung usw.). Entscheidend ist, daß überhaupt Energie übertragen wird (eine abgeschwächte Form des Energiesatzes). Die traditionelle Auffassung „causa aequat effectum" erweist sich also auch in dieser Hinsicht als falsch.

Die Probleme der „Mitursachen" und der „Nebenwirkungen" lassen sich in der Terminologie des Energieübertrags leicht behandeln. Die „Ursache" braucht nicht die gesamte Energie für das Wirkungsereignis zu *liefern*. Sie kann ebensogut einen bereits vorhandenen Energievorrat „anstechen", der den Energieübertrag um Größenordnungen übersteigt. Das Damoklesschwert konnte durch die Aktivität einer Fliege ins Fallen kommen; ein Schuß kann einen defekten Staudamm zum Einsturz bringen; ein Tritt oder Ruf kann eine Lawine auslösen; Blicke können einen zur Raserei bringen; ein Photon kann eine Wasserstoffbombe zünden.

Es wird Fälle geben, bei denen es strittig ist, ob sinnvoll von Ursachen gesprochen werden kann; z.B. bei der Frage: Warum vertauscht ein Spiegel rechts und links, nicht aber oben und unten? Gerade für solche Streitfälle erlaubt die ontologische Interpretation eine eindeutige Klärung. Da für das Phänomen der Seitenvertauschung kein Energieübertrag verantwortlich ist (in Wahrheit werden nicht rechts und links, sondern nur vorne und hinten vertauscht), handelt es sich *nicht* um eine kausale Beziehung.

Unter gewissen Umständen sprechen wir aber regelmäßig von Ursachen, ohne daß ein Energieübertrag vorläge: Beim Stoß zweier gleich schwerer und gleich schneller Kugeln behalten – jedenfalls im reibungsfreien, vollelastischen Idealfall, der mikrophysikalisch durchaus realisiert werden kann – beide ihre Energie; es findet nur ein *Impuls*übertrag statt. (Die Energie – hier die kinetische $E_{kin} = \frac{1}{2} \cdot mv^2$ – ist ein Skalar und hängt bei konstantem Geschwindigkeits*betrag* nicht von der Bewegungsrichtung ab. Der Impuls – $\vec{p} = m \cdot \vec{v}$ – ist dagegen ein Vektor und ändert sich schon mit der Bewegungs*richtung*.) Denkbar sind sogar Stöße, bei denen weder Energie noch Impuls, vielmehr nur *Drehimpuls* übertragen wird, indem sich z.B. die Drehrichtung einer rotierenden Kugel umkehrt, Richtung und Geschwindigkeit der Bewegung dagegen beibehalten werden.

Hierzu kann man auf dreierlei Weise Stellung nehmen.

Man könnte definitorisch Prozesse, in denen kein Energieübertrag stattfindet, als *nicht* kausal ausschließen. Dieser terminologische Vorschlag wäre analog zu der Entscheidung des Biologen, Delphine trotz ihres Meereslebens *nicht* als Fische, Fledermäuse *nicht* als Vögel anzusehen. Auch er könnte schon zu einer Präzisierung der Kausalitätsdiskussion führen. Es bleibe dahingestellt, ob sich genügend sachliche Argumente für eine solche Sprachregelung angeben ließen.

Alternativ könnte man behaupten, in Wahrheit werde hier doch Energie übertragen, es würden aber gleiche Energiebeträge *ausgetauscht* (im Sinne des Wortes), was dem Endzustand nicht mehr anzusehen sei. Diese Interpretation läßt sich zwar physikalisch nicht widerlegen; makrophysikalisch ließe sie sich sogar durch Hinweis auf die Vielzahl der beteiligten Teilchen verteidigen; aber sie ist mikrophysikalisch auch nicht ausreichend gedeckt: Wenn zwei Elektronen aufeinanderstoßen, so bedarf es für die Veränderung ihrer Bahnen eben keines Energieaustausches.

Die dritte und sachhaltigste Möglichkeit wäre eine genaue Abgrenzung und Charakterisierung *aller* Vorgänge, bei denen auch ohne Energieübertrag ein kausaler Zusammenhang angenommen wird. Es dürfte sich herausstellen, daß in solchen Fällen zwar keine Energie, wohl aber irgend eine *Erhaltungsgröße* (Impuls, Drehimpuls) übertragen wird, daß Ursache und Wirkung dabei immer gleichzeitig sind, daß es sich also um echte *Wechsel*wirkungen handelt, Ursache und Wirkung somit gar *nicht eindeutig* zugeordnet werden können. Nur unser einseitiges Interesse für eines der beteiligten Systeme (Stoßpartner) läßt uns ihre hinsichtlich der kausalen Beziehung *symmetrische* Rolle übersehen.

Die Tatsache, daß dabei immer eine Erhaltungsgröße übertragen wird, stellt Parapsychologen und Interaktionisten vor die Alternative, entweder diesen Übertrag *nachzuweisen* oder Signale ohne Energie-, Impuls- oder Drehimpulsübertrag („Synchronizitäten“) zu postulieren und sich damit ausdrücklich in Opposition zur *gesamten* empirischen Wissenschaft zu stellen.

9 Warum wurde das ontologische Moment der Kausalität übersehen?

Hume und Kant *konnten* die Bedeutung des Energieübertrags für die Kausaliät noch nicht einsehen, da nicht einmal der Begriff der „Energie“ klar definiert war. Erst nach der Entdeckung des Energiesatzes wurde der Energieaspekt gelegentlich in die Kausalitätsdiskussion aufgenommen, dabei aber meist als „zu eng“ oder „nicht wesentlich“ wieder verworfen.

Nur Konrad Lorenz hat von diesem Gedanken vollen Gebrauch gemacht.

> Wir können den Begriff von Ursache und Wirkung nicht anders definieren als durch die Feststellung, daß die Wirkung von der Ursache her in irgendeiner Form Energie bezieht (1941, 120; ähnlich 1943, 349–351). Es ist eine falsche Meinung der Empiristen, daß das kausale Denken des Menschen nur durch Gewohnheit entstünde und daß unser „propter hoc“, unser „weil“ identisch sei mit einem oft erlebten und verläßlichen „post hoc“, einem „regelmäßig danach“ (1973, 138–9).

Dieser Gedanke wurde jedoch von niemandem aufgegriffen und auch von Lorenz nicht ausgearbeitet. Lorenz’ Auffassung ist lediglich an zwei Stellen zu korrigieren: Der Energiesatz ist für die Existenz kausaler Zusammenhänge nicht notwendig, sondern nur ausreichend (vgl. 8), und der Energieübertrag erfolgt nicht immer von der Ursache zur Wirkung (vgl. 6).

Für die Vernachlässigung des energetischen Aspektes der Kausalität scheint es nur *eine* Erklärung zu geben: *Die Begriffe „Kausalität, Ursache, Wirkung“ usw. kommen in den physikalischen Theorien nicht vor.* Wir haben zwar der Relativitätstheorie den entscheidenden Hinweis auf die Bedeutung des Energieübertrags entnommen; aber auch diese (1905 aufgestellte) Theorie wurde erst in das Gebäude der Physik aufgenommen, als die positivistische Bilderstürmerei, die jede Ontologisierung verbietet, bereits ihren reinigenden, zugleich aber auch verstümmelnden Einfluß auf die Interpretation physikalischer Theorien ausübte.

In die Quantenfeldtheorie wurde in den letzten Jahrzehnten der Begriff *Mikrokausalität* aufgenommen als eine Bedingung, der alle Feldfunktionen genügen müssen. Die Mikrokausalität spielt dort genau die Rolle, die ihr unsere ontologische Interpretation zuschreibt: Nur Ereignisse, die durch ein Lichtsignal miteinander verbunden werden könnten (zueinander „zeitartig" liegen), können irgendeine Wirkung aufeinander haben.

Und *warum* kommen die fraglichen Begriffe in unseren Theorien (fast) nicht vor? Theorien sind (jedenfalls hoffen wir das) isomorphe Modelle der Realität. (Isomorphie bedeutet Strukturgleichheit: Einzelobjekten werden Eigennamen, Eigenschaften und Klassen von Dingen werden Begriffe, Beziehungen zwischen Eigenschaften werden Gesetzesaussagen zugeordnet.) *Kausale Beziehungen der Realität werden dabei durch logische Beziehungen in der Theorie „abgebildet".* Aus „A und *deshalb* B" (propter hoc) wird „wenn A, so B". Regelmäßige zeitliche Abfolgen „immer wenn A, dann auch B" (post hoc) werden aber *ebenfalls* auf logische Beziehungen „wenn A, so B" abgebildet. Den logischen Beziehungen sieht man es nicht mehr unmittelbar an, ob sie „nur" eine gesetzmäßige Abfolge oder „kausale" Beziehungen beschreiben. Sowohl für die Erklärung vergangener als auch für die Prognose zukünftiger Ereignisse genügt es dann, sich auf den gesetzmäßigen Aspekt zu beschränken. Deshalb läßt sich auch der Instrumentalismus, der auf jede Ontologie verzichtet, nicht widerlegen.

Die (hypothetische) Zuordnung der kausalen Beziehungen der Welt zu logischen Beziehungen der Theorie ist zwar eindeutig, aber nicht eindeutig umkehrbar. Trotzdem neigen wir gelegentlich dazu, logische Beziehungen – wenigstens sprachlich – kausal (oder sogar final) zu interpretieren.

Es donnert, *weil* es geblitzt hat. *Weil* es donnert, hat es vorher geblitzt. *Weil* heute Vollmond ist, muß vor zwei Wochen Neumond gewesen sein. *Weil* die Gravitationskraft zum Quadrat des Abstandes der Massen umgekehrt proportional ist, *müssen* sich Planeten auf Kegelschnittbahnen bewegen. Wenn die Fische das Festland erobern *wollten*, so mußten sie sich erst Lungen zulegen.

Dabei kommt natürlich häufig Unsinn heraus. Solche Fälle bestärken wieder die Vermutung, auf die kausale Interpretation könne man ganz verzichten.

Auf den kausalen (und damit zeitgeordneten) Aspekt energetischer Vorgänge wird außerdem wohl deshalb so selten eingegangen, weil alle grundlegenden Theorien der Physik zeitsymmetrisch sind, d.h. zu jedem Vorgang auch den umgekehrten erlauben würden. Die Auszeichnung einer Zeitrichtung, die ja eine empirische Tatsache ist, erfolgt immer erst sekundär durch Zusatzannahmen (*Anfangs*bedingungen in der Mechanik und Thermodynamik, *Aus*strahlungsbedingung in der Elektrodynamik, kosmische *Ex*pansion usw.), ohne bislang theoretisch *geklärt* zu sein. Diese Tatsache wird allerdings durch die allgemein übliche (und legitime) Verwendung *phänomenologischer* Theorien *mit* Zeitrichtung (z.B. Diffusion, Wärmeleitung, Entropiezunahme) verschleiert.

Nun haben alle Fragen aus 4 eine Antwort erhalten. Räumliche und zeitliche Beschränkungen verbieten es, hier ausführlicher auf diese Probleme einzugehen. Aber schon die Andeutungen sollten deutlich machen, wie folgenreich die Berücksichtigung des Energieübertrags für die Kausalitätsprobleme sein wird. Auch eine zukünftige Kantkritik aus der Sicht der modernen Naturwissenschaften wird sich an den Ergebnissen dieser Diskussion orientieren können.

Literatur

Bavink, B: Ergebnisse und Probleme der Naturwissenschaften. Hirzel, Zürich [9]1949

Bunge, M.: Method, model, and matter. Reidel, Dordrecht 1973

Campbell, D. T.: Evolutionary epistemology. In: Schilpp, P.A. (ed.): The philosophy of K. R. Popper. Open Court, La Salle 1974, 413–463

Carnap, R.: Einführung in die Philosophie der Naturwissenschaft. Nymphenburger Verlagshandlung, München 1969

Lorenz, K.: Kants Lehre vom Apriorischen im Lichte gegenwärtiger Biologie. Blätter für Deutsche Philosophie *15* (1941) 94–125

–,–: Die angeborenen Formen möglicher Erfahrung. Z. f. Tierpsychologie *5* (1943) 235–409

–,–: Die Rückseite des Spiegels. Piper, München 1973 (auch dtv)

Nagel. E.: The structure of science. Routledge & Kegan Paul, London 1961

Riedl, R.: Biologie der Erkenntnis. Parey, Berlin 1979

Sachsse, H.: Naturerkenntnis und Wirklichkeit. Vieweg, Braunschweig 1967

Scheibe, E.: Ursache und Erklärung. In: Krüger, L. (Hrsg.): Erkenntnisprobleme der Naturwissenschaften. Kiepenheuer & Witsch, Köln 1970, 253–275

Stegmüller, W.: Probleme und Resultate der Wissenschaftstheorie und Analytischen Philosophie. Springer, Berlin, Band I (1969)[[2]1983, 533–5, 512–7]

Vollmer, G.: Evolutionäre Erkenntnistheorie. Hirzel, Stuttgart 1975 [[3]1983]

Wright, G. H. v.: Erklären und Verstehen. Fischer, Frankfurt 1974

[Wegen der großen Bedeutung, die ich der Idee des Energieübertrags für die Charakterisierung kausaler Beziehungen beimesse, sei hier auf weitere Literatur zu diesem Thema hingewiesen, die mir bei Abfassung des vorliegenden Aufsatzes nicht bekannt war:

Aronson, J.: The legacy of Hume's analysis of causation. Stud. Hist. Phil. Science *2* (1971) 135–156

Fair, D.: Causation and the flow of energy. Erkenntnis *14* (1979) 219–250

Castañeda, H.-N.: Causes, energy and constant conjunctions. In Inwagen, P.v. (ed.): Time and cause. Reidel, Dordrecht 1980, 81–108, vor allem S. 94–95

Salmon, W.C.: Causality: production and propagation. In Asquith, P.D./Giere, R.N. (eds.): PSA 1980, vol. 2. Edward Brothers, Ann Arbor 1981, 49–69, vor allem S. 60]

KANN ES VON EINMALIGEN EREIGNISSEN EINE WISSENSCHAFT GEBEN?

1 Die Forderung der Wiederholbarkeit

Im sechsten Buch seiner „Metaphysik" erklärt Aristoteles, Wissenschaft habe zu ihrem Gegenstande das, was *immer* der Fall ist oder was doch wenigstens in den meisten Fällen stattfindet. Nur das Regelmäßige könne Gegenstand einer betrachtenden Wissenschaft (ἐπιστήμη θεωρητική) werden. Außer dem Regelmäßigen gebe es aber in der Welt noch Unregelmäßiges, Kontingentes, Zufälliges, Akzidentelles. (Das deutsche Wort *Zu-fall* ist eine treue Lehnübersetzung des lateinischen *ac-cidens* bzw. des griechischen συμ-βεβηκός [von συμβαίνει es trifft sich].) Das Akzidentelle könne demnach nicht Gegenstand einer Wissenschaft sein. „Denn wie sollte man es sonst lernen oder einen andern lehren?" (E 2 III) Die Begründung zeigt, daß eine Wissenschaft vom Zufälligen für Aristoteles nicht nur faktisch nicht existiert, sondern prinzipiell unmöglich ist, nicht existieren kann.

Diese Meinung ist auch in neuester Zeit weit verbreitet. So schreibt 1957 der Physiker Wolfgang Pauli:

> Der Naturwissenschaftler hat es mit besonderen Phänomenen und einer besonderen Wirklichkeit zu tun. Er hat sich auf das zu beschränken, was *reproduzierbar* ist. Hierzu rechne ich auch das, für dessen Reproduktion die Natur von selbst gesorgt hat. Ich behaupte nicht, daß das Reproduzierbare an und für sich wichtiger sei als das Einmalige, aber ich behaupte, daß das wesentlich Einmalige sich der Behandlung durch naturwissenschaftliche Methoden entzieht. Zweck und Ziel dieser Methoden ist ja, Naturgesetze zu finden und zu prüfen, worauf die Aufmerksamkeit des Forschers allein gerichtet ist und gerichtet bleiben muß.[1]

Ähnlich äußern sich zahlreiche andere Forscher; Friedrich Hund meint sogar, man könne die Physik *kennzeichnen* als die Lehre vom Wiederholbaren.[2]

Daß es in unserer Welt Wiederholbares, Regelmäßiges, sogar Reproduzierbares gibt, ist ein empirisches Faktum. Daß es andererseits auch Einmaliges oder Seltenes, Unregelmäßiges, Nicht-Reproduzierbares gibt, ist ebenfalls nicht zu bestreiten. Beides hat Aristoteles richtig gesehen. Schließlich zählen wir Menschen uns selbst als *Artgenossen* zum Wiederholbaren, als *Individuen* dagegen zum Einmaligen.[3] Kein Zweifel auch, daß Wissenschaft, daß schon Wahrnehmung und jede andere Form menschlicher Erkenntnis auf Regelmäßigkeiten in der Natur angewiesen sind. Logisch denkbar wäre auch eine chaotische Welt, eine Welt, in der kein Teil dem anderen gleicht, in der jedes Atom von jedem anderen verschieden wäre, in der sich nichts wiederholt, in der es keine Symmetrie, kein Konstanz, keine Invarianz gibt, in der kein wissenschaftliches Gesetz Geltung hätte.[4] Eine solche Welt wäre jedoch für uns nicht erkennbar.

> Wir suchen in der Fülle der Erscheinungen nach Wiederkehrendem, nach in bezug auf bestimmte Relationen Unterscheidbarem. Nur weil es solches in der uns erscheinenden Weltmannigfaltigkeit gibt, können wir überhaupt etwas erkennen. Nur weil es Symmetrien in der Wirklichkeit gibt, ist diese erkennbar.[5]

Darüber hinaus müssen wir sogar einsehen, daß wir in einer solchen Welt gar nicht existieren könnten. In einer chaotischen Welt würde unsere Denktätigkeit nicht nur „ruhen", wie Hermann von Helmholtz formuliert[6], sondern sie wäre überhaupt nicht entstanden, es gäbe gar keine Organismen; denn jede genetische Information wäre wertlos; keine Erfahrung wäre auf den nächsten Einzelfall anwendbar.

Schon aus der Tatsache, daß es uns gibt, können wir also schließen, daß die Welt, in der wir leben, einen hohen Grad an Regelmäßigkeit, an Symmetrie, an Invarianz aufweisen muß. Der Wissenschaftler versucht, diese Regelmäßigkeiten – die schon der primitivste Organismus ausnützt – zu entdecken und als Naturgesetze zu formulieren. Auf diese Weise kann er die regelmäßigen Ereignisse beschreiben oder sogar erklären.

Allerdings reichen die Naturgesetze gerade *wegen* ihrer Allgemeinheit nicht aus, den Einzelfall vollständig zu erfassen. Immer müssen noch spezielle Zusatzinformationen hinzutreten, die den besonderen Gegebenheiten des Einzelereignisses Rechnung tragen. Diese Zusatzinformationen nennt man *Rand-* oder *Anfangsbedingungen.*

Aus dem Newtonschen Gravitationsgesetz allein folgt z.B. noch nicht, wo heute nacht um zwei Uhr der Jupiter steht; wenn wir dagegen wissen, wo er um ein Uhr oder gestern um zwei Uhr oder vor genau tausend Jahren stand (und welche Geschwindigkeit er hatte), dann können wir mit diesen Anfangsbedingungen die Position des Planeten nach dem Gravitationsgesetz berechnen.

Zu einer wissenschaftlichen Erklärung gehören deshalb außer einem oder mehreren Naturgesetzen immer auch die entsprechenden Randbedingungen. In bezug auf die jeweiligen „notwendigen" Gesetze erscheinen die Randbedingungen als „zufällig“, als kontingent; sie könnten auch anders sein, ohne mit dem Gesetz in Widerspruch zu stehen. In dieser Sprechweise könnte man die aristotelische Auffassung auch so formulieren: Wissenschaft ist letztlich nur an *Naturgesetzen* interessiert, nicht an Rand- und Anfangsbedingungen. So meint auch der Physiker Eugene Wigner: „Die Physik will gar nicht die Natur erklären . . . Sie will nur die Regelmäßigkeiten im Verhalten der Objekte erklären.“[7] Ist es so?

2 Bedenken

Wenn es so wäre, müßte u.a. die Biologie um ihren Wissenschaftscharakter bangen; denn offenbar enthält sie ein deutlich individuell-deskriptives Element: Sie kann nicht umhin, die Unterschiedlichkeit der Organismen zu betonen, die Eigenart jedes einzelnen Lebewesens festzustellen, die Vielfalt der Arten zu bewundern und die konstitutive Rolle des Zufalls in ihre Betrachtung der Lebenserscheinungen einzubeziehen. Aber ist sie deshalb keine *Wissenschaft*? Kümmert sich der Wissenschaftler tatsächlich nur um das Wiederholbare?

Wenn es so wäre, so folgte daraus doch nicht – wie ja auch Pauli bemerkt hat –, daß der Wissenschaftler sich in seinem Bemühen um Naturgesetze wirklich dem interessanteren Aspekt der Natur zugewandt hätte. Es könnte sein, daß nur unsere abendländische (Gomperz: griechische) Tradition unsere Aufmerksamkeit auf *eine* Seite der Natur lenkt, während andere Kulturen andere Aspkte betonen, vielleicht sogar wichtigere. Diese Auffassung vertritt beispielsweise Erwin Schrödinger, der Schöpfer der Wellenmechanik, wenn er sagt:

> Der denkende, aber noch nicht westlich beeinflußte Chinese ist geneigt, im schicksalhaften Zueinandergeraten auch von gleichgültigen, nicht gefühlsbetonten Dingen einen *Sinn* (Tao) zu suchen . . . An ein allgemeines Gesetz mag der weniger denken. Er sieht den Einzelfall. Die Natur ist nur einmal vorhanden. Jede einzelne ihrer Handlungen muß ihren besonderen Sinn haben, der aus ihrer frei sich fügenden, man möchte sagen künstlerischen Gestaltung abzulesen ist wie bei einem der Tausende feingeformter Zeichen der chinesischen Begriffsschrift.
> Dem naturwissenschaftlichen Denken liegt diese Auffassung fern.[8]

Wo der östliche Denker nach dem Sinn sucht, da sucht der westliche Wissenschaftler nach dem Gesetz. Aber kümmert sich der Wissenschaftler als *Wissenschaftler* wirklich nicht um „einmalige“ oder „seltene“ Dinge? Sind nicht die Bildung des Planetensystems, der Aufbau der Erde, die Entstehung des Lebens auf dieser Erde, der gesamte Ablauf der biologischen Evolution, ist nicht gerade die menschliche Geschichte „einmalig“? Sind nicht Supernova-Explosionen, Erdbeben,

Vulkanausbrüche, Tsunamis seltene Ereignisse? Und sind nicht trotzdem Planetenforschung, Geologie, Biogenetik, Evolutionsbiologie anerkannte, zur Zeit sogar besonders lebendige, *wissenschaftliche* Disziplinen? Ist denn eine Theorie über die Entstehung des Sonnensystems unwissenschaftlich?

Diese Beispiele zeigen, daß die Beschäftigung mit seltenen oder einmaligen Ereignissen den Wissenschaftscharakter nicht ausschließt. Es ist nicht mehr wahr, daß es von solchen Objekten oder Vorgängen keine Wissenschaft gebe. Der aristotelische Standpunkt in seiner strengen Form ist durch die Wissenschaftsgeschichte überholt. Allerdings könnte man ihn in einer schwächeren Fassung zu verteidigen suchen durch folgendes Argument:

Die Entstehung des Lebens auf der Erde hat – nach allem, was wir wissen, – tatsächlich nur einmal stattgefunden; die Biogenese ist ein einmaliges Ereignis. Sie wird sich auch in Zukunft nicht wiederholen, weil die Bedingungen der Urerde gerade durch das Leben, insbesondere durch die Sauerstoffproduktion, grundlegend verändert worden sind. Aber angenommen, es gelingt den Forschern, die Entstehung des irdischen Lebens physikochemisch zu erklären, dann würde ein solcher Erfolg doch zeigen, daß unter bestimmten Bedingungen Leben nicht nur möglich ist, sondern entstehen *muß*. Die Theorie würde dann zwar faktisch nur an einem einzigen Fall *testbar* sein; ihre gesetzesartigen Aussagen würden sich jedoch prinzipiell auf alle einschlägigen Situationen beziehen, etwa in der Form: „Wo immer im Universum die Bedingungen denen der Urerde gleich oder genügend ähnlich waren, sind oder sein werden, dort entsteht *notwendig* Leben.“ Ist auch der Mars als möglicher Träger von Leben ausgefallen, und wissen wir auch zur Zeit kaum etwas über die Existenz anderer Planetensysteme, geschweige denn über die Existenz außerirdischen Lebens, so schließt doch der *Anspruch* der Biogenetik alle diese zeitlich und räumlich von uns entfernten Fälle ein. Darüber hinaus könnte sich ja auch der Testbereich einer zukünftigen Forschung erweitern.

Dieses Argument würde also den Wissenschaftscharakter der Biogenetik (und ähnlich der Geologie, der Sonnenphysik, der Planetentheorien usw.) rechtfertigen durch Hinweis auf den nur *faktisch* beschränkten, *prinzipiell* aber unendlichen Anwendungsbereich solcher Theorien. Nur prinzipiell und nachweisbar einmalige Prozesse wären einer wissenschaftlichen Behandlung unzugänglich.

3 Widerlegung durch die Kosmologie

Eben dieses Argument würde jedoch *versagen* angesichts einer Disziplin, die sich auch *prinzipiell* auf ein einziges System bezieht, nämlich gegenüber der *Kosmologie*. Das Forschungsobjekt der Kosmologie – der Kosmos – ist nämlich *per definitionem* nur einmal vorhanden; von unserem Weltall gibt es mit Sicherheit nur ein einziges „Exemplar". Somit sind auch seine Eigenschaften einmalig: Alter, Ausdehnung, Energieinhalt, Entropie pro Baryon, Symmetrieeigenschaften . . . In diesem Kosmos sind auch viele Prozesse einmalig, z.B. der Urknall, die kosmische Expansion, die Hadronenära, die Abkoppelung der Strahlung von der Materie, die Hintergrundstrahlung usw.

Während die „üblichen" Naturgesetze über *alle* einschlägigen Objekte, *alle* Elektronen, *alle* Wasserstoffatome, *alle* Massen usw. sprechen, können gerade Aussagen über das All keine Allaussagen sein. Trotz des reizvollen Wortspiels wären Aussagen über *alle* Kosmen unzulässig. Die Kosmologie behandelt Aufbau und Entwicklung dieses (einzigen) Universums und stellt u.a. fest, daß es ein dynamisches, ein evolutionäres Universum ist, in dem etwas geschieht, in dem sich Vergangenheit und Zukunft unterscheiden. Insofern treibt gerade der Kosmologe „Naturgeschichte" im wahrsten Sinne des Wortes.

Trotz alledem ist die Kosmologie eine wissenschaftliche, sogar eine erfahrungswissenschaftliche Disziplin. Diesen wissenschaftlichen Charakter hat die Kosmologie allerdings erst in unserem Jahrhundert erhalten, als Albert Einstein zeigte, daß die Allgemeine Relativitätstheorie sich auf den Kosmos als Ganzes anwenden läßt.[9] Nachträglich stellte sich heraus, daß schon die Gravitationstheorie Newtons kosmologische Folgerungen – insbesondere die Ableitung der Friedmanngleichung – zugelassen hätte. Eine wissenschaftliche Kosmologie war also wenigstens seit Newton möglich, wenn auch nicht wirklich. Wer freilich *heute* den wissenschaftlichen Charakter der Kosmologie bestreiten wollte, würde nur auf Unverständnis stoßen.

Auch von einmaligen Objekten oder Ereignissen kann es also eine Wissenschaft geben. Die gegenteilige Auffassung wird – auch in ihrer schwachen Form durch die Kosmologie widerlegt. Nachdem sie aber als falsch erkannt ist, brauchen wir auch die Biogenetik, die Evolutionsbiologie, die Paläontologie oder die Geschichtswissenschaften nicht mehr durch Hinweis auf ihren potentiell unendlichen Anwendungsbereich zu verteidigen: Selbst wenn bewiesen werden könnte, daß unser Planetensystem tatsächlich das einzige solche System, das irdische Leben der einzige Fall von Leben, der Mensch das einzige intelligente Wesen ist, so würde das doch den zugehörigen Disziplinen nicht ihren Wissenschaftscharakter nehmen.

Damit ist die Titelfrage beantwortet. Das schließt nicht aus, daß die Einmaligkeit (oder Seltenheit) von Objekten besondere Probleme aufwirft. Solchen Problemen in der Kosmologie sind die Abschnitte 4 und 5 gewidmet. Auch stellt sich das „Nachfolgeproblem", wie der irrtümliche *Eindruck* entstehen konnte, wissenschaftliche Interessen seien ausschließlich auf Gesetze gerichtet. Darauf soll Abschnitt 6 eine Antwort geben.

4 Die Einzigkeit des Universums

Wenn auch die Kosmologie *trotz* der Einmaligkeit ihres Objektes eine Wissenschaft ist, so steht sie doch *wegen* der Einmaligkeit dieses Objektes vor besonderen Schwierigkeiten. Bei den Eigenschaften des Kosmos ist es ja im allgemeinen nicht möglich, zwischen Naturgesetzen und Randbedingungen zu unterscheiden.[10]

Wir belegen diese Tatsache an einem einfachen Beispiel. Die Gravitationskonstante G, welche im Newtonschen Gravitationsgesetz

$$K_G = G \cdot \frac{M \cdot m}{r^2}$$

als Proportionalitätskonstante auftritt, hat den Wert $G = 6{,}67 \cdot 10^{-8} \frac{cm^3}{g \cdot s^2}$. Warum sie gerade diesen und nicht einen anderen Wert hat, geht aus der Newtonschen Gravitationstheorie und aus der gesamten klassischen Physik nicht hervor. Ihr Wert scheint nicht naturgesetzlich bestimmt zu sein. In der Sprechweise von Abschnitt 1 gehört der Wert der Gravitationskonstanten zu den zufälligen, kontingenten Randbedingungen des Kosmos: Sie *könnte* auch einen anderen Wert haben.

Das gleiche gilt für andere *Naturkonstanten* wie die Elementarladung e, die Lichtgeschwindigkeit c oder das Plancksche Wirkungsquantum h. Es gilt auch für die grundlegenden *Naturgesetze*. Warum nimmt die Gravitationskraft gerade umgekehrt zum *Quadrat* des Abstandes r der beiden Massen ab? Warum nicht mit der dritten Potenz oder mit der Hochzahl 2,5 oder $\frac{\pi}{2}$?

Zuweilen wird behauptet, solche Fragen seien sinnlos oder unwissenschaftlich („metaphysisch") oder illegitim, weil schließlich nicht *alles* erklärt werden könne, weil die Wissenschaft überhaupt nichts erklären könne oder weil Warum-Fragen gar nicht in den Bereich der Naturwissenschaft gehörten. Hieran sind aber weder die Behauptungen noch die Begründungen richtig. Bei jedem Faktum *darf* „warum?" gefragt werden, und mit jeder Erklärung versucht der Wissenschaftler, solche Fragen zu beantworten. Daß man dabei nicht zu einer letzten Antwort, zu einer abschließenden Erklärung, zu einem unbewegten

Beweger, zu einer *causa prima* kommt, macht die Suche nach *tieferen Erklärungen* keineswegs überflüssig oder hoffnungslos. Auch daß ein *erklärendes* Naturgesetz aus der Sicht der nächsttieferen Ebene zur *beschreibenden* Gesetzmäßigkeit herabgestuft wird, zeigt nur den relationalen Charakter von Erklärung und Beschreibung, nicht aber die Unmöglichkeit von Erklärungen überhaupt.

So darf man auch in der Kosmologie „warum?“ fragen und nach tieferen Erklärungen suchen. Die Einmaligkeit des Objektes kann uns daran nicht hindern – so schwer sie uns die Antwort auch machen mag. So ist es nicht nur gelungen, Galileis Fallgesetz

$$s = \frac{1}{2} \cdot g \cdot t^2 \qquad \text{mit } g = 9{,}81 \frac{m}{s^2}$$

$$\text{Fallweg} = \frac{1}{2} \cdot \text{Erdbeschleunigung} \cdot (\text{Fallzeit})^2$$

auf Newtons Gravitationsgesetz zurückzuführen und dabei die vorläufige „Naturkonstante“ g, die Erdbeschleunigung, zu deuten als

$$g = \frac{G \cdot M_E}{R_E^{\,2}} = \frac{\text{Grav.-Konstante} \cdot \text{Erdmasse}}{(\text{Erdradius})^2} =$$

$$= \frac{6{,}67 \cdot 10^{-8} \,\frac{cm^3}{g \cdot s^2} \cdot 5{,}98 \cdot 10^{27}\, g}{(6370\, km)^2} = 9{,}81 \frac{m}{s^2},$$

sondern es ist auch möglich, das Gravitationsgesetz aus Einsteins Allgemeiner Relativitätstheorie abzuleiten. Der Wert der Gravitationskonstanten G wird dabei allerdings unerklärt übernommen.

Und doch gibt es Versuche, auch diesen Wert zu *erklären*, z.B. über das „Machsche Prinzip“. Das Machsche Prinzip besagt, daß die Trägheit eines (jeden) Körpers durch die Verteilung aller übrigen Massen im Kosmos bestimmt sei, insbesondere durch die fernen Fixsterne und Galaxien. Das Machsche Prinzip stellt also einen Zusammenhang her zwischen den lokalen („irdischen“) und den globalen („kosmischen“) Eigenschaften der Materie. Dabei ergibt sich z.B. für die Gravitationskonstante die Gleichung

$$G = \frac{H^2}{\rho} = \frac{(\text{Hubble-Konstante})^2}{\text{durchschnittliche Massendichte im Kosmos}} \qquad \text{mit } H = \frac{1}{20 \text{ Mrd. Jahre}} \quad \text{und } \rho = 4 \cdot 10^{-29} \frac{g}{cm^3}.$$

Die Faszination dieser Gleichung liegt darin, daß sie die Gravitationskonstante auf kosmische Größen zurückführt, aber auch darin, daß sie es umgekehrt erlaubt, aus irdischen Größen auf eine *Eigenschaft des Kosmos*, nämlich seine durchschnittliche Dichte ρ, zu *schließen.*[11]

Wie immer man das Machsche Prinzip und die angegebene Gleichung beurteilen mag, sie zeigen, daß eine Erklärung für den Wert der Gravitationskonstanten *denkbar* ist. Somit ist es berechtigt, nach weiteren derartigen Zusammenhängen zu suchen. In einer solchen *Kosmophysik* könnte die Einheit des Universums, die Tatsache, daß alle seine Teile miteinander in Wechselwirkung stehen, dazu dienen, fundamentale Eigenschaften der Materie zu *erklären*. Die Physik wird dadurch zwar komplizierter, weil jede lokale Größe vom Zustand des gesamten Kosmos abhängt; andererseits wird es gerade dadurch möglich, aus Labormessungen auf Eigenschaften des Kosmos zu schließen. Auf diese Weise kann man hoffen, immer mehr Erscheinungen auf immer weniger Naturkonstanten und Naturgesetze zurückzuführen. Wir dürfen es mit Sciama[11] als eine Aufgabe der Naturwissenschaft ansehen, immer mehr Fakten als *notwendig* zu erkennen. Zwar sind diesem Bemühen durch den Zufallscharakter der Quantenereignisse prinzipielle Grenzen gesetzt. aber diese Grenze ist bei weitem noch nicht erreicht.

Eine ganz andere Haltung in der Frage der Naturkonstanten nimmt Wheelers „Würfelwelt" ein.[12] Danach sind die Werte der Naturkonstanten keiner weiteren Erklärung im üblichen Sinne fähig. Sie wurden vielmehr im Urknall für diesen unseren kosmischen Zyklus zufällig so angelegt, wie wir sie jetzt – zehn bis fünfzehn Jahrmilliarden danach – vorfinden. Es hätte auch ganz anders kommen können, und es wird auch, falls das Universum wieder kontrahiert und in einem weiteren Urknall erneut explodiert, ganz anders kommen. Die Naturkonstanten werden sozusagen in jedem Urknall neu zusammengewürfelt. Eine *Erklärung* für ihre Werte gibt es dann nicht; sie bleiben Rand- bzw. Anfangsbedingungen des jeweiligen kosmischen Zyklus. Elementarteilchen und ihre Eigenschaften sind nur Fossilien des vorangegangenen Urknalls, die im nächsten Kollaps wieder „eingeschmolzen" werden. Über vergangene oder zukünftige Zyklen sind dann bestenfalls Wahrscheinlichkeitsaussagen möglich.

5 Das anthropische Prinzip

Beide Bilder – Kosmophysik und Würfelwelt – sind grandiose Visionen; unwissenschaftlich sind sie nicht. Heuristisch fruchtbarer ist wohl die Idee einer Kosmophysik, da sie uns nach weiteren Erklärungen suchen läßt; aber letztlich kann nur der Erfolg über ihre Berechtigung entscheiden.

In beiden Auffassungen gibt es ein Problem, das in den letzten Jahren erst offenbar wurde. Die Naturkonstanten bilden – erklärbar oder gewürfelt – offenbar ein solches Gefüge, daß Galaxien, Sterne, Planetensysteme, Leben und intelligente Wesen möglich sind. Nicht jedes solche Gefüge läßt Leben zu. Es hat sich sogar gezeigt, daß der Spielraum, innerhalb dessen Leben möglich ist, überraschend eng ist. Wären also die Naturkonstanten nur geringfügig anders, als sie sind, so gäbe es uns nicht!

Hierzu zwei Beispiele: Die Kernkräfte sind gerade stark genug, um Protonen und Neutronen aneinander zu binden. Wären sie nur etwas schwächer, so wäre Wasserstoff (nur *ein* Proton als Kern) das einzige Element, und Leben wäre unmöglich. – Wäre die elektromagnetische Wechselwirkung (die Feinstrukturkonstante $\alpha = e^2/\hbar c = 1/137$) nur geringfügig kleiner, so würden alle Sterne ihre Energie als heiße, blaue Objekte sehr schnell abstrahlen, und nirgends bliebe genügend Zeit für die Entwicklung von Leben; wäre sie dagegen etwas größer, so bildeten sich bei keinem Stern Planeten, so daß ebenfalls kein Leben möglich wäre.[13]

Wir sind „Kinder des Weltalls" in einem noch tieferen Sinne, als Hoimar von Ditfurth[14] wissen konnte. Wie kommt das? Warum sind die Naturkonstanten gerade so beschaffen, daß wir möglich sind? Wurden sie etwa so und nicht anders gefügt, *damit* es uns geben könnte? In einer Kosmologie, die von einem einzigen kosmischen Zyklus ausgeht, wird es auf diese Fragen keine wissenschaftliche Antwort geben können. Rechnet man dagegen wie Wheeler mit mehreren Zyklen, so gibt es eine kühne, aber wiederum durchaus nicht unwissenschaftliche Antwort. Danach ist der kosmische Zyklus, in dem wir leben und den wir studieren, nur einer von unzählig vielen. In den meisten dieser Zyklen war bzw. ist kein Leben möglich. Aber „gelegentlich" kommt es *zufällig* zu einer lebensgünstigen Kombination der Parameter. Dann und nur dann kann es Wesen geben, die solche Fragen stellen. Natürlich hätte es auch geschehen können, daß eine solche günstige Kombination niemals erwürfelt worden wäre. Aber niemand hätte Gelegenheit gehabt, sich darüber zu wundern!

Die Welt ist also so, wie wir sie vorfinden, weil wir eine wesentlich andere Welt gar nicht vorfinden könnten; wir könnten sie nicht vorfinden – nicht, weil keine andere Welt möglich wäre, sondern – weil *wir* in keiner anderen Welt möglich wären. Dieser Zusammenhang wird gelegentlich als „anthropisches Prinzip" bezeichnet[15] und aphoristisch verkürzt auf die Formel

Cogito, ergo mundus talis est.

In Anwendung dieses anthropischen Prinzips kann man – unter Zugrundelegung unseres heutigen astrophysikalischen und biogenetischen Wissens – einen verblüffenden Zusammenhang zwischen unserer Existenz und der Größe des Kosmos herstellen:[16]

Intelligente Wesen sind nur möglich, wenn Leben möglich ist. Leben erfordert eine gewisse Mindeststruktur, damit z.B. Information übertragen werden kann. Systeme mit ausreichender Strukturiertheit können aber nur auf chemischen Elementen beruhen, die schwerer sind als Wasserstoff und Helium. Die Erzeugung solcher Elemente erfordert Kernfusion. Kernfusion verlangt einige Milliarden Jahre „Kochzeit" im Innern von Sternen. So lange kann ein Stern nur existieren, wenn das ihn umgebende Universum entsprechend lange besteht. Dies wiederum ist nach der Allgemeinen Relativitätstheorie nur möglich, wenn das Universum einige Milliarden Lichtjahre Durchmesser hat. Warum also ist unser Universum so groß? „Weil" es uns gibt! (Genauer: Weil es uns in einem kleineren Universum nicht gäbe.)

6 Naturgesetze und Kausalität

Kosmologie, Kosmophysik, Würfelwelt und anthropisches Prinzip zeigen, daß sich Wissenschaft nicht auf die Formulierung von Naturgesetzen beschränken muß, daß ihr auch einmalige Objekte und Ereignisse zugänglich sind. Wie aber konnte jener falsche Eindruck entstehen? Wir geben hier zwei Teilantworten, die einander ergänzen.

Zunächst einmal ist es einfacher, wiederholte oder wiederholbare Phänomene zu untersuchen, als einmalige oder seltene. Nicht von ungefähr wurden die ersten quantitativen Naturgesetze, Galileis Fall- und Keplers Planetengesetze, an Erscheinungen gefunden, die beliebig oft wiederholbar sind oder sich selbst wiederholen. Nicht von ungefähr ist die erste quantitativ ausgearbeitete Theorie der neuzeitlichen Wissenschaft die Newtonsche Mechanik (und Gravitationstheorie) gewesen, die Fall *und* Planetenbewegung umfaßt. Nicht von ungefähr sind Kosmologie und Biogenetik erst spät, erst in unserem Jahrhundert zu wissenschaftlichen Disziplinen geworden.

Gerne wird darüber spekuliert, ob und wie die neuzeitliche Wissenschaft sich entwickelt *hätte*, wenn der Himmel (wie auf der Venus) immer durch eine geschlossene Wolkenschicht bedeckt wäre (Poincaré, Jordan), wenn das Sonnensystem nur aus Sonne und Erde bestünde (Bondi) oder wenn die Planetenbewegung so unregelmäßig („exzentrisch") wäre wie die der Kometen (Hoyle). Mechanik und Gravitationstheorie hätten sich – wenn überhaupt – sicher viel später und anders entwickelt; vielleicht wäre das Gravitationsgesetz nie entdeckt worden. *Die exakten Naturwissenschaften sind ein Geschenk des Himmels.*[17]

Aber auch die „Idee“ von Naturgesetzen konnte nur in einer Welt gewonnen werden, in der es Regelmäßigkeiten gibt. Kein Wunder, daß zunächst der Eindruck entstand, *nur* die regelmäßigen Ereignisse würden solchen Naturgesetzen unterliegen, während das Einmalige dem Zufall überlassen sei. Diese Vermutung ist jedoch eine unzulässige Extrapolation. Auch seltene und einmalige Ereignisse fallen, wie wir gesehen haben, nicht außerhalb jeder möglichen, nicht einmal jeder existierenden Wissenschaft.

Ein zweiter Grund dafür, daß man die Rolle einmaliger Objekte und Ereignisse für die Wissenschaften falsch eingeschätzt hat, liegt in der empiristischen Auffassung von Kausalität und Naturgesetzlichkeit. David Hume war überzeugt, daß eine Kausalbehauptung („Die Sonne erwärmt den Stein.“ „A verursacht B.“) *empirisch nicht mehr* bedeuten könne als die Behauptung einer regelmäßigen Abfolge von Ereignissen („Immer wenn die Sonne scheint, wird der Stein warm.“ „Wenn A, dann bisher immer auch B.“) Wir hätten also keine empirische Ermächtigung, im *propter hoc* mehr zu sehen als ein regelmäßiges *post hoc*. Humes Kritik hat nicht nur Kants dogmatischen Schlummer unterbrochen; sie hat alle späteren Denker stark beeindruckt. Bei modernen Wissenschaftstheoretikern (Reichenbach, Carnap, Stegmüller) findet man seine Analyse wiederholt und verschärft. Danach muß man den Eindruck gewinnen, daß eine Kausalbehauptung empirisch nur dann gerechtfertigt ist, wenn *zahlreiche* Ereignisketten ausnahmslos die betreffende Abfolge zeigten. Bei einem einmaligen Ereignis könnte man dann nicht sinnvoll (d.h. nicht empirisch bedeutsam) von einem kausalen Zusammenhang sprechen, weil die erforderliche wiederholte Abfolge nicht vorliegt. Da viele Naturvorgänge durch Kausalgesetze beschrieben bzw. erklärt werden, entstand die Vermutung, ja Forderung, alle empirischen Wissenschaften müßten sich auf wiederholte oder wiederholbare Fälle beziehen. Man sieht, daß sogar Aristoteles in einem durchaus nicht oberflächlichen Sinne Empirist ist.

Aber auch hier handelt es sich um eine voreilige Extrapolation. Es gibt nämlich – entgegen Hume und entgegen Kant – doch einen *ontologischen* Unterschied zwischen regelmäßigem *post hoc* und (kausalem) *propter hoc*. Dieser ontologische Unterschied ist empirisch aufweisbar und kognitiv bedeutsam. Es ist der *Energie-Übertrag*.[18] Wo immer wir sinnvoll von einem kausalen Zusammenhang, von Kausalbeziehungen, von Ursache und Wirkung sprechen, da wird sich auch ein solcher Energieübertrag nachweisen lassen. Im allgemeinen erfolgt er von der Ursache zur Wirkung, freilich nicht immer.

Erst die Entdeckung der universellen Anwendbarkeit des Energiebegriffs, insbesondere die Formulierung des Energiesatzes und anderer Erhaltungssätze, machte eine solche ontologische Deutung der Kausalbeziehung, des *propter hoc* möglich. Damit aber entfällt die von den Empiristen behauptete Regelmäßigkeit der Ereignisfolgen als *Sinn* und *Kriterium* einer zutreffenden Kausalbehauptung. Auch bei einem einmaligen Ereignis kann sich der Energieübertrag und damit ein vermuteter kausaler Zusammenhang nachweisen lassen. Auf die Wiederholbarkeit des Vorgangs kommt es dabei nicht an. Angesichts dieser ontologischen Deutung wird das empiristische Argument zugunsten der aristotelischen Forderung nach Wiederholbarkeit gegenstandslos. Auch Kosmologie und Geologie, Biogenetik und Evolutionsbiologie können Kausalbehauptungen und Kausalgesetze aufstellen und überprüfen.

Sicher hat es nicht dieser Betrachtung bedurft, um jene Disziplinen als wissenschaftliche Unternehmen zu rechtfertigen. Aber vielleicht kann die wissenschaftstheoretische Analyse das Unwohlsein beseitigen, das manchen befällt, wenn er glauben soll, die Wissenschaft erkläre nichts, sie beantworte keine Warum-Fragen, sie könne oder müsse auf den Begriff der Kausalität verzichten, sie kümmere sich nur um das Reproduzierbare und müsse deshalb notwendig das Individuelle und damit „das eigentlich Menschliche" verfehlen: *Es ist einfach nicht wahr.* Es ist nur ein geistesgeschichtlich und wissenschaftshistorisch bedingtes Vorurteil.

Aber natürlich ist es leichter, Vorurteile zu bilden, als sie wieder abzubauen. Und wie mancher erst Jahrzehnte arbeitet und seine Gesundheit zerstört bei dem Versuch, das Geld zu verdienen, das er braucht, um seine Gesundheit wiederherzustellen, so arbeitet mancher Jahrzehnte an dem Versuch, die Weisheit zu erlangen, die er braucht, um sich von den dabei aufgebauten Vorurteilen wieder zu befreien.

Anmerkungen

1 Pauli, W.: Aufsätze und Vorträge über Physik und Erkenntnistheorie. Vieweg. Braunschweig 1961, S. 94

2 Hund, F.: Geschichte der physikalischen Begriffe. Bibl. Institut. Mannheim 1972, S. 274; ähnlich: Denkschemata und Modelle in der Physik. Studium Generale *18* (1965) 174

3 Es ist nicht die Absicht des Verfassers, die einmalige Persönlichkeit wissenschaftlich zu behandeln, welcher dieser Beitrag in aufrichtiger Bewunderung gewidmet ist; aber natürlich gehört auch sie mit jedem individuellen Jubiläum zu der dabei intendierten Objektklasse. [Der Beitrag war Gerd-Günther Grau gewidmet.]

4 Vgl. Sudbury, A. W.: Could there be a world which obeyed no scientific laws? Brit. J. for the Philosophy of Science *24* (1973) 39–40.

5 Frey, G.: Erkenntnis der Wirklichkeit. Kohlhammer. Stuttgart 1965, S. 110. – Vgl. Kanitscheider, B.: Geometrie und Wirklichkeit. Duncker & Humblot. Berlin 1971, S. 245–7.

6 Helmholtz, H. v.: Die Tatsachen in der Wahrnehmung. 1878. Wiss. Buchgesellschaft. Darmstadt 1959, S. 46–47

7 Wigner, E.P.: Symmetries and reflections. MIT Press. Cambridge 1967, p. 39 (deutsch in Angewandte Chemie *17* (1964) 737–742)

8 Schrödinger, E.: Was ist ein Naturgesetz? Oldenbourg. München 1962, S. 54–55

9 Einstein, A.: Kosmologische Betrachtungen zur allgemeinen Relativitätstheorie. Sitz.-Ber. Preuß. Ak. d. Wissenschaften, 1917. Abgedruckt in: Lorentz, H.A./ Einstein, A./ Minkowski, H.: Das Relativitätsprinzip. Wiss. Buchgesellschaft. Darmstadt 1974, S. 130–9.

10 Vgl. Kanitscheider, B.: Philosophisch-historische Grundlagen der physikalischen Kosmologie. Kohlhammer. Stuttgart 1974, S. 155–160.
[Neuauflage: Kosmologie. Geschichte und Systematik in philosophischer Perspektive. Reclam, Stuttgart 1984, S. 396–407]

11 Sciama, D.W.: The unity of the universe. Faber. London 1959

12 Wheeler, J. A.: From Mendeleev's atom to the collapsing star. In: Cohen, R.J./ Seeger, R.S. (eds.): Philosophical foundations of science. Reidel, Dordrecht 1974, p. 257–301, dort S. 282–286

13 Trimble, V.: Man's place in nature. Amer. Scientist *65* (1977) 76–86, vor allem S. 84–86

14 Ditfurth, H.v.: Kinder des Weltalls. Hoffmann und Campe, Hamburg 1970, auch Knaur-Taschenbuch 1973

15 Carr, B.J./ Rees, M.J.: The anthropic principle and the structure of the physical world. Nature *278* (1979) 605–612

16 Wheeler, J.A.: The universe as a home for man. Amer. Scientist 62 (1974) 683–691

17 Dieses Zitat entstammt dem Buch von Lorenzen, P.: Die Entstehung der exakten Wissenschaften. Springer. Berlin 1960, S. 69

18 Vgl. Vollmer, G.: Ein neuer dogmatischer Schlummer? Kausalität trotz Hume und Kant. Akten d. 5. Int. Kant-Kongresses. Mainz 1981, S. 1125–1138 [im vorliegenden Band S. 39 – 52].

EVOLUTIONÄRE ERKENNTNISTHEORIE UND LEIB-SEELE-PROBLEM

1 Zufall?

Eine Sonnenfinsternis ist ein faszinierendes Ereignis. Zu heller Stunde wird die Sonne ohne erkennbaren Grund allmählich dunkler, bis alles nur noch in ein fahles Dämmerlicht getaucht ist; nach etwa zehn Minuten wird sie dann wieder heller und erreicht schließlich ihre alte Helligkeit. Die alten Ägypter glaubten, die Sonne werde von einem wilden Tier verschlungen. Später entdeckten die Astronomen, daß der *Mond* sich zwischen Sonne und Erde schiebt und die Sonnenscheibe gerade abdeckt. Diese Entdeckung war keineswegs selbstverständlich, da uns der Mond dabei seine unbeleuchtete Seite zuwendet, so daß man ihn nicht sieht: Sonnenfinsternisse treten nur bei Neumond auf. Wie kommt es eigentlich, daß der Mond die Sonne genau verdeckt, daß also Mond und Sonne dem irdischen Beobachter unter gleichem Öffnungswinkel (etwa 0,5 Grad) erscheinen?

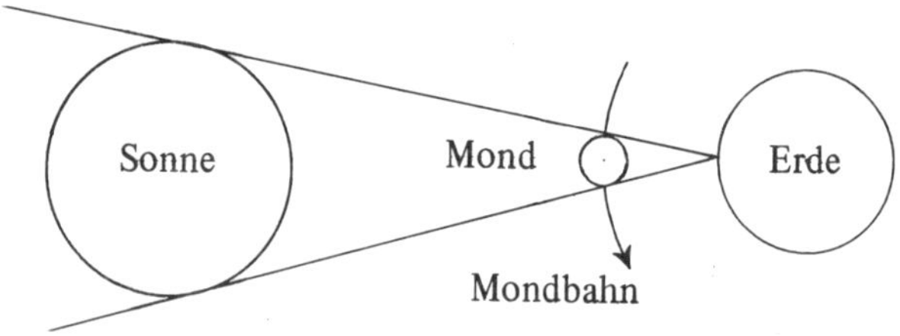

Abb. 1: Bei einer Sonnenfinsternis verdeckt der Mond genau die Sonne.

Warum gilt also (Abb. 1)

$$\frac{\text{Abstand Sonne-Erde}}{\text{Durchmesser der Sonne}} \approx \frac{\text{Abstand Mond-Erde}}{\text{Durchmesser des Mondes}}$$

$$\frac{152\,000\,000 \text{ km}}{1\,400\,000 \text{ km}} \approx \frac{380\,000 \text{ km}}{3\,500 \text{ km}} \approx 109?$$

Für diese Übereinstimmung haben wir keine Erklärung. Darüber hinaus nehmen wir an, daß sie *zufällig* ist – Zufall verstanden als Zusammentreffen (Koinzidenz) unabhängiger Kausalketten –, so daß es sogar sinnlos wäre, nach einer Erklärung zu suchen. Im folgenden werden wir weitere Übereinstimmungen daraufhin untersuchen, ob sie zufällig bestehen oder nicht.

2 Der Passungscharakter der Wahrnehmungsstrukturen

Es ist bekannt, daß unser Auge – genauer, unsere Netzhaut – nur für einen schmalen Ausschnitt des elektromagnetischen Spektrums empfindlich ist. Die Sonne strahlt jedoch nicht nur in dem (für uns) sichtbaren Bereich, sondern auch bei anderen Wellenlängen, allerdings nicht überall gleich intensiv (vgl. Abb. 2). Die Strahlungsintensität

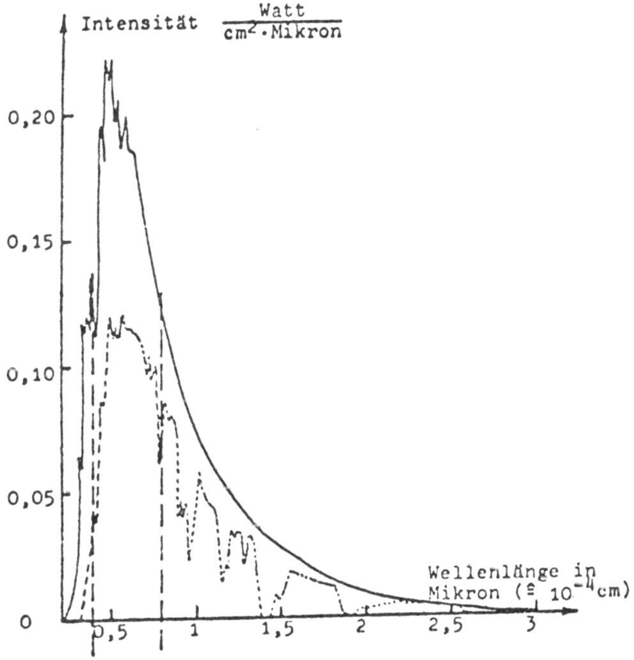

Abb. 2: Spektrale Intensitätsverteilung der Sonnenstrahlung oberhalb der Atmosphäre (—) und an der Erdoberfläche (– – –). Der (für uns) sichtbare Ausschnitt liegt zwischen 0,4 und 0,8 Mikron. (Nach Scientific American *225* [Sept. 1971] p. 94)

der Sonne ist – entsprechend ihrer Oberflächentemperatur von etwa 6000 K – am größten im gelbgrünen Bereich; nach kleineren und nach größeren Wellenlängen nimmt sie ab.

Nun ist außerdem die Erdatmosphäre nicht für alle Wellenlängen gleichdurchlässig. Ultraviolettes Licht wird z.B. stark absorbiert, sichtbares Licht dagegen wird nahezu ungehindert durchgelassen. Abb. 3 zeigt, in welcher Höhe über der Erdoberfläche die von außen kommende Strahlung bereits zur Hälfte absorbiert ist. Danach hat unsere Atmosphäre zwei „Fenster“, eines im Radiowellenbereich (1 mm bis 18 m) und eines im Bereich des sichtbaren Lichtes (400 bis 800 nm). (Deshalb können wir optische und Radioastronomie von der Erdoberfläche aus betreiben; für Ultraviolett-, Röntgen- oder Gammastrahlen-Astronomie sind wir dagegen auf Ballonflüge, Satellitenexperimente oder Raumschiffe angewiesen.)

Warum hat die Atmosphäre ein „Fenster“ gerade dort, wo die Sonne am stärksten strahlt? Auch dieses Zusammentreffen halten wir für *zufällig*. – Warum ist schließlich das Auge des Menschen (und aller Wirbeltiere) gerade dort empfindlich, wo die Sonnenstrahlung ein Intensitätsmaximun aufweist *und* die Atmosphäre ein „Fenster“

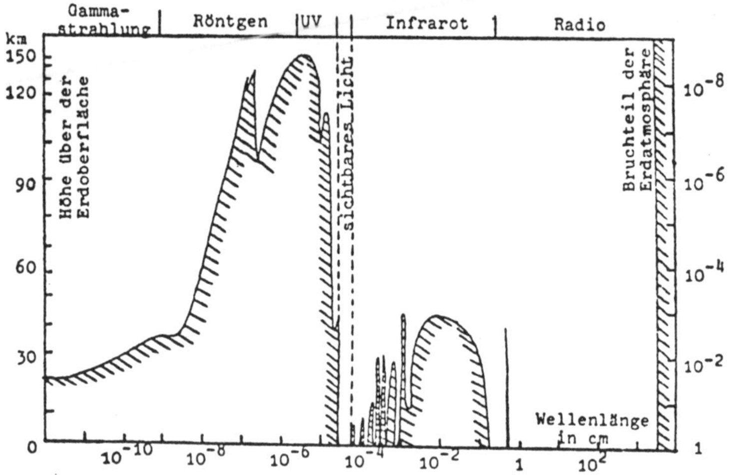

Abb. 3: Elektromagnetische Wellen werden in der Atmosphäre verschieden stark absorbiert. Die Kurve zeigt, in welcher Höhe über der Erdoberfläche die Intensität der von oben einfallenden Strahlung auf ihren halben Wert abgesunken ist. (Goldberg in Scientific American *220* [Juni 1969]). UV- und Röntgenstrahlung werden in großer Höhe, Infrarot- und Gammastrahlung weiter unten absorbiert. Für sichtbares Licht und Radiostrahlung hat die Atmosphäre „Fenster“.

hat? Warum „paßt" unser Auge so gut zu der Welt, in der wir leben? Ist dies auch Zufall?

Es ist leicht einzusehen, daß diese Passung einen großen Vorteil bietet: Sehen können wir gerade dort, wo es auch „etwas zu sehen gibt". Was hätten wir davon, wenn wir Röntgenstrahlen registrieren könnten, die gar nicht erst die Erdoberfläche erreichen? Die Entdeckung aber, daß eine organismische Struktur vorteilhaft, nützlich, „sinnvoll", funktionell, umweltgerecht ist, legt für den Biologen eine evolutio-

Fakten (Passung)	**Vorteil**
Auge	
Die Empfindlichkeit der Netzhaut liegt im „optischen Fenster" der Erdatmosphäre und um das Intensitätsmaximum der Sonnenstrahlung.	Gegenstände, die das Sonnenlicht reflektieren, können gesehen werden.
Verschiedene Wellenlängen werden als verschiedene Farben wahrgenommen.	Gegenstände werden leichter erkannt.
Aber eine Überlagerung aller Wellenlängen wird nicht als buntes Gemisch, sondern als farbloses („weißes") Licht interpretiert.	Normalbeleuchtung ist informationslos. Nur Abweichungen von der Normalverteilung bieten Information; nur sie brauchen wahrgenommen zu werden.
Die untere Empfindlichkeitsschwelle eines Photorezeptors in der Netzhaut liegt bei einem einzigen Lichtquant. Aber nur die gleichzeitige Reizung mehrerer benachbarter Sehzellen führt zu einer Lichtempfindung im Bewußtsein. Die Verschaltung der Sehnerven übt also eine Zensur der Reize aus.	Gelegentliche Störungen der Sehzellen, spontanes Feuern und die statistischen Schwankungen des Photonenstroms („Rauschen") sind informationslos und werden durch diese Zensur ausgeschieden.
Ohr	
Schallwellen sind mechanische Schwingungen (i.a. der Luft), die das Trommelfell zum Schwingen bringen. Wir vermögen Töne zu hören, bei denen die Auslenkung des Trommelfells dem Radius eines einzigen Wasserstoffatoms entspricht. Geringere Ausschläge werden zwar vom Ohr noch registriert, aber nicht mehr als Geräusche wahrgenommen.	Sonst würden sogar die Knochenbewegungen gehört, und die regellose Brownsche Bewegung der Luftmoleküle, die ebenfalls informationslos ist, würde als fortwährendes Rauschen empfunden.

Tab. 1: Beispiele für den Passungscharakter unserer Wahrnehmungsstrukturen

nistische Erklärung nahe: Das Wirbeltierauge ist ein Ergebnis der biologischen Evolution. Es *paßt* auf die Welt, weil es sich in *Anpassung* an diese Welt herausgebildet hat.

Dieser Passungscharakter gilt nun nicht nur für den Empfindlichkeitsbereich der Netzhaut. Wir wollen (in Tabelle 1) weitere Beispiele angeben, die zeigen, wie gut unsere Sinnesorgane auf die Umwelt passen, mit der wir uns auseinandersetzen müssen.

Dem physikalisch bewanderten Physiologen ist es ein Leichtes, weitere solche Passungen zu nennen. Wir sehen, hören, fühlen, riechen, schmecken selektiv gerade dort, wo es etwas zu sehen, hören, fühlen, riechen, schmecken gibt. Und der Biologe hält mit der Evolutionstheorie ein umfassendes Erklärungsschema für diese zunächst verblüffenden Fakten bereit: Unser Wahrnehmungssystem paßt auf die Welt, weil eine solche Passung im Wechselspiel von Mutation und Selektion das Überleben ermöglichte oder erleichterte. Dieses Erklärungsschema wird nun in der Evolutionären Erkenntnistheorie auf die Erkenntnisfähigkeit des Menschen insgesamt erweitert.

3 Grundzüge der Evolutionären Erkenntnistheorie

Wirklichkeitserkenntnis besteht in einer zutreffenden *Rekonstruktion von Umweltstrukturen* aus Sinnesreizen und ihrer Einordnung in den Rahmen bereits vorhandener Engramme (Gedächtnis). Erkenntnis ist demnach eine *drei*stellige Relation: A erkennt B *als* C.

Herr Maier erkennt in dem braunen Fleck dort seinen Hund Tasso. Ich erkenne den Besucher als Studienkollegen. Maxwell erkannte Licht als elektromagnetische Wellen bestimmter Wellenlänge.

Die Rekonstruktion von Umwelt erfolgt in der Wahrnehmung unbewußt und unkritisch (meist sogar unkorrigierbar), in der Erfahrungserkenntnis bewußt und unkritisch, in der wissenschaftlichen Erkenntnis bewußt und kritisch. Entscheidend für das Zustandekommen von Erkenntnis ist dabei immer die rekonstruktive Leistung unseres Erkenntnisapparates. Diese Rekonstruktion hat grundsätzlich nur hypothetischen Charakter; sie kann die Umweltstrukturen korrekt rekonstruieren; sie kann aber auch zu falschen Ergebnissen führen. Der Passungscharakter unseres Anschauungs- und Erkenntnisvermögens läßt sich deshalb besonders an *Fehlleistungen* aufzeigen wie unmöglichen Figuren, Figur-Hintergrund-Problemen, zweideutigen Zeichnungen, an optischen und allgemeiner an Sinnestäuschungen, aber auch in Fällen, in denen das Wahrnehmungssystem ganz versagt. (Wir riechen das hochgiftige Kohlenmonoxid nicht, weil es in der organischen Natur kaum vorkommt, so daß dagegen kein Alarmmechanismus erforderlich war.)

Der Passungscharakter zeigt sich aber auch im Vergleich mit anderen Lebewesen, die – in Auseinandersetzung mit einer anderen Umwelt – andere Wahrnehmungsstrukturen entwickelt haben. Ein lehrreiches Beispiel ist das zeitliche Auflösungsvermögen verschiedener Organismen. Der Zeitabstand, den zwei Ereignisse haben müssen, damit sie gerade noch als nacheinander – also nicht als gleichzeitig – wahrgenommen werden, nennt man das *subjektive Zeitquant* (SZQ). Beim Menschen beträgt es etwa 1/16 Sekunde. Werden unseren Sinnen mehr als 16 gleichartige Reize pro Sekunde geboten, so verschmelzen diese subjektiv zu einem kontinuierlichen Signal: 18 Bilder pro Sekunde liefern ein annehmbares Film- oder Fernsehbild; 18 akustische Reize pro Sekunde werden als einheitlicher (sehr tiefer) Ton interpretiert; 18 Tastreize in der gleichen Zeitspanne erzeugen den Eindruck einer andauernden Berührung.

Das SZQ ist jedoch nicht für alle Arten gleich. Bei manchen Tieren ist es kürzer; beim Kampffisch z.B., der von schnell beweglicher Beute lebt, beträgt es 1/30 Sekunde. Jakob von Uexküll nennt solche Tiere deshalb sehr bildhaft „Zeitlupentiere", da für sie Vorgänge langsamer ablaufen als für uns. Bei anderen ist es dagegen länger; z.B. beträgt es bei Schnecken 1/4 Sekunde. Sie sind also „Zeitraffertiere".

Ähnliche Unterschiede ergeben sich für die *Raumwahrnehmung*. Die Lungenqualle ist ein Bewohner der Hochsee und somit eines völlig homogenen Lebensraumes; für sie sind alle Lagepunkte gleichberechtigt; sie benötigt keine räumliche Wahrnehmung und hat auch keine. Steppenvögel müssen sich in einer im wesentlichen zweidimensionalen Umwelt zurechtfinden; vertikale (und somit dreidimensionale) Hindernisse spielen für sie keine Rolle. Dementsprechend scheinen sie wohl eine zweidimensionale, aber keine dreidimensionale Wahrnehmung zu besitzen. Baumbewohnende Affen dagegen müssen sich mit dreidimensionalen Strukturen erfolgreich auseinandersetzen; sie müssen also die optischen Reize dreidimensional interpretieren können, um auch Entfernungen richtig einzuschätzen.

> Um es grob, aber bildhaft auszudrücken: Der Affe, der keine realistische Wahrnehmung von dem Ast hatte, nach dem er sprang, war bald ein toter Affe – und gehört daher nicht zu unseren Urahnen. (Simpson, 1963, 84)

Der baumbewohnenden Lebensweise unserer Vorfahren „verdanken" wir also unser gutes räumliches Sehen. Aus Experimenten mit Neugeborenen weiß man nun, daß unsere Raumwahrnehmung, also unsere Fähigkeit, aus zweidimensionalen Netzhauteindrücken dreidimensionale Objekte zu rekonstruieren, tatsächlich angeboren ist. Nur dadurch existieren für uns die Dinge als dreidimensionale Objekte. In diesen und in vielen anderen Beispielen zeigt sich die erkenntniskonstitutive Leistung unseres Wahrnehmungsapparates. Nach allem, was wir aus der Physik wissen, ist nun die Welt, sind die materiellen Objekte tatsächlich dreidimensional, so daß wir hier von einer *zutreffenden* Rekonstruktion sprechen dürfen. Auch hier hat also die Evolution zu einer Übereinstimmung zwischen objektiven Gegebenheiten und subjektiven Erkenntnisstrukturen geführt.

Dies war aber schon immer ein Hauptproblem der Erkenntnistheorie: Wie kommt es, daß (subjektive) Erkenntnisstrukturen und (objektive) reale Strukturen so gut – wenn auch nicht vollkommen – übereinstimmen? Auf diese zentrale Frage wurden im Laufe der Philosophiegeschichte zahlreiche Antworten gegeben: die prästabilistische von Leibniz, die occasionalistische von Geulincx, die empiristische von Locke und Hume, die aprioristische von Kant, die transzendental-linguistische von Wittgenstein oder Whorf, die konventionalistische von Poincaré, die denkökonomistische von Mach. Die Evolutionäre Erkenntnistheorie gibt darauf im Anschluß an Konrad Lorenz eine evolutionistische Antwort: Unser Erkenntnisapparat ist ein Ergebnis der biologischen Evolution. Die subjektiven Erkenntnisstrukturen passen auf die Welt, weil sie sich im Laufe der Evolution in Anpassung an diese reale Welt herausgebildet haben. Und sie stimmen mit den realen Strukturen (teilweise) überein, weil nur eine solche Übereinstimmung das Überleben ermöglichte.

Die Evolutionäre Erkenntnistheorie beantwortet also eine alte philosophische Frage über eine relativ junge biologische Theorie, nämlich die Evolutionstheorie. Die unleugbare und zum Teil verblüffende *Passung* wird dabei als Ergebnis einer *Anpassung* erklärt, die den beiden großen Baumeistern der Evolution, Mutation und Selektion, unterworfen war. Ansätze zur Bildung falscher Hypothesen wurden dabei in der Regel eliminiert. Die Anpassung ist allerdings – wie der Biologe weiß – nie ideal. Deshalb ist auch unser Erkenntnisvermögen keineswegs vollkommen, sondern nur umweltgerecht; es paßt auf den Mesokosmos, die Welt der mittleren Dimensionen.

Trotzdem besteht eine partielle Isomorphie zwischen Erkenntnis und Realität (weil wir sonst die Evolution nicht überlebt hätten). Objektive Erkenntnis ist danach zwar möglich, aber nicht garantiert. Insbesondere bedarf es in jedem Falle intensiver einzelwissenschaftlicher Forschung, welche der hypothetischen Rekonstruktionen zutreffen und welche nicht. So ist der Farbenkreis eine zwar sehr nützliche Struktur (da er die Farbkonstanz der Objekte unter verschiedenen Beleuchtungsverhältnissen ermöglicht); aber er ist keine isomorphe Abbildung einer realen Struktur: Er ist nämlich geschlossen (kurzwelliges Violett geht dabei subjektiv-psychologisch wieder in das langwellige Rot über), während der sichtbare Ausschnitt des elektromagnetischen Spektrums zweiseitig offen ist.

Die Rekonstruktion von Umweltgegebenheiten erfolgt auch beim Menschen nach *angeborenen* Mechanismen, die zwar im allgemeinen sehr zuverlässig arbeiten, aber doch auch fehlerhaft sein können, wie Farbenkreis und die zahlreichen Sinnestäuschungen zeigen. Solche angeborenen Erkenntnisstrukturen sind nun zwar unabhängig von aller Erfahrung des Individuums, somit ontogenetisch a priori, aber sie sind zugleich ein Ergebnis der Stammesgeschichte, demnach phylogenetisch a posteriori. Auch hierbei bleibt es – wie überall – beim hypothetischen Charakter unseres Wissens; sichere (d.h. erweisbar wahre) Erkenntnis über die Welt gibt es nicht.

Neben diesen erkenntnistheoretischen hat die Evolutionäre Erkenntnistheorie auch anthropologische Konsequenzen. Während nach Kant die Vernunft der Natur ihre Gesetze „vorschreibt“ und deshalb die allgemeinen Naturgesetze durch eine Analyse der reinen Vernunft gefunden werden können, nimmt die Evolutionäre Erkenntnistheorie den Menschen auch in erkenntnistheoretischer Hinsicht aus seiner zentralen Stellung heraus und sieht ihn als ein informationsverarbeitendes System, als einen Beobachter kosmischen Geschehens – das ihn einschließt. Erst die Evolutionäre Erkenntnistheorie vollzieht demnach die von Kant beschworene kopernikanische Wende – statt seiner anthropozentrischen Gegenrevolution.

Schließlich ist die Evolutionäre Erkenntnistheorie auch für das Leib-Seele-Problem bedeutsam. Sie geht nicht nur davon aus, daß jedem Bewußtseinsakt ein neurophysiologischer Vorgang entspricht, ja mit einem solchen identisch ist, sondern sie versucht darüber hinaus, auch die Entstehung solcher Phänomene stammesgeschichtlich verstehbar zu machen. Dem Leib-Seele-Problem sind die folgenden Kapitel gewidmet.

4 Was ist „der Geist"?

Die Evolutionäre Erkenntnistheorie befaßt sich mit der Erkenntnisfähigkeit des Menschen und mit menschlicher Erkenntnis. Lassen sich hieraus überhaupt Einsichten für das Leib-Seele-Problem gewinnen? Es gibt einen Einwand gegen eine solche Vermutung: Erkenntnis sei etwas so Elementares, daß sie auf keinen Fall mit „Geist“ gleichgesetzt werden dürfe. Schon die Molekularbiologen sprechen davon, daß Moleküle einander „erkennen“, und bezeichnen auch Zellen gelegentlich als „kognitive Systeme“. Der Begriff „Erkenntnis“ sei also viel zu *weit*, da er bewußte und *un*bewußte, seelische und *nicht*-seelische, geistige und geist*lose* Prozesse umfasse. Eine Evolutionäre Erkenntnistheorie könne also nichts über die Evolution des *Geistes* aussagen.

Offensichtlich geraten wir hier in terminologische Probleme. Die Bedeutung von Begriffen läßt sich aber nicht empirisch ermitteln oder überprüfen wie – wenigstens in günstigen Fällen – die Wahrheit von Aussagen. „Wahre“ oder „eigentliche“ Bedeutungen gibt es nicht. Auch der beliebte Appell an die althochdeutsche Wurzel zu „Geist“ oder gar an die indogermanische Wurzel mater (Mutter) zu „Materie“ kann eine solche Wesensbedeutung nicht ausgraben. Die Etymologie gibt nur heuristische, gar zu oft aber auch irreführende Hinweise auf die aktuelle Bedeutung eines Wortes; zur Aufklärung der Leib-Seele-Problematik trägt sie *nichts* bei. Terminologie ist eine Frage der Verabredung. Das heißt allerdings nicht, daß wir in der Wahl unserer Begriffe völlig frei wären. Auch Verabredungen unterliegen gewissen Regeln: Sie sollen klar, eindeutig und nützlich sein.

Wenn nun Biochemiker von molekularem „Erkennen“ sprechen, so kann (und will!) ihnen das niemand verbieten; sie wissen selbst am besten, was sie damit meinen, und verstehen einander. (In diesem Sinne sind auch Bezeichnungen wie „genetischer *Code*, molekulare *Sprache*, organismischer *Bauplan*, biologischer *Zweck*“ durchaus legitim.) Aber molekulares „Erkennen“ unterscheidet sich wesentlich und nachweisbar von menschlichem Erkennen, und es wäre ungeschickt, den Begriff nun willkürlich zu erweitern, weil nämlich dabei die vorher bestehende größere Präzision aufgegeben würde. „Erkennen“ haben wir als *drei*stellige Relation expliziert („A erkennt B *als* C“). Dabei spielt der Mustervorrat, das Gedächtnis, eine unverzichtbare Rolle. Molekulares „Erkennen“ ist dagegen nur eine *zwei*stellige Relation: „Molekül A *paßt auf* Molekül B, A *reagiert mit* B, A *neutralisiert* B.“ Von Erkennen im engeren Sinne kann also nur bei höheren Organismen sinnvoll gesprochen werden, bei denen ein Vergleich mit vergangenen Erfahrungen vorgenommen wird. Und in diesem Sinne *ist Erkennen eine geistige Leistung*, eine sehr elementare zwar und natürlich bei weitem nicht die einzige, aber eine, die einfach genug ist, um eine stammesgeschichtliche Untersuchung zu erlauben, und doch auch „hoch“ genug ist, um für das Leib-Seele-Problem relevant zu sein.

Offenbar konnten wir diese Feststellung treffen, ohne eine genaue Definition von „Geist“ gegeben zu haben. Dies ist möglich, weil es nur auf eine Einordnung ankam (Erkennen *ist* eine geistige Leistung) und nicht auf eine Abgrenzung.

Trotzdem könnte es als Mangel empfunden werden, wenn einer Diskussion des Leib-Seele-Problems keine explizite Definition von

„Seele“, „Geist“ oder „Bewußtsein“ vorausgeht. Eine solche Definition – wenn sie zirkelfrei sein soll – ist aber nicht nur äußerst schwierig, sondern sie ist auch *nicht erforderlich.* Für das Verständnis der folgenden Abschnitte reicht vielmehr die intuitive Vorstellung des Lesers von „Seele, Geist, Bewußtsein“ aus. Diese intuitive Vorstellung soll allerdings durch die auftretenden Argumente (vor allem in 9) eine gewisse Verschärfung erfahren.

Daß ein solches Wechselspiel von sachbezogener Forschung und Begriffsverschärfung zirkelfrei möglich ist, können wir uns an einer anderen Frage klarmachen: „Wie entsteht das Leben?“ Naiv wird man erwarten, daß ein Forscher auf dem Gebiet der Biogenese mit einer scharfen Definition des Begriffs „Leben“ beginnt. Das ist aber gar nicht der Fall. Manfred Eigen, der auf diesem Gebiet Bahnbrechendes geleistet hat, geht vielmehr mit seiner Theorie der Hyperzyklen von Gebilden aus, die eindeutig unbelebt sind, und gelangt zuletzt zu Systemen, die eindeutig belebt sind. Die *genaue* Grenzziehung spielt dabei offenbar keine Rolle. Andererseits liefert die Theorie nachträglich eine wichtige Begriffsverschärfung: Lebendige Systeme sind nicht – wie Oparin und viele Biogenetiker meinten – durch Stoffwechsel, Selbstvermehrung und Mutabilität hinreichend charakterisiert; als weitere notwendige Bedingung kommt die Wechselwirkung von Informations- und Funktionsträgern hinzu. So führt erst die Theorie zu einer genaueren Fassung ihres Grundbegriffs.

Der Logiker gibt für diesen Sachverhalt eine etwas trockenere Beschreibung: Begriffe erhalten ihre Bedeutung entweder durch explizite Definition oder durch den Zusammenhang der Aussagen, in denen sie vorkommen (axiomatische Definition). Für Grundbegriffe, auf deren Definition man verzichtet, weil man irgendwo anfangen muß, steht nur die zweite Möglichkeit offen. So möge der geduldige Leser die Mühe auf sich nehmen, die folgenden Abschnitte durchzuarbeiten in der Hoffnung, am Ende zu wissen, „worum es geht“.

5 Gibt es „das“ Leib-Seele-Problem?

„Leib-Seele-Problem“ oder „psychophysisches Grundproblem“ nennt man die Frage nach der Seinsweise von Leib und Seele, allgemeiner von Materie und Geist, und nach ihren wechselseitigen Beziehungen. Dieses Problem ist uralt und entsprechend kompliziert und unhandlich. Schopenhauer hat es treffend als „Weltknoten“ bezeichnet. Es ist fast unmöglich, auf wenigen Seiten etwas dazu zu sagen, ohne mißverstanden zu werden. Wir werden deshalb im folgenden mehr Wert auf Klarheit legen als auf Vollständigkeit. Dazu schlüsseln wir das Problem in mehrere Teilfragen auf.

Wieviele Substanzen gibt es?

Die Annahme, Leib und Seele (Materie und Geist) bildeten verschiedene Substanzen, nennen wir „*Dualismus*“, die gegenteilige Annahme „*Monismus*“. (Ein psychophysischer „Pluralismus“ mit mehr als zwei möglichen Substanzen wird nicht diskutiert.) Schon hier trennen sich nun die Frageschwerpunkte und demgemäß auch die vorgebrachten Argumente. Der *Dualist* muß folgende Fragen beantworten:

Gibt es eine Wechselwirkung zwischen den beiden Substanzen?

Die Erfahrung lehrt, daß zwischen körperlichen und geistigen Vorgängen so viele und so enge Korrelationen (regelmäßige Gleichzeitigkeiten) bestehen, daß sich der Wunsch nach einer Erklärung geradezu aufdrängt. Wollte man trotzdem *jede* – auch z.B. eine göttliche – Wechselwirkung verneinen, so hätte es keinen Sinn, von einem Leib-Seele-Problem zu sprechen. Diese Frage wird jedoch von Dualisten im allgemeinen bejaht.

Welche Richtung hat die Wechselwirkung?

Sie kann einseitig, aber auch wechselseitig sein. Ernsthaft diskutiert wird aber heute nur noch der Interaktionismus, der eine echte Wechselwirkung, also eine *gegenseitige* Beeinflussung annimmt. Der Geist wird dabei zwar meist als immateriell und deshalb als nicht lokalisierbar angesehen; da aber die materielle Substanz lokalisierbar ist, muß mindestens für ihre Seite auch die Frage beantwortet werden:

Wo findet die Wechselwirkung statt?

Als das entscheidende Organ wird dabei grundsätzlich das Gehirn angesehen. Das Hauptproblem für den Interaktionismus ist jedoch die Frage, die letztlich auch die vorhergehende einschließt:

(**) Wie kommt die geforderte Wechselwirkung zustande?

Man kann sagen, daß sich für den Dualisten das Leib-Seele-Problem heute in dieser Frage kristallisiert. Obwohl sich viele Denker zum Interaktionismus bekennen, sind hierzu überhaupt noch keine ernsthaften, d.h. hinreichend präzisen oder gar empirisch prüfbaren, Vorschläge gemacht worden.

Für den *Monisten* sind die Probleme allerdings nicht geringer. Da er nur eine Substanz zuläßt, muß er zunächst einmal klären:

Welches ist diese allein existierende Substanz?

Er kann sie im Geist (Spiritualismus), in der Materie (Materialismus) oder auch in einer anderen, unbekannten und noch zu benennenden Substanz sehen (neutraler Monismus). Weiter wird er klären müssen:

Wie kommt es bei nur einer Substanz funktionell zu dem (jeweils) anderen Aspekt?

Werden also dem Dualisten die *Gemeinsamkeiten*, insbesondere die psychophysischen Korrelationen zum Problem, so daß er eine Wechselwirkung fordert, so beschäftigen den Monisten vor allem die *Verschiedenheiten* der beiden Aspekte als erklärungsbedürftig. Am weitesten verbreitet ist heute ein gemäßigter Materialismus unter der Bezeichnung „Identitätstheorie“. Hier werden Geist, Seele, Bewußtsein als Funktionen des Zentralnervensystems, insbesondere des Gehirns, aufgefaßt. Insofern kann man das Leib-Seele-Problem sowohl im Dualismus als auch im Monismus als „Gehirn-Geist-Problem“ präzisieren. Das Hauptproblem einer solchen Identitätstheorie ist die Frage:

(*) *Was ist die strukturelle Besonderheit jener neuronalen Strukturen und Prozesse, die mit psychischen Erlebnissen verbunden sind (gegenüber solchen, die nicht von psychischen Erlebnissen begleitet sind)?*

In dieser Frage kristallisiert sich das Leib-Seele-Problem für den Monisten. Durch Vergleich mit (**) sehen wir, daß es für Dualisten und Monisten ganz verschiedene Gestalt angenommen hat. Darüber hinaus kann man die Frage des Dualisten nur *verstehen*, wenn man sich vorher – wenigstens versuchsweise – auf seinen Standpunkt stellt. Umgekehrt setzt die Frage (*) voraus, daß man – wiederum versuchsweise – die Identitätstheorie als Denkmodell anerkennt. So kommt es, daß Argumente und Gegenargumente häufig am Kern der Gegenposition vorbeizielen.

Auf jeden Fall bleibt „das“ Leib-Seele-Problem vorläufig für beide Lager ungelöst. Wir wissen nicht einmal, ob es überhaupt lösbar ist. Aber es dürfte deutlich geworden sein, daß weder die Frage (**) des Interaktionisten noch die Frage (*) des Identisten ohne Rückgriff auf empirische Untersuchungen (insbesondere der Neurophysiologie, der Psychologie, der Kybernetik) beantwortet werden kann. Versuche, das Leib-Seele-Problem „rein philosophisch“ – gewissermaßen durch scharfes Nachdenken – zu lösen, müssen deshalb aussichtslos erscheinen. Das soll uns jedoch nicht hindern, die Argumente zu prüfen, die von verschiedener Seite vorgebracht werden. Auch wenn nämlich eine endgültige Antwort auf sich warten lassen wird, so sollte es doch möglich sein, einige Lösungsvorschläge und Argumente schon jetzt als *falsch* zu erkennen.

6 Positionen zum Leib-Seele-Problem

In Tabelle 2 sind dualistische und monistische Stellungnahmen einander gegenübergestellt (vgl. Bunge, 1977, 505). Zu jeder Position sind charakteristische Vertreter angegeben. Diese Zuordnungen sollen der Orientierung, nicht der Abgrenzung dienen. Tatsächlich ist die Idee eines strengen Dualismus eigentlich erst durch Descartes in das philosophische Denken eingeführt worden, so daß antike und mittelalterliche Philosophen sich nur gewaltsam danach einordnen lassen; und auch nach Descartes ist die Haltung mancher Denker nicht eindeutig.

	Psychoneuraler *Dualismus* (*zwei* Substanzen)	Uhren- gleichnis		Psychoneuraler *Monismus* (*eine* Substanz)
D1	*Parallelismus* Gehirn und Geist sind voneinander unabhängig, aber synchron. Wie kommt die Übereinstimmung zustande?		M1	*Neutraler Monismus* Geist und Materie sind nur verschiedene Aspekte einer einzigen (unbekannten) Substanz. (Heraklit: Logos; Spinoza: Gott-Natur; Schelling: das Absolute; Ostwald: Energie; Russell: Sensibilia)
a)	*Autonomismus* Sie ist zufällig. (Keine Vertreter)		M2	*Spiritualismus* Alles ist *Geist*. Materie unabhängig vom Geist gibt es nicht. (Berkeley, Fichte, Hegel, Schopenhauer, Mach, Whitehead)
b)	*Occasionalismus* Sie wird laufend durch *Gott* überwacht und hergestellt. (Geulincx, Malebranche)	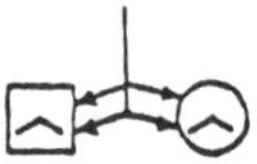	M3	*Strikter Materialismus* Alles ist *Materie*. Geist gibt es nicht. (Hobbes, LaMetrie, Holbach, Vogt, Moleschott)
c)	*Prästabilierte Harmonie* Sie wurde bei der Schöpfung durch *Gott* für alle Zeiten festgelegt („einprogrammiert“). (Leibniz)	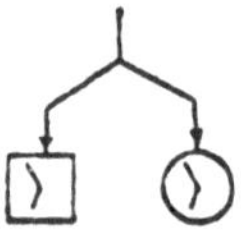	M4	*Behaviorismus* (eliminativer Materialismus) „Geist“ ist eine bestenfalls abkürzende, meist aber irreführende Vokabel für bestimmte Verhaltensdispositionen. Mit fortschreitendem Kenntnisstand werden mentalistische Termini durch neurophysiologische ersetzt. (Watson, Skinner; Ryle, Feyerabend, Rorty)
D2	*Dualistischer Epiphänomenalismus* Gehirn steuert Geist ohne Rückwirkung		M5	*Monistischer Epiphänomenalismus* Geist ist nur eine Begleiterscheinung (Epiphänomen, Abbild, Symptom, Schatten, „Absonderung“), aber nie Ursache neuraler Vorgänge. (Epikur, Lukrez, E. v. Hartmann, Nietzsche, L. Büchner, Th. Huxley)

Psychoneuraler *Dualismus* (*zwei* Substanzen)	Uhrengleichnis	Psychoneuraler *Monismus* (*eine* Substanz)
D3 *Animismus* Geist belebt alle Materie (steuert auch das Gehirn). (Platon, Plotin, Augustinus)		M6 *Hylemorphismus* Materie und Geist verhalten sich zueinander wie Substanz und Form (anima forma corporis), bilden also eine nur begrifflich (oder allenfalls im Tode) auflösbare Einheit. (Aristoteles, Thomas v. Aquin, Neu-Thomismus)
D4 *Interaktionismus* Gehirn und Geist stehen in aktiver Wechselwirkung. (Descartes; Penfield, Popper, Eccles; v. Ditfurth)		M7 *Identitätstheorie* Geist ist eine *Funktion* des Gehirns, die erst auf einer gewissen Organisationshöhe (vor allem des Zentralnervensystems) auftritt. Seelische, geistige, Bewußtseinszustände *sind* Zustände von Neuronen, Neuronenkomplexen und des ZNS. (Vertreter in 7c).

Tab. 2: Positionen zum Leib-Seele-Problem

Wie das Beispiel des Epiphänomenalismus zeigt, lassen sich manche Positionen auch nicht von vornherein als dualistisch oder monistisch festlegen. Für den Epiphänomenalismus ist vielmehr die Annahme entscheidend, daß es keine kausale Rückwirkung geistiger auf materielle Prozesse gebe, sondern nur umgekehrt. Diese Einweg-Kausalität ist mit der Annahme einer oder zweier unabhängiger Substanzen vereinbar. – Auch der Panpsychismus kann dualistisch und monistisch interpretiert werden.

Anders liegt der Fall beim psychophysischen „Parallelismus". Diese Bezeichnung wird häufig auch für gewisse monistische Positionen und sogar von Monisten benützt, bei denen *zunächst* ein strenger Parallelismus zwischen physischen und psychischen Zuständen und Vorgängen behauptet oder nachgewiesen und *dann* diese Parallelität zu einer Identität verschärft wird, ohne daß die Bezeichnung „Parallelismus" aufgegeben würde (z.B. Schlick). Diese Terminologie ist jedoch sehr irreführend. Natürlich ist eine Gerade auch zu sich selbst parallel; Identität schließt also Parallelität ein. Aber wie man sich unter parallelen Geraden zunächst zwei verschiedene Geraden in bestimmter Lage zueinander vorstellt, so stellt man sich beim „psychophysischen Parallelismus" zunächst einmal zwei Substanzen vor, die dann in enge Beziehung gebracht werden. Diese Reihenfolge mag dem historischen

Erkenntnisweg eines Denkers entsprechen; zur Darstellung ist sie ungeeignet. Auch der Astronom führt *heute* nicht zuerst zwei Sterne ein, den Abendstern und den Morgenstern, um sie dann für identisch zu erklären, sondern wir sprechen von dem einen Planeten „Venus" und zeigen, wie er sowohl als Abendstern als auch als Morgenstern auftreten kann.

Schließlich ist es relativ willkürlich, wie weit man eine Differenzierung vornimmt. Genaugenommen dürfte ja jeder Denker eine eigene Schublade für sich beanspruchen. Wir haben die Einteilung etwa dort abgebrochen, wo keine allgemein üblichen Bezeichnungen mehr zur Verfügung stehen – auch hierin dem Prinzip „Klarheit vor Vollständigkeit" folgend.

Für die Erläuterung der dualistischen Thesen eignet sich das Uhrengleichnis, das von Geulincx eingeführt und von Leibniz verwendet wurde. (Vgl. die Skizzen in der Tabelle.) Geist und Materie sind danach wie zwei Uhren, die immer die gleiche Zeit anzeigen. Wie kommt diese Übereinstimmung zustande? Entweder ist sie zufällig (D1a), oder der Uhrmacher kontrolliert und korrigiert laufend den Stand der Uhren (D1b), oder er hat die Uhren so präzise gebaut und eingestellt, daß sie für alle Zeiten synchron laufen (D1c). Oder aber die Uhren sind kausal (z.B. mechanisch, optisch, elektrisch) so miteinander verbunden, daß die erste die zweite (D2) oder die zweite die erste (D3) kontrolliert oder daß sie sich wechselseitig beeinflussen und synchronisieren (D4).

In der Diskussion des Leib-Seele-Problems stehen sich heute vor allem Interaktionismus und Identitätstheorie gegenüber. Deshalb werden wir uns im folgenden auf diese Richtungen beschränken. Wir werden zunächst zeigen, wie die Frage nach der Entstehung des Geistes in diesen Auffassungen beantwortet wird (7). Da wir uns – das sei vorweg gesagt – auf den Boden einer systemtheoretisch orientierten evolutionistischen Identitätstheorie stellen, werden wir dann überlegen, was uns hindert, den Interaktionismus für annehmbar zu halten (8). Schließlich müssen wir die wichtigsten Argumente gegen die Identitätstheorie prüfen (9).

7 Wie entsteht der Geist?

Diese Frage ist keineswegs sinngleich mit dem Leib-Seele-Problem, welches ja nach dem *Verhältnis* von Geist und Materie fragt; aber sie hängt natürlich eng damit zusammen: Fast jede Antwort auf das Leib-Seele-Problem hat auch Konsequenzen für die Frage nach dem *Werden* des Geistes.

Für den Dualisten ist die Frage allerdings meist schnell beantwortet: Der Geist ist gar nicht entstanden, er war schon immer da oder er ist zusammen mit der Materie geschaffen worden. Die Frage ist dann eigentlich sinnlos, da sie voraussetzt, der Geist sei entstanden, und bereits nach dem „Wie“ fragt.

Wenn man aber die Frage „Wie entsteht der Geist?“ für sinnvoll hält, dann bietet sich im Evolutionsgedanken wieder ein universelles Erklärungsschema an. Gerade die Universalität dieses Erklärungsrahmens läßt freilich alle Detailfragen noch offen. So leistet die Antwort „der Geist entsteht durch Evolution“ zunächst nicht wesentlich mehr, als daß sie die Frage als sinnvoll anerkennt. Aber zugleich führt diese Antwort doch zu neuen Fragen, und eben darin liegt ihr Wert. Neue Fragestellungen führen zu neuen Hypothesen, neuen Theorien, neuen Folgerungen, neuen Untersuchungen, Experimenten, Tests.

Insbesondere wird der Evolutionstheoretiker eine Teilung der Frage in Ontogenese und Phylogenese vornehmen oder verlangen, also zwischen Individualentwicklung und Stammesgeschichte unterscheiden; er wird nach dem arterhaltenden Vorteil von Bewußtseinserscheinungen fragen; er wird nach evolutiven Vorstufen bei höheren oder gar niederen Tieren suchen; er wird die morphologischen, sinnes- und neurophysiologischen, verhaltensbedingten Voraussetzungen für solche Prozesse untersuchen (Gehirngröße, Grad der neuronalen Vernetzung, soziale und kommunikative Strukturen), und er wird schließlich das Leib-Seele-Problem in der Fassung (*) zu lösen versuchen. Es wird nicht überraschen, daß auch von seiten der Identitätstheorie sehr verschiedene Vorschläge gemacht wurden. Sie lassen sich in (mindestens) drei Grundtypen einteilen.

a) Panpsychistischer Identismus

Alle Materie (auch Elektronen, Protonen, Atome, Moleküle) hat immer schon „protopsychische“ Eigenschaften (Diderot, Haeckel, Rensch). Das soll nicht bedeuten, „daß etwa protopsychische Eigenschaften *neben* physikalischen Eigenschaften vorliegen, sondern *daß die physikalischen Eigenschaften zugleich die protopsychischen sind*“ (Rensch, 1979, 71). Diese „Lösung“ hat einen Vorzug: Sie umgeht die unangenehme Frage, wann denn zum ersten Male in der Evolution der Materie psychische Phänomene aufgetreten seien. Sie macht es sich zwar nicht so bequem wie der Dualismus, für den der Geist „schon immer“ existiert; sie erklärt nur die Struktur der Materie für vielseitiger und komplizierter, als man ihr zunächst ansieht. Der panpsychistische oder panprotopsychistische Identismus ist aber mehreren Einwänden ausgesetzt.

α) Er führt unbeobachtbare Größen (verborgene Parameter) in die Theorie ein, indem er den elementaren Bausteinen der Materie Eigenschaften zuschreibt, die an jenen gar nicht feststellbar sind. Eine Überprüfung ist dadurch von vornherein ausgeschlossen. Prüfbarkeit ist aber eines der Kriterien, nach denen die moderne Wissenschaftstheorie die Wissenschaftlichkeit einer Theorie beurteilt. Die These von den protopsychischen Eigenschaften der Materie gehört also nicht in den Bereich der Erfahrungswissenschaften. Dies braucht kein Vorwurf zu sein – auch metaphysische Spekulationen können heuristisch oder ästhetisch oder psychologisch wertvoll sein –; aber es muß deutlich gesagt werden.

β) Wenn die Elementarteilchen protopsychische Eigenschaften haben, dann müssen sie erst recht protochemische Eigenschaften haben; denn chemische Bindung und Lebenserscheinungen gab es schon lange, bevor die vermeintlichen psychischen Eigenschaften der Materie manifest wurden. Überhaupt müßten konsequenterweise *alle* späteren Entwicklungsstadien in irgendeiner Protoform schon im Elektron angelegt sein: als Proto-Bindung, Proto-Stoffwechsel, Proto-Vermehrung, Proto-Mutationen, Proto-Bewußtsein, Proto-Schmerz, Proto-Treue. Diese Karikatur zeigt hoffentlich, wie künstlich und nutzlos die „protopsychische" These ist.

γ) Sollte damit aber nur gemeint sein, daß die Materie von Anfang an die *Fähigkeit* hatte, Elementarteilchen, Kerne, Atome, Moleküle und schließlich auch Lebewesen mit Bewußtsein zu bilden, so ist diese Behauptung trivialerweise richtig: Was wirklich ist, muß vorher möglich gewesen sein. Die Rede von protopsychischen Eigenschaften erklärt dann nichts; entscheidend ist die Frage, wie es dazu kam.

δ) Außerdem dürfte es in diesem Falle gar nicht „protopsychisch", sondern allenfalls „propsychisch" heißen. Denn nicht „erste" oder „frühe" psychische Eigenschaften würden dabei postuliert, sondern nur die Voraussetzungen, die Bedingungen für solche Eigenschaften. (*Pro*karyoten haben *keinen* Zellkern; Provitamine sind *Vor*stufen von Vitaminen. *Protozoen* dagegen sind Urtierchen, *erste* Lebewesen; und ein Prototyp ist ein *erster* Vertreter seines Typs.)

Der panpsychistische Identismus ist also entweder unwissenschaftlich und nutzlos oder trivial und fehlbezeichnet.

b) Dialektischer Materialismus

Geist als eine Bewegungsform der Materie entsteht durch „dialektisches Umschlagen" von (angehäufter) Quantität in (neue) Qualität. Diese Auffassung hat einige Vorzüge: Sie stellt einen *konsequent* durchgehaltenen Monismus dar. Der Qualitätsunterschied zwischen Physischem und Psychischem wird dabei nicht geleugnet, sondern als erklärungsbedürftig erkannt und anerkannt. Und das „Umschlagen" von Quantität in Qualität ist für eine Beschreibung *psychologischer*

Vorgänge durchaus angemessen. Starke quantitative Unterschiede *erscheinen* uns nämlich häufig als qualitative. „Quantitativ Neues gewährt fast immer auch einen qualitativ neuen Anblick" (Mach). Aber sie hat entscheidende Schwächen:

α) Sie ist hoffnungslos unpräzise. Weder der Begriff „Dialektik" noch der Begriff „Umschlagen" haben bisher eine befriedigende Präzisierung erfahren.

β) Die bevorzugten Beispiele sind Phasenübergänge (z.B. Verdampfen oder Entmagnetisieren durch Zufuhr von Wärme). Für diese wurden aber in der Physik längst viel genauere Beschreibungen und Erklärungen entwickelt. Charakteristisch für solche Prozesse ist, daß sich ein Zustandsparameter (z.B. Molekülabstand oder Molekülorientierung) *relativ schnell* („sprunghaft") ändert, während ein anderer (z.B. Wärmemenge oder Temperatur) sich nur langsam oder gar nicht verändert. Von einem „Umschlagen" kann dabei in den wenigsten Fällen gesprochen werden.

γ) Vor allem aber kann Quantität sich niemals in Qualität verwandeln oder „umschlagen". Hier liegt eine kategoriale Vermischung vor wie in dem Satz „Nachts ist es kälter als draußen" oder in der Waschtrommel-Werbung „Durch die Hitze entsteht Überdruck; das Waschmittel setzt Sauerstoff frei; und nun vermischt sich der Überdruck mit dem Sauerstoff . . .".

c) Evolutionistischer Identismus

Geist als Gehirnfunktion ist eine (neu auftretende) Systemeigenschaft, zu der es keine Vorstufen zu geben braucht (Riehl; Steinbuch, Bunge; Lorenz, Riedl). Ein System kann Eigenschaften aufweisen, die keines seiner Untersysteme – auch nicht in „Vorstufen" – aufweist.

Elektron und Proton sind *geladene* Elementarteilchen; zusammen bilden sie ein *neutrales* Atom (Wasserstoff). Die *Gase* Sauerstoff und Wasserstoff verbinden sich zu der *Flüssigkeit* Wasser. Kohlenstoff (C) und Stickstoff (N) sind *harmlose* Stoffe; Cyan (C_2N_2) ist *hochgiftig*. Graphit und Diamant haben zwar gleiche Bestandteile (Kohlenstoff-Atome), aber ganz verschiedene Systemeigenschaften wie Härte, Lichtdurchlässigkeit, Leitfähigkeit (Begriffe, die darüber hinaus auf Einzelatome gar nicht *anwendbar* sind). – Ein Stromkreis mit einer *Spule* zeigt abklingende Spannung, einer mit *Kondensator* zeigt ansteigende Spannung; ein Stromkreis mit Spule *und* Kondensator dagegen zeigt einen oszillierenden Spannungsverlauf, er ist ein *Schwingkreis*.

Die Eigenschaften eines Systems können sich also wesentlich (qualitativ!) von denen seiner Teile unterscheiden. Faßt man die Bewußtseinserscheinungen als Systemeigenschaften des Zentralnervensystems oder des Systems „Gehirn" oder bestimmter Neuronensysteme auf, dann braucht es keine protopsychischen Vorstufen zu geben; der panpsychistische Aufwand wird entbehrlich. Auch die Rede vom „dialektischen Umschlagen" läßt sich dadurch präzisieren: *Gelegentlich* tritt die Systemeigenschaft tatsächlich durch Anhäufen genügend zahlreicher Bausteine auf. („Die Masse macht's." Man vergleiche die scherzhafte Frage: „Ab welcher Körnerzahl ist eine Sammlung von Getreidekörnern ein Haufen?") Dieser quantitative Aspekt ist jedoch keineswegs erforderlich, wie die obigen Beispiele zeigen. Vorläufig ist noch ganz unklar, *welche* Eigenschaften Gehirnen (oder Computern?) Bewußtseinserscheinungen verleihen, ob also die *Größe* des Gehirns, die *Zahl* der Neuronen oder ihr Vernetzungs*grad* die entscheidende Rolle spielen oder vielmehr ein anderer, durchaus nicht quantitativer Aspekt. Daß hinreichend komplizierte Computer Bewußtsein erlangen werden, ist nach dieser systemtheoretisch orientierten Auffassung durchaus möglich, bleibt aber vorläufig ein unverbindliches *Bekenntnis*.

8 Argumente gegen den Interaktionismus

a) In 5 haben wir gesehen, daß Interaktionismus wie Identitätstheorie vor spezifischen Problemen stehen, die sie vorläufig nicht lösen können. Das ist der Hauptgrund dafür, daß für sie das Leib-Seele-Problem noch ungelöst ist. Diese Tatsache allein ist noch kein Einwand. Es ist jedoch verdächtig, daß der Interaktionismus nicht einmal den *Versuch* gemacht hat, diese Probleme klar zu formulieren oder zu lösen. Betrachten wir noch einmal einige dieser Fragen.

Welche Existenzform hat der Geist? Hierzu sind i.a. nur negative Aussagen zu finden: Der Geist ist nicht materiell, nicht an physikalische Gesetze gebunden, nicht lokalisiert, nicht räumlich, nicht teilbar; aber jede positive Antwort fehlt.

Wo findet die Wechselwirkung statt? Descartes konnte es sich noch erlauben, diese Wechselwirkung in die damals neuentdeckte und unpaarig vorkommende Zirbeldrüse zu verlegen. Gemessen an dem damaligen Kenntnisstand war dies eine durchaus sinnvolle, inzwischen allerdings widerlegte Hypothese. Wenn dagegen der Dualist Eccles die Wechselwirkung in völlig spekulative „liaison areas" verlegt, dann ist das keine Antwort auf die genannte Frage, sondern nur eine rhetorische Wendung; nun lautet die Frage eben: „Wo liegen die liaison areas?"

Wie kommt die geforderte Wechselwirkung zustande? Während die meisten Autoren dieses Problem bewußt offen lassen, glaubt Eccles, eine Hypothese vorzulegen, die „viel stärker und schärfer" sei als alle bisher formulierten dualistischen Hypothesen:

> Der selbstbewußte Geist ist aktiv dabei, aus der Vielzahl aktiver Zentren auf höchster Ebene der Gehirntätigkeit zu lesen, nämlich in den Verbindungs-Arealen der dominanten Hirnhälfte. Dabei richtet er seine Aufmerksamkeit auswählend auf diese Zentren und integriert seine Auswahl, so daß auch die flüchtigsten Erfahrungen zu einer Einheit zusammengefaßt werden. Weiter wirkt der selbstbewußte Geist auf diese Nervenzentren, indem er das raumzeitliche Muster der neuronalen Vorgänge verändert . . . Eine Analogie bietet ein Suchscheinwerfer, wie Jung und Popper vorgeschlagen haben. Treffender ist vielleicht der Vergleich mit einem Abtastgerät, einer Sonde . . . (Popper/Eccles, 1977, 362–3)

Eccles ist sogar der Meinung, eine radikal neue Hypothese von großer Erklärungskraft vorgelegt zu haben, auf empirischen Daten fußend und objektiv prüfbar. Durch vage Analogien ist aber gar nichts gewonnen. Einen Vorschlag, wie seine Hypothese zu prüfen sei, macht Eccles nicht. Was er für umwerfend neu hält, ist die Aktivität des Geistes, seine selbständige Suche nach einheitlicher Interpretation, seine partielle Autonomie. Aber gerade das ist es ja, was wir erklären wollen! Solche Versuche erinnern eher an die Erläuterung des Telegraphenprinzips: „Ganz einfach; wie bei einem Dackel: Wenn man ihn hinten zwickt, bellt er vorne." – „Aha, und wie ist es bei drahtloser Telegraphie?" – „Die arbeitet im Prinzip genauso, nur ohne Dackel."

b) Während offene Probleme nicht entscheidend sind, da sie ja noch gelöst werden *könnten*, gibt es ernsthafte Einwände, die ein Festhalten am Interaktionismus dogmatisch und unfruchtbar erscheinen lassen. Zunächst eine grundsätzliche Bemerkung:

Zahllose Experimente der letzten Jahre und Jahrzehnte haben gezeigt, wie eng die Beziehungen zwischen Gehirn- und Bewußtseinsprozessen sind, viel enger jedenfalls, als man vorher wissen konnte. Sie bestätigen die identistische Vermutung, daß *jedem* geistigen Zustand oder Vorgang ein materieller entsprechen müsse, da er ja letztlich mit einem solchen identisch sei. Aber alle diese Befunde lassen sich *auch* dualistisch (interaktionistisch oder sogar parallelistisch) deuten. Denn was durch *einen* Faktor, *eine* Ursache, *eine* Substanz erklärt werden kann, das kann allemal und erst recht durch *zwei* Faktoren, *zwei* Ursachen, *zwei* Substanzen erklärt werden. (Man kann auch trotz aller wissenschaftlichen Astronomie nach wie vor der Meinung sein, der Morgenstern sei *nicht* der Abendstern, sondern Gott tausche diese immer im geeigneten Moment gegeneinander aus.) Deshalb läßt sich der Dualismus niemals zwingend widerlegen – auch (und gerade) wenn die Identitätstheorie korrekt ist! Es gibt dann nämlich weder ein logisches noch ein empirisches Argument, den Dualismus zu verwerfen. Gerade dies rückt ihn aber vorläufig *außerhalb allen empi-*

risch-wissenschaftlichen Interesses aus Gründen, die schon in 7a (*a*) gegen den panpsychistischen Identismus sprachen.

c) Hieran schließt sich ein weiteres wissenschaftstheoretisches Argument. *Sollte die Identitätstheorie falsch sein, so werden wir dies am ehesten entdecken, indem wir sie hartnäckig verfolgen.* Denn wenn wir auch keine Chance haben, jemals irgendeine erfahrungswissenschaftliche Theorie schlüssig und endgültig zu beweisen, zu verifizieren – auch wenn sie richtig sein sollte –, so haben wir doch die Möglichkeit, falsche Theorien als falsch zu erkennen, also zu falsifizieren. Die Identitätstheorie ist nun offenbar von den beiden Konkurrenten die einfachere Theorie; sie stellt schärfere Behauptungen auf (Identität statt Parallelität) und ist leichter zu überprüfen. Deshalb ist es heuristisch geschickter und forschungsstrategisch fruchtbarer, die Identitätstheorie zu verfolgen – vielleicht sogar in der Absicht oder Hoffnung, sie zu widerlegen –, als von vornherein die komplizierten Voraussetzungen des Interaktionismus einzugehen, ohne ihre Notwendigkeit nachgeprüft zu haben. Sollte sich allerdings die Identitätstheorie trotz aller Widerlegungsversuche als haltbar erweisen, dann wird der Dualismus dadurch zwar – wie erwähnt – nicht widerlegt, aber er wird als eine Theorie mit verborgenen und zudem überflüssigen Größen (geistige Substanz, psychische Energie, Wechselwirkung) entbehrlich.

d) Im menschlichen Gehirn sind die beiden Gehirnhälften durch den sogenannten Balken (corpus callosum) verbunden. Wird dieser Balken operativ durchtrennt (wodurch Epilepsie gelegentlich geheilt werden kann), so scheint die Versuchsperson zwei unabhängige Bewußtseinssphären zu besitzen. Jede der beiden Hirnhälften ist zu höheren geistigen Leistungen fähig, die linke zu Sprache und begrifflicher Intelligenz, die rechte zu perspektivischem Zeichnen, zu komplizierten geometrischen Operationen, zu musikalischer Einfühlung. Auch bei Tieren lassen sich den getrennten (und sogar den verbundenen) Hirnhälften entgegengesetzte Reaktionen auf den gleichen Reiz antrainieren. Diese Experimente zeigen, daß *das Bewußtsein teilbar* ist; die Einheit des Bewußtseins – das Hauptargument des Dualisten – kann aufgehoben werden. Für den Identitätstheoretiker ist das nicht überraschend. Wie aber sollte das (materielle) Skalpell des Chirurgen ein angeblich immaterielles Bewußtsein verdoppeln können? Wenn dazu – wie Eccles annimmt – die rechte Hirnhälfte des Menschen nur eine Art Computer ist (die linke dagegen von dem immateriellen Bewußtsein bewohnt ist), wie kann dann eine solche Maschine plötzlich Bewußtsein entwickeln? Der Dualist steht hier vor ähnlichen Schwierigkeiten wie bei der Wirkung von Alkohol, Narkotika, Psychopharmaka, einfachen chemischen Verbindungen, die doch offenbar eine ungeheure Wirkung auf das Bewußtsein haben. Ähnliche Schwierigkeiten entstehen dem Dualismus durch das Auftreten von eineiigen Zwillingen, von Schizophrenie, von Bewußtlosigkeit, Schlaf, Koma.

e) Bunge (1977, 502, 505) hat betont, und es soll auch hier deutlich gesagt werden, daß *der Dualismus eine wissenschaftliche Anomalie* darstellt. Denn nirgendwo – außer in einer dualistischen Psychologie – wird in dieser Weise zwischen einem System und seinen Eigenschaften und Funktionen getrennt. In allen Wissenschaften wird eine Eigenschaft, ein Zustand, ein Vorgang einem realen Gegenstand zugeordnet als eine Eigenschaft *von* etwas, ein Zustand *von* etwas, ein Vorgang *an* etwas. Bewegung ist Bewegung eines Körpers, Energie ist Energie eines Systems, Explosion ist Explosion eines Sprengkörpers. Niemand käme auf die Idee, Bewegung, Energie, Explosion als eigenständige Wesenheiten anzusehen. Wir verdinglichen niemals Eigenschaften, Zustände, Prozesse von physikalischen, chemischen oder biologischen Systemen – nur der Dualist tut das mit den Eigenschaften, Zuständen und Prozessen des Zentralnervensystems. Erst durch diese Verdinglichung, durch diese Zweiteilung kommt es zu dem irreführenden Ausdruck „Leib-Seele-Problem". Sprechen wir doch auch nicht vom „Körper-Bewegungs-Problem", von einem Dualismus zwischen System und Energie, von einer Wechselwirkung zwischen Sprengkörper und Explosion.

f) Wird der Geist als nicht-materielle Wesenheit oder Substanz aufgefaßt, so bedeutet jeder Interaktionismus eine *Verletzung des Satzes von der Erhaltung der Energie!* Denn jede Wechselwirkung muß zumindest für den materiellen Partner (Neuronen, Moduln, Gehirn) mit einem Energie-Übertrag verknüpft sein. Im Gehirn müßten also – physikalisch gesprochen – laufend kleine Energiemengen verschwinden und wieder auftauchen. Um seinen Interaktionismus zu retten, räumt Eccles diese Möglichkeit auch tatsächlich ein.

Aber eine solche Spekulation verletzt das Taktgefühl jedes wissenschaftstheoretisch aufmerksamen Physikers. Zwar ist auch der Energiesatz – wie alle Sätze der Naturwissenschaft – „nur" ein hypothetisches Prinzip, das sich bei der Beschreibung von Naturvorgängen bisher ausnahmslos bewährt hat, aber doch falsch (z.B. nur statistisch gültig) sein *könnte*; auch läßt sich eine solche Spekulation nicht empirisch widerlegen, weil die erforderlichen Energiedifferenzen oder Zeitspannen ja so klein angenommen werden können, daß sie jenseits aller Meßbarkeit liegen. Aber wenn der Energiesatz falsch sein sollte, so würde sich das doch am ehesten auf physikalischer Ebene, insbesondere in der Elementarteilchen-, Kern- oder Atomphysik zeigen und nicht erst auf der Ebene der Riesenmoleküle, aus denen das Gehirn aufgebaut ist.

Zur Umgehung dieses Einwandes wurde gelegentlich vorgeschlagen, es gebe außer den „physikalischen" Energieformen (Kernenergie, chemische Energie, Gravitationsenergie, . . .) noch eine weitere Energieform, nämlich psychische Energie (z.B. Hess, 1957, 335). Dies ist aber kein Ausweg. Denn entweder ist psychische Energie meßbar und mit „physikalischer" Energie vergleichbar; dann ist sie auch eine physikalische Energieform, und der Vorschlag tut etwas, was er gerade vermeiden wollte: Er verwandelt den Geist in etwas Physisches. Oder psychische Energie ist etwas Eigenes, nicht physikalisch Meßbares; dann *bleibt* der Energiesatz verletzt, und der ad hoc-Vorschlag leistet nicht, was er sollte.

Zusammenfassend müssen wir feststellen, daß sich der Interaktionismus weder mit der aktuellen Forschung noch mit der modernen Wissenschaftstheorie vereinbaren läßt. Seine Hauptstützen sind Alltagsüberzeugungen und religiöse Bedürfnisse – beide sind aber schlechte Ratgeber bei der Behandlung wissenschaftlicher Probleme.

9 Argumente gegen die Identitätstheorie

Auch die Identitätstheorie steht vor bisher ungelösten Problemen. Unklar ist insbesondere, welche strukturelle Eigenart jene Gehirnzustände aufweisen, die mit psychischen Erlebnissen verbunden sind. Ein zwingendes Argument *zugunsten* der Identitätstheorie – eine vorzulegende Theorie – haben wir also nicht.

Zuweilen wird das Leib-Seele-Problem als bereits gelöst hingestellt mit dem Hinweis, psychische und physiologische Vorgänge könnten auf einen *gemeinsamen Nenner* gebracht werden, z.B. aufgrund ihres gleichen Informationsgehaltes (Kornhuber, 1979, 1123). Sollte sich diese Gleichheit, von der jeder Monist überzeugt ist, nachweisen lassen, so wäre dies tatsächlich ein starkes Argument zugunsten der Identitätstheorie. Aber gelöst ist das Leib-Seele-Problem damit noch nicht. Noch so viele Korrelationen, Übereinstimmungen, Informationsgleichheiten, Äquivalenzen entscheiden nicht zwischen Monismus und Dualismus, wie wir schon in 8b betont haben.

Deshalb verzichten wir auch darauf, hier über die vielen eindrucksvollen Neuentdeckungen auf diesem Gebiet zu berichten: Funktionelle Gliederung des Gehirns; Elektroenzephalogramm (EEG seit Berger) mit der Möglichkeit, Aufmerksamkeit, Kopfschmerzen, Neurosen, Willensakte, Reifungsgrad und Hirntod zuverlässig zu diagnostizieren; optische Kontrastverschärfung durch laterale Inhibition; Richtungskonstanz durch Reafferenz (v. Holst/Mittelstaedt); Farbkonstanz durch Farbenkreis; einfache, komplexe und hyperkomplexe Zellen zur Analyse von Gesichtsfeldstrukturen (Hubel/Wiesel); Bereitschaftspotential vor Willkürbewegungen (Kornhuber); Auslösung von Halluzinationen und Erinnerungen durch elektrische Reize (Penfield); Beeinflussung der Gedächtnisbildung durch mechanische oder elektrische Schocks; Psychodrogen; Erblichkeit „geistiger" Eigenschaften usw.

Schrödinger (1959, 5–6) hat vorgeschlagen, als typisches Merkmal jener materiellen Vorgänge, die auch mit Bewußtsein verknüpft sind, ihre *Neuheit* anzusehen. Neue Situationen und die auf sie folgenden neuen Reaktionen stünden im Lichte des Bewußtseins, alteingeübte dagegen nicht mehr. Dieser Gedanke ist fruchtbar und mag zutreffen; er paßt auch zu den zuvor erwähnten informationstheoretischen und kybernetischen Deutungsversuchen; vor allem ließe sich der arterhaltende Vorteil eines solchen Zusammenhangs gut verstehen; aber *gelöst* ist das Leib-Seele-Problem damit ebenfalls nicht.

Aber ungelöste Probleme sind noch kein ernsthafter Einwand. Wir wollen hier nun zeigen, daß es auch keine zwingenden Argumente *gegen* die Identitätstheorie gibt. Dazu müssen wir die wichtigsten Gegenargumente studieren und entkräften.

a) Jede monistische Theorie – sei sie spiritualistisch, materialistisch oder neutral – muß das Zustandekommen des jeweils anderen Aspekts erklären. Dies ist für die Identitätstheorie besonders schwierig. Die psychischen Vorgänge und Erlebnisse sind zwar subjektiv, aber für jedes einzelne Subjekt doch unleugbar und primär gegeben; alle anderen (objektiven) Strukturen werden indirekt erschlossen, sogar nur vermutet. Insofern ist es jedenfalls viel leichter, die Existenz oder den Vorrang der *Materie* zu bezweifeln (wie der Spiritualismus), als umgekehrt eine bewußtseinsunabhängige Materie anzuerkennen, aber die Existenz des *Bewußtseins* zu bestreiten (wie der strenge Materialismus). So ist auch der Standpunkt des Solipsisten, der die Realität der gesamten Außenwelt (einschließlich des eigenen Körpers) in Frage stellt und nur die Existenz seines eigenen Bewußtseins anerkennt, weder logisch noch empirisch widerlegbar. Der Solipsismus ist sogar der einzig *konsequente* Positivismus.

Wenn man aber den Solipsismus ablehnt, also über die Anerkennung der eigenen Bewußtseinssphäre als des allein Realen hinausgeht, *dann* sollte man wiederum *konsequent* sein und den Weg des hypothetischen Realismus mitgehen, der die Welt und ihre Strukturen als existierend und hypothetisch erkennbar ansieht. Denn jeder *Schnitt* in der Kette des hypothetisch Postulierten (eigene Vergangenheit, eigener Körper, fremdes Bewußtsein, andere Menschen, Lebewesen, organische und anorganische Systeme, Moleküle, Atome, Elementarteilchen . . .) wäre *willkürlich*. Wer sagt „Ich glaube, was ich sehe", nimmt schon die Erscheinungen und Gesetze der Optik, insbesondere seine Augenlinse zu Hilfe und müßte konsequenterweise auch die Benutzung von Haftschalen, Brille, Lupe, Mikroskop, Elektronenmikroskop, Elementarteilchen-Beschleuniger akzeptieren. Wer nicht Solipsist ist, muß (hypothetischer) Realist sein und die Existenz materieller, insbesonderer neuronaler Prozesse anerkennen.

b) Nun erscheinen aber psychische und physische Prozesse gänzlich unvergleichbar oder, wenn vergleichbar, so doch unvereinbar zu sein. Dies ist der Haupteinwand gegen jeden Monismus: Subjektive und objektive, innere und äußere, psychische und physische, geistige und materielle Zustände und Prozesse seien völlig verschieden, unvergleichbar, inkommensurabel. Neuronale Vorgänge seien z.B. lokalisiert, das Bewußtsein aber nicht; sie seien zahlreich und strukturiert, das Bewußtsein aber sei eines und ganzheitlich; sie seien zerlegbar, das Bewußtsein dagegen unteilbar; sie existierten nur im Jetzt, das Bewußtsein aber könne Vergangenheit, ja sogar Zukunft einbeziehen; objektive Ereignisse seien hypothetisch, subjektive Erlebnisse absolut sicher usw.

Im Gegensatz zu manchen Identitätstheoretikern, die diese *Verschiedenheit* einfach leugnen, nehmen wir diesen Einwand sehr ernst. Zwar ist auch das Bewußtsein (durch Krankheit, Drogen, Operation) teilbar, wie wir schon in 8d feststellten; insgesamt aber halten wir die Unterschiede für deutlich und unbezweifelbar. Nur sprechen diese Tatsachen gar nicht gegen die Identitätstheorie. Wir können diese Verschiedenheit nämlich *projektiv* deuten. In einer projektiven Erkenntnistheorie (Vollmer, 1975, 122–6) sind subjektive und objektive Zustände und Prozesse nur verschiedene *Aspekte ein und desselben* objektiven Vorgangs. Die Unvergleichbarkeit besteht dabei nur scheinbar. Zur Erläuterung bedienen wir uns eines Zylinders (z.B. einer Konservendose), der in zwei verschiedene Richtungen projiziert wird (Abb. 4).

Die dabei entstehenden Bilder, Aspekte, Projektionen (Ellipse und Parallelogramm) sind auf ihrer „Ebene" inkommensurabel, unvereinbar, widersprüchlich; und doch sehen wir ein, daß das eigentliche Objekt widerspruchsfrei ist. Die Unvereinbarkeit der Aspekte besteht also nur auf der Ebene der Erscheinungen; sie allein rechtfertigt noch nicht die Behauptung, daß das Urbild nicht ein einziges, einheitliches und widerspruchsfreies sein könne. Analog liefert die Inkommensurabilität psychischer und physischer Vorgänge kein Argument gegen die Identitätstheorie. Deshalb können wir es uns sogar ersparen zu untersuchen, worin genau die behauptete oder tatsächliche Inkommensurabilität besteht.

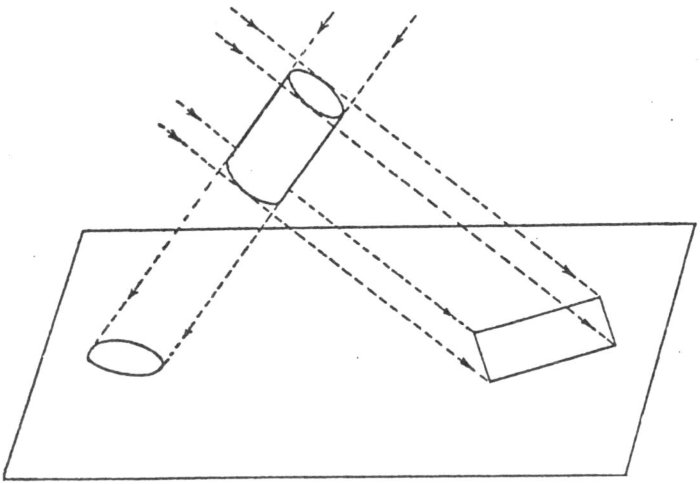

Abb. 4: „Inkommensurable" (?) Projektionen desselben Gegenstandes

Vielleicht aber ist der Vergleich mit einer geometrischen Projektion nicht überzeugend, werden Ellipse und Parallelogramm zwar als verschieden, aber doch als vergleichbar angesehen, da beide geometrische Figuren sind. Tatsächlich aber sieht die projektive Erkenntnistheorie die *geometrische* Projektion nur als einen Spezialfall an. Den *Aspektcharakter* kann man durchaus auch an anderen Beispielen verdeutlichen. (Hierzu vergleiche man auch die Anwendung des Uhrengleichnisses in 9e.)

Einen *Apfel* kann man sehen und fühlen (und außerdem noch riechen und schmecken). Der optische und der haptische Eindruck eines Apfels sind auch inkommensurabel; Farbe und Form sind ja ganz verschiedene Qualitäten. Trotzden schreiben wir diese verschiedenen Eigenschaften ein und demselben Objekt zu und deuten sie als Projektionen auf unsere verschiedenen Erlebnis-„Ebenen".

Eine *Wolke* kann man von innen und von außen erleben. Von innen erscheint sie als Nebel, als ein Meer diffus verteilter Wassertröpfchen, farb- und strukturlos, feucht und kalt. Von außen erkennen wir Farbe (z.B. weiß) und Gestalt, aber nichts über die physikalische Zusammensetzung. Trotzdem ist das eigentliche Objekt *eines*; äußerer und innerer Aspekt sind verschieden nur aufgrund unseres jeweiligen Standpunktes.

Elektronen zeigen Wellen- und Teilcheneigenschaften: In der Nebelkammer hinterlassen sie Spuren wie Düsenflugzeuge am Sommerhimmel, also wie Teilchen; im Elektronenmikroskop nützen wir ihre Welleneigenschaften, um feinste molekulare Strukturen abzutasten und sichtbar zu machen, wie wir das im gewöhnlichen Mikroskop mit Lichtwellen tun. Hier spricht man sogar von einem Welle-Teilchen-*Dualismus*. Der klassischen Physik erschienen diese Eigenschaften „inkommensurabel". Die Quantenphysik kennt aber nicht zwei Substanzen, Welle einerseits, Teilchen andererseits; für sie sind Elektronen vielmehr *einheitliche* Systeme, die durch physikalisch interpretierte mathematische Gleichungen *einheitlich* beschrieben werden und je nach der experimentellen „Falle", in die wir sie locken, verschiedene Aspekte zeigen. Wellen- und Teilcheneigenschaften sind also nur *Projektionen* der Eigenschaften des Elektrons auf verschiedene experimentelle „Ebenen". Die „wahre" Natur des Elektrons ist dabei zwar unanschaulich (weil sich unser Anschauungsvermögen in Anpassung an eine mesokosmische Umwelt entwickelt hat), aber nicht unerkennbar.

Durch die projektive Erkenntnistheorie wird das Leib-Seele-Problem natürlich nicht gelöst. Sie begegnet lediglich dem Einwand, physische und psychische Erlebnisse und ihre Beschreibungen seien inkommensurabel und deshalb ein Widerspruch zur Identitätstheorie. Die Analogien sollten zeigen, daß eine solche Inkommensurabilität – auch wenn sie besteht – projektiv gedeutet und somit auf „höherer Ebene" aufgelöst werden kann.

Das projektive Modell leistet aber etwas anderes: In diesem Modell können wir nämlich jetzt eine *gewisse* Präzisierung unserer Begriffe „Geist, Seele, Bewußtsein" vornehmen. Diese Präzisierung geht nicht so weit, den Unterschied *zwischen* diesen Begriffen herauszuarbeiten. Für die Diskussion des Leib-Seele-Problems – oder Materie-Geist-Problems – spielt der Unterschied nämlich keine große Rolle. Wir können aber jetzt besser verstehen, worauf das Leib-Seele-Problem eigentlich beruht und wie es genau zu formulieren ist: Es *beruht* auf der (angeblichen oder tatsächlichen) Unvergleichbarkeit oder Widersprüchlichkeit verschiedener Aspekte. Gäbe es nur *einen* dieser Aspekte, so entstünde das Leib-Seele-Problem gar nicht; wären sie vergleichbar und widerspruchsfrei, so wäre diese Tatsache zwar erklärungsbedürftig, aber kein „Weltknoten". Im projektiven Bild verstehen wir auch, warum für den Dualisten die *Gemeinsamkeiten* der beiden Aspekte, für den Monisten dagegen ihre *Unterschiede* zum Problem werden: Daß *verschiedene* Substanzen sich synchron verhalten, ist so überraschend wie die Beobachtung, daß *eine* Substanz verschieden erscheint.

Ohne diese Begriffe definieren zu wollen, können wir jetzt doch etwas klarer sagen: Soweit sie für das Leib-Seele-Problem relevant sind, meinen wir mit „Geist, Seele, Bewußtsein" *jenen Innenaspekt allen Erlebens, der ausschließlich subjektiv und individuell erlebt wird*. (Alles Intersubjektive gehört dagegen nicht zu der problematischen Seite des Leib-Seele-Problems.) Wie bereits betont, bietet die Formulierung keine Definition (Abgrenzung), sondern nur eine Eingrenzung, eine partielle Charakterisierung. Eben das hatten wir in 4 versprochen.

c) Die projektive Deutung scheint jedoch auf eine neue Schwierigkeit zu führen: Wird durch sie nicht eine – bisher – unbekannte Substanz postuliert, deren Aspekte Leib und Seele sind? Und ist das nicht ein Rückfall in die Position des neutralen Monismus (M1)? Hat sich der Materialismus damit selbst widerlegt? Keineswegs.

Die Identitätstheorie fordert ja gar keine neue *Substanz*. Die Substanz der Zustände und Prozesse des Bewußtseins ist durchaus bekannt; es sind Neuronen und Neuronenkomplexe; und die bestehen wiederum aus bekannten Molekülen, Atomen, Elementarteilchen, also aus Materie im physikalischen Sinne. Neu und unbekannt ist dagegen die *Struktur*, die Vernetzung, Verschaltung dieser Elemente. Als „Struktur" bezeichnen wir die Gesamtheit aller Wechselwirkungen, Beziehungen, Relationen der Bauelemente untereinander.

Um diese Darstellung zu verstehen, erinnern wir uns an den Systembegriff der Systemtheorie. Jedes System läßt sich dabei charakterisieren durch zwei Komponenten: seine Bausteine und die Beziehungen dieser Bausteine untereinander. Mit einem Begriff aus der Mengenlehre dürfen wir also jedes System als ein geordnetes Paar ⟨ | ⟩ auffassen:

System = ⟨Bausteine | Beziehungen⟩
= ⟨„Substanz" | „Struktur"⟩

Ein Beispiel: Das System „Diamant" besteht aus Kohlenstoffatomen in räumlicher Sechseckanordnung:

Diamant = ⟨C-Atome | Hexagonalgitter in homöopolarer Bindung⟩.

Wählt man – bei gleichen Bausteinen – eine andere *Struktur*, so erhält man ein anderes System, z.B.

Graphit = ⟨C-Atome | Waben-Schicht-Struktur mit Metall-Bindung⟩.

Wählt man andere *Bestandteile*, aber die gleiche Struktur, so erhält man ebenfalls ein anderes System z.B.

Siliziumkristall = ⟨Si-Atome | Hexagonalstruktur⟩.

Der Diamant hat also mit dem Graphit die Bausteine, mit dem Siliziumkristall die Struktur gemeinsam.

Keine dieser Komponenten ist der anderen irgendwie – z.B. logisch oder ontologisch oder epistemologisch – vor- oder übergeordnet. Beide sind für das System kennzeichnend, für seine Eigenschaften konstitutiv, für seine Funktion wesentlich. Kenntnis des einen ersetzt niemals die Kenntnis des anderen.

Das zeigt, wie wenig noch damit gewonnen ist, daß wir die *Bausteine* des Zentralnervensystems, insbesondere des Gehirns (Neuronen, Nervenfasern, Gliazellen) kennen: Zum Verständnis dieses Systems müßten wir auch seine *Struktur* durchschauen, und gerade sie kennen wir bei weitem nicht gut genug. Es zeigt aber auch, was die Identitätstheorie vom neutralen Monismus unterscheidet: Physische und psychische Zustände sind nicht Projektionen einer neutralen Substanz, sondern einer vorläufig nicht durchschauten Struktur. Und es zeigt schließlich, wie voreilig und falsch es ist, ein System schon dann für durchschaut zu erklären, wenn man seine Bestandteile kennt. Von einem Haufen Neuronen unterscheidet sich das Gehirn weitaus mehr als eine Tonne Metall und Kunststoff von einem Volkswagen. Auch Wasser ist nicht *nur* eine Menge von H_2O-Molekülen. Zwar ist es unerläßlich, die Bestandteile zu identifizieren („ohne Phosphor kein Gedanke"); aber es wäre verfehlt, diese Kenntnis als hinreichend hinstellen zu wollen, wie das gelegentlich geschieht: „Das Gehirn besteht aus 10^{10} Neuronen und sonst nichts" (nothing-buttery). Ein Reduktionismus, der sich mit einer solchen Einsicht zufrieden geben wollte, erklärt nichts und versteht nichts. Nur ein systemtheoretisch entschärfter Reduktionismus kann überhaupt *Aussicht* auf Erfolg haben.

Führt nun diese Auffassung nicht doch zum Hylemorphismus (M6), der den *Geist als die Form der Materie* auffaßt (griechisch: hyle = Stoff, morphē = Gestalt)? Mit dem Hylemorphismus *gemeinsam* hat die systemtheoretische Deutung den monistischen Charakter, die Anerkennung der Materie als einziger Substanz, die begriffliche Unterscheidung von Substanz und Struktur, die Unverzichtbarkeit (aber nicht den Vorrang!) des strukturellen Aspekts. Aber es gibt einen wesentlichen *Unterschied*: Während im Hylemorphismus der Geist *die* Form (Gestalt, Struktur) der Materie ausmacht, so daß danach Materie ohne Form (also ohne Geist) gar nicht existieren könnte, ist für die systemtheoretisch orientierte evolutionistische Identitätstheorie der Geist eine *spezielle* Funktion des *speziellen* Systems „Gehirn", die durch die *spezielle* Struktur dieses Systems ermöglicht wird. Andere Strukturierungen der Materie, auch andere Funktionen des Gehirns sind dagegen durchaus ungeistig. Geist wird also keineswegs mit Form gleichgesetzt; vielmehr besitzen nur einige unter vielen Zuständen und Prozessen (Strukturen) des neuronalen Systems den geistig-seelisch-bewußten Innenaspekt.

d) Die Evolutionäre Erkenntnistheorie sieht auch in der menschlichen Erkenntnisfähigkeit ein Ergebnis der biologischen Evolution. Die Evolutionstheorie kann aber das Bestehen einer organismischen Struktur oder Funktion nur erklären, wenn diese einen arterhaltenden Vorteil aufweist. Eine evolutionistisch orientierte Identitätstheorie – wie wir sie hier vertreten – muß also die arterhaltende Funktion der Bewußtseinserscheinungen, des Innenaspekts, des psychischen Erlebens aufzeigen. Dies ist nicht schwierig, auch wenn sich die Autoren nicht immer darüber einig sind, welche dieser Funktionen nun die bedeutsamste ist. Hier wird es genügen, einige dieser Funktionen zu nennen.

Die *Gedächtnisfunktion* haben wir schon in 3 als eine wesentliche Voraussetzung für menschliches Erkennen bezeichnet. Die *Abbildfunktion* ist die Fähigkeit, ein inneres Abbild der *gegenwärtigen* Umwelt zu konstruieren. Diese ist wiederum Voraussetzung für die *Simulationsfunktion*, die von Lorenz, Monod und vielen anderen betont worden ist: An dem innerlich rekonstruierten Weltmodell können wir (und die höheren Säugetiere) Veränderungen vornehmen, versuchsweise hantieren, Gedankenexperimente machen. Auf elementarer Stufe ist Denken nach Lorenz nur ein „Hantieren im Vorstellungsraum". Diese Fähigkeit erspart Zeit, Energie und Risiko. Ihr biologischer Vorteil ist offenkundig. Das bedeutet freilich nicht, daß sie zum Überleben unerläßlich wäre. Millionen von Arten haben Jahrmilliarden überdauert, ohne diese Fähigkeit zu besitzen. Wenn also der Biologe oder Evolutionstheoretiker die Funktion einer organismischen Struktur analysiert, so behauptet er damit nicht, daß es nicht auch anders ginge. Der Nachweis eines evolutiven Vorteils läßt nicht die Folgerung zu, daß es so kommen *mußte*; er zeigt nur, warum eine solche Struktur oder Funktion – einmal entstanden – beibehalten und weiterentwickelt wurde. Es gibt also keinen naturgesetzlichen Zwang zur Ausbildung von Bewußtseinsphänomenen. Die Frage „Warum *mußte* es zur Ausbildung des Bewußtseins kommen?" beruht auf einer falschen Voraussetzung – es mußte ja gar nicht dazu kommen – und ist darum sinnlos; sinnvoll ist nur die Frage, wie es dazu kommen *konnte* – und diese Frage ist, wenigstens im Prinzip, beantwortet.

e) So weit sind sich Monisten und Dualisten durchaus einig; der (evolutive) Vorteil des Innenaspekts wird zwar gelegentlich an verschiedener Stelle gesehen, aber nicht grundsätzlich bestritten. Entscheidend ist vielmehr ein Einwand, der sich hier erst anschließt: Die Identitätstheorie sei *trotz* dieses anerkannten Vorteils nicht mit der Evolutionstheorie vereinbar. Für die Identitätstheorie sind ja mentale Prozesse *identisch* mit speziellen physikalisch-neuronalen Prozessen.

Der oben eingeräumte arterhaltende Vorteil mentaler Prozesse muß also *zugleich* ein Vorteil der unterliegenden physikalischen Prozesse sein. Nur so kann er in der – kausal geschlossenen – materiellen Welt biologisch wirksam werden. Wenn aber bereits die physikalischen Strukturen diesen Vorteil aufweisen, dann bestünde dieser Vorteil ja auch dann, wenn diese physikalischen Strukturen jenen Innenaspekt gar nicht hätten, wenn sie also ausschließlich physikalische Strukturen wären, ohne gleichzeitig mentale Zustände und Prozesse zu sein. Ihre biologisch-arterhaltende Funktion könnten sie auch schon dann ausüben, wenn sie keinen zweiten Aspekt böten (Popper/Eccles, 1977, 87f.)

Dieses Argument trifft den *Epiphänomenalismus* in voller Schärfe, sowohl den dualistischen als auch den monistischen. Wären Bewußtseinserscheinungen nur Epiphänomene physikalischer Prozesse, so wären sie für die Evolution entbehrlich. Die Stammesgeschichte wäre an keiner Stelle anders verlaufen, wenn es diese Epiphänomene nicht gäbe: Mensch und Tier würden sich aufgrund physikalisch-chemischer Reaktionen genau so verhalten, wie sie sich verhalten, auch wenn sie keinen Schmerz empfänden, keine psychischen Vorgänge erlebten, kein Bewußtsein hätten. Im Epiphänomenalismus bleibt der gesamte Innenaspekt unerklärt; die Evolutionstheorie leistet hierfür gar nichts.

Dies gilt jedoch nicht für die Identitätstheorie. Hier sind Bewußtseinsvorgänge nicht Epiphänomene physikalischer Vorgänge; vielmehr unterscheiden sich physikalische Vorgänge *mit* Innenaspekt auch *physikalisch* von solchen *ohne* Innenaspekt. Das oben formulierte Argument zeigt nur, daß die Evolution auch anders hätte verlaufen können, daß Organismen ohne Bewußtseinserscheinungen naturgesetzlich möglich sind, daß mentale Prozesse für die Arterhaltung nicht prinzipiell erforderlich sind. (Zu diesem Ergebnis waren wir übrigens auch in d) gekommen.) Das Argument zeigt jedoch nicht, daß Bewußtseinsprozesse, *wie wir sie kennen*, überflüssig sind. Vielmehr war es offenbar von Vorteil, solche neuronalen Strukturen auszubilden, die gleichzeitig mentale Prozesse ermöglichen. Der mentale Charakter dieser Strukturen ist nicht ein zufälliges Nebenprodukt oder Epiphänomen, sondern gerade eine typische, eine wesentliche Eigenschaft dieser Strukturen. Hätten die physikalisch-neuronalen Strukturen diese Eigenschaft nicht, so wären sie eben andere neuronale und damit andere physikalische Strukturen, mögliche zwar, aber weniger vorteilhafte.

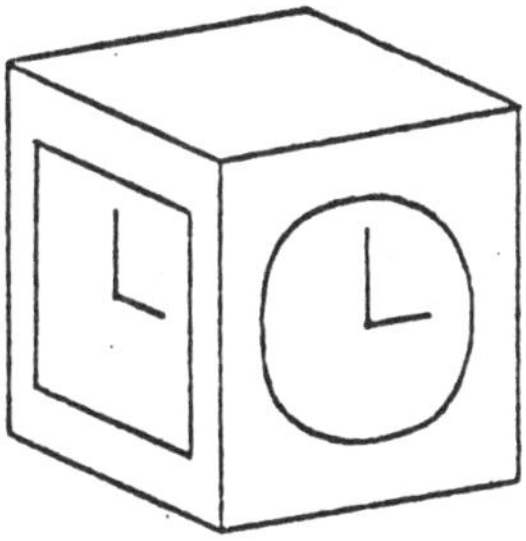

Abb. 5: Das Uhrengleichnis in der Identitätstheorie: ein Uhrwerk – zwei Zifferblätter.

Man kann diesen Sachverhalt sogar recht gut am Uhrengleichnis erläutern, obwohl es ursprünglich zur Darstellung dualistischer Positionen entwickelt worden ist (Abb. 5). Für die Identitätstheorie gibt es – entgegen dem äußeren Anschein – nicht zwei Uhren, deren Synchronie einer Erklärung bedarf, sondern nur *eine* Uhr mit zwei Zifferblättern. Daß beide Zifferblätter die gleiche Zeit anzeigen, ist dabei nicht verwunderlich, werden sie doch von demselben Uhrwerk gesteuert. Eine solche Uhr mit zwei Zifferblättern (Innen- und Außenansicht) hat nun zwar nur ein Uhrwerk (Identitätstheorie), ist aber doch anders gebaut als eine mit nur einem Zifferblatt. Daß Uhren mit nur einem Zifferblatt nützlich sind (Organismen überleben auch ohne Bewußtsein), ändert natürlich nichts daran, daß auch Uhren mit zwei Zifferblättern für bestimmte Zwecke vorteilhaft und anderen überlegen sein können (Organismen mit Bewußtsein haben zusätzliche Vorteile).

Die beim Epiphänomenalismus nachweisbare Lücke besteht also für die Identitätstheorie nicht.

f) Einen weiteren Einwand gegen die evolutionistische Identitätstheorie hat von Ditfurth formuliert. *Leben* sei zwar als Systemeigenschaft durchaus verstehbar. Ein materielles System sei jedoch entweder belebt oder nicht belebt; dazwischen gebe es nichts. Lebendigkeit sei also eine Alles-oder-nichts-Eigenschaft; es gebe keine unterschiedlichen Grade von Lebendigkeit.

Wohl aber gebe es unterschiedliche, ja sogar unbegrenzt viele Grade von *„Beseeltheit"*. Das Psychische sei nicht sprunghaft, sondern ganz allmählich entstanden. Es sei deshalb – auch wenn man von den Unvereinbarkeitsproblemen einmal absehen wollte – unzulässig, der Evolution der Materie das „Seelische" als weitere, analoge Stufe einfach anzuhängen.

Es wird – nebenbei bemerkt – viele überraschen, daß ausgerechnet der Autor von „Im Anfang war der Wasserstoff" und „Der Geist fiel nicht vom Himmel" ein solches anti-evolutionistisches Argument benützt, liefern doch seine Bücher schlagende Beispiele für eine Widerlegung der dualistischen Auffassung. Wenn der Geist nicht vom Himmel fiel, so ist er doch wohl allmählich entstanden. Aber nein – nach von Ditfurth hat die Evolution „allein deshalb zur Entstehung unseres Gehirns und damit auch unseres Bewußtseins führen können, weil das Geistige in dieser Entwicklung von allem Anfang präsent und wirksam gewesen ist" (v. Ditfurth, 1978, 36).

Was ist von dem genannten Argument zu halten? Von Ditfurth konstruiert hier einen Unterschied, der in dieser Schärfe gar nicht besteht. Auch das Leben ist in vielen kleinen Schritten, „Stufen", entstanden. Allerdings sind die meisten Zwischenstufen längst eliminiert. Als die abiotisch entstandenen Biomoleküle als Energielieferanten aufgebraucht waren, d.h. als die Ursuppe „leergelöffelt" war, da waren alle jene Arten zum Aussterben verurteilt, die keinen eigenen Synthesemechanismus hatten oder wenigstens einen fremden fressen konnten. Daher ist der Sprung zwischen Unbelebt und Belebt *heute* viel größer als während der Biogenese. *Deshalb* wiederum ist es heute viel einfacher, eine Definition (d.h. Abgrenzung) oder Kriterien für lebendige Systeme anzugeben: Je größer die Unterschiede, desto leichter die Grenzziehung. Aber auch diese Grenzziehung bedurfte intensiver Forschung und kennt noch immer Streitfälle (wie die Viren), bei denen die Abgrenzung ziemlich willkürlich erscheinen muß. Für Geist, Seele, Bewußtsein haben wir eine solche präzise Definition oder ein solch scharfes Kriterium noch nicht. Die Schwierigkeiten liegen auf der Hand: Gerade *weil* Bewußtseinserscheinungen schwer zu objektivieren sind, aber jedes Kriterium objektiv sein muß, fällt es uns schwer, solche bei anderen Organismen nachzuweisen. Aber auch hier gilt natürlich die triviale, weil logische Wahrheit: Etwas ist entweder beseelt oder nicht beseelt. Und irgendwann werden wir vielleicht ein Kriterium angeben können. (Es *könnte* sich auf die Zahl der Neuronen stützen oder auf bestimmte Gehirnteile wie die Brocasche Windung oder auf gewisse Eigenheiten des EEG oder auf besondere Reaktionen vor dem Spiegel oder auf das Problemlösungsverhalten oder auf die Art der Kommunikation.) Vermutlich wird die Erarbeitung eines solchen Kriteriums mit der Lösung des Leib-Seele-Problems in engem Zusammenhang stehen. Möglicherweise wird dann der Sprung zwischen Unbeseelt und Beseelt ähnlich groß erscheinen wie der zwischen Unbelebt und Belebt. Wahrscheinlicher erscheint allerdings eine andere Entwicklung. Man wird die fraglichen Erscheinungen nicht mehr pauschal unter den Begriff „geistig" fassen, sondern sie schärfer analysieren, in verschiedene Funktionen aufteilen (z.B. Gedächtnis, Abstraktion, Sprachfähigkeit, Bewußtsein, Selbstbewußtsein) und für jede dieser Funktionen ein eigenes Kriterium erarbeiten. Einzelne dieser Fähigkeiten reichen dann sehr weit zurück in die Stammesgeschichte, andere finden sich nur bei Wirbeltieren und wieder andere nur bei Primaten oder beim Menschen.

10 Schluß

Es braucht nicht betont zu werden, wie weit der Weg bis dahin noch ist. Hier sollte nur deutlich werden, daß der systemtheoretischen, evolutionistisch-identistischen Auffassung des Geistes einerseits nichts im Wege steht, daß sie andererseits sehr wohl empirische Relevanz besitzt, also Anregungen für weitere Forschungen geben kann. Daß sie darüber hinaus aus heuristischen, d.h. forschungsstrategischen Gründen vorzuziehen ist, wurde schon in 8c betont.

All dies soll natürlich nicht darüber hinwegtäuschen, daß das Leib-Seele-Problem vorläufig ungelöst ist. Aber es ist auch nicht als unlösbar erkannt. Bekenntnisse zur Autonomie oder zur Unsterblichkeit des Geistes oder gar zum „Mysterium des Bewußtseins" helfen nicht weiter. Aber vielleicht bringt die Zusammenarbeit von Neurobiologen, Psychologen und Philosophen doch einen Fortschritt. Das menschliche Gehirn ist das komplizierteste System, das die Evolution bisher hervorgebracht hat. Es sollte deshalb gar nicht überraschen, daß wir Schwierigkeiten haben, dieses System zu durchschauen. Aber wir sollten unsere Ausgangsposition in diesem Falle auch nicht unterschätzen: Das Gehirn ist das einzige System, zu dem wir außer dem üblichen objektiven Zugang („von außen") noch einen zweiten, den subjektiven Zugang („von innen") haben. Angesichts der Kompliziertheit des Gehirns sollten wir uns darüber freuen. Ohne diesen zweiten Zugang hätte sich das Leib-Seele-Problem zwar nie gestellt; aber hätten wir dann überhaupt eine Chance, dieses System je zu verstehen?

Literatur

Bunge, M.: Emergence and the mind. Neuroscience *2* (1977) 501–509

Ditfurth, H. v.: Gedanken zum Leib-Seele-Problem aus naturwissenschaftlicher Sicht. Freiburger Universitätsblätter, Heft 62 (Dez. 1978) 25–37

Hess, W.R.: Beziehungen zwischen psychischen Vorgängen und Organisation des Gehirns, II. Studium Generale *10* (1957) 327–339

Kornhuber, H.H.: Geist und Freiheit als biologische Probleme. In: Die Psychologie des 20. Jahrhunderts. Kindler, Zürich 1979, Band VI (Lorenz und die Folgen), 1122–1130

Popper, K.R./Eccles, J.C.: The self and its brain. Springer, Berlin 1977 [inzwischen auch deutsch: Das Ich und sein Gehirn. Piper, München 1982]

Rensch, B.: Gesetzlichkeit, psychophysischer Zusammenhang, Willensfreiheit und Ethik. Duncker & Humblot, Berlin 1979

Schrödinger, E.: Geist und Materie. Vieweg, Braunschweig 1959

Simpson, G. G.: Biology and the nature of science. Science *139* (1963) 81–88

Vollmer, G.: Evolutionäre Erkenntnistheorie. Hirzel, Stuttgart 1975 [[3]1983]

PROBLEME DER ANSCHAULICHKEIT

1 Paradoxien der modernen Physik

Sowohl der modernen Physik als auch der modernen Malerei wird zuweilen vorgeworfen, daß sie zu abstrakt und deshalb unverständlich seien. Es wäre sicher ein dankbares Thema für einen Kulturphilosophen oder einen Psychoanalytiker, diese beiden Tatsachen in einen Zusammenhang zu bringen. Er würde die Formen künstlerischen Schaffens aus dem jeweiligen Weltbild heraus zu erklären versuchen und insbesondere das Entstehen der abstrakten Kunst als ein Symptom neuzeitlichen Lebensgefühls deuten.

Würde somit auch die Abstraktheit der Malerei verständlich, so müßte man doch die Abstraktheit der modernen Wissenschaft weiterhin als ein unerklärtes Faktum hinnehmen. Den Erkenntnis- und Wissenschaftstheoretiker beschäftigt aber gerade die Frage, ob der oben angedeutete Vorwurf berechtigt ist. Ist es also wahr, daß die moderne Physik unanschaulich ist? Und wenn es wahr sein sollte, ist es unvermeidbar? Oder kann die moderne Physik anschaulich sein? Ist es vielleicht nur eine Frage der Gewöhnung? Oder liegt es am guten Willen der Physiker, die es versäumt haben, anschauliche Theorien zu entwickeln bzw. ihre Lehren dem Laien plausibel zu machen?

Daß die moderne Physik auf den ersten Blick unanschaulich ist, wird jeder zugeben, der einmal versucht hat, in physikalische Theorien und ihre Interpretationen einzudringen. Da gibt es eine *kleinste Wirkung* (das Plancksche Wirkungsquantum h), möglicherweise auch eine kleinste Länge und eine kürzeste Zeit. Man spricht vom *Welle-Teilchen-Dualismus*, nach dem sich Photonen (aber auch Elektronen, Protonen, Neutronen, überhaupt alle Elementarteilchen) unter gewissen Bedingungen wie Wellen, unter anderen dagegen wie Teilchen verhalten. Nach der *Unschärferelation* kann man Impuls und Ort eines Teilchens nicht gleichzeitig exakt bestimmen. Durch *Tunneleffekt* verläßt ein Teilchen den radioaktiven Atomkern, obwohl das nach der klassischen Physik nicht möglich ist. Wir lesen, daß der radioaktive Kern „nicht altert", daß es für seinen Zerfall keine Ursache gibt, sondern daß dieser *absolut zufällig* ist. Die Spezielle Relativitätstheorie arbeitet mit einem *vierdimensionalen Raumzeitkontinuum*. Man liest von Längenkontraktion, Zeitdilation, von einer Relativierung der Gleichzeitigkeit und vom *Zwillingsparadoxon*, nach dem ein mit einer schnellen Rakete zum Sirius reisender Mensch bei seiner Rückkehr feststellen müßte, daß er inzwischen weniger gealtert ist als sein auf der Erde verbliebener Zwillingsbruder. Nach der Allgemeinen Relativitätstheorie ist der Raum in sich *„gekrümmt"*, das Weltall ist möglicherweise geschlossen und *endlich, aber unbegrenzt*; und wenn man nur weit genug blicken könnte, müßte man eigentlich seinen eigenen Hinterkopf sehen. Man glaubt, *Schwarze Löcher* gefunden zu haben, merkwürdige astrophysikalische Objekte, die beliebig viel Materie schlucken, aus denen aber nichts, nicht einmal Licht, wieder herauskann.

Auch populärwissenschaftliche Bücher, die im Vorwort versprechen, nun einmal alles recht verständlich und anschaulich zu machen, hinterlassen beim Leser Enttäuschung, wenn er trotz eifriger Lektüre das Gefühl hat, er könne sich einen vier- oder gar n-dimensionalen Raum immer noch nicht vorstellen, und wenn ihm der Welle-Teilchen-Dualismus oder das Zwillingsparadoxon unanschaulich bleiben.

2 Ist Anschaulichkeit nur eine Frage der Gewöhnung?

Viele Aussagen der modernen Physik erscheinen also tatsächlich paradox, unglaublich, unvorstellbar, oder sogar undenkbar. Dann erinnern wir uns daran, daß den Menschen früherer Jahrhunderte auch die Kugelgestalt der Erde paradox vorkam. Man machte sich lustig über die sogenannten Antipoden („Gegenfüßler"), die auf der andere Seite der Erde mit dem Kopf nach unten (!) in den Weltraum hinaushängen (!) müßten, falls es dort überhaupt Lebewesen geben sollte (Lactantius, Augustinus; vgl. Abb. 1). Ebenso paradox erschien den Zeitgenossen des Aristarch, des Kopernikus, des Galilei, das heliozentrische Weltsystem, nach dem sich die Erde mit ungeheurer Geschwindigkeit um die Sonne bewegen sollte, obwohl doch der Augenschein zu lehren scheint, daß es nichts Festeres gibt als die Erde.

Als unnatürlich und deshalb unvorstellbar galten auch zeitweise die geradlinige Bewegung, die Trägheitsbewegung, die Existenz des leeren Raumes, die Möglichkeit einer Fernwirkung, die Kausalität.[1] Trotzdem haben wir uns an diese Vorstellungen gewöhnt und halten sie heute nicht mehr für so unanschaulich. Könnte Anschaulichkeit mehr

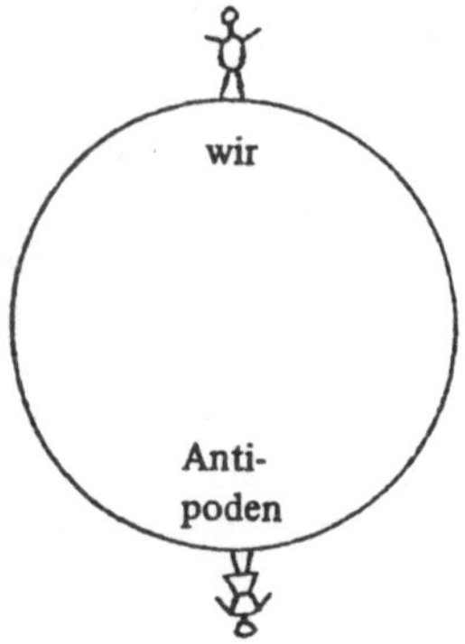

Abb. 1: Wie man sich die Antipoden dachte

eine Frage der Gewohnheit sein? Wir haben uns ja an vieles gewöhnt: an die Kugelgestalt der Erde, an die Möglichkeit, auf dem Monde zu landen, an das tonartfremde dis in Beethovens Violinkonzert, an die Kunst eines Picasso, eines Strawinsky, eines Heißenbüttel. Sollten wir uns nicht auch an Minkowskis vierdimensionale Welt, an Einsteins gekrümmten Raum, an Heisenbergs Unschärferelation gewöhnen können? Behaupten nicht sogar manche Mathematiker und Physiker, sie könnten sich nicht-euklidische („gekrümmte") Räume anschaulich vorstellen? Es wäre doch denkbar, daß wir oder wenigstens unsere Kinder eines Tages – z.B. nach gründlichem Schulunterricht – die Aussagen von Relativitäts- und Quantentheorie wenigstens so anschaulich finden wie die Kugelgestalt der Erde. Bedeutet „anschaulich" so viel wie „gewohnt, vertraut, eingeübt, traditionell, klassisch"?

Vielleicht muß man uns die Struktur und die Paradoxien der modernen Physik nur oft und eindringlich genug vorführen, so daß sie zuletzt doch Anschaulichkeit für uns gewinnen. Fehlt es uns also nur an Geduld oder Sachverstand, wenn wir uns bestimmte Strukturen nicht vorstellen können? Und würde das bedeuten, daß man sich im Prinzip alles anschaulich machen könnte, wenn man nur eine hinreichend lange Gewöhnungsphase voraussetzt? Nach Hiller z.B.

> ... empfand der Physiker immer das als anschaulich, was er von der vorhergehenden Physikergeneration als gesicherte Erkenntnis übernommen hatte.[2]

Gegen diese Auffassung von Anschaulichkeit sprechen allerdings mehrere Gründe. Erstens ließe sich danach in jedem unanschaulichen Einzelfalle behaupten, die Gewöhnungszeit habe eben noch nicht ausgereicht; d.h. diese Explikation wäre gegenüber Gegenbeispielen immun und somit unzweckmäßig. Zweitens ließe sich dabei gar nicht mehr unterscheiden zwischen ontogenetischer Gewöhnung und phylogenetischer Anpassung; denn „lange genug" könnte ja auch heißen „nach hinreichend vielen Generationen oder gar Jahrmillionen". Die Unterscheidung zwischen individuell erworbenem Vorstellungsvermögen und genetisch bedingten Strukturen ist aber gerade im Rahmen einer evolutionären Auffassung der Erkenntnisfähigkeit wesentlich. Drittens scheint die Gewöhnung durchaus nicht für die Vorstellbarkeit nicht-euklidischer oder höherdimensionaler Räume auszureichen, obwohl doch Tausende von Mathematikern und Physikern laufend und intensiv damit rechnen. (Die gegenteiligen Behauptungen von Helmholtz, Poincaré, Reichenbach, Carnap u.a. erklären sich aus deren Definition von Anschaulichkeit, die wir in 5 kritisieren werden.) Viertens scheint eher die Darstellung angebracht, daß wir uns *an den Umgang mit Kalkülen gewöhnen* (d.h. an arithmetische Algorithmen, Geometrien, Logiksysteme, experimentelle Verfahren), welche die intuitive Vorstellbarkeit aber gerade nicht bieten, sondern *ersetzen,* indem sie die Sicherung und Überprüfung von Aussagen auf einem von der Anschauung unabhängigen Wege ermöglichen.

3 Mesokosmische Strukturen sind anschaulich.

Wenn Anschaulichkeit nicht nur eine Frage der Gewöhnung ist, ist es vielleicht gerade umgekehrt so, daß uns nicht einmal die Kugelgestalt der Erde wirklich anschaulich werden kann, weil in der alltäglichen Erfahrung (Blick aus dem Fenster) die Erde fest und eben ist und weil die Richtung von oben nach unten durch die Schwerkraft fühlbar ausgezeichnet ist? Ist Anschaulichkeit etwa auf alltägliche Erfahrbarkeit beschränkt?

Den Bereich der Welt, den wir naiv (vorwissenschaftlich) erleben und erfahren, nennen wir „Mesokosmos". Er ist, grob gesagt, eine Welt der mittleren Dimensionen.[3] Er entspricht der „Umwelt" des Menschen im Uexküllschen Sinne, die sich aus „Merkwelt" – dem Bereich der erfahrbaren Objekte – und „Wirkwelt" – dem Bereich der handhabbaren und beeinflußbaren Objekte – zusammensetzt. Die Definition bezieht den Mesokosmos also explizit auf den Menschen; er ist durchaus anthropozentrisch und deshalb nicht identisch mit dem Makrokosmos, der unabhängig vom Menschen definiert werden kann. Die Definition bedarf deshalb noch einiger Präzisierungen.

Zunächst beschränkt sich der „Mitte"-Charakter des Mesokosmos nicht auf räumliche Abmessungen. Er ist nicht einfach eine „Meterwelt", sondern bezieht andere physikalische Größen ein: Zeit, Geschwindigkeiten, Beschleunigungen, Massen, Temperaturen. Er reicht von Millimetern zu Kilometern, von Sekunden zu Jahren, von Geschwindigkeit Null zu einigen Metern pro Sekunde, von gleichförmiger Bewegung (Beschleunigung Null) zur Erdbeschleunigung ($g \approx 10 m/s^2$, entspricht etwa Sprinterbeschleunigung), von Gramm zu Tonnen, vom Gefrier- zum Siedepunkt des Wassers.[4]

Andererseits umfaßt der Mesokosmos gar nicht alle makroskopischen Strukturen: Elektrische und magnetische Felder können durchaus makroskopische Abmessungen haben (wie z.B. das Magnetfeld der Erde), gehören aber nicht zur wahrnehmbaren Umwelt des Menschen (wohl aber einiger Tiere). Auch Radiowellen liegen zwar im makroskopischen, nicht aber im mesokosmischen Bereich, da sie der Sinneserfahrung unzugänglich sind. Das gleiche gilt für das hochgiftige Kohlenmonoxid; denn keines unserer Sinnesorgane spricht darauf an. Ferner lassen sich die Grenzen des Mesokosmos nicht genau (etwa auf einige Prozent), sondern nur größenordnungsmäßig (bis auf Faktoren um 5) angeben. Denn sie können individuell verschieden sein und sich durch Aufmerksamkeit, Erfahrung und Training verändern: Piloten und Astronauten sehen und erleben gelegentlich die Kugelgestalt der Erde; Eskimos unterscheiden und benennen mehr als dreißig Schneesorten; Tabaksortiererinnen lernen zahlreiche Tabakfarben zuverlässig einzuordnen, die uns ununterscheidbar erscheinen. Freilich sind auch solchen Fähigkeiten natürliche Grenzen gesetzt.

Schließlich läßt sich zeigen, daß unsere Sinnesorgane, unser Wahrnehmungsvermögen, unsere Erfahrungsstrukturen, unsere Umgangssprache und unsere elementaren Schlußweisen an eben diesen Mesokosmos überraschend gut angepaßt sind; sie sind „umweltgerecht". Dieser Passungscharakter findet seine Erklärung durch die Evolutionäre Erkenntnistheorie. Danach ist der menschliche Erkenntnisapparat (Sinnesorgane, Zentralnervensystem, Gehirn usw.) ein Ergebnis der menschlichen Stammesgeschichte, also der biologischen Evolution. Die subjektiven Strukturen passen auf die Welt, weil nur eine solche Passung das Überleben ermöglicht und somit durch die Selektion begünstigt wird.[5] Der Mesokosmos ist also nicht einfach ein bestimmter Ausschnitt der wirklichen Welt, sondern er beeinflußt auch unsere Erkenntnisfähigkeit und hat sie in Jahrmillionen selektiv geprägt, so daß sie eine hinreichend korrekte Rekonstruktion der Umweltgegebenheiten liefert.

Die Evolutionäre Erkenntnistheorie läßt uns aber nicht nur die Leistungen unserer Anschauungs- und Erkenntnisstrukturen verstehen, sondern verweist auch auf ihre Beschränkungen. Strukturen der realen Welt, die im Daseinskampf keine oder nur eine unwesentliche Rolle spielen, also nicht überlebensrelevant sind, werden auch nicht bewältigt. Ungewöhnliche Umstände (besondere Dichteverhältnisse der Luft, künstliches Licht, raffinierte Zeichnungen) (ver)führen den Wahrnehmungsapparat deshalb leicht zu Fehlleistungen (Fata Morgana, Farbentäuschungen, unmögliche Figuren). So ist auch unser Anschauungsvermögen auf Alltagsstrukturen geeicht: *Mesokosmische Strukturen sind anschaulich*. Aber wir können nicht sicher sein, daß es auch außerhalb des Mesokosmos noch zuverlässig arbeitet.

Sind etwa *nur* mesokosmische Strukturen anschaulich? Oder reicht der Bereich der Anschauung doch weiter als zum alltäglich Erfahrbaren?

4 Methoden der Veranschaulichung (Erläuterung)

Um herauszufinden, was Anschaulichkeit ist, werden wir zunächst einmal klären, auf welche Weise man etwas anschaulich machen kann oder zu machen versucht: durch Schilderung, Beispiele, Kontrastbildung, Gedankenexperimente, Analogien, Modellbildung, Projektion auf die Erfahrungsebene oder Transformation auf die Welt der mittleren Dimensionen. Diese Methoden sind natürlich nicht unabhängig voneinander, sondern können in vielfacher Kombination auftreten. Wir werden deshalb zunächst gar nicht von Veranschaulichung, sondern allgemeiner von Methoden der Erläuterung sprechen. Gleichzeitig werden wir jedoch auch prüfen, inwieweit diese Methoden tatsächlich der Veranschaulichung dienen.

Wir haben damit ein Beispiel für das Wechselspiel zwischen deskriptiver, explikativer und normativer Funktion einer solchen Untersuchung: Wir fragen uns, was gemeinhin als Veranschaulichung gilt, versuchen, daraus eine Explikation des Begriffs „anschaulich" zu gewinnen, und sind dann – mit dieser Präzisierung in Händen – in der Lage, die verschiedenen Auffassungen von Anschaulichkeit zu kritisieren.

Bei unserer Betrachtung beschränken wir uns auf die Veranschaulichung von Sachverhalten bzw. von Aussagen. Für unanschauliche Begriffe gelten die folgenden Betrachtungen ganz analog. Es wäre jedoch etwas mühsam, alle Sätze für Aussagen *und* für Begriffe zu formulieren. Außerdem überträgt sich die Anschaulichkeit von Begriffen [häufig] auf die mit ihnen gebildeten Sätze, und umgekehrt dient die Veranschaulichung von Sätzen der Veranschaulichung der darin vorkommenden Begriffe. Meistens verwenden wir sogar den neutralen Begriff „Struktur".

a) Man versucht, die erlebten Eindrücke beim Gegenüber zu wecken.

Diese Auffassung setzt voraus, daß ein anschauliches Erlebnis vorausgeht. Danach wäre aber keine physikalische Theorie, ja überhaupt keine Theorie anschaulich. Theorien versuchen ja gerade, von der Vielfalt erlebbarer Eindrücke abzusehen.[6] Daraus erklärt sich auch der zu Beginn zitierte Vorwurf gegen die moderne Physik. Das Problem der Anschaulichkeit liegt eben nicht in der getreuen Wiedergabe anschaulicher Strukturen, sondern in der Aufgabe, unanschauliche Strukturen – z.B. Atome – anschaulich zu machen. Im folgenden werden wir deshalb nur noch solche Methoden betrachten, die diesem Zweck dienen (könnten).

b) Man gibt ein Beispiel.

Diese Methode, die Konkretisierung, ist zweifellos und mit Recht die meistgebrauchte Form der Erläuterung. An Beispielen („Paradigmen“) werden Sprachen erlernt, mathematische Methoden durchschaut, Kalküle eingeführt, Techniken entwickelt, Fertigkeiten erworben, allgemeine Sachverhalte erfaßt usw.

Obwohl Beispiele für das Verständnis wertvoll sind (und deshalb eine große didaktische Rolle spielen), sind sie doch nicht in jedem Falle geeignet, einen Sachverhalt anschaulich zu machen. Ihr Wert liegt vielmehr darin, daß sie eine *Induktionsbasis* bereitstellen, von der aus der abstrakte Gehalt einer Idee, einer Aussage, einer Definition, einer Theorie erfaßt, sozusagen mit Leben, mit Fleisch und Blut, erfüllt werden kann. Man wird sich deshalb bemühen, die Beispiele selbst aus einem Bereich zu wählen, der schon bekannt ist, so daß man *das Neue an Bekanntem erläutern* kann. So erläutert der Mathematiker die Gruppenaxiome am Beispiel der ganzen (oder rationalen oder reellen) Zahlen, an Drehungen, Spiegelungen oder Permutationen.

c) Man gibt an, was nicht gemeint ist.

Die Verwendung von Kontrasten macht Erläuterungen plastisch, sie gibt den fraglichen Strukturen „Profil“ durch Abheben vom Hintergrund, durch Abgrenzung (de-finitio). Das multiple choice-Verfahren bei Lernkontrollen nützt diesen didaktischen Vorteil, weil es Einsicht darüber verlangt und fördert, was der Fall ist und was *nicht* der Fall ist.[7]

Der Mathematiker wird bei der Einführung des Gruppenbegriffs betonen, daß die natürlichen Zahlen (1, 2, 3, . . .) bezüglich der Addition *keine* Gruppe bilden (weil es kein inverses Element gibt). Ähnlich dienen die Konkurrenztheorien zur Allgemeinen Relativitätstheorie

(ART) oft nur als Folien, auf deren Hintergrund Testmöglichkeiten für die ART erarbeitet werden nach dem Grundsatz: An welcher Stelle wäre überhaupt eine Abweichung und somit eine Widerlegung möglich?[8] Dieses Verfahren der Kontrastbildung ist zwar sehr hilfreich (und wird viel zu wenig genützt); es führt aber nicht notwendig zur Anschaulichkeit. Der nicht-euklidische Raum wird – wenn überhaupt – nicht dadurch anschaulich, daß man betont, er sei eben *nicht* euklidisch, und auch nicht durch die Angabe, das Parallelenaxiom gelte hier nicht mehr.

d) Man schildert Gedankenexperimente.

Ihre Aufgabe ist es, wesentliche Elemente und Konsequenzen einer Theorie klarzumachen. Charakteristisch sind ihre Einfachheit (Absehen von allem Verzichtbaren) und damit zusammenhängend ihre Beschränkung auf eine einzige Theorie.

Berühmte Beispiele sind
Galileis Fallversuch mit einem durchschnittenen Körper (Unabhängigkeit der Fallbeschleunigung von der Masse des Körpers);
Newtons Eimerversuch (zum Nachweis absoluter Rotation);
die Siriusreise des Zwillingsbruders (zur Erläuterung der Zeitdilatation);
der Einstein-Aufzug (zur Erläuterung der Äquivalenz von Beschleunigung und Gravitation);
das Doppelspaltexperiment der Quantentheorie (zur Erläuterung des Wellencharakters von Teilchen).

Hauptaufgabe von Gedankenexperimenten ist jedoch gar nicht die Veranschaulichung, sondern die *Fallstudie.* Sie dienen oft dazu, Widersprüche aufzuzeigen. Dabei werden nicht Erfahrungen erklärt, sondern erst konstruiert, erst als möglich (oder unmöglich) dargestellt oder erkannt.[9] Das Gedankenexperiment steht somit zwischen dem Beispiel (b), dem Modell (f) und der Transformation auf mittlere Dimensionen (h).

e) Man gibt eine Analogie.

Eine Analogie ist ein Vergleich, eine Parallele, eine Art Proportionalität (der lateinische Ausdruck für ἀναλογία ist proportio!) oder Dreisatz. Bei der Erläuterung durch Analogie wird die Vertrautheit mit einem anderen Begriff, Sachverhalt oder Wissensgebiet vorausgesetzt. Die allgemeine Form der Analogie zu Erläuterung der Aussage x ist deshalb:

Wie im Gebiet A die Aussage a gilt,
so im Gebiet B die Aussage x.

So benutzen wir zur Erläuterung nicht-euklidischer *drei*dimensionaler Geometrien als *zwei*dimensionale Analogien die Oberfläche eines

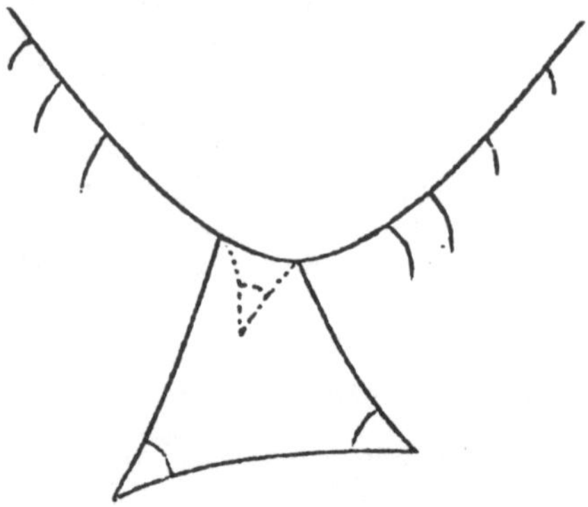

Abb. 2: Ein Dreieck auf einer (hyperbolischen) Sattelfläche

Eies, eines Sattels oder eines Schlauches. Die typische Erläuterung lautet dann (vgl. Abb. 2): Wie auf der (zweidimensionalen) Sattelfläche die Winkelsumme im Dreieck kleiner ist als 180°, so ist sie auch in einem hyperbolischen (dreidimensionalen) Raum kleiner als 180°. Oder: Wie die Kugeloberfläche als zweidimensionales Gebilde geschlossen ist und deshalb endlichen Inhalt ($F = 4\pi r^2$), aber keine Begrenzung (keinen Rand) hat, so kann auch ein dreidimensionaler Riemannscher Raum geschlossen und endlich ($V = 2\pi^2 R^3$ für konstanten positiven Krümmungsradius R), aber unbegrenzt (randlos) sein.

Analogien sind also für das Verständnis abstrakter Aussagen sehr nützlich. Ihr Nutzen beruht aber darauf, daß sie die fragliche Struktur (B) *ersetzen* durch eine vertraute Struktur (A), deren Eigenschaften schon bekannt oder feststellbar sind. Dadurch ist jedoch die Anschaulichkeit von x keineswegs gesichert. Die formale Übereinstimmung garantiert nicht die Übertragbarkeit der intuitiven Einsicht von a auf x. Daß eine solche Einsicht für a überhaupt vorliegt, muß nicht einmal vorausgesetzt werden: Vertrautheit mit gewissen Strukturen, z.B. mit Kalkülen, macht sie nicht notwendig anschaulich (vgl. 10d).

f) Man bildet ein Modell.

Was ein Modell mit dem Original verbindet, ist ihre Strukturgleichheit. Das eigentlich „Modellhafte“ ist also die Isomorphie zwischen „wahrem“ Objekt und Modell. Isomorphe Gebilde haben zwar verschiedene Bestandteile, aber gleiche Struktur. Diese Isomorphie braucht jedoch nicht vollständig zu sein. Normalerweise ist die Struktur der Modelle einfacher als die ursprüngliche Struktur. Man sucht Wesentliches, Relevantes, Grundzüge, Invarianten zu erfassen und sieht dabei von Einzelheiten, Feinheiten, Unregelmäßigkeiten, Störfaktoren ab. Die Forderung der Einfachheit führt dazu, daß die Modelle der Physik oft mechanische Modelle sind. Die Mechanik der starren Körper ist eben gleichzeitig die Mechanik wesentlicher Teile der uns umgebenden Umwelt, des Mesokosmos. Da wir mit dieser Welt vertraut sind, erscheint sie uns am anschaulichsten. So kann man die Eigenschaften eines elektrischen Schwingkreises an denen eines schwingenden Pendels erläutern. Die den beiden Systemen gemeinsame *Struktur* wird dabei durch ein und dieselbe Differentialgleichung beschrieben.

Da die Strukturgleichheit meistens nur partiell ist, lassen sich an Modellen auch nur Teilaspekte veranschaulichen. Es ist deshalb wichtig, die Anwendbarkeitsgrenzen eines Modells zu kennen. Auch schließt die Anschaulichkeit eines Modells keineswegs die Anschaulichkeit des Urbildes ein. So weist zwar die Notenschrift eine partielle Isomorphie zum Musikstück auf. Eine solche Partitur könnte aber theoretisch auch Ultraschall-Noten enthalten; die zugehörige Musik kann man sich dann nicht vorstellen. Ähnlich wäre es mit der Farbbeschreibung eines Bildes, die Infrarot und Ultraviolett einschließt. Ein tauber Mensch gar kann sich die zur Partitur gehörende Musik überhaupt nicht vorstellen; trotzdem könnte er im Prinzip ein tiefes Buch über die Kunst der Fuge schreiben.[10] Modelle dienen dem Verständnis, müssen aber weder selbst anschaulich *sein* noch die dargestellten Systeme anschaulich *machen*.

Für die Metamathematik fällt übrigens der Begriff des Modells häufig mit dem des Beispiels zusammen: Die in b genannten Beispiele für Gruppen waren immer auch Modelle der Gruppentheorie im modelltheoretischen Sinne.

g) Projektion auf die Erfahrungsebene

Bei dieser Art von Erläuterung schildert man die Beobachtungen, Erlebnisse und Erfahrungen, die man in einer Welt hätte, in der die fragliche Struktur existiert oder die betreffenden Gesetze gelten. So meint Helmholtz:

> Unter dem viel gemißbrauchten Ausdrucke „sich vorstellen“ oder „sich denken können, wie etwas geschieht“ verstehe ich . . ., daß man sich die Reihe der sinnlichen Eindrücke ausmalen könne, die man haben würde, wenn so etwas in einem einzelnen Falle vor sich ginge.[11]

Dabei spielt es offenbar nur eine untergeordnete Rolle, ob diese Erfahrungen tatsächlich gemacht wurden oder nur grundsätzlich gemacht werden könnten; entscheidend ist, daß sie *möglich* und deshalb vorstellbar sind.

In Abbildung 3 ist beispielsweise der unanschauliche vierdimensionale „Hyperwürfel" auf die uns vertraute Papierebene projiziert. Wir können uns danach sogar die dreidimensionale Projektion des Hyperwürfels (z.B. als Drahtgebilde) vorstellen: zwei ineinanderstekkende Würfel mit paarweise schräg verbundenen Ecken. Helmholtz hat, wie das Zitat zeigt, dieses Projektionsverfahren zur Definition der Anschaulichkeit benützt. Da es nun tatsächlich möglich ist, sich die Erfahrungen auszumalen, die man in einem nicht-euklidischen (z.B.

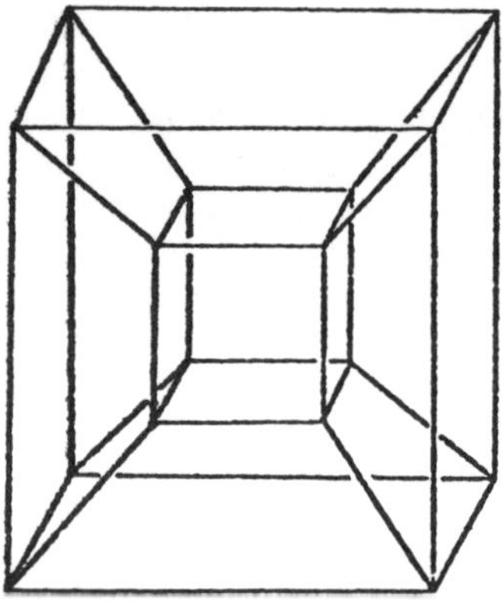

Abb. 3: Der Hyperwürfel

einem hyperbolischen) Raume hätte, schließt Helmholtz aufgrund seiner Definition, daß nicht-euklidische Räume anschaulich vorstellbar seien. Wir werden die Bedeutung und die Angemessenheit dieser Definition in 5 untersuchen.

h) Transformation auf den Bereich der mittleren Dimensionen

Um sich den Aufbau des Planetensystems (verkleinernd) zu veranschaulichen, baut man Planetarien mit einem Durchmesser von etwa einem Meter. Umgekehrt (vergrößernd) stellt man Atome als farbige Holzkugeln dar, so daß man Molekülmodelle in anschaulicher Größe bauen kann. Man transformiert also die riesigen Entfernungen der Astronomie (der mittlere Abstand Sonne-Erde beträgt 150 000 000 km ≈ 8 Lichtminuten) oder die winzigen Entfernungen der Atomphysik (der Durchmesser eines Wasserstoffatoms beträgt 0,000 000 01 cm = 1 Ångström) auf „Alltagsentfernungen", die den Dingen unserer Erfahrungswelt entsprechen. Dabei wird lediglich eine Maßstabstransformation vorgenommen, d.h. die einschlägige Länge (astronomische Einheit bzw. Bohrscher Radius) wird mit einem bestimmten

Faktor multipliziert, und alle linearen Abmessungen des Systems werden in diesem festen Maßstab verkleinert oder vergrößert. Ähnlich kann man auch die mechanischen Atommodelle von Rutherford oder Bohr auf mittlere Dimensionen transformieren, und es ist kein Zufall, daß gerade das Bohrsche Atommodell besonders häufig mit einem Planetensystem im kleinen verglichen wurde. So können wir definieren:

Eine Struktur heißt *anschaulich* (oder *vorstellbar*) genau dann, wenn es möglich ist, sie durch eine reguläre Transformation einer oder mehrerer ihrer Grundparameter in eine Struktur der mittleren Dimensionen (des Mesokosmos) zu verwandeln.

Daß die Transformation regulär sein muß, soll in diesem Zusammenhang bedeuten, daß der Transformations-Faktor weder Null noch Unendlich sein darf; denn sonst könnte man ja z.B. Längen auf Null oder auf Unendlich transformieren, während die Anschaulichkeit unter Umständen gerade auf der *Endlichkeit* gewisser Strukturen beruht. Erlaubt (regulär) sind also nur Multiplikationen mit positiven, endlichen, reellen Zahlen. Eine weitere Einschränkung besteht darin, daß es sich nicht um ganzzahlige Größen – z.B. Dimensions- oder Quantenzahlen – handeln darf. Der Übergang von einem vierdimensionalen Raum oder von einem Viereck zu einem Dreieck ist deshalb keine „reguläre“ Transformation. Ein Würfel ist also kein anschauliches Modell für einen Hyperwürfel, sondern höchstens eine Analogie.

Die Transformation braucht sich jedoch nicht auf räumliche Abmessungen zu beschränken, sondern kann auch andere Dimensionen und sogar Naturkonstanten betreffen. So können wir versuchsweise in der Speziellen Relativitätstheorie die Lichtgeschwindigkeit, in der Allgemeinen Relativitätstheorie die Beschleunigungen, in der Mikrophysik das Plancksche Wirkungsquantum oder die Elementarlänge, in der Kosmologie das Weltalter transformieren und prüfen, ob die entstehenden Strukturen anschaulich werden.

Der Mesokosmos stellt nach 3 genau den Ausschnitt der wirklichen Welt dar, an den sich der Mensch als biologische Art im Laufe seiner stammesgeschichtlichen Entwicklung angepaßt hat und den er wahrnehmend und handelnd bewältigt. Für die angegebene Definition spielt es dabei keine Rolle, ob und wie wir die *genauen* Grenzen dieses Ausschnitts festlegen; denn der Transformationsfaktor kann ja jederzeit noch etwas größer oder kleiner gewählt werden.

5 Was heißt „anschaulich“?

Nachdem wir einige Methoden der Erläuterung durchmustert haben, wollen wir nun prüfen, was wir daraus für den Begriff der Anschaulichkeit gewinnen können. Für die Methoden a bis d (getreue Schilderung, Beispiele, Kontrastbildung, Gedankenexperiment) haben wir bereits erkannt, daß sie in erster Linie anderen Zielen dienen (der Wiedergabe, als Induktionsbasis, zur Abgrenzung und als Fallstudie) und erst in zweiter Linie – sozusagen nebenbei – der Veranschaulichung. Wir können also eine Struktur nicht schon dann als anschaulich bezeichnen, wenn sich dafür konkrete Beispiele, Gegenbeispiele oder Gedankenexperimente angeben lassen.

Ein ähnlicher Einwand traf die Analogie und die Modellbildung (e, f): Die Isomorphie zwischen Originalstruktur S und Analogie bzw. Modell sichert die Anschaulichkeit von S ja nicht einmal dann, wenn letztere selbst anschaulich sein sollten (was gar nicht verlangt werden kann).

So hat es wenig Sinn, den Begriff der Oktave oder des Intervalls vom akustischen auf den optischen Bereich zu übertragen – obwohl es sich in beiden Fällen physikalisch um Wellenerscheinungen handelt –, weil wir akustisch etwa zehn Oktaven, optisch aber nur eine „Oktave" (Verdopplung der Frequenz) verarbeiten, und vor allem, weil zwei (hinreichend verschiedene) akustische Frequenzen, die gleichzeitig die Basilarmembran im Innenohr erregen, auch als verschiedene Töne, d.h. als *Intervall*, wahrgenommen werden, während zwei sichtbare Wellenlängen, die gleichzeitig dieselbe Stelle der Netzhaut treffen, im Subjekt nicht den Eindruck verschiedener Farben, sondern den einer einheitlichen dritten Farbe hervorrufen. Trotz der partiellen Isomorphie ist also der durchaus anschauliche Intervallbegriff nicht von akustischen auf optische Phänomene übertragbar.

Hinzu kommt, daß die erwähnte Isomorphie ja meistens nur partiell ist, so daß höchstens Teilaspekte der Struktur S veranschaulicht werden. Wir können aber nicht behaupten, wir hätten eine anschauliche Vorstellung vom Atom, wenn das Bohrsche Atommodell doch nur einige Eigenschaften von Atomen richtig wiedergibt, andere aber gar nicht oder sogar falsch.

Diese Einschränkungen schließen selbstverständlich nicht aus, daß Beispiele, Kontraste, Gedankenexperimente, vor allem aber Analogien oder Modelle in vielen Fällen tatsächlich der Veranschaulichung dienen. Aber zur Definition der Anschaulichkeit sind diese Verfahren nicht geeignet, weil sie dazu zu weit oder zu eng (oder beides) sind: Es gibt auch unanschauliche Strukturen, die mit Modellbildung nichts zu tun haben. Somit bleiben uns neben der naiven Auffassung aus 3 (Anschaulichkeit als Erlebbarkeit) nur die Definitionen aus g und h als mögliche Explikationen. Stellen wir diese drei Auffassungen noch einmal nach dem Umfang der durch sie definierten Strukturklassen zusammen, so erhalten wir folgende Liste von Alternativen:

Eine Struktur ist anschaulich genau dann, wenn
1 sie alltäglich erlebt wird, also eine mesokosmische Struktur ist (Erlebbarkeit);
2 man sie in eine Struktur der mittleren Dimensionen (des Mesokosmos) transformieren kann (Transformierbarkeit);
3 man sich die Erfahrungen vorstellen kann, die man mit (in) dieser Struktur machen würde (Projizierbarkeit).

Hier schließt jede Strukturklasse die vorhergehende ein, d.h. die erste Definition ist die engste, die dritte die weiteste. Welche dieser drei möglichen und prinzipiell vertretbaren Explikationen wollen wir übernehmen?

Explikationen haben die Form von Definitionen – und Definitionen können nicht falsch oder richtig sein. Niemand kann gezwungen werden, eine bestimmte Explikation anzunehmen oder zu verwerfen. Es gibt aber Kriterien für die *Adäquatheit* einer Explikation.[12] Danach soll das Explikat präzise und fruchtbar und vor allem dem Explikandum ähnlich sein. Die *Ähnlichkeit* ist allerdings – so wenig wie die Adäquatheit – nicht genau überprüfbar, weil das Explikandum ja selbst nicht präzise vorliegt. Zur Ähnlichkeit gehört aber mindestens, daß die Explikation nicht zu eng und auf keinen Fall zu weit sein darf. In unserem Falle heißt das, daß etwas intuitiv Anschauliches auch durch die Definition zugelassen, etwas, was als unanschaulich gilt, durch sie ausgeschlossen werden sollte. Mit diesem Kriterium können wir die vorgeschlagenen Definitionen überprüfen.

Danach ist die erste Definition (anschaulich ≙ mesokosmisch) *zu eng*. Nach ihr müßten nämlich die Eigendrehung und die Bahnbewegung der Erde für alle Menschen unanschaulich sein, und die Kugelgestalt der Erde wäre bestenfalls Astronauten anschaulich. Weder das Planetensystem noch das Bohrsche Atom, weder ein 200 Jahre alter Mann noch eine drei Meter große Frau wären vorstellbar. Alle diese Strukturen gelten aber im allgemeinen als anschaulich. Es scheint, als würde bei dieser Definition „unanschaulich“ verwechselt mit „unglaublich“.

> Daß wir nicht aufrechten Hauptes auf einer Scheibe gehen, sondern mit unseren Füßen an einer Kugel hängen, die durch den Weltraum rast, fällt uns vielleicht schwer zu glauben, aber nicht anschaulich vorzustellen. Es widerspricht der alltäglichen Anschauung, aber nicht unserem Vorstellungsvermögen schlechthin.[13]

Der Bereich des Anschaulichen reicht danach doch weiter als der Mesokosmos (vgl. die Frage am Ende von 3).

Während wir Definition 1 (nur mesokosmische Strukturen sind anschaulich) für zu eng halten, erscheint uns Definition 3 (anschaulich ≙ projizierbar) *zu weit*. Allerdings hat nicht nur Helmholtz diese Definition gegeben; auch andere Denker wie Poincaré oder Reichenbach haben sie übernommen.[14]

Welche Strukturen aber wären nach diesem Kriterium eigentlich noch unanschaulich? Doch eigentlich nur solche aus den formalen Wissenschaften, also z.B. aus der Mathematik. Von empirisch-wissenschaftlichen Theorien wird dagegen gerade verlangt, daß sie in irgendeiner Weise mit der Erfahrung verknüpft seien. Wenn es solche Verknüpfungen überhaupt gibt, dann kann man sich natürlich auch die Erfahrungen ausmalen, die man in einer Welt machen würde, in der diese Theorie richtig ist.

Danach wären also alle Theorien anschaulich, die irgendwelche empirisch prüfbaren Konsequenzen haben, und somit auch die in diesen Theorien behandelten Strukturen. Tatsächlich meint Frank, „daß die Anschaulichkeit der Quantenmechanik wie die der Relativitätstheorie in keiner Weise hinter der der alten physikalischen Theorien zurücksteht"[15]. Eine Definition aber, die nicht wenigstens gewisse Fälle ausschließt, d.h. die Menge der einschlägigen Objekte nicht in zwei *nichtleere* Klassen einteilt, ist überflüssig – jedenfalls bringt sie nichts Neues. (Einen ähnlichen Einwand hatten wir auch in 2 gegen die Auffassung geltend gemacht, Anschaulichkeit sei lediglich eine Frage der Gewöhnung.) Daß diese Folgerung aus der Definition 3 weder von Helmholtz noch von Poincaré oder Reichenbach intendiert war, geht daraus hervor, daß sie selbst doch gewisse Strukturen als absolut unanschaulich bezeichnen. Allerdings – und hierin zeigt sich eine weitere Schwäche ihrer Definition – kommen sie hierbei offenbar zu verschiedenen Ergebnissen, d.h. sie lassen die Vorstellbarkeit an verschiedenen Stellen enden:

> So befinden wir uns schon wegen unserer körperlichen Organisation in der absoluten Unmöglichkeit, uns eine Anschauungsweise einer vierten Dimension vorzustellen. (Helmholtz[16])
>
> Man bemüht sich vergeblich, den drei Dimensionen des Raumes eine vierte Dimension anschaulich hinzuzufügen. (Reichenbach[17])
>
> Wenn jemand seine Existenz dieser Sache widmen wollte, so könnte er sogar dahin gelangen, sich die vierte Dimension vorzustellen . . . Es würde nicht möglich sein, sich in dieser Weise den Hilbertschen Raum vorzustellen . . . er unterscheidet sich zu wesentlich von unserem gewöhnlichen Raum. (Poincaré[18])

Aber auch andere Wissenschaftler bezweifeln, daß wir uns vierdimensionale Räume oder Objekte vorstellen könnten (z.B. Einstein[19]). Ein dritter Einwand gegen die Helmholtzsche Interpretation (anschaulich $\hat{=}$ projizierbar) ist die Tatsache, daß die fragliche Struktur (z.B. ein vierdimensionaler Würfel) erst projiziert werden muß, damit sie erfahrbar wird. Offenbar besteht also gerade zwischen dem eigentlichen Objekt und seiner Projektion ein wesentlicher Unterschied, und eben darin liegt möglicherweise die Differenz zwischen „anschaulich“ und „unanschaulich“. Wenn ein Objekt erst projiziert werden muß, um erlebbar und damit anschaulich zu werden, mit welchem Recht nennen wir dann schon das Original anschaulich? Beweist nicht gerade die Notwendigkeit der Projektion den unanschaulichen Charakter des Objekts?

Zusammenfassend stellen wir fest, daß die von Helmholtz gegebene und von anderen übernommene Explikation des Begriffs „anschaulich“ nicht adäquat ist. Sie ist zu weit – denn sie schließt keine erfahrungswissenschaftliche Struktur aus; sie ist nicht präzise – denn ihre Vertreter wollen doch gewisse Strukturen als unanschaulich ausschließen, kommen aber dabei zu verschiedenen Ergebnissen; und sie ist nicht fruchtbar – denn sie unterschlägt den unter Umständen entscheidenden Unterschied zwischen Objekt und Projektion. Wir entscheiden uns also für Definition 2 und benützen diese im folgenden als Explikation. Danach ist eine Struktur anschaulich genau dann, wenn sie *regulär in eine mesokosmische Struktur transformiert werden kann*. Insbesondere sind alle mesokosmischen Strukturen selbst anschaulich (identische Abbildung als Transformation).

Der Begriff der Transformierbarkeit ist einerseits *weiter als der geometrische Ähnlichkeitsbegriff*.

Er beschränkt sich nämlich nicht auf räumliche Abmessungen, und unter Umständen können auch verschiedenartige (insbesondere geometrisch unähnliche) Dreiecke ineinander transformierbar sein, z.B. wenn der Winkel zwischen zwei vorgegebenen Dreiecksseiten als „Grundparameter“ eingeführt wird. Spezielle Winkel (0°, 90°, 180°. . . .) müssen dabei je nach Problemlage wegen ihrer singulären Eigenschaften ($\sin 0^\circ = \cos 90^\circ = \sin 180^\circ = 0$ usw.) ausgeschlossen werden.

Er ist andererseits *enger als der Isomorphiebegriff*, der z.B. für Modelle maßgebend ist. Anschaulichkeit erfordert nämlich nicht nur Strukturgleichheit, sondern darüber hinaus die Identität der physikalischen Qualitäten.

Beispiel: Ein Pendel ist ein ausgezeichnetes *Modell* für einen elektrischen Schwingkreis (vgl. 4f.), nicht aber eine echte Veranschaulichung im oben präzisierten Sinne, da die physikalischen Größen nicht dieselben sind: Die Stromstärke wird im mechanischen Modell durch den Pendelausschlag ersetzt, die Selbstinduktion durch die Masse, der Ohmsche Widerstand durch die Reibung usw. Diese Ersetzungen erleichtern zwar das Verständnis, bedingen jedoch eine qualitative Differenz, die über eine Transformation von Parametern hinausgeht.

Der hier benützte Begriff der Transformierbarkeit ließe sich auf seine mathematischen Eigenschaften untersuchen. In den folgenden Abschnitten wenden wir uns jedoch nicht solchen formalen Fragen, sondern einigen Anwendungen unserer Explikation zu.

6 Kann die moderne Physik anschaulich sein?

Mit dieser Frage kehren wir sozusagen zum Ausgangspunkt zurück; denn unsere Diskussion hatte sich ja gerade an den Paradoxien der modernen Physik entzündet. Wir glauben aber, jetzt das geeignete Werkzeug für eine begründete Antwort zu besitzen, welche lautet: Nein, die moderne Physik kann nach unserer Definition nicht anschaulich sein! (Sie könnte es übrigens auch nicht nach Definition 1, wohl aber nach Definition 3.) Denn auch bei Transformation einer atomaren oder einer kosmischen Struktur (z.B. eines Atoms oder eines Neutronensterns) auf mittlere Dimensionen entsteht kein mesokosmisches Objekt. Descartes konnte 1644 schreiben:

> Kein vernünftiger Mensch wird bestreiten, daß es besser ist, nach dem Muster der in den großen Körpern durch unsere Sinne wahrgenommenen Vorgänge über die zu urteilen, die an den kleinen Körpern geschehen, aber wegen ihrer Kleinheit nicht wahrgenommen werden können, als zu ihrer Erklärung neue Dinge, ich weiß nicht welche, auszudenken, welche mit den wahrgenommenen keine Ähnlichkeit haben.[20]

Daß alles Nichtwahrgenommene dieselben Eigenschaften haben müsse wie die Objekte des Mesokosmos, war auch die Auffassung der klassischen Physik. Der heuristische Wert dieser Annahme kann gar nicht bezweifelt werden; es war aber eine Hypothese, und diese Hypothese ist widerlegt worden.[21] *Der Mikrokosmos ist kein verkleinerter Mesokosmos.* Dieser Satz ist eine Erkenntnis des 20. Jahrhunderts und wissenschaftlich beweisbar.

Er regt zu der weiteren Frage an: Ist die Makrowelt vielleicht umgekehrt eine vergrößerte Mikrowelt? Damit kann natürlich nur gemeint sein, ob die Gesetze der Mikrowelt im makroskopischen Bereich uneingeschränkt gelten oder nicht. (Denn feste Körper sind natürlich keine großen Atome oder Moleküle.)

Wir begnügen uns hier mit dem Hinweis, daß die Quantentheorie die umfassendere Theorie ist, welche die klassische Physik *erklärt* und gleichzeitig korrigiert.[22] Es gibt nicht zwei Welten mit verschiedenen Ontologien und verschiedenen Gesetzen, sondern nur *eine* Welt und *eine* korrekte Theorie. Zwar gilt die klassische Mechanik im wesentlichen nur in der Makrowelt, aber die Quantenmechanik gilt nicht nur in der Mikrowelt, sondern ihrem Anspruch nach universell (was die Möglichkeit oder Notwendigkeit einer noch besseren Theorie keineswegs ausschließt). Die Quantenmechanik erfaßt also nicht nur atomare und molekulare, sondern auch makrophysikalische Strukturen, und zwar nicht nur die, bei denen die klassische Physik versagt (Stabilität der Welt, spezifische Wärme bei tiefen Temperaturen, radioaktiver Zerfall, Supraleitung, Suprаflüssigkeit usw.), sondern auch jene, die normalerweise und mit Erfolg klassisch behandelt werden (z.B. freier Fall, Ladung im homogenen elektrischen Feld usw.).

Die Frage nach der Permanenz der Naturgesetze stellt sich analog für den Megakosmos. Ist er ein vergrößerter Mesokosmos, gelten also die in unserer unmittelbaren Umgebung geprüften Gesetzmäßigkeiten auch für den Kosmos als Ganzes? Diese Frage soll hier allerdings nicht diskutiert werden.

Der mesokosmische Charakter unserer Anschauung zeigt sich gerade darin, daß sie die Strukturen der realen Welt nur näherungsweise wiedergibt, etwa im Rahmen der klassischen Mechanik und der geometrischen Optik, die ja beide nur Näherungen, „Grenzfälle“ allgemeinerer Theorien darstellen. Es ist deshalb nicht nur unwahrscheinlich (March[2], S. 14), sondern unmöglich, daß die Physik jemals wieder zur Anschaulichkeit zurückfinden wird.[23]

Um an einem Beispiel zu zeigen, wie sich die Unanschaulichkeit einer physikalischen Struktur bemerkbar macht, wählen wir aus der Speziellen Relativitätstheorie (SRT) das Additionstheorem der Geschwindigkeiten: Bewegt sich ein Signalgeber (z.B. eine Kanone oder ein Scheinwerfer) gegenüber einem ruhenden Beobachter mit der Geschwindigkeit v_1 und hat das Signal für den Signalgeber in Bewegungsrichtung die Geschwindigkeit v_2, so mißt der Beobachter klassisch die Signalgeschwindigkeit $v = v_1 + v_2$, nach der SRT (und faktisch!) aber die Geschwindigkeit

$$v = \frac{v_1 + v_2}{1 + \frac{v_1 v_2}{c^2}} \qquad \text{(c ist die Lichtgeschwindigkeit} \approx 300\,000\,\frac{\text{km}}{\text{s}}.)$$

Kann man sich das vorstellen? Nein. Denn gerade durch die Transformation der einschlägigen Größen (Geschwindigkeiten v_1, v_2, c) auf mittlere Dimensionen (Lauf- oder Fahrtempo, Faktor ca. 10^{-8}) entstehen Folgerungen, die wir uns nicht anschaulich machen können: Ein Ball, von einem Spaziergänger ($v_1 = 1$ m/s) nach vorne geworfen ($v_2 = 3$ m/s), würde gegenüber einem ruhenden Beobachter nicht, wie man erwartet, die Geschwindigkeit v = 4 m/s zeigen, sondern auch nur die Geschwindigkeit v = 3 m/s, ein „unvorstellbares“ Ergebnis. Die Unanschaulichkeit der SRT beruht aber nicht auf der *Größe* der Lichtgeschwindigkeit – denn c ließ sich ja transformieren, ohne daß wir Anschaulichkeit erreicht hätten –, sondern auf ihrem *Grenzcharakter*: Die SRT baut auf der Tatsache auf, daß es eine größere Signalgeschwindigkeit als die Lichtgeschwindigkeit nicht gibt. Dieser Grenzcharakter wirkt sich mesokosmisch überhaupt nicht aus, da dort $v_i \ll c$, wofür die relativistische Formel in die klassische übergeht. So kommt es, daß wir uns zu jeder Geschwindigkeit auch noch eine größere vorstellen können, eine größte aber nicht. Und so kommt es auch, daß die klassische Physik zwar den Wert der Lichtgeschwindigkeit, nicht aber ihren Grenzcharakter kannte; sie hielt eine instantane Signalausbreitung (Fernwirkungen ohne Zeitverlust) für möglich.

Ähnliches gilt auch für andere Effekte der SRT (Längenverkürzung, Zeitdehnung, Zwillingsparadoxon usw.). Es gilt aber auch für andere Theorien: Die Unanschaulichkeit der Atomphysik beruht nicht auf der *Kleinheit* der Atome – die könnten wir uns vergrößert denken –, sondern auf der Fremdheit ihrer Struktur. Fremd ist dabei auch nicht die Kleinheit des Planckschen Wirkungsquantums h, sondern wieder sein *Grenzcharakter*: Kleinere Wirkungen oder Drehimpulse als h (= $6{,}6 \cdot 10^{27}$ erg s) bzw. genauer als $h/4\pi$ gibt es physikalisch nicht. Das Wirkungsquantum liefert gewissermaßen einen absoluten Maßstab von atomarer Größenordnung. Mesokosmische Wirkungen können dagegen immer halbiert werden.[24]

Wichtig und richtig ist allerdings folgender Gedanke: Wären c und h mittelgroß, hätten aber wieder Grenzcharakter, so würden wir die relativistischen und quantenphysikalischen Effekte auch mesokosmisch erleben. Menschen, die durch einen Wald gingen, würden (wie Licht an einem Gitter) an den Bäumen reflektiert, gestreut, gebrochen usw. Es ist freilich anzunehmen, daß Lebewesen in einer derart veränderten Welt dafür im Laufe der Evolution ein gewisses Anschauungsvermögen entwickelt hätten. Diese Anschauung würde von der unsrigen etwa so weit abweichen, wie die Quantenmechanik von der klassischen Mechanik. Daß Lebewesen in einer Welt mit wesentlich anderen Gesetzmäßigkeiten auch andere Anschauungs- und Wahrnehmungsformen entwickeln würden als wir (falls dort Leben überhaupt möglich wäre), wird vielfach betont und wohl nur von strengen Kantianern bestritten.

7 Ist die klassische Physik anschaulich?

Wären wir in 6 zu dem Ergebnis gekommen, daß die moderne Physik durchaus anschaulich sei oder wenigstens sein könnte und daß der Eindruck ihrer Unanschaulichkeit nur auf einem Mangel an Gewöhnung, Vertrautheit, Bemühung oder didaktischem Geschick der Theoretiker beruhe, dann wäre dieses Ergebnis natürlich erst recht auf die klassische Physik anwendbar gewesen. Da wir aber zugeben müssen, daß Relativitätstheorie, Quantentheorie, Elementarteilchenphysik, Quantenelektrodynamik, Kosmologie usw. aus inneren Gründen unanschaulich sind, stellt sich die Frage für die klassische Physik erneut.

Über die richtige Antwort herrscht noch weniger Einhelligkeit als hinsichtlich der modernen Physik. Wir werden zunächst die zugunsten der Anschaulichkeit vorgebrachten Argumente prüfen.

Das erste und am wenigsten differenzierte Argument, Anschaulichkeit sei nur eine Frage der Gewöhnung und die klassische oder „traditionelle" Physik sei eben Allgemeingut aller Physikstudenten, haben wir schon in 2 diskutiert. Hier wird jedenfalls der grundlegende Wandel übersehen, der sich beim Übergang von der klassischen zur modernen Physik vollzogen hat. Die klassische Physik heißt ja nicht deshalb „klassisch", weil ihre Entstehungszeit hinreichend weit zurückliegt und weil man den augenblicklichen Stand der Wissenschaft als „aktuell" dokumentieren müßte – diese Interpretation trifft höchstens auf die Verwendung des Wortes „modern" zu. Die Kluft zwischen den physikalischen Auffassungen vor und nach 1900 wird auch dann nicht geringer werden, wenn man mit „moderner Physik" eine andere, noch neuere Physik meinen wird. Die Kluft entstand vielmehr durch das Vordringen der Forschung in den Mikrokosmos und den Megakosmos und durch die Entdeckung grundlegend neuer Strukturen, an denen unser mesokosmisch entwickeltes Anschauungsvermögen eben versagt. Darüber wird uns auch die Gewöhnung nicht hinweghelfen. Allerdings wird der Verzicht auf Anschaulichkeit den Wissenschaftlern späterer Generationen nicht mehr so schwerfallen; d.h., sie werden sich wenigstens *an diesen Verzicht gewöhnen.*

Das zweite Argument behauptet, die klassische Physik sei mechanistisch und deshalb anschaulich. Tatsächlich wurde im 18. und 19. Jahrhundert vielfach die Forderung aufgestellt, alle physikalischen Erscheinungen müßten sich durch mechanische Modelle erklären und somit auch anschaulich verstehen lassen. Beide Hoffnungen haben sich jedoch längst als unerfüllbar erwiesen. Faßt man den Begriff „Mechanismus" *eng* als ein System von Massenpunkten in Wechselwirkung, so wird die „mechanistische" Auffassung bereits durch die Entwicklung der Kontinuumsmechanik widerlegt. Faßt man ihn *weit*, nämlich als ein durch die klassische Mechanik beschreibbares System, so haben die Maxwellsche Elektrodynamik als Feldtheorie und erst recht die Relativitätstheorien solche Hoffnungen zerstört. (Wollte man schließlich „mechanistisch" sehr tolerant mit „deterministisch" oder überhaupt mit „klassisch" gleichsetzen, so würde doch die Quantentheorie die Hoffnung auf eine universelle Mechanik zunichte machen.[25])

Die klassische Physik ist also gar nicht mechanisch oder mechanistisch (oder sie ist es nur aufgrund einer sehr willkürlichen und fragwürdigen Definition). Aber selbst wenn eine dieser Hoffnungen sich hätte erfüllen lassen, bliebe doch der Einwand, daß auch die klassische Mechanik nicht durchgehend anschaulich ist, worauf wir weiter unten zurückkommen werden.

Das wichtigste Argument für die Anschaulichkeit der klassischen Physik ist die Tatsache, daß diese Physik ja nun unsere makroskopische Welt beschreibt. Sie beschreibt sie so zuverlässig, daß wir Brücken immer noch gemäß der Newtonschen, nicht der Einsteinschen Theorie bauen und ein Versagen der Konstruktion nie darauf zurückführen, daß der Brückenbauer die falsche Gravitationstheorie zugrundegelegt hätte. Die Makrowelt ist aber auch die Welt unserer Anschauung – so können wir das Argument fortsetzen –, und zwar der stammesgeschichtlich gewordenen und individuell vervollkommneten Anschauung; und deshalb müsse zwangsläufig auch die Physik dieser Makrowelt anschaulich sein.

Auch dieses Argument ist nicht zwingend. Vor allem wird hier der Unterschied zwischen Makro- und Mesokosmos übersehen, auf den wir in 3 hingewiesen haben: Beispielsweise sind elektrische und magnetische Felder zwar (unter geeigneten Bedingungen) makroskopisch, aber nicht mesokosmisch, weil wir nicht über einen elektrischen oder magnetischen Sinn verfügen. Deshalb wird eine Theorie, die mesokosmische Phänomene *erklärt*, nicht ausschließlich auf mesokosmischen Strukturen und Begriffen aufbauen. Das zeigt sich schon an ganz elementaren Beispielen. Blitz und Donner sind zwar sehr gut wahrnehmbar, erklärt werden sie aber als Folgen einer elektrischen Entladung, die kein mesokosmisches Phänomen ist. Beim Licht sind weder Wellen- noch Teilchencharakter wahrnehmbar oder mesokosmisch, und doch sind Wellen- und Korpuskeltheorie des Lichts typische klassische Theorien.

Ferner enthält schon die Punktmechanik *Idealisierungen*, die in der physikalischen Wirklichkeit und erst recht im Mesokosmos gar nicht auftreten, z.B. „reibungsfreie Bewegung", „freier Fall", „absolutes Vakuum", „homogenes Gravitationsfeld", „Punktmasse". Eine Punktmasse ist ein „ausdehnungsloser Körper" mit einer endlichen Masse und entsprechender Gravitationswirkung. Für einen Kartesianer ist so etwas „denkunmöglich"; aber auch physikalisch gibt es so etwas nicht. Deshalb ist die Punktmasse ein durchaus unanschauliches Gebilde. Was wir uns *vorstellen*, ist gar nicht ein ausdehnungsloser Körper, sondern ein winziges Klümpchen Materie. Die Falschheit dieser Vorstellung bleibt in der Newtonschen Mechanik allerdings unschädlich, weil eine über ein endliches Volumen verteilte Masse (z.B. die Sonne) nach außen dieselbe Gravitationswirkung zeigt wie die im Schwerpunkt als Punktmasse vereinigte Gesamtmasse. (Von Eigendrehung, höheren Momenten und allgemein-relativistischen Effekten werde hier abgesehen.) Die Unanschaulichkeit beruht hier wesentlich auf der Verwendung von *Grenzbegriffen* wie „unendlich klein", „ausdehnungslos", „punktförmig".

Außerdem enthält schon die Punktmechanik *theoretische Begriffe*, die sich der Anschaulichkeit völlig entziehen. Sogar dann, wenn man bereit wäre, skalare Größen wie Energie, Potential, Masse, und Vektoren wie Impuls, Drehimpils, Geschwindigkeit, Beschleunigung,

Kraft, als anschaulich zu bezeichnen, so bleiben doch Strukturen wie Phasenraum, Lagrangefunktion, Hamiltonfunktion, Wirkungsfunktion, Normalkoordinaten, Trägheitstensor, Poissonklammern, Winkelvariable, Kontakttransformation usw. unanschaulich.

Und endlich würde es nicht einmal genügen, mit anschaulichen Begriffen zu operieren; denn maßgebend sind natürlich die mit diesen Begriffen gebildeten Sätze, und auch mit anschaulichen Begriffen lassen sich unanschauliche Aussagen formulieren.

Ist es z.B. nicht nur verständlich, sondern anschaulich, daß ein gasgefüllter Luftballon sich in einem Auto, das eine *Links*kurve fährt, nach *links* bewegt? Daß verschieden schwere Körper im Vakuum gleich schnell fallen? Daß wiederum eine hohle Kugel eine schiefe Ebene langsamer hinunterrollt als eine Vollkugel *gleicher Masse und Größe*? Daß der Mond sich weiter von der Erde entfernen muß, wenn er die Erddrehung durch die Gezeitenreibung abbremst? Daß bei einem rotierenden Gebilde die Drehachse einer Richtungsänderung senkrecht zur wirkenden Kraft ausweicht? Daß ein von einer Turmspitze fallender Stein dem Turm hinsichtlich der Erdrehung *voraus*eilt? Daß es energiemäßig gleichgültig ist, ob ein Auto gegen eine feste Wand fährt oder ob zwei gleiche Autos mit gleicher Geschwindigkeit frontal zusammenstoßen? Daß der Wasserspiegel eines abgeschlossenen Teiches *sinkt,* wenn man aus einem darauf schwimmenden Boot einen Stein ins Wasser wirft?

Wir müssen auch schon in der klassischen Physik das Verhältnis von Theorie und Erfahrung *projektiv* deuten: Was wir mesokosmisch wahrnehmen, ist nur eine *Projektion* realer Strukturen auf unsere Sinnesorgane, und unsere Theorien sind Versuche, diese objektiven Strukturen *aus ihren Projektionen hypothetisch zu rekonstruieren.*[26] Da wir bei dieser Rekonstruktion nicht einfach die Anschauung zum Maßstab machen, sondern abstrakte Modelle, Ketten logischer Schlüsse, mathematische Strukturen usw. zu Hilfe nehmen, entfernen wir uns mehr und mehr vom Mesokosmos, auch schon in der klassischen Physik.

8 Sind nichteuklidische Räume anschaulich?

Die Anschaulichkeit nicht-euklidischer Strukturen ist besonders umstritten. Helmholtz, Poincaré, Reichenbach haben sie behauptet, andere haben sie bezweifelt.[27] Offenbar stellen diese Strukturen einen Grenzfall dar.

Zunächst halten wir fest, daß man sich nicht-euklidische *zwei*dimensionale Gebilde durchaus vorstellen kann, z.B. ein sphärisches Dreieck mit einer Winkelsumme, die größer ist als 180° (vgl. Abb. 4). Um uns ein solches nicht-euklidisches Gebilde anschaulich vorzustellen, nehmen wir jedoch eine weitere Dimension zu Hilfe: Das sphä-

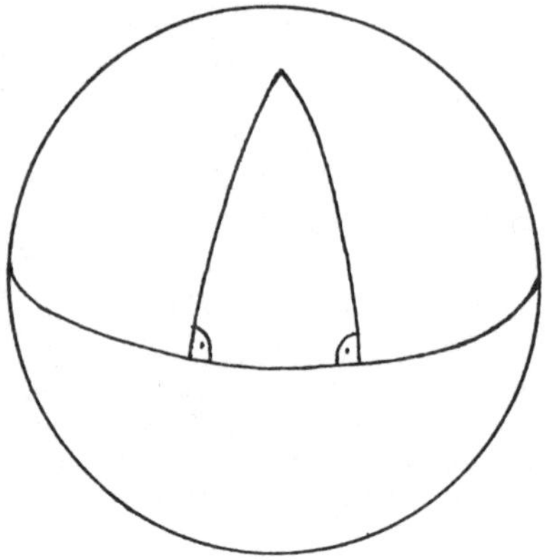

Abb. 4: Ein Dreieck auf einer Kugel (sphärisches Dreieck)

rische Dreieck ist gekrümmt, in den dreidimensionalen euklidischen Raum *eingebettet*. Analog könnten wir uns also ein nicht-euklidisches *drei*dimensionales Gebilde nur eingebettet in einen höherdimensionalen euklidischen Raum vorstellen – wenn letzterer vorstellbar *wäre*, was er nicht ist.

Dabei würden vier Dimensionen zur Einbettung nicht einmal ausreichen, sondern es wären sechs Dimensionen notwendig. Allgemein läßt sich eine n-dimensionale Riemannsche Mannigfaltigkeit in einen „flachen" Raum von

$$m = n\,(n+1)/2$$

Dimensionen einbetten. Unter Symmetrievoraussetzungen an die fragliche Struktur kann die Dimensionszahl m allerdings auch niedriger sein.

Die Argumente von Helmholtz, Poincaré, Reichenbach u.a. zugunsten der Anschaulichkeit nicht-euklidischer Räume berufen sich deshalb auch nicht auf ein solches Einbettungsverfahren – Reichenbach schließt es sogar explizit aus[28] –, sondern auf die *innerhalb* der betreffenden Struktur möglichen Erlebnisse, z.B. die innere Krümmung des Raumes, die durch Ausmessen von Dreieckswinkeln ermittelt werden kann. Die genannten Autoren zeigen nun sehr schön, daß es durchaus möglich ist, sich die Erlebnisse auszumalen, die man hätte, wenn man in einer merklich nicht-euklidischen Welt lebte. Nach ihrer Definition (anschaulich $\hat{=}$ projizierbar) genügt diese Möglichkeit dann auch schon, um den nicht-euklidischen Räumen Anschaulichkeit zuzuschreiben. In der Transformierbarkeit auf mesokosmische Strukturen haben wir aber ein schärferes Kriterium formuliert. Und da es keine mesokosmischen dreidimensionalen Strukturen gibt, die merklich von der euklidischen Geometrie abweichen, müssen wir nicht-euklidische Räume zunächst einmal als *unanschaulich* bezeichnen.

Dies ist freilich eine Entscheidung aufgrund einer Definition. *Im Prinzip* läßt die gestellte Frage aber auch eine empirische Antwort zu. Dazu müßte man jemanden in eine stark nicht-euklidische Umwelt versetzen und sein Verhalten beobachten. Würde er sich an die neuen Maßverhältnisse gewöhnen und sich darin zurechtfinden? Wie würden wir unsere Wahrnehmungen und Erfahrungen auf einem Neutronenstern oder in der Nähe eines Schwarzen Lochs interpretieren? Wie flexibel ist unsere Anschauung tatsächlich? Versuche von Experimentalpsychologen mit Umkehrbrillen und künstlichen Blickverzerrungen aller Art (Stratton, Erisman, Kohler[29]) haben jedenfalls gezeigt, daß unser individuelles Wahrnehmungssystem auch Situationen zu meistern lernt, die stammesgeschichtlich nie auftraten (wie ja auch Astronauten Schwerelosigkeit ertragen, obwohl die biologische Evolution sich grundsätzlich unter Schwerkraftbedingungen vollzog). Wir können also nicht unter Berufung auf den Passungscharakter der Wahrnehmungsstrukturen grundsätzlich ausschließen, daß die Organisation unserer Wahrnehmung anpassungsfähiger ist, als unter phylogenetischen Gesichtspunkten erforderlich wäre.

Reichenbach hat das Problem der Erlernbarkeit einer nicht-euklidischen Raumanschauung eingehend, wenn auch nur theoretisch, untersucht.[30] Dazu erklärt er zuerst, welche innere Eigenschaft uns bei zweidimensionalen Flächen den Eindruck der Krümmung vermittelt. Das anschauliche Erlebnis der Krümmung bestehe darin, daß wir die *Kongruenz*, also die Gleichheit bzw. Verschiedenheit von Strekken und Flächen, dort anders beurteilen. Um uns den gekrümmten Raum zu veranschaulichen, müßten wir also die *Kongruenzverhältnisse anders in den dreidimensionalen Raum hineinsehen*. (Mit euklidischer Kongruenz seien nicht-euklidische Verhältnisse *nicht* anschaulich vorstellbar.) Diese Umstellung sei vollzogen, wenn bei Bewegungen des Objekts oder des Beobachters das veränderte Bild nicht als Formänderung des Objekts, sondern als veränderte Perspektive desselben Objekts erlebt werde. Jede derartige Einstellung auf Kongruenz sei aber nur eine Frage der Gewöhnung und deshalb erlernbar.

Reichenbachs Belege für den Gewohnheitscharakter der Kongruenzbeurteilung sind aber nicht überzeugend. Selbst er räumt ein, daß der geforderten Umstellung nicht nur eine ontogenetische (Umgang mit starren Körpern), sondern eine phylogenetische Tradition entgegenstünde.[31] Es ist dann aber schwer einzusehen, wie eine phylogenetische, also doch wohl im Erbgut verankerte Funktion durch ontogenetische Gewöhnung auf nicht-euklidische Strukturen umgestellt werden sollte. Reichenbach könnte nur dann recht haben, wenn lediglich die Topologie (Dreidimensionalität, Kontinuität, Zusammenhangsverhältnisse), nicht aber die Metrik der Raumanschauung genetisch bedingt wäre, wenn die Metrik also individuell erworben würde.[32] Selbst dann ist freilich nicht abzusehen, wie leicht und wie schnell die fragliche Umgewöhnung erfolgen sollte. Vielfach wird sogar die Meinung vertreten, der visuelle Raum – zumindest des Kindes – sei überhaupt nicht euklidisch, sondern zeige alle möglichen Abweichungen: Er sei endlich, inhomogen, anisotrop, diskontinuierlich, wegen der optischen Eigenschaften des Auges sogar nur zweidimensional, bei Astigmatismus erheblich verzerrt usw.[33] Nun kann aber als visueller Raum nicht das gelten, was auf der Netzhaut erscheint – sonst müßte man ja sogar behaupten, der visuelle Raum stünde auf dem Kopf, nur weil das Netzhautbild invertiert ist. Entscheidend ist nicht, ob die Projektion der Außenweltstrukturen auf die Netzhaut längen-, winkel- oder flächentreu ist, ob das Netzhautbild aufrecht steht oder ob der blinde Fleck eine Informationslücke bedingt, sondern nur die Frage, welcher Raum aus den Sinnesdaten (Netzhautbild + Kontraktion des Ziliarmuskels zur Scharfeinstellung + Konvergenz der Augenachsen zum stereoskopischen Sehen) in Verbindung mit früheren Erfahrungen als Wahrnehmungsraum *rekonstruiert* wird. Eben dies ist natürlich auch besonders schwer zu untersuchen.

Es wäre deshalb äußerst lehrreich, wenn es – z.B. mit Hilfe von schnellen Computern und geschickt angebrachten Projektionsschirmen – gelänge, nicht-euklidisches Verhalten von Objekten zu simulieren. Dabei könnte man prüfen, ob die Versuchsperson lediglich merkwürdige (unphysikalische) Vorgänge in einem euklidischen Raum wahrnähme oder aber, gegebenenfalls nach einer gewissen Gewöhnungszeit, physikalisch mögliche Ereignisse in einem nicht-euklidischen Raum.

Als Ergebnis halten wir fest: Nicht-euklidische Räume sind nicht anschaulich; es ist aber nicht grundsätzlich auszuschließen, daß ausgiebiger Umgang mit nicht-euklidischen Strukturen zu einer individuellen Umstellung führen könnte. Das herauszufinden wäre letztlich eine Aufgabe für den Experimentalpsychologen.

9 Anschauliche und unanschauliche Strukturen

Wie würde das Planetensystem aussehen, wenn es 10^{12} (eine Billion) mal kleiner wäre als es ist? Zweifellos wie eines der hübschen Planetarien, die früher hergestellt und durch Uhrwerke angetrieben wurden. (Die Sonne hätte einen Durchmesser von 1,4 mm, die Erdbahn einen Radius von 1,5 m, der Neptun einen Bahnradius von 45 m.)

Wie würden die Atome aussehen, wenn man sie 10^{12} mal größer machen könnte als sie sind? Antwort: Sie sähen gar nicht aus; es gäbe auch dann nichts zu sehen; Atome sind im Wortsinne *unanschaulich.*

Die Vorstellung daß man bei größerer Sinnesschärfe die Atome so sehen könnte wie jetzt die Sonne, ist eine Illusion. (Frank[6], 126)

Wir könnten zwar noch etwa den Durchmesser des Atomkerns (1mm) und der Elektronenhülle angeben (100 m für ein Wasserstoffatom); aber schon diese Angaben wären nur bedingt sinnvoll, weil sie eine Lokalisierung und eine Begrenzung vortäuschen, die in dieser Schärfe gar nicht existieren.

Nach unserer Definition (anschaulich ≙ auf eine mesokosmische Struktur transformierbar) nennen wir deshalb das Planetensystem anschaulich, Atome aber unanschaulich, und befinden uns dabei in Übereinstimmung mit der üblichen Zuornung. Wir wollen nun einige weitere interessante Strukturen darauf untersuchen, ob sie anschaulich sind oder nicht, und verwenden dabei als Kriterium unsere Definition.

Danach sind *anschaulich*:
- Kugelgestalt, Rotation, Bahnbewegung der Erde; Aufbau des Planetensystems;
- der dreidimensionale euklidische Raum;
- Zahlen von 0 bis 7 oder 8 (unbenanntes Denken), darüber bis zur Größenordnung 100 mit einer Ungenauigkeit von 10 bis 20%;
- das Rutherfordsche und das Bohrsche Atommodell.
- Vorstellbar sind auch: ein Mensch der 3 m groß oder 200 Jahre alt ist; auch einer, der im Prinzip unsterblich ist (d.h. nur der Gefahr ausgesetzt wäre, durch Unglücksfall oder Krankheit umzukommen).
- Sowohl *kontinuierliche* als auch *diskrete* Strukturen sind anschaulich, weil es für beide Eigenschaften mesokosmische Beispiele gibt: körnige, pulvrige oder kristalline Stoffe (Sand, Mehl, Eis) sind mesokosmische Beispiele für den atomaren Aufbau von Materie; flüssige oder amorphe Stoffe (Wasser, Fett, Gummi, Glas) legen dagegen eine Kontinuumsauffassung nahe. Fur die Vorstellung des Kontinuums ist es nämlich nicht notwendig, daß man sich eine *unendliche* Zahl von Teilungen tatsächlich vorstellt, sondern nur die Annahme, daß jede (beliebige) vorgegebene Menge Wasser noch einmal geteilt werden könnte. Dies ist zwar falsch, wird aber gerade vom Alltagsverstand nicht bezweifelt. (Daß das Kriterium der unbegrenzten Teilbarkeit für die mathematische Definition des Kontinuums nicht ausreicht (Beispiel: Die rationalen Zahlen liegen in diesem Sinne „dicht“, bilden aber kein Kontinuum), ist aller-

dings unanschaulich, spielt aber für die *Vorstellung* des Kontinuums offenbar keine Rolle.) Entsprechend haben auch atomistische und Kontinuumsauffassung der Materie immer rivalisierend nebeneinander bestanden und Anschaulichkeit für sich beansprucht. Das wäre schwerlich der Fall gewesen, wenn die mesokosmische Erfahrung eine dieser Auffassungen eindeutig auszeichnete.

Unanschaulich sind dagegen folgende Strukturen (Begriffe und Aussagen):

- Zahlen über hundert[34];
- vier- und höherdimensionale Räume;
- sogar ein- und zweidimensionale Räume (zwar können wir uns Linien und Flächen vorstellen, sehen sie dabei aber immer eingebettet in den dreidimensionalen Raum; diese Unfähigkeit führt jedoch nicht zu Fehlleistungen und wird uns deshalb nicht so bewußt wie die, uns höherdimensionale Räume vorzustellen);
- ein leerer Raum (da wir uns *jeden* materiellen Gegenstand wegdenken können, glauben wir, wir könnten uns *alle* Dinge auf einmal wegdenken und uns einen leeren Raum vorstellen; diese Annahme begünstigt auch die Idee des absoluten Raumes, der von den darin verteilten Körpern unbeeinflußt bleibt (Newton, klassische Physik); sie stellt aber eine unzulässige Extrapolation dar[35]);
- *Unendlichkeit* bei Zahlen, Entfernungen, Zeiten oder beim Raum (was wir uns vorstellen, ist nur, daß wir zu jeder vorgegebenen Zahl noch eine größere angeben können bzw. daß wir an jede genannte Länge immer noch ein Stück anfügen können, nicht jedoch Unendliches selbst[36]; ähnlich ist es mit ausdehnungslosen Punkten (z.B. Massenpunkten), Strecken, Flächen oder Zeiten).
- Auch im Mesokosmos ist die *Genauigkeit* der anschaulichen Bilder beschränkt.

> Obgleich wir für einen rechten Winkel eine anschauliche Vorstellung besitzen, können wir sein anschauliches Bild nicht von dem eines Winkels von 89°59' unterscheiden. Haben wir mit einem Dreieck zu rechnen, in dem ein solcher Winkel vorkommt, so bleibt uns nichts übrig, als einen von 90° stärker abweichenden Winkel vorzustellen, damit wir den Unterschied gegen den rechten Winkel bemerken. Zwei gerade Linienstücke, deren Verlängerungen sich auf der Sonne schneiden, unterscheiden sich auf der Erde nicht merkbar von Parallelen. Wir besitzen deshalb nur ein einziges anschauliches Bild für beides. (Reichenbach[17], 60)

- Raum-Zeit-Kontinuum (eine vierdimensionale Mannigfaltigkeit mit pseudo-euklidischer Metrik!); Grenzcharakter der Lichtgeschwindigkeit, Relativität der Gleichzeitigkeit, Längenkontraktion, Zeitdilation, relativistische Addition von Geschwindigkeiten (vgl. 6), Energie-Masse-Äquivalenz und viele weitere Strukturen der Speziellen Relativitätstheorie.

- Riemannsche Mannigfaltigkeiten, Raum-„Krümmung" (vgl. 8), Expansion des Raumes (nicht der Materie-Verteilung!), Thirring-Effekt (Mitführung des lokalen Inertialsystems bei rotierenden Massen: Eine rotierende Kugel hat nach der Allgemeinen Relativitätstheorie eine andere Gravitationswirkung als eine ruhende.)
- Quanteneffekte, Grenzcharakter des Wirkungsquantums, Tunneleffekt, Austauschkräfte, kleinste Länge l_0, kleinste Zeit $t_0 := l_0/c$, diskrete Räume.

Aber es sind nicht nur Strukturen der modernen Mathematik und Physik, bei denen unser Anschauungsvermögen versagt. Es gibt einen zweiten großen Bereich, in dem es uns verläßt: die Biologie. Hier sind es nicht die Abmessungen der Objekte, die Größe oder Kleinheit der Grundkonstanten und auch nicht deren Grenzcharakter; es ist die *Kompliziertheit* der organismischen Systeme. Dabei ist nicht an die große *Zahl der Bausteine* gedacht, die ein Organismus enthält – diese Zahlen werden von rein physikalischen Systemen natürlich auch erreicht, ja übertroffen –, sondern an die *Vielfalt der Wechselwirkungen* zwischen den Bestandteilen des Systems. Diese Vielfalt macht sich vor allem darin bemerkbar, daß es nicht möglich ist, aus der Kenntnis der Bausteine auf das Verhalten oder die Funktion des Gesamtsystems zu schließen. Statistische Verfahren (z.B. Mittelwertbildung) sind für einen solchen Schluß unbrauchbar, weil sich eine spezielle Eigenheit eines Elementarbausteins bis in die makroskopische Struktur hinein abbilden kann. So führt der Austausch eines einzigen Nukleotids in der DNA (also eines Bausteins der Erbsubstanz, eine „Mutation") unter Umständen zu einem auffälligen Merkmal im Erscheinungsbild des Individuums (Augenfarbe, Stoffwechselkrankheiten usw.).[37] Statistische Verfahren sehen aber gerade von den Eigenschaften spezieller Mikrobausteine ab.

> Die Ursache unserer Verständnisschwierigkeiten im Bereich der Physik, sei sie mikroskopisch oder kosmologisch, ist erkennbar: Der Größenmaßstab der beobachteten Erscheinungen ist mit den Kategorien unserer unmittelbaren Erfahrung nicht zu fassen. Diesen Mangel kann allein die Abstraktion ausgleichen, ohne ihn freilich zu beheben. Bei der Biologie ist die Schwierigkeit anderer Art. Die allem zugrunde liegenden elementaren Wechselwirkungen sind wegen ihres mechanischen Charakters verhältnismäßig leicht zu begreifen. Die ungeheure Komplexität lebender Systeme aber versagt sich jeder umfassenden intuitiven Vorstellung. (Monod[38])

Dieses Problem – das Versagen der Anschauung bei komplizierten Systemen – macht sich in vielen und gerade den interessantesten Bereichen der modernen Biologie bemerkbar: in der Molekularbiologie, Genetik, Entwicklungsphysiologie, Biogenetik (Frage nach der Entstehung des Lebens), in der Neurophysiologie und speziell bei der

Erforschung des Gehirns. Wir wissen zwar einigermaßen, wie einzelne Neuronen arbeiten; aber wir haben noch keinen Einblick in und erst recht keinen Überblick über die Verschaltung des neuralen Netzwerkes. Auch hier liegt die Schwierigkeit nicht einfach in der (freilich sehr großen) Zahl der Neuronen, sondern in der Vielfalt ihres Zusammenwirkens.

> Wenn wir nun annehmen, wir hätten trotz aller Schwierigkeiten auf einigen Quadratkilometern engbezeichneten Papiers das vollständige Schaltbild eines funktionsfähigen Nervennetzes aufgezeichnet, so hülfe uns das nur wenig, denn wir wären nicht imstande, die zwangsläufig sich ergebenden Verhaltensformen zu erkennen. Das menschliche Vorstellungsvermögen versagt bei Aggregaten dieser Größenordnung. Ein Netzwerk von etwa 15 Milliarden Schaltelementen ist nicht mehr vorstellbar. (Steinbuch[39])

Gerade an der Biologie wird der Unterschied zwischen makrokosmisch und mesokosmisch deutlich: Ein Säugetier (oder ein Gehirn) ist ein durchaus makroskopisches Objekt; es ist sichtbar, fühlbar usw. Aber seine innere Struktur, die Hierarchie der Teile, ist nicht mesokosmisch. *Jeder Organismus ist durchstrukturiert bis hinunter auf die molekulare Ebene.*[40] Es sind also weder relativistische noch Quantenphänomene, die organismische Strukturen so undurchschaubar machen; es ist auch nicht die große Zahl ihrer Bausteine, sondern ihre völlige Strukturiertheit und die daraus folgende Kompliziertheit. Nichts Anorganisches kommt in dieser Hinsicht auch nur entfernt an organische Systeme heran.

Bereich	**Wissenschaft**	**Beispiele**
sehr kleine Abmessungen	Teilchenphysik, Quantentheorie	Elementarteilchen, Atome, Moleküle
sehr große Entfernungen	Astrophysik, Kosmologie	Kosmos als Ganzes
sehr große Geschwindigkeiten	Spezielle Relativitätstheorie	Elektronen im Atom, Teilchen in Beschleunigern und in kosmischer Strahlung
große Beschleunigungen bzw. Gravitationskräfte	Allgemeine Relativitätstheorie	Weiße Zwerge, Neutronensterne, Schwarze Löcher
komplizierte Strukturen	Biologie	Biomoleküle, Organismen, Gehirn

Tab. 1: Wo unser Anschauungsvermögen versagt

Es gibt noch einen weiteren Grund für die Nichtdurchschaubarkeit organismischer Strukturen, auf den vor allem Elsasser aufmerksam gemacht hat.[41] Es ist die konstitutive Rolle des *Zufalls* für die Biologie. Von den ungeheuer („unvorstellbar") vielen *möglichen* Konfigurationen, die einen Organismus darstellen könnten, sind immer und grundsätzlich nur verschwindend wenige als Individuen *verwirklicht*. Diese Auswahl aber erfolgt nicht ausschließlich naturgesetzlich, sondern wesentlich zufällig (nämlich durch Mutationen, Genrekombination, Populationsschwankungen). Nach Elsasser macht die Tatsache, daß der Zufall – und damit Variabilität, Individualität und Komplexität – für die lebendigen Systeme konstitutiv ist, nicht nur ein anschauliches Verstehen unmöglich, sondern ihre wissenschaftliche Erfassung überhaupt schwierig.

Abschließend halten wir in Tabelle 1 fest, wo unser Anschauungsvermögen versagt.

10 Wissenschaftstheoretische Folgerungen

a) Anschaulichkeit ist kein Wahrheitskriterium.

Die Bedeutung der Anschaulichkeit für die Entdeckung, Überprüfung, Anwendung und Vermittlung von Hypothesen und Theorien kann kaum überschätzt werden. Je anschaulicher eine Theorie gelehrt wird, desto leichter wird sie verstanden. Trotzdem ist Anschaulichkeit kein Maßstab für die Richtigkeit einer Theorie. Eine anschauliche Theorie kann falsch, eine unanschauliche richtig sein. Daß man sich etwas nicht vorstellen kann, mag aus didaktischen Gründen bedauerlich sein, besagt jedoch nichts über Wahrheit und Falschheit.[42] Diese Einsicht ist zwar schon vor 1900 ausgesprochen worden, aber erst mit der Anerkennung der Relativitäts- und der Quantentheorie ins Bewußtsein der Wissenschaftler gedrungen. Heute ist das Verhältnis zwischen Anschaulichkeit und Wahrheit eher umgekehrt: Man könnte behaupten, ein echter Fortschritt in der Physik sei nur noch von unanschaulichen Theorien zu erwarten – die Anschaulichkeit einer Theorie müsse uns zumindest skeptisch machen. In diese Richtung weist auch Bohrs Aphorismus über die Elementarteilchentheorie („Weltformel") von Heisenberg und Pauli:

> Eure Theorie ist ja verrückt. – Die Frage ist, ob sie verrückt genug ist, um richtig zu sein. Ich persönlich habe das Gefühl, sie ist nicht verrückt genug.[43]

Logisch verhält sich die Anschaulichkeit dem Wahrheitswert einer Theorie gegenüber völlig neutral. Sie ist *weder* ein Wahrheits- *noch* ein Falschheitskriterium. Eben dies ist aber schon eine wichtige Einsicht.

Ähnliches gilt für die Einfachheit. Sie ist zwar grundsätzlich wünschenswert, und sie mag auch in Ausnahmefällen – nämlich bei Vorliegen empirisch äquivalenter Theorien – als Auswahlkriterium dienen. Aber ein Wahrheitskriterium stellt sie – entgegen den Äußerungen vieler Wissenschaftler – nicht dar. „Simplex sigillum falsi" – Einfachheit garantiert Falschheit –, behauptet Bunge[44] sogar ironisch gegenüber der scholastischen Maxime „Simplex sigillum veri".

b) Erfahrungserkenntnis und theoretische Erkenntnis fallen nicht zusammen.

Der Unterschied der beiden Erkenntnisarten liegt in der *kritischen* Haltung der wissenschaftlichen Erkenntnis. Die vorangehende Analyse liefert uns einen zweiten kennzeichnenden Unterschied: Erfahrungserkenntnis ist anschaulich, theoretische Erkenntnis kann unanschaulich sein. Obwohl der Verzicht auf Anschaulichkeit bei Fragen der Kreativität und der Lerntechnik einen Verlust darstellt, gibt er dem Theoretiker doch eine neue Freiheit, die man die „Emanzipation der Wissenschaft von der Forderung der Anschaulichkeit" nennen könnte. Nach unseren Betrachtungen über den Mesokosmos und über Anschaulichkeit leuchtet es ein, daß der Spielraum für neue Theorien ohne Beschränkung durch ein solches Vorstellbarkeitspostulat viel weiter ist. Es ist aber auch klar, warum dieser Spielraum gebraucht wird: Die mesokosmische Erfahrung kann nicht auf mikrokosmische oder kosmologische Strukturen extrapoliert werden. Wenn wir hoffen, uns mit unseren wissenschaftlichen Theorien einer objektiven Wirklichkeit anzunähern, dann müssen wir damit rechnen, daß wir dabei auf Strukturen stoßen, denen unser Anschauungsvermögen nicht gewachsen ist, und deshalb bereit sein, um des Erkenntnisfortschritts willen auf Anschaulichkeit zu verzichten.

c) Die Notwendigkeit abstrakt-mathematischer Modelle und die Rolle von Kalkülen

Wenn nun Anschaulichkeit nicht nur als Wahrheitskriterium entfällt, sondern oft nicht einmal als heuristischer Wegweiser dienen kann, dann müssen wir uns um so eher abstrakter Hilfsmittel bedienen. Daraus ergibt sich die überragende Bedeutung, die der Mathematik in der heutigen Forschung zukommt. Zwar liefert die Mathematik als Strukturwissenschaft keine Erkenntnis über die Welt, sie stellt aber in vielfältiger Weise Strukturen zur Verfügung, die wir auf ihre Anwendbarkeit bei der Naturbeschreibung prüfen können. Dazu müssen die abstrakten Strukturen durch geeignete Zuordnungsdefinitionen (Interpretationen) mit realen Strukturen identifiziert werden, z.B. Massenpunkt mit Elementarteilchen, Gerade mit Lichtstrahl usw.

Zwar gibt es nur *einen* physikalischen Raum; aber die Mathematiker haben zahlreiche Geometrien entwickelt, die einander in ihren

Aussagen (z.B. über die Existenz von Parallelen, über die Winkelsumme im Dreieck oder über topologische Eigenschaften wie Stetigkeit, Zusammenhangsverhältnisse usw.) sogar widersprechen, so daß die Frage sinnvoll wird, welche der vielen prinzipiell möglichen geometrischen Strukturen in unserer Welt realisiert ist.[45] Dabei gibt es weder für die Existenz noch für die Eindeutigkeit der Antwort eine Garantie. Einerseits könnte es also sein, daß keines der vorgeschlagenen Raummodelle unsere räumlichen Erfahrungen angemessen beschreibt, andererseits könnten auch mehrere Geometrien oder mehrere Interpretationen derselben geometrischen Struktur dies leisten. Daß wir überhaupt geeignete mathematische Modelle finden, ist unter diesem Aspekt ebenso erstaunlich und erklärungsbedürftig (Anwendungsproblem) wie die Tatsache, daß in der Naturwissenschaft sich auf lange Sicht jeweils *eine* Theorie als allen konkurrierenden Theorien überlegen erweist (Konvergenzproblem).

Die für den Erkenntnisfortschritt in den Wirklichkeitswissenschaften konstitutive Rolle der Mathematik liegt also nicht nur darin, daß sie exakt oder sogar quantitativ formuliert, was wir uns vage und qualitativ „immer schon" vorstellten, sondern daß sie Strukturen der Wirklichkeit zu erfassen gestattet, die uns anders überhaupt nicht zugänglich wären. Wenn schon unser Anschauungsvermögen nur mesokosmischen Strukturen gerecht wird, so ist eine Naturwissenschaft, die sich nicht mit der Beschreibung zufriedengibt, sondern *Erklärungen* sucht, auf die Verwendung mathematischer (und somit auch unanschaulicher) Strukturen unabdingbar angewiesen.

> Ein symbolisches System, ein Algorithmus, wie er in der Mathematik oder der mathematischen Physik vorliegt, gewinnt ein gewisses Eigenleben. Er wird zu einer denkenden Maschine; sind die entsprechenden Anweisungen einmal eingegeben, so läuft sie von selbst und liefert unerwartete Ergebnisse, die über die Anfangsdaten und -regeln hinausgehen und deshalb für den beschränkten Intellekt, der die Maschine schuf, unvorhersehbar sind . . . Ein Aspekt der fortschreitenden Entanthropomorphisierung ist also die Ersetzung der direkten Erfahrung durch einen selbständig arbeitenden Algorithmus. (Bertalanffy[46])

d) Was heißt „eine Theorie verstehen"?

Durch wiederholten Umgang mit Kalkülen und Algorithmen – in Logik, Mathematik oder theoretischer Naturwissenschaft – gewinnt man unter Umständen eine derartige Fertigkeit in ihrer Formulierung und Anwendung, daß man alle Voraussetzungen und Folgerungen leicht überblickt. Wir sagen dann, eine Theorie sei verstanden, wenn man mindestens qualitativ weiß, was die Theorie behauptet und was sie nicht behauptet.[47] Noch schärfer definiert Popper:

> Eine Theorie verstehen wir, wenn wir das Problem verstehen, zu dessen Lösung sie entworfen wurde, und verstehen, inwiefern sie das Problem besser oder auch schlechter löst als ihre Konkurrenten.[48]

Man wird dann sogar das Gefühl haben, man könne sich auch die durch den Kalkül dargestellten realen Strukturen anschaulich vorstellen.[49] Das *kann* tatsächlich der Fall sein; notwendig ist es nicht. Daß wir eine Theorie verstehen in dem angegebenen Sinne, setzt die Anschaulichkeit ihrer kalkülmäßig erfaßten Strukturen nicht voraus. Auch umgekehrt garantiert die lebhafteste Anschauung nicht das Verstehen einer Theorie, wenn nicht auch die Problemlage und die Argumente für und gegen die Theorie verstanden sind. Anschaulichkeit ist also weder notwendig noch hinreichend für Verstehbarkeit. Das liegt einfach daran, daß unser Verstand weiter reicht als unsere Anschauung, unser Denkvermögen weiter als unser Vorstellungsvermögen, das Reich der Begriffe weiter als das der Sinne, der Kalkül weiter als das Bild.[50]

Die moderne Physik mag also unanschaulich sein und muß es sogar, wenn sie den Mesokosmos verläßt; unverständlich ist sie deshalb nicht.

Auch bei der Vermittlung kann es also nicht darum gehen, unanschauliche Theorien anschaulich, sondern nur darum, sie verständlich zu machen. Dazu können wir alle Methoden heranziehen, die in 4 als Erläuterungsmethoden genannt wurden: Schilderung, Beispiele, Kontrastbildung, Gedankenexperimente, Analogien, Modelle, Projektion auf die Erfahrungsebene und Transformation auf den Mesokosmos. Gerade dort, wo wir auf Anschaulichkeit verzichten müssen, ist es wichtig, die exemplarische oder kalkülmäßige Vertrautheit mit den ungewöhnlichen Strukturen zu vermitteln.[51]

Anmerkungen

1 Vgl. G. Knauss: Die erkenntnistheoretische Situation der Physik. Studium Generale *24* (1971) 1474-1521, 1476–78.

2 H. Hiller: Die modernen Naturwissenschaften. Stuttgart: Kröner 1974, S. 84. – Ähnlich A. March: Die physikalische Erkenntnis und ihre Grenzen. Braunschweig: Vieweg 1964, S. 12: Heute betrachtet man eine physikalische Theorie dann als anschaulich, wenn sie mit Begriffen operiert, an die wir uns gewöhnt haben . . . So gilt z.B. auch die Maxwellsche Theorie heute als anschaulich, weil die in ihr verwendeten Begriffe uns im Laufe der Zeit geläufig geworden sind.

3 Den Begriff „Mesokosmos" verwenden in ähnlichem Sinne A. Schack: Anschauung und Erkenntnis in der Physik. Düsseldorf: Bagel 1961, S. 14. – J.K. Feibleman: Scientific method. The Hague: Nijhoff 1972, p.8. – Zur „Welt der mittleren Dimensionen" vgl. L. v. Bertalanffy: An essay on the relativity of categories. Philosophy of Science *22* (1955) 243–263.

4 Es ist natürlich kein Zufall, daß unsere eigenen Abmessungen etwa das geometrische Mittel der Grenzen des Mesokosmos bilden: Die Körpergröße (1 m) liegt zwischen 1/20mm (Staub oder Sand) und 20km (maximale Hörweite (Donner) und Radius des Horizontes). Eine Schilderung des Mesokosmos (ohne diese Bezeichnung) in räumlicher und zeitlicher Hinsicht gibt H. Haber: Gefangen in Raum und Zeit. rororo 7077, 1977.

5 Vgl. G. Vollmer: Evolutionäre Erkenntnistheorie. Stuttgart: Hirzel 1975, [3]1983.

6 P. Frank: Über die „Anschaulichkeit" physikalischer Theorien. Die Naturwissenschaften *16* (1928) 121–28, 122: Wenn man im gewöhnlichen Leben fragt, was es heißt „etwas anschaulich beschreiben", so versteht man darunter die Eigenschaft einer Darstellung, den selbst erlebten Eindruck im Hörer möglichst getreu wieder zu erwecken. In diesem Sinne ist eine physikalische Theorie sicher niemals anschaulich.
C.F. v. Weizsäcker: Zum Weltbild der Physik. Stuttgart: Hirzel 1976, 12. Aufl., S. 48: Anschaulich nennt man eine Schilderung, die das Bild eines angeschauten Gegenstandes in der Seele des Zuhörers wieder erstehen läßt. Anschaulich im höchsten Maße ist die Naturwissenschaft Goethes, die uns das Urphänomen in der Anschauung finden lehrt. Demgegenüber ist das Programm der Atomlehre von vornherein unanschaulich. (Ähnlich S. 27)

7 Vgl. die Titel: Was theoretische Physik nicht ist (Ludwig). Was die Evolution *nicht* ist (Heitler). What numbers could not be (Benacerraf). What philosophy of biology is not (Hull). What theories are not (Putnam). What time is not (Yamamoto).

8 C. W. Misner, K. Thorne, J.A. Wheeler: Gravitation. San Francisco: Freeman 1973, p. 1066: Role of alternative gravitation theories as foils for experimental tests.

9 N. Koerttge: Intertheoretic criticism and the growth of science. Boston Studies in the Philosophy of Science *8* (1971) 170: Gedankenexperimente sind nützlicher bei der Lokalisierung eines Widerspruchs als „entscheidende Experimente" bei ihrer Auflösung. – C.F. v. Weizsäcker: Die Einheit der Natur. München: Hanser 1971, S. 159: Gedankenexperimente haben ja stets nur den Sinn, die Konsequenzen einer bestimmten Theorie zu prüfen, und implizieren nicht die reale Ausführbarkeit des Gedachten.

10 Ähnlich W. Heisenberg: Wandlungen in den Grundlagen der Naturwissenschaft. Stuttgart: Hirzel 1973, 10. Aufl., S. 20: Wir müssen zugeben, daß zwar ein von Natur Blinder die ganze Optik lernen und verstehen kann, daß er aber durch dieses Studium doch nie die geringste Kenntnis davon erwirbt, was Licht ist.

11 H. v. Helmholtz: Über den Ursprung und die Bedeutung der geometrischen Axiome (1870). In: Über Geometrie. Darmstadt: Wissenschaftliche Buchgesellschaft 1968, S. 8 (ähnlich S. 65). – Ders.: Die Tatsachen in der Wahrnehmung (1878). Nachdruck Darmstadt: Wissenschaftliche Buchgesellschaft 1959, S. 29 f.: Wenn man eine vorher nie gesehene Sache sich vorzustellen versuchen will, so muß man sich die Reihe der Sinneseindrücke auszumalen wissen, welche nach den bekannten Gesetzen derselben zu Stande kommen müßten, wenn man jenes Object und seine allmählichen Veränderungen nach einander von jedem möglichen Standpunkte aus mit allen Sinnen beobachtete; und gleichzeitig müssen diese Eindrücke von der Art sein, daß dadurch jede andere Deutung ausgeschlossen ist. Wenn diese Reihe der Sinneseindrücke vollständig und eindeutig angegeben werden kann, muß man meines Erachtens die Sache für anschaulich vorstellbar erklären. – S. 31: Ich verlange für den Beweis der Anschaubarkeit nur, daß für jede Beobachtungs-

weise bestimmt und unzweideutig die entstehenden Sinneseindrücke anzugeben seien.

12 Vgl. z.B. Stegmüller in A. Diemer/I. Frenzel (Hrsg.): Philosophie. Fischer-Lexikon 1967, S. 339.

13 Knauss[1], S. 1485. – Ähnlich A. Pap: Analytische Erkenntnistheorie. Wien: Springer 1955, S. 200: Daß Menschen die Existenz von Antipoden jemals in dem Sinn unvorstellbar fanden, in dem ein zwischen zwei Geraden eingeschlossener Raum oder ein Raum von vier Dimensionen . . . unvorstellbar ist, ist in höchstem Grade unplausibel; auf jeden Fall ist die historische Tatsache, daß sie derartiges für „unmöglich" oder „unvorstellbar" erklärten, nicht relevant, da wir viele Dinge für unmöglich oder unvorstellbar erklären, die wir nicht glauben können, die wir uns aber ohne außerordentliche Schwierigkeiten *vorstellen* können.

14 H. Poincaré: Wissenschaft und Hypothese. Darmstadt: Wiss. Buchgesellschaft 1974 (frz. 1902), S. 66 f. –
W. Heisenberg: Über den anschaulichen Inhalt der quantentheoretischen Kinematik und Mechanik. Z.f.Physik *43* (1927) 172–198, S. 172: Eine physikalische Theorie glauben wir dann anschaulich zu verstehen, wenn wir uns in allen einfachen Fällen die experimentellen Konsequenzen dieser Theorie qualitativ denken können, und wenn wir gleichzeitig erkannt haben, daß die Anwendung der Theorie niemals innere Widersprüche enthält. –
H. Reichenbach: Der Aufstieg der wissenschaftlichen Philosophie. Braunschweig: Vieweg 1968 (engl. 1951), S. 161 f.: Sich geometrische Beziehungen anschaulich vorstellen, heißt, sich die Erfahrungen vorstellen, die wir in einer Welt haben würden, in der diese Gesetze herrschen. –
R. u. H. Sexl: Weiße Zwerge – schwarze Löcher. Hamburg: rororo–Vieweg 14. 1975, S. 34: [Sich einen gekrümmten] Raum „vorstellen" heißt, diejenigen Empfindungen beschreiben, die das Leben in einem (stark) gekrümmten Raum in uns auslösen würde.

15 Frank[6], S. 125 f.

16 Helmholtz, 1870 (Anm. 11), S. 28

17 H. Reichenbach: Philosophie der Raum-Zeit-Lehre. Berlin: de Gruyter 1928, S. 131

18 Poincaré[14], S. 53, 72

19 A. Einstein/L. Infeld: Die Evolution der Physik. rde 1956 (engl. 1938), S. 150: . . . wie wir uns ja auch kein Bild von einer vierdimensionalen Welt machen können. – Pap[13], S. 200. – J. Piaget: Biologie und Erkenntnis. Frankfurt: S. Fischer 1974 (frz. 1967), S. 278: Doch können wir mehr als drei Dimensionen weder ‚sehen' noch uns bildhaft vorstellen. – Und natürlich befinden wir uns nach Kant in der „Unmöglichkeit, einen Raum von mehr als drei Abmessungen uns vorzustellen". (I. Kant: Gedanken von der wahren Schätzung der lebendigen Kräfte, 1746, § 10)

20 R. Descartes: Die Prinzipien der Philosophie (Hrsg.: A. Buchenau). Hamburg: Meiner 1965, § 201. (Das Zitat wurde nach der französischen Originalausgabe korrigiert.)

21 Vgl. Weizsäcker[6], S. 82.

22 Will man dieses Verhältnis zweier Theorien T_1 und T_2 zueinander genauer fassen, so genügt dazu weder der Begriff der wissenschaftlichen Erklärung (daß die alte Theorie aus der neuen folge, wäre eine unzutreffende Darstellung) noch der Begriff des logischen Widerspruchs (denn T_2 soll ja nicht nur das Scheitern, die Falschheit der alten Theorie erklären, sondern auch ihren bisherigen Erfolg). Vgl. E. Scheibe: Gibt es Erklärungen von Theorien? Allg. Z. f. Philosophie *3* (1976) 26–45. – Sehr fruchtbar ist Poppers Gedanke,

daß die neue Theorie die alte „simuliere". Für eine Präzisierung dieser Idee vgl. G. Vollmer: Theoriendynamik und Ersetzung einer Theorie durch eine neue (bessere): Simulation statt Erklärung. In: Patzig/Scheibe/Wieland (Hrsg.): Logik, Ethik, Theorie der Geisteswissenschaften (XI. Dt. Kongreß für Philosophie, Göttingen 1975). Hamburg: Meiner 1977, S. 493–99.

23 Die von F. Kaulbach: Die Anschauung in der klassischen und modernen Physik. Philosophia Naturalis *5* (1958) 66–95, geäußerte Behauptung, daß gerade in der modernen Physik die Realanschauung möglich und damit das „Wesen" der Anschauung voll verwirklicht sei (S. 76), kann eigentlich nur in Unkenntnis eben dieser Physik aufgestellt werden.

24 Sollten die in der Heisenbergschen einheitlichen Feldtheorie postulierte kleinste Länge ($l_0 \approx 10^{-13}$ cm) oder die für Wheelers Quantengeometrodynamik *maß*gebende Plancksche Länge ($L := (\hbar G/c^3)^{1/2} \approx 10^{-33}$ cm) physikalische Bedeutung besitzen, so würde uns auch und gerade hier ihr Grenzcharakter unanschaulich bleiben.

25 Zu den Begriffen „mechanisch" und „mechanistisch" vgl. E. J. Dijksterhuis: Die Mechanisierung des Weltbildes. Physikalische Blätter *12* (1956) 481–494, und sein gleichnamiges Buch. Danach besteht die Mechanisierung der Physik wesentlich in einer *Mathematisierung*. In diesem Sinne ist die moderne Physik mechanistischer als je. Die Nebenbedeutungen „deterministisch" und „anschaulich modellhaft" treffen dagegen auch nach Dijksterhuis nicht mehr auf sie zu.

26 Vgl. G. Vollmer: Grundlagen einer projektiven Erkenntnistheorie. In Heijl/Köck/Roth (Hrsg.): Wahrnehmung und Kommunikation. Frankfurt: Lang 1978, S. 79–97.

27 Helmholtz[11], S. 28: Aus den bekannten Gesetzen unserer sinnlichen Wahrnehmungen [kann man] die Reihe der sinnlichen Eindrücke herleiten, welche eine sphärische oder pseudosphärische Welt uns geben würde, wenn sie existierte. Auch dabei treffen wir nirgends auf eine Unfolgerichtigkeit oder Unmöglichkeit, ebenso wenig wie in der rechnenden Behandlung der Maßverhältnisse. Wir können uns den Anblick einer pseudosphärischen Welt ebenso gut nach allen Richtungen hin ausmalen, wie wir ihren Begriff entwickeln können. Wir können deshalb auch nicht zugeben, daß die Axiome unserer Geometrie in der gegebenen Form unseres Anschauungsvermögens begründet wären oder mit einer solchen irgendwie zusammenhingen.

Poincaré[14], S.66f.: Die Geometrie ist nur die Zusammenfassung der Gesetze, nach welchen diese Bilder [nämlich die Vorstellungsbilder] *aufeinanderfolgen*. Nichts hindert uns daran, eine Reihe von Vorstellungen auszudenken, welche in allem unseren gewöhnlichen Vorstellungen vollkommen ähnlich sind, aber welche nach Gesetzen aufeinanderfolgen, die von den uns vertrauten Gesetzen verschieden sind. Man begreift demnach, daß Wesen, deren Erziehung sich in einer Umgebung vollzieht, in der diese Gesetze völlig umgestürzt sind, eine von der unserigen sehr verschiedene Geometrie haben können. – S. 70: Eine vierdimensionale Welt kann man sich ebenso gut vorstellen, wie eine nicht-Euklidische Welt.

Reichenbach[17], S. 74: Wenn der Mathematiker also sagt, er habe sich durch Beschäftigung mit der nichteuklidischen Geometrie daran gewöhnt, sie anschaulich vorzustellen, so hat er recht. – Andererseits meinen:

W. de Sitter in Munitz, M.K. (ed.): Theories of the universe. New York: The Free Press 1957, p. 309: Es ist nicht möglich, sich die verschiedenen Arten dreidimensionaler Räume bildlich oder anschaulich vorzustellen.

Bavink[50], S. 122: Unser Denkvermögen [umfaßt] mehr als unsere Anschau-

ung, denn daß diese an die euklidische Form gebunden ist, wird i.a. nicht bestritten werden.
H. Hönl in H. Franke (Hrsg.): Lexikon der Physik, dtv, unter dem Stichwort „Krümmung des dreidimensionalen Raumes": Dabei muß man sich von vornherein darüber klar sein, daß ein anschauliches, modellmäßiges Verständnis unmöglich ist . . ., weil unser Anschauungsraum, selbst dreidimensional und euklidisch, nicht gekrümmt ist.
S. v. Hoerner: Why do we know so little about the universe? Die Naturwissenschaften *63* (1976) 212–17, S. 212: Der Gedanke, daß der Raum selbst gekrümmt sein könnte, ist recht schwierig zu erfassen. Ich neige zu der Behauptung, daß auch jene Physiker, welche diese Idee in ihren Berechnungen benützen, sie um keinen Deut besser verstehen als der Laie, der sich daran stößt.

28 Reichenbach[17], S. 68

29 Vgl. I. Kohler: Experiments with goggles. Scientific American (Mai 1962).

30 Reichenbach[17], §§ 9–13

31 Reichenbach[17], S. 70

32 Diese Meinung vertritt z.B. R. Carnap: Einführung in die Philosophie der Naturwissenschaft. München: Nymphenburger Verlagshandlung, 2. Aufl. 1974, S. 171: Die „räumliche Anschauung", wie sie genannt wird, ist nicht so sehr eine Anschauung der metrischen Struktur als vielmehr eine Anschauung einer topologischen Struktur.

33 J. v. Uexküll: Streifzüge durch die Umwelten von Tieren und Menschen. Frankfurt: rde 1956 und S. Fischer 1970, Kap. 2. – H. Sachsse: Naturerkenntnis und Wirklichkeit. Braunschweig: Vieweg 1967, S. 93–95. – R. Havemann: Dialektik ohne Dogma. rororo 1964, S. 38–40. – R. B. Lindsay/H. Margenau: Foundations of physics. New York: Dover 1957, p. 60.

34 Reichenbach[17], S. 58: Ein Tausendeck hat für uns, auch wenn es gezeichnet vor uns steht, keinen besonderen bildhaften Charakter mehr, der es etwa von einem Tausendundviereck unterscheidet.

35 B. Russell: Philosophie des Abendlandes. Zürich: Europa-Verlag 1950, S. 591 [Wien: Europa-Verlag 1975, S. 725]: Ich verstehe nicht, wie man sich den absoluten leeren Raum vorstellen kann.

36 O. Hölder: Anschauung und Denken in der Geometrie (1899). Darmstadt: Wiss. Buchgesellschaft 1968, S. 66 f.: Ebenso wenig kann ich behaupten, daß ich eine Gerade als eine unendlich ausgedehnte mir mit sinnlicher Lebhaftigkeit vorstelle. Ich stelle mir eher eine begrenzte Gerade vor, an die ein Stück angesetzt worden ist, und der Gedanke, daß ich an die Gerade dasselbe Stück wieder und immer wieder ansetzen kann, macht, daß ich sie als unendlich denke.
Ähnlich Reichenbach[17], S. 61: In der Unendlichkeit des Raumes liegt eine anschaulich nicht realisierbare Eigenschaft der euklidischen Geometrie.

37 Auch in der Physik gibt es hierfür Beispiele. Gemeint ist damit nicht die Tatsache, daß letzlich *alle* Phänomene Auswirkungen mikrophysikalischer Gesetze sind (vgl. z.B. V. Weisskopf: Of atoms, mountains, and stars: a study in qualitative physics. Science *187* (1975) 605–612), sondern die Existenz von Makrophänomenen, die mikrophysikalische Strukturen *direkt* abbilden und deshalb auch oft *nur* quantentheoretisch erklärt werden können. Dazu gehören die Kristalle (in denen sich die Elementarzelle periodisch wiederholt), die Erscheinungen der Supraflüssigkeit, Laser, Maser u.a.

38 J. Monod: Zufall und Notwendigkeit. München: Piper 1971, S. 172 (auch dtv)

39 K. Steinbuch: Automat und Mensch. Berlin: Springer 1971, S. 12

40 Diesen Gesichtspunkt der „Durchstrukturierung“ betont in Anlehnung an Staudinger besonders P. Jordan: Der Naturwissenschaftler vor der religiösen Frage. Oldenburg: Stalling 1963, S. 306.

41 Z.B. in W.M. Elsasser: The chief abstractions of biology. Amsterdam: North-Holland 1975, p. 26.

42 Carnap[32], S. 173: Man muß aber betonen, daß es kein gültiger Einwand gegen eine neue Theorie ist, wenn man sagt, sie sei weniger anschaulich als die alte. (Ähnlich S. 176)

43 Zitiert nach F. Dyson: Innovation in Physics. Scientific American *199* (Sep. 1958) 74–82, p. 80. Dyson bemerkt dazu: Es besteht keine Hoffnung für Spekulationen, die nicht auf den ersten Blick verrückt aussehen.

44 M. Bunge: The weight of simplicity in the construction and assaying of scientific theories. Phil. Science *28* (1961) 120–149, p. 149

45 Im metamathematischen Verständnis ist also die Realität ein Modell für die abstrakte mathematische Theorie, während im Sprachgebrauch der Physik Theorien oder mathematische Gleichungen umgekehrt als Modelle der Wirklichkeit angesehen werden. Wegen der Symmetrie der Isomorphierelation muß dies nicht zu Widersprüchen führen, ist aber für den Außenstehenden sehr verwirrend.

46 Bertalanffy[3], S. 259. – Daß die Benützung von Kalkülen sowohl bei der Ableitung von Folgerungen und beim Beweisen als auch beim Entwerfen neuer Theorien eine erkenntniskonstitutive Rolle spielt, hat schon Leibniz erkannt: Alle Forschungen, die vom vernünftigen Denken abhängen, würden durch die Umwandlung dieser Charaktere und eine Art Kalkül zustande kommen, was die Erfindung schöner Dinge ganz leicht machen würde . . . Zudem würde man jeden von dem überzeugen, was man gefunden oder erschlossen hätte, da es leicht sein würde, den Kalkül zu prüfen. (Vorrede zu „Allgemeine Wissenschaft“ (1677?), in G. W. Leibniz: Fragmente zur Logik (Hrsg. F. Schmidt). Berlin: Akademie-Verlag 1960, S. 90 f.)

47 In diesem Sinne könnten wir auch Heisenbergs Definition in Anm. 14 interpretieren, wenn dort das Wort „anschaulich“ gestrichen wird.

48 K. R. Popper in: M. Bunge (ed.): Quantum theory and reality. Berlin: Springer 1967, p. 14

49 Poincaré[14], S. 287: In der Tat kann man sich durch andauernde Beschäftigung mit vierdimensionaler Geometrie eine solche Gewandtheit in der betreffenden geometrischen Schlußweise aneignen, daß man sich fast der Täuschung hingibt, wirklich in vier Dimensionen zu operieren.

50 Vgl. B. Bavink: Ergebnisse und Probleme der Naturwissenschaften. Zürich: Hirzel 1949, 9. Aufl., S. 122, 125, 238.

51 So ist es sehr instruktiv, das hypothetische Leben auf einem Neutronenstern zu studieren (Sexl[14], S. 33–36) oder die Folgen einer Zweidimensionalität der Zeit (F. Hund: Denkschemata und Modelle in der Physik. Studium Generale *18* (1965) 174–183, S. 181–83).

JENSEITS DES MESOKOSMOS
Anschaulichkeit in Physik und Didaktik

Zusammenfassung

Alle Erkenntnis beginnt im Mesokosmos. Auch unser Vermögen, uns Dinge anschaulich vorzustellen, ist auf mesokosmische Verhältnisse zugeschnitten. Eine Struktur ist deshalb nur dann anschaulich, wenn sie auf eine mesokosmische Struktur transformiert werden kann. Nicht bei allen Objekten, die wir erforschen, ist das möglich.

Selbst die Physik hat mesokosmisch begonnen. Aristotelische Bewegungslehre und mittelalterliche Impetustheorie sind Formulierungen der mesokosmischen Vorstellungen, denen wir intuitiv „schon immer" und immer noch folgen. Aber die neuzeitliche und erst recht die moderne Physik haben den Mesokosmos hinter sich gelassen. Theorien über Quarks und Quasare, über Mikro- und Megakosmos und über komplizierte Systeme sind deshalb in der Regel unanschaulich.

Der Physik-Unterricht muß der mesokosmischen Gebundenheit unserer Anschauung Rechnung tragen. Er muß nicht nur neue theoretische Information vermitteln, sondern gleichzeitig Vor- und Fehlurteile ausräumen. Mit einem kumulativ-induktiven Wissenschaftsmodell ist diese Aufgabe nicht lösbar. Daraus ergeben sich Argumente für eine „konstrastierende" Didaktik, für eine qualitative Physik und für den überlegten Einsatz von Algorithmen und Computern.

1 Der Mesokosmos

Ein zentraler Begriff der Evolutionstheorie ist der der „Anpassung". Organismen können nur überleben, wenn sie den Umweltbedingungen hinreichend angepaßt sind. Jeder Organismus ist allerdings nur an einen gewissen *Ausschnitt* der realen Welt angepaßt, den er wahrnehmend und handelnd bewältigt. Biologen sprechen von der *ökologischen Nische* eines Lebewesens. Diese ökologische Nische ist für jede Art eine andere.

Ganz analog können wir den Ausschnitt der realen Welt, den ein Organismus *erkennt*, also adäquat rekonstruiert und identifiziert, seine *kognitive Nische* nennen. Auch die kognitiven Nischen verschiedener Arten sind verschieden. Reicht die Empfindlichkeit des Wirbeltierauges von Violett bis Rot, so verarbeitet das Insektenauge auch ultraviolettes Licht, rotes jedoch nicht. Die kognitive Nische des Menschen wollen wir *Mesokosmos* nennen. Der Mesokosmos ist also jener Ausschnitt der Welt, den wir Menschen mit unseren genetisch bedingten, evolutiv gewordenen Wahrnehmungs- und Erfahrungsstrukturen kognitiv bewältigen.

Dieser Mesokosmos ist eine Welt der „mittleren Dimensionen". Er reicht von Millimetern („Haaresbreite", Sand) zu Kilometern (Tagesmarsch, Horizont), von Zehntelsekunden (subjektives Zeitquant 1/16 Sekunde) zu Jahrzehnten (Lebensalter), von Geschwindigkeit Null bis zu einigen Metern pro Sekunde (Stein oder Vogel), von gleichförmiger Bewegung (Beschleunigung Null) bis etwa 10 m/s^2 (Erd- oder Sprinterbeschleunigung), von Gramm zu Tonnen, vom Gefrier- zum Siedepunkt des Wassers, von einfachen (isolierten oder punktförmigen) zu linearen Systemen (mit kurzen, unverzweigten, linearen Kausalketten). Für diese „Dimensionen" sind unsere Wahrnehmungs- und Erfahrungsstrukturen tauglich, an ihnen wurden sie erprobt und ausgelesen, daran haben sie sich bewährt. Unsere kognitiven Strukturen sind auf den Mesokosmos „geprägt", ihm sind sie gewachsen.

Die Grenzen des Mesokosmos liegen nicht genau fest. Einmal brauchen sie bei verschiedenen Personen nicht genau übereinzustimmen. Der Mesokosmos des Farbenblinden zum Beispiel enthält natürlich keine Farben. Sie können sich ferner mit zunehmendem Lebensalter verschieben. So geht die Empfindlichkeit für höhere Töne mit zunehmendem Alter immer mehr verloren. Und sie können schließlich durch Erziehung, durch Übung, durch Aufmerksamkeit und durch sprachliche Mittel beeinflußt, insbesondere erweitert werden. So lernen Tabaksortiererinnen bis zu 30 verschiedene Brauntöne zuverlässig einzuordnen; Eskimos unterscheiden und benennen 20 verschiedene Sorten Schnee; die Farbwahrnehmung und somit auch die Farbunterscheidung wird durch die zur Verfügung stehenden Farbwörter geleitet.

Es ist also nicht möglich, die Grenzen des Mesokosmos *genau* und allgemeinverbindlich anzugeben. Sinnvoll ist nur die Angabe der jeweiligen Größenordnung. Diese Unschärfe betrifft jedoch nur die Grenzziehung. In den meisten Fällen ist die Zuordnung einer Struktur zum Mesokosmos durchaus eindeutig. Ebenso gibt es Bereiche, die unzweifelhaft *außerhalb* des Mesokosmos liegen. Der Umfang des Mesokosmos läßt sich also keineswegs beliebig erweitern.

Wir wissen aber sehr wohl, daß niemand mit dem fertigen Mesokosmos zur Welt kommt, daß vielmehr auch die kognitive Erfassung und Aneignung des Mesokosmos einem individuellen Reifungsprozeß unterliegt. Wir könnten geradezu von einer „Ontogenie des Mesokosmos“ sprechen.

Auf jeden Fall stellt der Mesokosmos nur einen *Ausschnitt* der realen Welt dar. Die Welt umfaßt weit mehr Strukturen und Systeme, als wir mesokosmisch bewältigen. Außerhalb des Mesokosmos liegen vor allem die besonders kleinen, die besonders großen und die besonders komplizierten Systeme.

Auf die räumlichen Abmessungen kommt es dabei nicht unbedingt an. Das Magnetfeld der Erde ist von durchaus makroskopischer Größenordnung; trotzdem ist es nicht Teil unseres Mesokosmos, da wir kein Sinnesorgan dafür besitzen. Gleichwohl gehört es zur kognitiven Nische einiger anderer Lebewesen (Vögel und Insekten), die sich am Magnetfeld der Erde und sogar an seinen Inhomogenitäten orientieren.

Ähnliches gilt für elektrische Felder, die wir – anders als z.B. der Nilhecht oder der Tapirfisch – nicht mit unseren Sinnen, sondern allenfalls über technische Hilfsmittel registrieren können. Nicht zu unserem Mesokosmos gehören auch ultraviolettes Licht, Röntgenstrahlen oder Radiowellen, aber auch Kohlenmonoxid und zahlreiche weitere Stoffe. Umgekehrt sehen wir Licht, *obwohl* uns seine Wellennatur (und erst recht der Welle-Teilchen-Dualismus) mesokosmisch völlig unzugänglich ist. Es wäre jedenfalls verfehlt, den Mesokosmos mit dem üblichen Makrokosmos des Physikers gleichzusetzen. Eben deshalb haben wir den Begriff „Mesokosmos“ eingeführt.

Unser Erkenntnisapparat (Sinnesorgane, Zentralnervensystem und Gehirn) ist zunächst nur auf den Mesokosmos eingestellt. Entstanden ist er nicht als Erkenntnis-, sondern als Überlebensorgan. Es ist allerdings wichtig zu sehen, daß dieses Organ etwas leistet, worauf es gar nicht selegiert worden ist: Wir gewinnen theoretische Erkenntnis, die über den Mesokosmos weit hinausgreift. Evolutionsbiologisch ist diese für den Menschen charakteristische Fähigkeit eher als Nebenprodukt anzusehen. Es ist wohl kein Zweifel, daß diese Fähigkeit uns ungeheuer viel genützt, aber auch schon erheblich geschadet hat. Es wird an uns liegen, ob wir sie letztlich zum Wohl oder eher zum Wehe der Menschheit verwenden.

2 Was Anschaulichkeit nicht ist

Wie beim Begriff „Erkenntnis“ könnten wir Bände damit füllen, die Begriffe „Anschauung“ und „Anschaulichkeit“ durch Jahrhunderte philosophischen Nachdenkens und psychologischer Forschung zu verfolgen. Wir begnügen uns mit einer Explikation, mit der wir uns immerhin verständlich zu machen hoffen:

Ein Objekt ist anschaulich, wenn ich mir ein inneres Bild davon machen kann.

Die Fähigkeit, innere Bilder herzustellen, ist offenbar mit der internen Rekonstruktion von Außenweltstrukturen eng verknüpft. Jedoch ist das anschauliche Sichvorstellen nicht auf aktuelle Außenreize angewiesen. Wir können uns auch bei geschlossenen Augen, im Dunkeln oder im Traum etwas vorstellen.

Vorgestellte Dinge braucht man nicht wirklich gesehen oder erlebt zu haben. Das Innere der Erde, die Rückseite des Mondes, die Trabanten des Jupiter hat kaum jemand von uns gesehen, und doch kann man sie sich lebhaft vorstellen. Die vorgestellten Dinge brauchen nicht einmal zu existieren. Einhörner, das Ungeheuer von Loch Ness, eine 200 Jahre alte Frau oder ein drei Meter großer Mann sind durchaus vorstellbar, obwohl sie nicht existieren, zum Teil nicht einmal existieren können.

Dieses Vermögen ist sehr nützlich. An anschaulich vorgestellten Dingen können wir – „in Gedanken" – hantieren, Probehandlungen ausführen, Alternativen durchprobieren und bewerten und die voraussichtlich effektivste Alternative wählen. Diese Fähigkeit erspart Zeit, Energie und Risiko. Unter evolutionären Gesichtspunkten ist es also verständlich, wie sich unser Anschauungsvermögen entwickeln konnte.

Welche Objekte sind nun anschaulich? Von welchen Objekten können wir uns denn ein inneres Bild machen? Was wir uns wünschen, ist also nicht nur eine *Definition*, sondern eine genauere *Charakterisierung* des Begriffs „anschaulich" bzw. der Klasse der anschaulichen Objekte, also ein notwendiges und hinreichendes *Kriterium* für Anschaulichkeit.

Mesokosmische Strukturen sind anschaulich. Das folgt im Grunde schon aus der Definition des Mesokosmos, ist also eine analytische Aussage. Mesokosmische Erkenntnis besteht ja gerade darin, daß wir in Wahrnehmung und Erfahrung äußere Objekte intern rekonstruieren, also anschauliche Bilder dieser Objekte herstellen.

Sind aber auch *nur* mesokosmische Objekte anschaulich? Es wäre natürlich bequem, den Begriff der Anschaulichkeit willkürlich auf mesokosmische, also erlebte oder erlebbare Strukturen zu beschränken. Diese Festlegung würde jedoch unserem tatsächlichen Sprachgebrauch nicht gerecht. Weder eine 200 Jahre alte Frau noch ein drei Meter großer Mann werden uns je begegnen; trotzdem haben wir keine Schwierigkeiten, sie uns vorzustellen. Auch die Kugelgestalt, die Rotation oder die Bahnbewegung der Erde sind nicht erlebbar, gelten aber durchaus als anschaulich. Wir sollten also den Begriff des „Anschaulichen" weiter fassen als den des „Mesokosmischen".

Einige Autoren sind darin sehr weit gegangen. Sie haben Anschaulichkeit schlicht für eine Frage der *Gewöhnung* erklärt. Danach sollte uns alles anschaulich werden, womit wir uns hinreichend lange beschäftigen. Dieser Anschaulichkeitsbegriff ist aber ganz unangemessen. Er ist zu weit, da er keinen einzigen Fall ausschließt. (Man kann ja immer behaupten, die Gewöhnungszeit habe eben nicht ausgereicht.) Er ist unpräzise, da er zwischen individueller Gewöhnung und phylogenetischer Anpassung nicht unterscheidet. (Heißt „hinreichend lange" vielleicht auch „nach hinreichend vielen Generationen"?) Er ist unzutreffend, da niemand behaupten wird, er könne sich eine endliche, aber unbegrenzte dreidimensionale Welt vorstellen. (Dies nicht einmal dann, wenn wir gute Gründe haben sollten für die Annahme, daß unsere Welt tatsächlich diese Struktur hat.) Und er verkennt den grundsätzlichen Unterschied zwischen Erfahrung im Umgang mit Kalkülen und eigentlicher Anschaulichkeit. Eine Frage der reinen Gewöhnung ist Anschaulichkeit jedenfalls nicht.

Mehrere Denker wie Helmholtz, Poincaré oder Reichenbach haben deshalb eine engere Explikation vorgeschlagen. Danach ist eine Struktur dann anschaulich, wenn man sich die Erfahrungen ausmalen kann, die man mit bzw. in einer solchen Struktur machen würde. Ob die Erfahrungen tatsächlich gemacht wurden, spielt dabei keine Rolle. Diesen Begriff von Anschaulichkeit könnte man als „Projektion auf die Erfahrungsebene" charakterisieren.

Aber auch diese Explikation ist noch zu weit. Denn welche Struktur könnte danach überhaupt noch als unanschaulich gelten? Von empirisch-wissenschaftlichen Theorien verlangen wir doch, daß sie *prüfbar* sind, daß sie irgendwie auf unsere Erfahrungsebene projiziert, daß also wenigstens einige ihrer logischen Konsequenzen mit unmittelbaren Sinneseindrücken verglichen werden können. Prüfbarkeit schließt also Projizierbarkeit ein. Somit wären *alle* empirisch prüfbaren Theorien anschaulich. Sogar ein endliches, aber unbegrenztes Universum, eine vierdimensionale Kosmologie, eine akausale Theorie wären, wenn prüfbar, auch schon anschaulich.

Von den Vertretern dieser Explikation ist diese Konsequenz keineswegs beabsichtigt, erklären sie doch selbst noch gewisse Strukturen für durchaus unanschaulich. In der Frage allerdings, wo denn nun die Anschauung versagt, kommen sie zu ganz verschiedenen Ergebnissen. So schließen Helmholtz und Reichenbach die Vorstellbarkeit vierdimensionaler Räume aus; Poincaré hält sie dagegen für möglich, erklärt aber wenigstens Hilbertsche Räume für nicht vorstellbar.

Schließlich bliebe zu fragen, warum eine Struktur erst projiziert werden muß, um anschaulich zu sein. Liegt zwischen dem eigentlichen Objekt und seiner Projektion vielleicht gerade der entscheidende Übergang, so daß die Anschaulichkeit erst durch die Projektion erreicht wird? Tatsächlich kann man einen vierdimensionalen Würfel leicht in den dreidimensionalen Raum und sogar auf die zweidimensionale Papierebene projizieren. Die dreidimensionale Projektion läßt sich dabei recht gut (z.B. als Drahtgebilde) anschaulich vorstellen, das eigentliche Objekt, der vierdimensionale Würfel, dagegen nicht.

Die von Helmholtz gegebene und von anderen übernommene Explikation des Begriffs „anschaulich" ist also nicht sinnvoll. Sie schließt keine erfahrungswissenschaftliche Struktur aus, ist also zu weit. Bei ihrer Anwendung kommen auch ihre Vertreter zu verschiedenen Ergebnissen; folglich ist sie zu ungenau. Und sie verwischt den möglicherweise entscheidenden Unterschied zwischen Objekt und Projektion.

3 Transformation in den Mesokosmos

Wir haben verschiedene Auffassungen über Anschaulichkeit studiert. Die Annahme, Anschaulichkeit sei lediglich eine Frage der Gewöhnung, haben wir als falsch erkannt. Ebenfalls noch zu weit ist die Charakterisierung von „anschaulich" als „auf die Erfahrungsebene projizierbar". Dagegen ist die Gleichsetzung von „anschaulich" mit „mesokosmisch" zu eng. Was wir suchen, ist eine Charakterisierung, die mesokosmische Systeme einschließt und noch weitere Objekte zuläßt. Das sind insbesondere solche Systeme, welche die gleiche Struktur haben, aber kleiner oder größer, kälter oder wärmer, älter, schneller oder schwerer sind als alle mesokosmischen Objekte.

Das Planetensystem als Ganzes ist *in seiner Größe* nicht vorstellbar; seine Abmessungen liegen weit außerhalb jeder mesokosmischen Größenordnung. Wir können uns aber das Planetensystem *verkleinert* denken, z.B. um einen Faktor 10^{12}. Dann entsteht ein durchaus mesokosmisches Objekt, eines jener „Planetarien", wie sie früher vielfach gebaut wurden und auch heute noch der Veranschaulichung dienen. Bei dem genannten Faktor hätte die Sonne einen Durchmesser von 1,4 mm, die Erdbahn einen Radius von 1,5 m, der Neptun einen Bahnradius von 45 m. Die Abstände der Planeten von der Sonne würden sich auch hier – wie in Wirklichkeit – von Planet zu Planet etwa verdoppeln; die *Abstandsverhältnisse* blieben also erhalten. So etwas kann man sich nicht nur vorstellen, sondern sogar herstellen.

In diesem Sinne ist zwar nicht die Größe, wohl aber die *Struktur* des Planetensystems durchaus vorstellbar. Das ist wohl der Grund dafür, daß wir unser Planetensystem „anschaulich" nennen. Es war uns möglich, es durch Verkleinerung seiner linearen Abmessungen in ein mesokosmisches Objekt zu verwandeln. Ähnlich ist auch die Kugelgestalt der Erde (außer für Astronauten) nicht unmittelbar erlebbar, aber doch anschaulich, da wir auch die Erde durch Verkleinerung auf ein mögliches mesokosmisches Objekt abbilden können. Wir verallgemeinern diesen Gedanken und explizieren: *Eine Struktur ist anschaulich (oder vorstellbar) genau dann, wenn es möglich ist, sie durch eine reguläre Transformation eines oder mehrerer ihrer Grundparameter in eine mesokosmische Struktur zu verwandeln.*[1]

Die *Grundparameter* bei Planetensystem und Erde waren die linearen Abmessungen. Die zulässigen Transformationen sind jedoch nicht auf räumliche Abmessungen beschränkt; sie können auch Winkel, Zeiten, Geschwindigkeiten, Beschleunigungen, Gewichte usw. betreffen. Sogar Naturkonstanten dürfen dabei transformiert werden. So können wir in der Speziellen Relativitätstheorie die Lichtgeschwindigkeit, in der Mikrophysik das Plancksche Wirkungsquantum oder die Elementarlänge, in der Kosmologie das Weltalter versuchsweise auf mesokosmische Größenordnungen transformieren und prüfen, ob die dabei entstehenden Strukturen anschaulich werden.

Daß die Transformation *regulär* sein muß, soll zweierlei bedeuten. Erstens darf der Transformationsfaktor weder Null noch Unendlich sein. Andernfalls könnte man ja Größen ganz zum Verschwinden bringen, könnte Längen auf Null oder Unendlich transformieren, während die Anschaulichkeit unter Umständen gerade auf der *Endlichkeit* bestimmter Strukturen beruht. Als Transformationsfaktoren sind also nur positive, endliche, reelle Zahlen zugelassen. Ist der transformierte Parameter ein Winkel, so müssen unter Umständen spezielle Winkel wie 0°, 90°, 180° . . . wegen ihrer singulären Eigenschaften

$$\sin 0^\circ = \cos 90^\circ = \sin 180^\circ = 0, \quad \tan 90^\circ = \infty$$

ausgeschlossen werden.

Zweitens darf es sich bei dem einschlägigen Parameter nicht um eine Größe handeln, die ihrer Natur nach ganzzahlig ist, wie zum Beispiel eine Dimensionszahl oder eine Quantenzahl. Der Übergang von einem vierdimensionalen zu einem dreidimensionalen Raum (oder Würfel), von einem Viereck zu einem Dreieck oder von einem vierwertigen zu einem dreiwertigen Atom ist deshalb keine „reguläre" Transformation. Ein gewöhnlicher Würfel ist ja auch kein anschauliches Modell für einen Hyperwürfel, sondern allenfalls eine gute *Analogie*.

Natürlich sind nach unserer Explikation alle mesokosmischen Objekte anschaulich. Dazu brauchen wir als Transformation ja nur die identische Abbildung zu wählen. Aber es können eben auch nicht-mesokosmische Objekte anschaulich sein, wie wir das von unserer Explikation verlangt hatten. Der Begriff des Anschaulichen reicht also weiter als der des Mesokosmischen. Insofern befinden wir uns auch mit ihm schon „jenseits des Mesokosmos". Diese „Jenseitigkeit" ist jedoch nicht entscheidend. Der Titel dieses Beitrags bezieht sich vielmehr auf jene Grenze, die anschauliche von unanschaulichen Strukturen trennt.

4 Grenzen der Anschauung

Eine Struktur ist anschaulich, wenn sie regulär in eine mesokosmische Struktur transformiert werden kann. Das Planetensystem ist anschaulich, weil wir bei billionenfacher Verkleinerung ein mesokosmisches Objekt erhalten. Die ungeheure Größe dieses Systems hindert uns also nicht, es uns – wenn auch nur verkleinert – anschaulich vorzustellen.

Nun versuchen wir, ein Atom um den Faktor 10^{12} zu vergrößern. Wie sähe es aus? Natürlich hängt die Antwort davon ab, wie Atome beschaffen sind. Wären Atome kleine harte Kugeln mit Haken und Ösen, wie die Antike sie sich *vorstellte*, so würden wir bei genügender Vergrößerung unschwer mesokosmische Objekte erhalten. Wären die Atommodelle von Dalton, Thomson, Rutherford oder Bohr korrekte Beschreibungen von Atomen, dann würden wir ebenfalls noch mesokosmische Strukturen bekommen. Nicht umsonst hat man das komplizierteste unter ihnen, das Bohrsche Atom, mit einem Planetensystem im kleinen verglichen. Aber wie sind Atome *wirklich*, und wie sähen wirkliche Atome aus, wenn sie entsprechend vergrößert würden?

Die physikalische Theorie, die Atome am erfolgreichsten und somit wohl auch am richtigsten beschreibt, ist die Quantentenmechanik. Und nach dem, was die Quantenmechanik über Atome sagt, können wir uns Atome auch dann nicht vorstellen, wenn wir sie uns billionenfach vergrößert denken. *Atome sind unanschauliche Objekte*. Sie sind aber nicht unanschaulich, weil sie so klein sind. Ihre *Kleinheit* könnten wir ja durch geeignete Tranformation aufheben. Sie sind unanschaulich, weil ihre Struktur nicht mesokosmisch ist; weil es kein mesokosmisches Objekt gibt, das eine vergleichbare Struktur hätte; weil sie Eigenschaften besitzen, die uns mesokosmisch nie begegnen.

So müssen wir feststellen: Atome und Elektronen sind unanschaulich *nicht* wegen ihrer Kleinheit, sondern weil sie viele Eigenschaften mesokosmischer Objekte nicht besitzen und gleichzeitig Eigenschaften haben, denen mesokosmisch nichts entspricht.

Der tiefere Grund für diese Besonderheiten des Mikrokosmos ist beim Planckschen Wirkungsquantum zu suchen. In allen Gesetzen der Quantenphysik spielt diese Naturkonstante ($h = 6{,}6 \cdot 10^{-34}$ Js) eine wichtige Rolle:

Einstein-Beziehung	$E = h\nu$
de Broglie-Relation	$p = \frac{h}{\lambda}$
Schrödinger-Gleichung	$-\frac{h}{2\pi i}\dot{\Psi} = H\,\Psi$
Unschärfe-Relation	$\Delta x \cdot \Delta p \geqslant \frac{h}{2\pi}$
Tunneleffekt	(Gamow-Faktor $\sim \frac{1}{h}$).

Es ist also nicht die Kleinheit des Wirkungsquantums, sondern sein *Grenzcharakter*, der für die Unanschaulichkeit der Mikrowelt verantwortlich ist.

Unter evolutionärem Aspekt dürfte uns die Existenz solcher Systeme nicht überraschen. Die Welt braucht nicht in allen Dimensionen die gleichen Strukturen aufzuweisen wie im Mesokosmos. Und wir sollten nicht erwarten, daß unser Anschauungsvermögen, das sich im Mesokosmos und in Anpassung an mesokosmische Objekte gebildet hat, auch zur Erfassung von Strukturen taugt, die außerhalb des Mesokosmos liegen. Tatsächlich hat die moderne Physik viele weitere Strukturen entdeckt, vor denen unser Anschauungsvermögen versagt. Tabelle 1 gibt einen Überblick über solche Systeme, über die nichtmesokosmischen Bereiche, zu denen sie gehören, und über die wissenschaftlichen Disziplinen, die sich mit ihnen befassen.

Es wäre zweifellos lohnend, in allen Einzelfällen herauszufinden, welche Elemente es sind, die ein Objekt, eine Struktur oder eine Theorie für uns unanschaulich machen. Wir können das hier nicht leisten. Wir haben jedoch schon in der Tabelle (vierte Spalte) einige dieser Schwierigkeiten genannt. Auf zwei davon sei noch besonders eingegangen.

In der Speziellen Relativitätstheorie spielt bekanntlich die Lichtgeschwindigkeit eine besondere Rolle: Sie stellt eine Grenzgeschwindigkeit dar; größere Signalgeschwindigkeiten gibt es nicht. Im Mesokosmos haben wir es nun immer nur mit Geschwindigkeiten zu tun, die gegenüber der Lichtgeschwindigkeit verschwindend klein sind. Deshalb wirkt sich der Grenzcharakter der Lichtgeschwindigkeit im Mesokosmos überhaupt nicht aus. Zu jeder Geschwindigkeit können wir uns noch eine größere vorstellen, eine größte dagegen nicht. So kannte auch die klassische Physik zwar den *Wert* der Lichtgeschwindigkeit, nicht aber ihren *Grenzcharakter*. Eine instantane Signalübertragung (Fernwirkung ohne Zeitverlust) hielten viele wegen der Erfolge der Newtonschen Theorie für durchaus möglich.

Tab. 1: Unanschauliche Objekte und Strukturen

Bereiche	**Systeme**	**Theorien**	**Gründe für Unanschaulichkeit**
sehr kleine Abstände (kurze Zeiten)	Quarks Elementarteilchen Atome, Moleküle	Quantenchromodynamik (QCD) Quantenmechanik	Wirkungsquantum mit Grenzcharakter, absoluter Zufall
sehr große Entfernungen (lange Zeiten)	Sterne, Galaxien Universum als Ganzes	Astrophysik Kosmologie	absolute Zeitskala durch Urknall, Probleme des Unendlichen
sehr große Geschwindigkeiten	Elektronen in Atomen, Teilchen in Beschleunigern, kosmische Strahlung	Spezielle Relativitätstheorie	Lichtgeschwindigkeit als Grenzgeschwindigkeit
sehr große Beschleunigungen	Weiße Zwerge, Neutronensterne, Schwarze Löcher	Allgemeine Relativitätstheorie	nicht-euklidische Strukturen
Zufall	Roulette, Zufallsgenerator	Wahrscheinlichkeitsrechnung	statistische Unabhängigkeit
große Komplexität:			
replikative Systeme	Biomoleküle, Organismen	Biologie	Rückkopplung (zyklische Kausalität)
hierarchische Systeme	Nervensysteme, Gehirne, Computer	Neurowissenschaften Informatik	hierarchische Organisation, Durchstrukturierung
chaotische Systeme	Laser, Ferromagnet, Gase, Flussigkeiten, Atmosphäre, Wetter, Erdmagnetfeld	Synergetik Meteorologie Geophysik	schwache Kausalität, Symmetriebrechung

Es ist also nicht die Größe der Lichtgeschwindigkeit, die für die Unanschaulichkeit der Relativitätstheorie verantwortlich ist. Diese läßt sich ja durchaus auf mesokosmische Dimensionen transformieren, ohne daß dadurch Anschaulichkeit erreicht würde. Es ist vielmehr – genau wie beim Wirkungsquantum – der *Grenzcharakter,* zu dem es kein mesokosmisches Analogon gibt.

Wichtig ist allerdings folgende Überlegung. Läge die größte Signalgeschwindigkeit im mesokosmischen Bereich, z.B. in der Größenordnung der Schallgeschwindigkeit, so könnten wir relativistische Effekte auch mesokosmisch erleben. Wir dürfen annehmen, daß sich Lebewesen auch an eine derartige Welt anpassen könnten, wie ja z.B. Fledermäuse die Endlichkeit der Schallgeschwindigkeit nicht nur berücksichtigen, sondern sogar zur Echoortung benutzen. Dabei würde es sich natürlich um eine phylogenetische, nicht um eine ontogenetische Anpassung handeln. Es besteht deshalb keine Aussicht, daß wir durch ausgiebiges Training eine spezielle Anschauung für relativistische Effekte entwickeln.

Man wird auch behaupten dürfen, daß uns die Endlichkeit der Erdoberfläche nicht intuitiv klar ist. Wieder handelt es sich um eine Größe mit Grenzcharakter. In unserem Verhalten, insbesondere in unserem Vermehrungsverhalten und im Umgang mit unserer Umwelt, gehen wir aber immer noch von der Fiktion aus, daß sich unser Lebensraum bei Bedarf beliebig erweitern ließe. Daß es sich dabei um eine folgenreiche Fehleinschätzung handelt, können wir uns zwar rational klarmachen; aber wirklich darauf eingestellt haben wir uns noch nicht. Vielleicht ist die *Einsicht* in die mesokosmische Gebundenheit unseres Denkens und Handelns wenigstens ein Schritt in die richtige Richtung.

An ganz anderen Problemen scheitert unsere Anschauung bei komplexen Systemen. Hier sind es nicht die Abmessungen der Objekte, nicht die Größe oder Kleinheit der Grundkonstanten und auch nicht deren Grenzcharakter, die unser Vermögen übersteigen. Es ist auch nicht die *Zahl* der Bausteine, sondern die *Vielfalt ihrer Wechselwirkungen*.

Intuitiv zugänglich sind uns nur ganz einfache kausale Beziehungen, etwa statische Systeme bis hin zu Systemen mit linearer Kausalität und linearem Wachstum. Demgegenüber treten in komplexen Systemen ganz neue kausale Beziehungen auf, lange Kausalketten (Spätfolgen!), kausale Verzweigungen (Nebenwirkungen!), rückgekoppelte Systeme mit zyklischer Kausalität, mit Selbstregulation oder mit exponentiellem Wachstum, chaotische Systeme mit schwacher Kausalität.

Wir können nicht auf alle diese Probleme eingehen. Es sollte aber deutlich geworden sein, wie verzweigt und wie weitreichend die Problematik unserer mesokosmischen Passung ist und wie sehr sie eine intensivere Beschäftigung erfordert und lohnt.

5 Irrwege der Intuition

Zwischen intuitivem Urteil und wirklichem Sachverhalt bestehen oft erstaunliche Unterschiede.

Hier seien nur einige Beispiele genannt.[2] Langfristiges Kapitalwachstum bei Zinseszins wird von uns regelmäßig unterschätzt. – Ebenso verkennen wir das exponentielle Wachstum der Erdbevölkerung. – Ganz allgemein haben wir wenig Einsicht in das Verhalten von Systemen mit positiver Rückkopplung. – Meistens begnügen wir uns mit linearen Extrapolationen. So unterschätzen wir auch die Zahl gleichzeitiger Geburtstage in einer größeren Gruppe. – Beim Glücksspiel erwarten wir eine Art ausgleichender Gerechtigkeit: Nach Rotserien beim Roulette erwarten wir mit intuitiver Gewißheit (aber gänzlich zu Unrecht) Schwarz und verrennen uns in diese unvernünftige Erwartungshaltung desto stärker, je länger die Rotserie wird. – Mit Zufallsereignissen werden wir immer nur schwer fertig. – Entscheidungen unter Risiko fällen wir häufig ganz im Gegensatz zu rationalen Erwägungen.

Gibt es auch eine *intuitive Physik?* Gibt es intuitive Urteile über physikalische Vorgänge, z.B. über Bewegungsabläufe, die sich objektiv als unhaltbar erweisen? Wie kommen diese Fehleinschätzungen zustande? Können wir unsere Intuition umstellen? Ist Intuition belehrbar? Wird vielleicht der Kenner der Newtonschen Mechanik solchen Fehlleistungen nicht mehr unterliegen? Zu diesen Fragen sind in jüngster Zeit interessante psychologische Untersuchungen angestellt worden.[3] Einige Ergebnisse sind in Tabelle 2 zusammengestellt.

Tabelle 2: Wie erleben wir Bewegungen?

Fragestellung	**Antworten von College-Studenten**	**Anteil**
Jemand trägt einen Stein in Schulterhöhe und läßt ihn im Gehen fallen. Welche Flugbahn wird der fallende Stein beschreiben?	Viele Menschen vermuten, der Stein werde senkrecht nach unten fallen und genau unterhalb der Stelle aufkommen, an der er losgelassen wurde. (A)	45 %
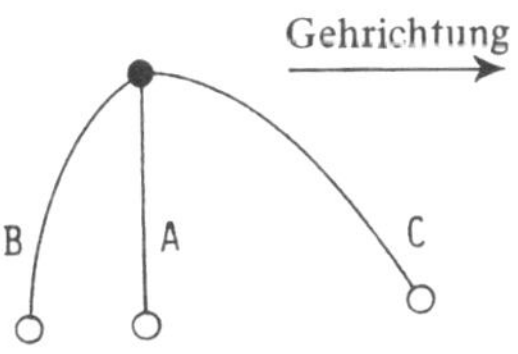	Manche sind sogar überzeugt, er müsse rückwarts fliegen und hinter seinem Ausgangspunkt landen. (B)	6 %
	In Wahrheit beschreibt der Stein nach waagerechtem Start eine parabelförmige Bahn und schlägt weit vor dem Ausgangspunkt auf dem Boden auf. (C)	49 %

Fragestellung	**Antworten von College-Studenten**	**Anteil**
Eine Kugel wird an einer Schnur im Kreis herumgeschleudert. Wie wird sie davonfliegen, wenn die Schnur plötzlich reißt?	Zahlreiche Probanden glauben, die Kugel werde auch nach dem Loslassen eine *gekrümmte* Bahn beschreiben. (A)	30 %
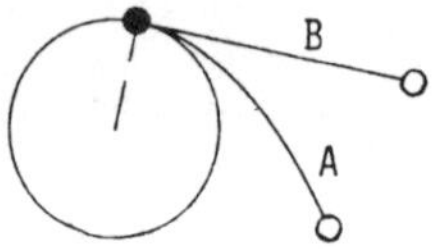	Andere geben andere falsche Antworten.	19 %
	In Wahrheit fliegt die Kugel auf einer Geraden, welche die ursprüngliche Kreisbahn als Tangente verläßt. (B)	51 %
Eine Kanonenkugel wird waagerecht abgeschossen. Welche Flugbahn wird sie beschreiben?	Einige meinen, das Geschoß folge zunächst einer Geraden, um dann senkrecht nach unten zu fallen. (A)	5 %
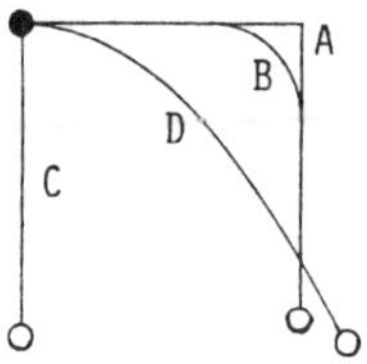	Viele vertreten auch die Auffassung, die Bahn lasse sich in drei Phasen unterteilen: eine waagrechte, eine gebogene und eine senkrechte. (B)	35 %
	Andere vermuten, die Kugel werde senkrecht nach unten fallen. (C)	32 %
	In Wahrheit fliegt die Kugel (nach Galilei) auf einer Parabelbahn, nie ganz waagerecht, nie ganz senkrecht. (D)	28 %
Eine Scheibe soll so über den Tisch geschubst werden, daß sie ein aufgezeichnetes Ringsegment an den geraden Kanten schneidet, ohne jedoch die Kreisbögen zu berühren.	Viele Teilnehmer versuchen, die Scheibe auf eine gekrümmte Bahn (A') zu zwingen, indem sie ihr vor dem Loslassen eine kreisförmige Anfangsbewegung erteilen. (A)	25 %
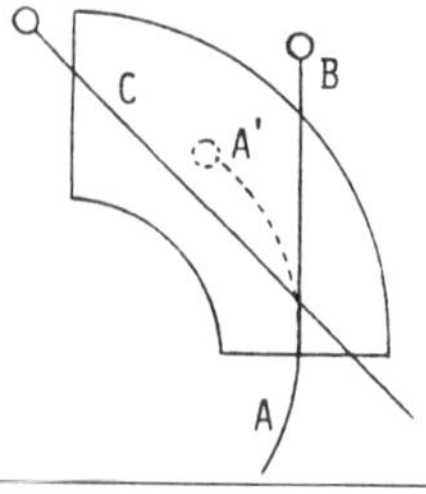	Andere mühen sich mit anderen Fehlversuchen ab.	8 %
	In Wahrheit bewegt sich der „Puck" nach dem Loslassen geradlinig. (B) Die richtige Lösung der Aufgabe zeigt deshalb nur C.	67 %

Sie zeigen, daß viele Menschen eine intuitive Bewegungslehre benutzen, die den Prinzipien der Newtonschen Mechanik widerspricht. Sind das typische Fehlleistungen von Ungebildeten? Nein, die Versuche wurden mit amerikanischen College-Studenten gemacht; sie entsprechen etwa unseren Oberstufenschülern. Hatten sie vielleicht noch nie etwas von Newtonscher Physik gehört? Im Gegenteil, viele hatten sogar bereits einen einführenden Physikkurs besucht. Werden sie wenigstens auf ihren Irrtum aufmerksam, wenn man sie bittet, ihre Vermutungen zu begründen? Keineswegs, sie liefern für ihre Erwartungen sogar Argumente, die dann eindeutig im Widerspruch zur Newtonschen Theorie stehen.

Diese Befragungen führen zu einer weiteren Überraschung. Man könnte ja geneigt sein, die Fehlleistungen der Probanden einfach als kuriose Irrtümer abzutun. Der Irrtum hat aber System. Die Darstellungen und Argumente entsprechen bis in Einzelheiten einer Bewegungslehre, wie sie in den Jahrhunderten *vor* der Newtonschen Mechanik bereits einmal vertreten wurde.

Die aristotelische Physik wurde ja nicht erst durch Galilei und Newton kritisiert. Schon im späten Mittelalter war sie durch eine Bewegungslehre ergänzt und korrigiert worden, die nach ihrem wichtigsten Begriff den Namen „Impetustheorie" trägt. Der französische Philosoph Buridan (ca. 1300–1385) hat ihre zentrale These formuliert: Ein Körper wird dadurch in Bewegung versetzt, daß man ihm eine bewegende Kraft verleiht, den *Impetus*, der den Körper auch nach dem Loslassen in die vorgegebene Richtung bewegt, aufwärts, seitwärts oder im Kreis.

Auch die Impetustheorie geht also von der aristotelischen Annahme aus, daß jede Bewegung einer Ursache bedürfe. Allerdings verlegt sie diese Ursache von der Umgebung des Körpers in den Körper selbst. Der Impetus wird dem Geschoß mitgegeben; während der Bewegung nimmt er dann ständig ab, bis er ganz verbraucht ist; damit kommt der Körper zur Ruhe. Die Impetustheorie beschränkt sich nicht auf geradlinige Bewegungen. Kreisförmige Bewegungen wie die eines Rades oder der Gestirne werden durch einen *Kreisimpetus* aufrechterhalten, der sich ebenfalls verbraucht, falls er nicht erneuert wird.

Die Bewegungslehre, der wir intuitiv folgen, entspricht also recht genau einem Stadium physikalischer Theorienbildung, das etwa drei Jahrhunderte vor Newton erreicht war. Man kann nun zeigen, daß unsere falschen Vorstellungen über Bewegungen auf Täuschungen in der Wahrnehmung zurückgehen, insbesondere auf die Wahl eines falschen Bezugssystems. Unsere Wahrnehmungsmechanismen sind aber ihrerseits mesokosmisch geprägt, zu großen Teilen sogar genetisch bedingt. Durch Belehrung, besseres Wissen und rationale Argumente können sie zwar als fehlerhaft erkannt, aber nicht umgestellt werden. Auch in Kenntnis der Newtonschen Physik unterliegen wir den genannten Wahrnehmungstäuschungen und intuitiven Fehlurteilen, wenn wir sie nicht aufgrund rationaler Überlegungen verwerfen.

Wir kommen so zu einer interessanten Übereinstimmung: Die Bewegungslehre des späten Mittelalters, die Impetustheorie, ist eine recht gute Formulierung der physikalischen Vorstellungen, denen wir *intuitiv* folgen; sie ist wahrhaft *mesokosmische* Physik. Sie ist jene Physik, die wir im Alltag benützen. Mehr noch, sie ist auch die Physik, die ein Schüler mitbringt, bevor er gründlichen physikalischen Unterricht genießt. Er kommt keineswegs unvoreingenommen oder als tabula rasa zum Unterricht. Ein Teil seiner Vorstellungen ist genetisch bedingt; ein weiterer Teil ist durch Alltagserlebnisse geprägt; und Sprache und Erziehung haben weitere Vorurteile hinzugefügt. Viele dieser intuitiven Voraus-Urteile sind in mehrfacher Hinsicht bedenklich.

Sie sind zunächst einmal *falsch*. Sie stehen nicht nur zur modernen Physik im Widerspruch, zum Beispiel zu Relativitäts- und Quantentheorie, sondern bereits zur Newtonschen Physik.

Die genannten Voraus-Urteile sind ferner als mesokosmische „Überzeugungen" *unkorrigierbar*. Wahrnehmungstäuschungen lassen sich eben nur in den seltensten Fällen beseitigen. So werden die intuitiven Vorstellungen von Bewegungsabläufen fehlerhaft bleiben, sogar dann, wenn die Newtonsche Bewegungslehre als die richtigere bereits vermittelt worden ist.

Meistens sind die Voraus-Urteile dem Schüler gar *nicht bewußt*. Er weiß nicht, warum ihm einige Lehrsätze der Newtonschen Physik so wenig einsichtig sind; er weiß nicht, daß er das Umweltgeschehen nach wie vor mesokosmisch erlebt und deutet; er weiß nicht, daß sein intuitives Verständnis der Physik mesokosmisch „verbogen" ist.

Und häufig sind diese Tatsachen auch dem Lehrer *nicht bekannt*. Wenn er überhaupt an eine „mesokosmische" Physik denkt, so wird er der Meinung sein, diese Alltagsphysik sei die klassische oder wenigstens die Newtonsche Mechanik. In dieser (falschen) Vermutung wird er bestärkt durch Philosophen, die behaupten, große Teile der Newtonschen Physik seien – wie z.B. Kant gezeigt habe – *a priori* gewinnbar, d.h. ohne Rückgriff auf die Erfahrung einsehbar, einfach deshalb, weil unsere Anschauungsformen und Kategorien keine wesentlich anderen als newtonsche Erfahrungen zuließen.

Die Evolutionäre Erkenntnistheorie übt an dieser transzendentalphilosophischen Begründung Newtonscher Grundsätze mehrfach Kritik.[4] Dazu gehört die Feststellung, daß Kant selbst die Newtonsche Physik, insbesondere das Trägheitsgesetz, niemals richtig verstanden hat. Dazu gehört die Tatsache, daß Sätze der Newtonschen Physik, die nach Kant a priori sein sollten, sich als falsch erwiesen haben. Und dazu gehört eben auch der psychologische Befund, daß unsere mesokosmisch-anschauliche Bewegungslehre die mittelalterliche Impetustheorie ist und nicht Newtons Mechanik.

6 Plädoyer für eine kontrastierende Didaktik

Es ist viel schwieriger, Vorurteile zu beseitigen, als Unvoreingenommenen neues Wissen zu vermitteln. Viele Physiklehrer wären gewiß erstaunt, ja entsetzt, wenn sie wüßten, wie ihre Schüler auch noch in Kenntnis der Newtonschen Physik Bewegungsvorgänge erleben, beschreiben und deuten. *Offenbar bauen viele Schüler die neuerworbenen Kenntnisse in ihre intuitive Impetustheorie ein, statt umgekehrt ihre intuitiven Vorstellungen zu korrigieren.*

Um diese Mißerfolge zu vermeiden, müssen solche Fehlinterpretationen bei Schülern und Lehrern zuerst einmal *bewußtgemacht* werden. Der Lehrer sollte die Schüler ausdrücklich nach ihren intuitiven Vorstellungen *fragen*, diese *diskutieren* lassen, sie einander *gegenüberstellen* und ihre Widersprüche als offene und (hoffentlich) empirisch entscheidbare *Probleme* kenntlich machen. Die anschließenden Experimente und Argumente dienen dann nicht einfach der Vermittlung von neuem Wissen, sondern der Lösung von Problemen, der Beseitigung von Widersprüchen, der Korrektur tiefwurzelnder Überzeugungen.

Der Unterricht soll also nicht nur vermitteln, was der Fall ist, sondern zugleich auch klarmachen, was damit dann *nicht* mehr der Fall sein kann. Der Informationswert einer solchen *Kontrastbildung* kann gar nicht überschätzt werden. Erst in der Gegenüberstellung zeigt sich, wo die wichtigen Aussagen, die eigentlich neuen Erkenntnisse liegen. Bei einem solchen Vorgehen wird man sich darüber Gedanken machen, wie man mesokosmische Vorurteile kenntlich macht und beseitigt. Wer in dem Bewußtsein, daß wir zunächst einmal naive Impetustheoretiker sind, das Trägheitsprinzip vermitteln will, der wird sich als Lernhilfe beispielsweise überlegen, in welchen Fällen reibungs- oder gar kräftefreie Bewegungen wenigstens näherungsweise realisiert sind (und dabei an Billardkugeln, Erddrehung oder Fadenpendel denken). Zudem sind Computersimulationen oder Videospiele denkbar, bei denen sich Objekte völlig reibungsfrei bewegen. Auch die Newtonsche Mechanik verdankt ihr Entstehen der Beobachtung der „ewigen“, weil nahezu reibungsfreien Bewegung der Gestirne, insbesondere der Planeten.

Eine solche „kontrastierende" Didaktik läßt sich auch wissenschaftstheoretisch sehr gut begründen. Nach Popper besteht der *empirische Gehalt* einer Theorie nicht in dem, was sie behauptet oder erzwingt, sondern in dem, was sie *ausschließt*. Eine Theorie ist also desto aussagekräftiger, je mehr sie *verbietet*. Der empirische Gehalt einer Theorie wird sich demnach auch im Unterricht besser vermitteln lassen, wenn deutlich gezeigt wird, zu welchen Aussagen, Theorien oder Überzeugungen sie im *Widerspruch* steht.

Kontrastierende Didaktik wird niemals in den Fehler verfallen, ein *kumulatives* Modell wissenschaftlichen Fortschritts zu vermitteln. Sie wird weder die Wissenschaftsgeschichte noch den individuellen Lernfortschritt so interpretieren, als ob es sich dabei um ein mosaikartiges Zusammenfügen von immer mehr Information handelte. Eine solche Darstellung würde nämlich weder den historischen Tatsachen noch den lernpsychologischen Gegebenheiten gerecht. Erkenntnisfortschritt besteht nicht einfach im Errichten neuer Denkgebäude, sondern zugleich auch im Zerstören und Beiseiteräumen älterer Überzeugungen.

Kontrastierende Didaktik läuft deshalb auch nicht Gefahr, ein *induktives* Wissenschaftsmodell zu suggerieren. In einem lebendigen Physikunterricht geht das Experiment im allgemeinen der Hypothesen- und Theorienbildung voraus. Viele Lehrer, vor allem aber die Schüler, neigen deshalb dazu, das Verhältnis von experimenteller Erfahrung und erklärender Theorie *induktiv* zu interpretieren, als ob die Theorie durch das Experiment nahegelegt würde oder sogar schlüssig daraus abgeleitet werden könnte. Das erste ist selten, das zweite nie der Fall. Empirische Tatsachen können eine Theorie niemals beweisen.

Die Gefahr einer „induktiven" Didaktik liegt darin, daß der Lernende den Eindruck erhält, die physikalischen Theorien seien, da auf Erfahrung gegründet, unumstößlich. Er wird dann überhaupt nicht begreifen, wieso Aristoteles durch die Impetustheorie, diese durch Galilei, Galilei durch Newton, dieser aber durch Einstein *korrigiert* werden konnte. Wie sollten gleiche Erfahrungen zu gegensätzlichen Theorien führen? Wie kann Galilei lehren, fallende Körper bewegten sich auf Parabelbahnen, wenn Kepler findet, daß Planeten elliptische Bahnen haben? Und wieso bedurfte es überhaupt genialer Köpfe, um aus Erfahrungen und Beobachtungen, die jedermann zur Verfügung standen, mit Hilfe einer Logik, die ebenfalls Allgemeingut ist, die richtigen Schlüsse zu ziehen?

Solche Paradoxien sind bei einem kumulativ-induktiven Wissenschaftsmodell unvermeidlich. In Wahrheit geht der Wissenschaftler jedoch hypothetisch-deduktiv vor. Wir prägen neue Begriffe, wir postulieren unbekannte Strukturen, wir formulieren kühne Hypothesen und unterwerfen sie strenger Kritik auf logischer, sprachlicher, experimenteller und methodologischer Ebene. Dabei werden alte Begriffe verworfen, vermutete Substanzen als nicht existierend erkannt, Lieblingshypothesen und populäre Auffassungen widerlegt. Dieses Verfahren läßt sich in einer kontrastierenden Didaktik zwanglos vorführen und erläutern. So lernt man nicht nur Physik, sondern gewinnt zugleich Einblick in die Wissenschaftsgeschichte und nicht zuletzt Vertrautheit mit wissenschaftlichen Denkweisen und Arbeitsmethoden.

Eine kontrastierende Didaktik kann es sich auch leisten, *qualitative Physik* zu betreiben. Dabei geht es nicht um genaue Zahlenwerte, sondern um qualitatives Verständnis, um Zusammenhänge, um Argumente. Qualitative Physik wird viel zu wenig betrieben. Sie setzt allerdings umfassende physikalische Kenntnisse voraus. Es ist deshalb wichtig, daß sich auch hervorragende Wissenschaftler mit gutem Überblick um eine solche qualitative Physik bemühen.[5]

Warum ist auf der Erde kein Berg höher als 10 km? Warum gibt es auf dem kleineren Mars größere Berge als bei uns? Warum sind fast alle Himmelskörper (Sterne, Planeten und Monde) kugelförmig? Warum sind die Marsmonde Deimos und Phobos *keine* Kugeln, sondern eher kartoffelförmig? Welche Masse müssen aktive Sterne mindestens, welche Masse können sie höchstens haben? Welche Kraft bewahrt die Erde vor einem gravitativen Kollaps, welche die Sonne, Weiße Zwerge, Neutronensterne, das Universum? Warum ist der Himmel blau, warum ist Gras grün, warum wird es nachts dunkel? Warum haben große Tiere meist dicke Beine? Warum gibt es keine Insekten von 2 m Größe?

Solche Fragen lassen sich von einer qualitativen Physik behandeln. Dabei gewinnt man im allgemeinen mehr *Verständnis* für Wesentliches und für allgemeine Zusammenhänge als durch noch so große Detailkenntnis.

Unter dem Aspekt einer kontrastierenden Didaktik läßt sich schließlich auch die Frage beantworten, ob es legitim ist, daß wir Theorien als zutreffend vermitteln, von denen wir wissen, daß sie strenggenommen falsch sind. Darf man überhaupt von einer Wurfparabel reden, obwohl kein Körper auf einer Parabel fliegt? (Selbst im Vakuum würde er sich auf einer Ellipse bewegen!) Dürfen wir von Keplerellipsen sprechen, obwohl kein Planet eine Ellipsenbahn beschreibt? (Die tatsächliche Bahn ist eine Rosette mit Periheldrehung durch klassische und allgemein-relativistische Effekte!)

Dürfen wir klassische Mechanik lehren, ohne darauf zu verweisen, daß Relativitäts- und Quantentheorie der klassischen Mechanik widersprechen?

Die Antwort lautet: Ja, wir dürfen Falsches lehren, allerdings nur unter zwei Bedingungen. Erstens dürfen wir dabei nicht den Eindruck erwecken, es handle sich um *induktiv* gewonnene oder gar um *end-*

gültige Wahrheiten. Zweitens muß der Lehrer wissen, welchen *Fehler* er macht, und ihn im Lichte der ihm bekannten besseren Theorie *verantworten* können. Bei einem solchen Vorgehen muß also der Lehrende über wesentlich mehr Wissen *verfügen*, als er tatsächlich *vermittelt*.

Diese Antwort läßt sich auch wissenschaftstheoretisch begründen. Wir sagen eine Theorie T_2 (z.B. Einsteins Gravitationstheorie) sei *tiefer* als Theorie T_1 (z.B. Newtons Gravitationstheorie), wenn T_2 die Theorie T_1 *korrigiert und gleichzeitig ihren (partiellen) Erfolg erklärt*. Wir müssen also die Fehler in T_1 aus der besseren Theorie T_2 abschätzen können. Nur wenn sie sich im fraglichen Kontext als vernachlässigbar erweisen, wenn also die tiefere Theorie *im Rahmen der angestrebten Genauigkeit* gleiche Ergebnisse liefert, dürfen wir diese Fehler unterschlagen. Aber auch dann empfiehlt sich der *gelegentliche* Hinweis, das es möglich und unter Umständen nötig ist, eine bessere Theorie einzusetzen.

7 Der Ausstieg aus dem Mesokosmos

Alle Erkenntnis beginnt im Mesokosmos. Trotz dieser mesokosmischen Prägung ist nun aber menschliche Erkenntnis nicht auf den Mesokosmos beschränkt. Vor allem die theoretische Erkenntnis greift weit über den Mesokosmos hinaus. Wir gewinnen Erkenntnis, die nicht mesokosmisch, nicht anschaulich, nicht Alltagswissen ist. Wir reden über Dinge, die man nicht sehen kann, für die wir überhaupt kein Sinnesorgan besitzen. Wir treiben Relativitäts- und Quantentheorie, Elementarteilchenphysik und Kosmologie, Molekularbiologie und Gehirnforschung. Wir reisen zum Mond und starten Sonden, die das Sonnensystem verlassen. Wir spalten Atomkerne, erzeugen künstliche Elemente und neue chemische Verbindungen und heilen tödliche Krankheiten. *Wie ist das möglich?*

Impetustheorie und Newtonsche Bewegungslehre widersprechen einander; sie können also nicht beide anschaulich sein. Da unsere intuitive Bewegungslehre etwa der mittelalterlichen Impetustheorie entspricht, muß bereits die Newtonsche Theorie unanschauliche Elemente enthalten. Die häufig geäußerte Vermutung, daß die klassische Physik oder wenigstens die Newtonsche Mechanik anschaulich gewesen sei, kann also nicht richtig sein. Tatsächlich enthält bereits Newtons Mechanik zahlreiche unanschauliche Elemente. Dazu gehören das *Trägheitsprinzip*, die Deutung der Gravitation als einer *Fernkraft* und der Begriff der *Punktmasse*.

Daß ein kräftefreier Körper in gleichförmiger Bewegung bleibt, ist keineswegs selbstverständlich. Hat man allerdings einmal die Idee der Reibung verstanden, so gelingt es doch relativ leicht, reale Bewegungen zu verstehen. Insofern stellt das Trägheitsprinzip keine allzu großen Anforderungen an das Abstraktionsvermögen.

Schwieriger ist es schon mit der Annahme einer Fernkraft, wonach sich gravitative Einflüsse ohne zeitliche Verzögerung ausbreiten und durch den ganzen Raum wirken sollten. Newtons Zeitgenossen wie Huygens oder Leibniz hielten die Idee einer in dieser Weise wirkenden Schwerkraft für absurd, unerklärlich, unvernünftig. Newton rechtfertigte sich pragmatisch mit dem Erfolg seiner Theorie und verzichtete (angeblich) auf Spekulationen über die Natur der Schwere („hypotheses non fingo"). Erst die Relativitätstheorie hat dann die Natur der Gravitation verstehen helfen, allerdings ohne dabei zur Anschaulichkeit zurückzuführen.

Eine Punktmasse ist ein ausdehnungsloser Körper mit endlicher Masse. Für einen Kartesianer, für den das charakteristische Merkmal der Materie ja gerade ihre Ausdehnung ist, ist so etwas nicht nur unanschaulich, sondern angeblich ganz *denkunmöglich*. Aber auch mesokosmisch gibt es so etwas nicht. Deshalb ist eine Punktmasse ein durchaus unanschauliches Gebilde. Was wir uns vorstellen, ist nicht ein ausdehnungsloser Körper, sondern ein winziges Körnchen Materie. Die Unanschaulichkeit beruht hier auf der Verwendung von *Grenzbegriffen* wie „unendlich klein" oder „punktförmig".

Die klassische Mechanik enthält viele weitere solche Grenzbegriffe und *Idealisierungen*, die in der physikalischen Wirklichkeit und erst recht im Mesokosmos niemals realisiert sind, z.B. „reibungsfreie Bewegung", „freier Fall", „absolutes Vakuum", „homogenes Gravitationsfeld", „ideales Gas", „ideale Flüssigkeit", „störungsfreie Messung", „Probekörper".

Noch weiter von der Anschauung entfernt sind *theoretische Begriffe*. Selbst wenn wir bereit wären, skalare Größen wie Energie, Potential oder Massendichte und sogar Vektoren wie Impuls, Drehimpuls, Geschwindigkeit, Beschleunigung oder Kraft als anschaulich zu bezeichnen, so blieben doch Strukturen wie Phasenraum, Lagrangefunktion, Hamiltonfunktion, Wirkungsfunktion, Normalkoordinaten, Trägheitstensor, Poissonklammern, Winkelvariable, Kontakttransformation usw. unanschaulich.

Und natürlich würde es auch nicht genügen, wenn wir es ausschließlich mit anschaulichen Größen zu tun hätten. Letztlich kommt es auf die mit diesen Begriffen gebildeten Sätze an; auch mit anschaulichen Begriffen kann man durchaus unanschauliche Sätze formulieren.

Ist es z.B. nicht nur verständlich, sondern *anschaulich*, daß ein gasgefüllter Luftballon sich in einem Auto, das eine *Links*kurve fährt, nach *links* bewegt? Daß verschieden schwere Körper im Vakuum gleich schnell fallen? Daß wiederum eine hohle Kugel eine schiefe Ebene langsamer hinunterrollt als eine Vollkugel *gleicher Masse und Größe?* Daß der Mond sich weiter von der Erde entfernen muß, wenn er die Erddrehung durch die Gezeitenreibung abbremst? Daß bei einem rotierenden Gebilde die Drehachse einer Richtungsänderung senkrecht zur wirkenden Kraft ausweicht? Daß ein von einer Turmspitze fallender Stein dem Turm hinsichtlich der Erddrehung *voraus*eilt? Daß es im Hinblick auf die Energie gleichgültig ist, ob ein Auto gegen eine feste Wand fährt oder ob zwei gleiche Autos mit gleicher Geschwindigkeit frontal zusammenstoßen? Daß der Wasserspiegel eines abgeschlossenen Teiches sinkt, wenn man aus einem darauf schwimmenden Boot einen Stein ins Wasser wirft?

Das Verhältnis von Theorie und Erfahrung können wir auch schon in der klassischen Mechanik *projektiv* deuten: Was wir mesokosmisch wahrnehmen, sind nur *Projektionen* realer Strukturen auf unsere Sinnesorgane. Unsere Theorien sind dann Versuche, die realen Strukturen aus ihren Projektionen hypothetisch zu *rekonstruieren*. Dabei entfernen wir uns mehr und mehr vom Mesokosmos. Dies ist *nötig*, weil große Teile der Welt anders sind, als wir sie uns vorstellen können. Und es ist *möglich*, weil wir theoretische Begriffe, unanschauliche Hypothesen, abstrakte Modelle, mathematische Strukturen zu Hilfe nehmen können, bei denen wir auf Anschaulichkeit verzichten können und müssen.

In diesem projektiven Bild können wir also *verstehen*, warum sich die physikalischen Theorien immer weiter vom Mesokosmos entfernen. Wir müssen dabei in immer größerem Maße auf Anschaulichkeit verzichten. In der Elektrodynamik versagt z.B. unsere mechanisch und mesokosmisch geprägte Teilchenvorstellung, in der Relativitätstheorie werden unsere Vorstellungen von Raum und Zeit korrigiert, in der Quantentheorie die Auffassung einer durchgehenden Kontinuität und lückenlosen Kausalität.

Es ist schwer genug, diese Wege aus dem Mesokosmos als Lernender nachzuvollziehen. Noch schwieriger war es, diese Wege zum ersten Male zu gehen. Der Wille, es „anders“ zu machen als bisher, ist dazu zwar Voraussetzung, genügt aber nicht. Wilde Spekulationen – so legitim sie auch sein mögen – bringen noch keinen Erkenntnisfortschritt. Kühne Vermutungen müssen nicht nur formuliert werden; sie müssen auch einer kritischen Prüfung unterzogen werden *und dieser Prüfung standhalten*. Eine solche Prüfung ist nur möglich, indem wir unsere Theorien über ihre logischen Konsequenzen an vergangene und zukünftige mesokosmische Erfahrungen anschließen.

Die meisten Spekulationen erweisen sich dabei als falsch. Es ist deshalb die Aufgabe des Wissenschaftlers, seine Vermutungen – soweit sie falsch sind – möglichst schnell als falsch zu erkennen, damit er zum Entwurf und zur Prüfung weiterer Lösungsvorschläge fortschreiten kann. Diese Aufgabe wird er desto besser erfüllen können, je mehr Hintergrundwissen er besitzt.

Zur Genialität in der Wissenschaft gehört deshalb dreierlei: Kreativität, logische Strenge und Wissen. Die Kreativität erlaubt es, ausgetretene Pfade des Denkens (und der Intuition!) zu verlassen. Die logische Strenge führt zu Folgerungen, die an alten oder neuen Erfahrungen überprüft werden können. Das Wissen spielt sogar eine doppelte Rolle. Es befähigt dazu, Probleme *als* Probleme zu identifizieren *und* Lösungen *als* Lösungen, insbesondere falsche Lösungen auch wirklich als falsch zu erkennen.

Wir haben keine Rezepte, wie man richtige *und* neue Theorien aufstellt, und erst recht keine, wie man geniale Menschen ausbildet. Immerhin haben unsere Betrachtungen über den Mesokosmos es uns ermöglicht, einige *notwendige* Bedingungen für das Verlassen des Mesokosmos zu formulieren.

8 Wege zur theoretischen Erkenntnis

Wir hatten mehrfach Gelegenheit, die Grenzen der Anschauung, die mesokosmische Gebundenheit unserer naiven Erwartungen, die Irrwege intuitiven Erkennens zu betonen. Trotzdem darf die Bedeutung der Anschauung nicht unterschätzt werden. Für die Entdeckung, Überprüfung, Anwendung und Vermittlung von Hypothesen und Theorien ist sie unentbehrlich. So wird auch die Rolle der Gestaltwahrnehmung für die *wissenschaftliche* Erkenntnis von Psychologie und Verhaltensforschung mit Recht betont.

Entscheidend ist, daß Anschaulichkeit grundsätzliche Grenzen hat. Diese Grenzen fallen zwar nicht hinsichtlich der Dimensionen, wohl aber hinsichtlich der *Strukturen* mit den Grenzen des Mesokosmos zusammen. Im Mesokosmos sind unsere intuitiven Rekonstruktionen der Welt lange auf ihre Brauchbarkeit getestet worden. Für Strukturen außerhalb des Mesokosmos gibt es eine solche evolutive Bewährung nicht. Anschaulichkeit kann deshalb *kein Wahrheitskriterium* sein. Anschauliche Theorien können völlig falsch, unanschauliche dagegen richtig sein. Daß man sich etwas nicht vorstellen kann, ist aus heuristischen und didaktischen Gründen bedauerlich, stellt jedoch keinen Einwand gegen die Wahrheit einer Theorie dar.

Im Unterricht ist Anschaulichkeit ein Vorzug. Wir sollten deshalb *alle Möglichkeiten der Veranschaulichung ausschöpfen*: Beispiele, Gegenbeispiele (Kontrastbildung!), Gedankenexperimente, Analogien, Modelle, Projektion auf die Erfahrungsebene, Transformation auf den

Mesokosmos. In vielen Fällen wird formal und abstrakt argumentiert, obwohl man anschaulich vorgehen könnte. Es muß ganz deutlich gesagt werden: Der abstrakte Weg ist zwar für den Lehrenden häufig der bequemere, niemals aber der bessere Weg.

Aber auch für den Didaktiker ist es wichtig, daß Anschaulichkeit auf Strukturen beschränkt bleibt, die in mesokosmische transformiert werden können. Weder als Lehrer noch als Schüler sollte man erwarten, daß sich alles anschaulich machen läßt. Die Evolutionäre Erkenntnistheorie erklärt auch, *warum* das unmöglich ist. Nicht immer fehlt es also am guten Willen des Schülers oder am didaktischen Geschick des Lehrers, wenn ein Sachverhalt unanschaulich bleibt. Die Unanschaulichkeit moderner Theorien hat innere Gründe und ist unaufhebbar.

Wenn also ein Autor im Titel oder im Vorwort seines Buches verspricht, er wolle die Relativitäts- oder die Quantentheorie – im Gegensatz zu seinen Vorgängern – nun einmal ganz anschaulich darstellen, so sollte man ihm nicht glauben: Es geht einfach nicht. Raum-Zeit-Kontinuum, Relativität der Gleichzeitigkeit, Längenkontraktion, Zeitdilatation, Zwillingsparadoxon, Schwarze Löcher, Unschärferelation, Welle-Teilchen-Dualismus, Tunneleffekt, absoluter Zufall, Pauliprinzip usw. sind und bleiben unanschaulich. Auch das Reden über Komplementarität kann die Schwierigkeiten nur verdecken, nicht beseitigen.

Bei dieser Einsicht sollten wir allerdings nicht stehenbleiben. Theoretische Erkenntnis greift über den Mesokosmos hinaus. Man kann Sachverhalte *verstehen*, auch wenn man sie sich nicht *vorstellen* kann. Die moderne Physik mag unanschaulich sein und muß es sogar, wenn sie den Mesokosmos verläßt; *unverständlich* ist sie deshalb nicht. Gerade weil Anschaulichkeit *nicht* immer erreichbar ist, weil sie kein Wahrheitskriterium ist und häufig auch nicht einmal als heuristischer Wegweiser dienen kann, müssen wir uns nach anderen Wegen der Vermittlung umsehen. Wir können die gewünschte Anschaulichkeit nicht immer bieten; aber wir können wenigstens versuchen, sie zu *ersetzen.*

Dieser Aufgabe dienen vor allem *Algorithmen und Kalküle*, schematische Verfahren, bei denen die Schritte einzeln vorgeschrieben sind oder wenigstens systematisch auf ihre Richtigkeit überprüft werden können. Mit Algorithmen und Kalkülen beschäftigt sich insbesondere die *Mathematik*. Daraus erklärt sich die überragende Bedeutung der Mathematik für die heutige wissenschaftliche Forschung. Zwar liefert die Mathematik als Strukturwissenschaft keine Erkenntnis über die Welt; sie stellt aber in vielfältiger Weise Strukturen zur Verfügung, die wir auf ihre Anwendbarkeit bei der Naturbeschreibung prüfen können.

Die für den Erkenntnisfortschritt wichtige Rolle von mathematischen Theorien liegt also nicht nur darin, daß sie exakt oder sogar quantitativ formulieren, was wir uns vage und qualitativ „immer schon" vorstellen, sondern auch darin, daß sie Strukturen der Wirklichkeit zu erfassen gestatten, die uns anders überhaupt nicht zugänglich wären. Gerade weil unser Anschauungsvermögen nur mesokosmischen Strukturen gerecht wird, ist eine Naturwissenschaft, die sich nicht mit Beschreibungen zufriedengibt, sondern *Erklärungen* sucht, auf die Verwendung mathematischer (und damit oft unanschaulicher) Strukturen unabdingbar angewiesen.

Dies bedenkend, werden wir auch im Unterricht auf den Einsatz von Algorithmen weder verzichten wollen noch können. Es wird darüber hinaus nützlich sein, sich die Aufgabe und die Notwendigkeit solcher Algorithmen immer wieder vor Augen zu führen. Und warum sollte dieses Argument nicht auch Schülern einleuchten?

Im Umgang mit Kalkülen kann man sich eine gewisse Fertigkeit erwerben. Durch häufige Benutzung gewinnt man dann eine derartige Vertrautheit, daß man alle Voraussetzungen und Folgerungen leicht überblickt. Wir sagen deshalb, eine Theorie sei *verstanden*, wenn man mindestens qualitativ weiß, was sie behauptet und was sie nicht behauptet, welche Probleme sie löst und inwiefern sie ihre Probleme besser (oder schlechter) löst als ihre Konkurrenten.

Hier wird erneut die Rolle der Kontrastbildung deutlich (vgl. 6). Wir können nicht nur unseren intuitiven Erwartungen empirische Fakten, wir können auch Theorien einander gegenüberstellen. Solche Gegenüberstellungen tragen ebenfalls erheblich zum Verständnis theoretischer Strukturen und ihrer Besonderheiten bei.

Da die Vertrautheit im Umgang mit Kalkülen in vielen Fällen die Anschaulichkeit ersetzen muß, werden wir nach Wegen suchen, solche Kalküle einzuüben. Hier sind mit Sicherheit noch längst nicht alle Möglichkeiten ausgeschöpft. Interessante Anregungen in dieser Richtung gibt Seymour Papert in seinem Buch „Mindstorms".[6] Er versucht, die Erkenntnisse von Piaget und die Leistungen der künstlichen Intelligenz miteinander zu verbinden.

Er läßt Kinder ab vier Jahren mit elektronischen „Schildkröten" spielen. Die Schildkröten sind programmierbar und können mit einem Zeichenstift Figuren zeichnen. Die Notwendigkeit, die Längen und Winkel der Figuren zu programmieren, ermöglicht es den Kindern, *spielend* Geometrie zu erlernen. Eine mathematische Disziplin wird somit richtiggehend zum „Kinderspiel". Papert legt Wert auf die Feststellung, daß es sich dabei nicht um programmiertes, sondern um *programmierendes* Lernen handelt. Was die Kinder tun, macht ihnen Spaß. Daß sie dabei etwas lernen, ist aus ihrer Sicht zweitrangig.

Es ist kaum abzusehen, zu welchen Leistungen uns die Wechselwirkung von Gehirn und Computer noch führen wird. Natürlich hat uns die Evolution darauf nicht vorbereitet. Aber das ist kein ernsthaftes Hindernis. Schon längst leistet unser Gehirn mehr als das, wofür es in der Evolution ausgelesen wurde. Unsere Gene befähigen uns zu mehr und zu anderen Aufgaben als nur zu jenen, für die und an denen sie ursprünglich gebildet und getestet wurden. Tatsächlich haben wir ja den Mesokosmos, auf den unsere Gene und unser Gehirn ursprünglich geprägt wurden, längst überwunden. Hatte uns die Evolution etwa auf die Erfindung und die Benutzung der Schrift vorbereitet? Auf das Erlernen fremder Sprachen? Auf das Schreiben von Büchern? Auf Schulunterricht und Universitätsbesuch? Sicher nicht. Und trotzdem sind wird darin erfolgreich. So könnte uns der Computer durchaus helfen, eine neue Stufe der Kultur zu erreichen. Wie alle Werkzeuge können natürlich auch Denkzeuge mißbraucht werden. Die neuen und vielfach noch ungewohnten Möglichkeiten der Computer werden unsere Verantwortung also keineswegs verringern. So gibt es sicher Gründe, auf Erkenntnisfortschritt zu hoffen, aber keinen Anlaß zu naivem Optimismus.

Anmerkungen und Literatur

1 Diese Explikation wird gegeben in G. Vollmer: Probleme der Anschaulichkeit. Philosophia Naturalis *19* (1982) 277–314 [im vorliegenden Band S. 100–137].

2 Eine ausführlichere Diskussion dieser Fehlintuitionen geben wir in G. Vollmer: Das alte Gehirn und die neuen Probleme. Aspekte und Folgerungen einer Evolutionären Erkenntnistheorie. In M. Horvat (Hrsg.): Das Phänomen Evolution (Darwin-Symposium an der TU Wien 1982). Literas-Verlag, Wien 1986 [abgedruckt in Band 1].

3 M. McCloskey: Irrwege der Intuition in der Physik. Spektrum der Wissenschaft (Juni 1983) 88–99

4 G. Vollmer: Kant und die Evolutionäre Erkenntnistheorie. Allg. Z. f. Philosophie *9*/2 (1984) 19–71 [abgedruckt in Band 1]

5 Einige Vorbilder seien hier wenigstens erwähnt: V. Weisskopf: Of mountains, atoms, and stars: a study in qualitative physics. Science *187* (1975) 605–612. J. Schreiner: Anschauliche Quantenmechanik. Diesterweg/Sauerländer, Frankfurt 1978. R. u. H. Sexl: Weiße Zwerge – schwarze Löcher. rororo-Vieweg 1975.

6 S. Papert: Mindstorms. Kinder, Computer und neues Lernen. Birkhäuser, Basel 1982 (Englisch 1980)

DIE EINHEIT DER WISSENSCHAFT IN EVOLUTIONÄRER PERSPEKTIVE

1 Ziele der Wissenschaft

Wissenschaft hat nicht nur *ein* Ziel, sondern mehrere, und zwar kognitive und praktische Ziele.[1]

Kognitive Ziele sind Beschreibung, Erklärung (oder Verstehen) und Voraussage (oder Retrodiktion). Beschreibungen antworten auf Wie-Fragen, Erklärungen auf Warum-Fragen. Rein logisch gesehen, haben Erklärungen die gleiche Struktur wie Voraussagen und Retrodiktionen. Unter methodologischem Aspekt gibt es jedoch bemerkenswerte Unterschiede. Erstens enthalten wissenschaftliche Erklärungen allgemeine Aussagen (Naturgesetze), während Voraussagen solche nicht enthalten müssen. Zweitens beziehen sich Erklärungen auf bekannte Tatsachen, Voraussagen dagegen auf unbekannte. Deshalb können Voraussagen benützt werden, um eine Theorie oder Hypothese zu *testen*. Und Tests sind natürlich Mittel zu einem kognitiven Zweck; sie liefern Bestätigungen oder Widerlegungen, also Argumente für Wahrheit oder Falschheit.

Die *praktischen* Ziele der Wissenschaft sind in der Regel mit Voraussage und Vorauswissen verbunden. Wissen über die Zukunft kann uns in mindestens fünffacher Weise nützlich sein.

– Wir werden durch unerwartete Ereignisse *weniger überrascht*. Die Einwohner von Milet sollen eine Schlacht gewonnen haben, weil ihr Landsmann Thales eine Sonnenfinsternis vorhergesagt hatte, während ihre Feinde in panischem Schrecken das Schlachtfeld verließen.

– Wir können bevorstehenden Unfällen oder Katastrophen *ausweichen*. So können wir Sturmfluten, Gewitter, Erdbeben, Tornados oder Vulkanausbrüche überleben.

– Wir können unerwünschte Folgen *verhindern*. Wir sammeln Nahrung und Brennstoff für den Winter, lassen uns gegen ansteckende Krankheiten impfen, vermeiden Operationsschmerzen durch Narkose, ver-

sichern uns gegen finanzielle Verluste, bauen Deiche gegen Überschwemmungen.
– Vorhersehbare Naturvorgänge können wir zähmen und uns *zunutze machen*. Wir säen im Frühling, um im Herbst zu ernten; wir lassen die Sonne unsere Kleider trocknen und den Regen unsere Flachdächer befeuchten; wir bauen Wasser- und Gezeitenkraftwerke.
– Wir entwerfen und bauen *Geräte*, die Materie, Energie und Information verarbeiten, und profitieren so von unserem Wissen über das regelmäßige Verhalten der Dinge, über die Kräfte und Gesetze der Natur.

Alle diese praktischen Ziele oder Folgen der Wissenschaft lassen sich zusammenfassen in die einfache Aussage: *Wissen bedeutet Überleben und Macht*.

Die kognitiven und die praktischen Ziele der Wissenschaft schließen einander keineswegs aus. Sie sind miteinander vereinbar und fördern einander sogar.

Zwar genügen in einigen Fällen schon reine Beschreibungen. Thales hatte keine *Einsicht* in die Struktur des Sonnensystems; er wußte nicht, *warum* die Sonne sich verdunkelt; er hatte keine Vorstellung von den *Ursachen* für Finsternisse, keine angemessene *Erklärung*. Von babylonischen Astronomen hatte er lediglich den Saros-Zyklus kennengelernt, eine periodische Sonnenfinsternis, die alle 18 Jahre auftritt. Sein Wissen war zwar rein deskriptiv, genügte aber für wichtige Voraussagen.

Aber es besteht kein Zweifel, daß die Vorhersagen jener frühen Astronomen noch viel besser gewesen wären, wenn sie mehr gewußt hätten, wenn sie die Natur der Planeten und Monde, die Struktur des Sonnensystems und die Vorgänge bei Finsternissen gekannt hätten. Sie konnten keineswegs alle Finsternisse vorhersagen, und ihre Voraussagen bezogen sich nur auf das *Jahr* der Finsternis, nicht auf Monat, Tag oder Minute! Auch die *praktischen* Ziele ihrer Wissenschaft (Orientierung und ein guter Kalender) hätten noch besser verwirklicht werden können, wenn sie über mehr theoretisches Wissen verfügt hätten. Das ist ein Beispiel für die nur scheinbar paradoxe Wahrheit: *Nichts ist so praktisch wie eine gute Theorie*.

So ist in vielen Fällen der beste Weg zur Lösung praktischer Probleme der Erwerb von Wissen. Das bedeutet, daß wir, wenn wir die praktischen Ziele der Wissenschaft verwirklichen wollen, gar nicht anders können, als auch ihre kognitiven Ziele zu fördern. Umgekehrt bereiten wir, wenn wir kognitive Ziele verfolgen, immer auch den Weg für praktische Anwendungen. Auch die abstrakteste, entlegenste oder grundlegendste Forschung mag eines Tages ihre Anwendung finden, im Guten oder im Schlechten.

Nicht nur Einsteins wohlbekannte und „rein theoretische" Formel $E = mc^2$ über die Äquivalenz von Energie E und Masse m, die aus der Speziellen Relativitätstheorie hervorgeht, hat ihre äußerst *praktische* Bedeutung für die Kernphysik, für Atombomben, für Kernspaltungsreaktoren und für Fusionsprozesse unter Beweis gestellt. Tatsächlich dürfte es keinen Zweig der Physik oder einer anderen empirischen Wissenschaft geben, der nicht eines Tages praktische Anwendung finden würde.

Sogar die Theorien der Mathematik und somit einer *Struktur*wissenschaft haben ihre Anwendung in der Erfahrungswissenschaft gefunden. Erwähnt seien nur die Gruppentheorie – unentbehrlich in allen Bereichen der Physik, in denen Symmetrien eine Rolle spielen (und das ist fast die gesamte Physik), die nicht-euklidische Geometrie – bedeutsam für Einsteins Relativitätstheorie, der Hilbertraum – grundlegend für die Quantenmechanik, Hamiltons Quaternionen – hilfreich in Diracs Theorie relativistischer Elektronen, usw.

Bis vor einiger Zeit schien wenigstens die Theorie der Primzahlen „rein" und gegen praktische Anwendung gefeit zu sein. Gleichwohl haben auch Primzahlen Anwendungen gefunden, zuerst in Kurt Gödels genialen metamathematischen Sätzen und Beweisen (1931), die freilich immer noch recht weit von der Alltagspraxis entfernt sind, kürzlich (1978) aber auch beim Verschlüsseln geheimer Nachrichten.[2] Und Verschlüsselung (oder Kryptographie) und Decodierung sind natürlich von größter Bedeutung für militärische Zwecke. Wer hätte sich träumen lassen, daß unsere unschuldigen – d.h. praktisch nutzlosen – Primzahlen einmal Verwendung finden würden, damit Menschen leichter umgebracht werden können?

Diese Beispiele zeigen, wie eng kognitive und praktische Ziele der Wissenschaft miteinander verwoben sind. Auf die Frage, wieviel Wissenschaft übrigbliebe, wenn wir alle wissenschaftlichen Anstrengungen unterließen, die *möglicherweise* mißbraucht werden könnten, gibt es eine kurze und klare Antwort – nämlich *nichts*.

Diese enge Verknüpfung der Ziele der Wissenschaft, die Tatsache, daß sie nicht unabhängig voneinander verfolgt werden können, bedeutet nicht, daß sie nicht unterscheidbar wären. Wir können keine Erkenntnis gewinnen, ohne neue Anwendungsgebiete zu eröffnen, und wir können unsere praktischen Ziele nicht ohne theoretisches Wissen erreichen; aber wir können immer noch entweder kognitive oder praktische Ziele *haben*. Wer Erkenntnis um ihrer selbst willen oder aus reiner *Neugier* anstrebt, dem dienen die Anwendungen als der Bereich, wo Hypothesen getestet und neue Ideen nahegelegt werden. Das Handeln ist dabei ein Mittel, um Erkenntnis als Endzweck zu erreichen. Demjenigen dagegen, für den das praktische Handeln als Ziel im Vordergrund steht, dient Erkenntnis als Mittel. Das entscheidende Merkmal des Wissens ist auf der kognitiven Seite seine *Wahrheit*, auf der praktischen Seite seine *Nützlichkeit.*

Da jedoch wahre Theorien *in der Regel* nützlicher sind als falsche und da nützliche Theorien *in der Regel* bessere Chancen haben, richtig zu sein, sind auch Wahrheit und Nützlichkeit *in der Regel* völlig miteinander vereinbar, und es ist sehr schwierig, eines von beiden anzustreben, ohne das andere zu fördern.

2 Wozu Einheit der Wissenschaft?

Einheit der Wissenschaft ist in erster Linie ein *kognitives* Ziel. Wie jedoch aus dem bisher Gesagten deutlich wird, schließt diese Zuordnung nicht aus, daß eine einheitliche Wissenschaft nützlich ist, daß sie sogar nützlicher ist als jede Mosaik-Wissenschaft.

Warum bemühen wir uns um die Einheit der Wissenschaft? Wieso würde eine einheitliche Wissenschaft unsere kognitiven Bedürfnisse befriedigen? Wie kommt überhaupt *Wissenschaft* diesen Bedürfnissen entgegen? Und was bedeutet es, die Welt zu „erkennen"?

Die Welt ist ein großes und kompliziertes System. Größe und Komplexität sind unterschiedliche und unabhängige Eigenschaften. Ein System kann groß und einfach sein, wie es bei einem streng homogenen Universum der Fall wäre, oder klein und kompliziert, wie das für eine lebende Zelle und sogar für ein Uran-Atom gilt. Größe beruht auf den räumlichen Abmessungen, Komplexität auf etwas anderem. Verstehen wir unter einem System $S = \langle C \mid R \rangle$ ein geordnetes Paar aus Bestandteilen (Bausteinen, Komponenten, Elementen) und ihren Beziehungen (Wechselwirkungen, Verknüpfungen, Relationen), so beruht die Komplexität eines Systems entweder auf der Zahl der Bestandteile oder auf der Zahl und Verwickeltheit der Beziehungen oder auf beidem.

In der Regel verwenden wir den Begriff „Komplexität" recht erfolgreich als *komparativen* Begriff, das heißt, wir einigen uns normalerweise leicht darüber, welches von zwei Systemen das kompliziertere ist. Nach diesem intuitiven Verständnis wären eine leere Welt oder punktförmige Teilchen einfach, Moleküle, Zellen und Organismen dagegen kompliziert, und unser Zentralnervensystem ist eines der kompliziertesten Systeme, die wir kennen.

Es gibt jedoch bisher kein verbindliches *quantitatives* Maß für Komplexität. Immerhin gibt die Komplexitätstheorie[3], eine junge Disziplin der Mathematik, genauer der Informatik, eine recht fruchtbare Explikation. Danach ist die Komplexität eines Systems die Mindestzahl von Bits, die man braucht, um das System zu beschreiben.[4]

Natürlich ist eine solche Minimalbeschreibung nicht notwendig eindeutig. Ein System kann nicht nur mehrere Beschreibungen besitzen, sondern sogar mehrere Minimalbeschreibungen. Komplexität als ein quantitatives Maß wird jedoch durch diese Mehrdeutigkeit keineswegs wertlos.

Die Mathematiker benützen den Begriff der Komplexität, um Zufallsfolgen zu definieren. Eine Kette binärer Zeichen (z.B. 1001101110...) heißt *zufällig* (random), wenn ihre Komplexität (also ihre Minimalbeschreibung) ihrer Länge in Bit gleicht. Die *Beschreibung* einer Zufallsfolge kann also nicht kürzer sein als die Folge selbst. In einem solchen Falle ist die Folge ihre eigene einfachste Beschreibung; es würde sich nicht lohnen, das System mit anderen Mitteln zu beschreiben, da die Beschreibung genauso lang würde wie die Folge selbst oder sogar noch länger. Eine Zufallsfolge ist völlig redundanzfrei oder *strukturlos*. Keiner ihrer Bestandteile kann aus den übrigen erschlossen werden.

Umgekehrt ist eine nicht-zufällige Folge oder ein nicht-zufälliges System sehr wohl *redundant*. Einige Teile können aus anderen erschlossen werden; nicht jede Ziffer oder jedes Element liefert neue Information. In solchen Fällen können wir die Redundanz beseitigen, indem wir eine kürzere, ökonomischere Beschreibung geben. Während also Zufälligkeit (randomness) Komplexität bedeutet, *bietet Redundanz Chancen zur Vereinfachung.*

Im Prinzip könnte unsere Welt extrem kompliziert und sogar völlig zufällig sein. Sie würde dann keine Regelmäßigkeiten aufweisen, keine Wiederholungen, keine Ähnlichkeiten, keine Gleichheiten, keine Identitäten. Es wäre nicht möglich, eine kurze oder „ökonomische" Beschreibung dieser Welt zu geben; sie wäre bereits ihre eigene einfachste Darstellung. Wir könnten sie allenfalls nachbilden, aber nicht in einer sparsameren Weise wiedergeben. Beschreibungen wären langatmig, Voraussagen schwierig, Theorien zwecklos. Im Grunde könnte diese Welt auch gar nicht unsere Welt sein, da wir in unserer Existenz auf Regelmäßigkeiten unabdingbar angewiesen sind. In einer völlig regellosen Welt könnte kein Lebewesen existieren. Und Erkenntnis könnte es darin auch nicht geben.

Zum Glück ist unsere Welt völlig anders. Sie ist kein Chaos, sondern ein Kosmos, nicht ein Pluriversum, sondern ein Universum, nicht zufällig, sondern höchst redundant. Es gibt Regelmäßigkeiten. Es ist möglich, sich bei Beschreibungen kurz zu fassen, Zustände, Ereignisse, Vorgänge durch Gesetze, Invarianten, Symmetrien auszudrücken. Die Welt ist zwar sehr kompliziert, aber nicht so kompliziert, wie sie sein könnte. Für die Existenz von Galaxien, Sternen, Planeten, Organismen, für alle Arten stabiler Systeme ist das sehr günstig. Es ist besonders vorteilhaft für erkennende Wesen, für Menschen, für Wissenschaftler. Mehr noch, *es ist Aufgabe der Wissenschaft, von der Redundanz der Welt Gebrauch zu machen, um sie einfach zu beschreiben.*[5] Beschreibungen, Erklärungen, Voraussagen sind Versuche, diese Aufgabe zu erfüllen. So können die *kognitiven* Ziele der Wissenschaft in ein einziges Ziel zusammengefaßt werden: Beseitigung von Redundanz.

Ohne Zweifel sind Wissenschaftler bei der Erfüllung dieser Aufgabe bisher recht erfolgreich gewesen. Und dieser Teilerfolg bestärkt uns seinerseits in unserer Vermutung oder Überzeugung, daß die Welt jene Redundanz tatsächlich besitzt. Er ermutigt uns, es weiter zu versuchen, nach noch weniger redundanten Beschreibungen Ausschau zu halten, uns um noch allgemeinere, umfassendere, vollständigere, universellere Gesetze zu bemühen.

Und genau das ist es, was die Idee von der Einheit der Wissenschaft nahelegt: Verringere die Redundanz; finde eine *minimale*, eine nicht-redundante Beschreibung der Welt; entdecke Regelmäßigkeiten; erkenne möglichst viele Eigenheiten der Welt als notwendig und erkläre sie; formuliere allgemeine Gesetze.[6] Einheit der Wissenschaft ist somit nicht nur in vollkommener Übereinstimmung mit den *kognitiven* Zielen der Wissenschaft; sie kann geradezu als ihr Hauptanliegen bezeichnet werden.

Diese Einsicht gibt uns die Möglichkeit, unsere Fragen von S. 166 (in umgekehrter Reihenfolge) zu beantworten: Die Welt „erkennen" heißt, über eine Minimalbeschreibung der Welt verfügen. Die Wissenschaft befriedigt unsere kognitiven Bedürfnisse, indem sie die Redundanz in unseren Beschreibungen der Welt verringert. Und eine einheitliche Wissenschaft würde diese Redundanz noch weiter beseitigen. Sie würde eine nicht-redundante, eine äußerst sparsame Darstellung der Natur geben. Eine solche Beschreibung wäre sowohl intellektuell befriedigend als auch praktisch nützlich. Deshalb bemühen wir uns um die Einheit der Wissenschaft.

3 Einheit und Reduktion

Einheit der Wissenschaft betrifft verschiedene Aspekte: Vorgehensweise (Einheit der Methode), Terminologie und Definierbarkeit (schwache Reduktion), Struktur (Isomorphie), logische Verknüpfung und Ableitbarkeit (starke Reduktion).

a) Der *methodologische* Aspekt wird in diesem Zusammenhang am häufigsten diskutiert. Trotzdem besteht noch kein allgemeiner Konsens darüber, ob eine solche methodologische Einheit besteht und ob sie, falls sie nicht besteht, erreicht werden kann und soll. Uneinigkeit herrscht aber nicht nur über Tatsachen und Ziele, sondern auch über die Bedeutung der Begriffe. Was ist denn überhaupt *die* Methode der Experimentalphysik? Was ist *die* Methode der Physik im allgemeinen? Was ist *die* Methode der Naturwissenschaft, der Erfahrungswissenschaft, der faktischen Wissenschaften, der Wissenschaft überhaupt? Gibt es methodische Merkmale, die allen Wissenschaften gemeinsam sind?

Es ist nicht überraschend, daß jene gemeinsamen Merkmale um so weniger werden, je mehr Disziplinen wir zu berücksichtigen versuchen. Um wenigstens einige Gemeinsamkeiten zu bewahren, werden wir uns im folgenden auf *faktische* Wissenschaften beschränken. Wir könnten dann *behaupten*, allen faktischen Wissenschaften seien die folgenden methodischen Züge gemeinsam: Sie zeigen ein fruchtbares Zusammenspiel von rationalen und empirischen Elementen, von Theorie und Experiment, von Denken und Handeln (oder sollten es zeigen). Sie haben die Idee der Letztbegründung aufgegeben und durch die Idee der kritischen Prüfung ersetzt (oder sollten das wenigstens tun). Sie alle benützen die hypothetisch-deduktive Methode, berücksichtigen rationale Argumente, arbeiten mit Versuch und Irrtumsbeseitigung und genügen denselben Anforderungen an formale Strenge, an empirische Signifikanz, an Prüfbarkeit, an Objektivität, an Wahrheit (oder sollten es wenigstens).

Es sei betont, daß es sich hier um *Behauptungen* (oder Forderungen) handelt, über die man verschiedener Meinung sein kann und die auch tatsächlich umstritten sind. Wir werden hier nicht versuchen, sie zu verteidigen. Denn selbst wenn wir uns auf sie einigen könnten, wäre diese *methodische Einheit doch immer noch viel zu wenig*, als daß sie die Einheit der Wissenschaft in einem tieferen Sinne begründen könnte.

Denn worin bestünde eigentlich die Einheit der Wissenschaft, selbst wenn tatsächlich alle faktischen Wissenschaften nach derselben *Methode* arbeiten sollten? Wo ist die Einheit der Wissenschaft, wenn Physiker über unbelebte Systeme, Biologen dagegen über lebende Organismen sprechen? Wo ist die Einheit der Wissenschaft, wenn der Entropiesatz des Physikers auf lebende Systeme vielleicht nicht einmal *anwendbar* ist? Wo ist die Einheit der Wissenschaft, wenn Physiker ausschließlich kausale Erklärungen geben, während Biologen auch teleologische Erklärungen verwenden? Wo ist die Einheit der Wissenschaft, wenn physikalische Vorgänge objektiv sind, geistige Vorgänge aber vielleicht nicht? *Was meinen Physiker, wenn sie über die Vereinheitlichung der Physik sprechen oder sich um die „Große Vereinigung" („Grand Unified Theory") bemühen,* obwohl sie doch ihre *Methode* längst vereinheitlicht haben?

Hermann Bondi meint: „Das Wichtigste an der Wissenschaft ist ihre Methode.“[7] Das ist aber falsch. Unsere wenigen Beispiele zeigen, daß Wissenschaft Wichtigeres enthält als ihre Methode (nämlich ihre Ergebnisse) und daß *Einheit der Wissenschaft wesentlich mehr bedeutet als Einheit der Methode.*

b) Der nächste Schritt zu einer Einheit der Wissenschaft ist die *Einheit der Terminologie und der Sprache*. Natürlich *dürfen* wir in verschiedenen Zweigen der Wissenschaft ganz verschiedene Begriffe benützen. Tatsächlich haben die meisten Wissenschaften vor langer Zeit in dieser Weise begonnen. Und normalerweise wird Wissenschaft auch so gelehrt: Sie zerfällt in mehrere getrennte, unabhängige, autonome Bereiche. Selbst *wenn* diese einer einzigen Methode folgen sollten, könnten sie doch noch ganz verschiedene Sprachen benützen. Eine sprachliche Einheit der Wissenschaft würde dagegen bedeuten, daß wir überall dieselbe Sprache benützen, zum Beispiel die Sprache der Physik (Carnaps Physikalismus), die Sprache der Empfindungen (Machs Positivismus), die Sprache der Informatik oder die Sprache der Neurophysiologie.

Um ein solches Programm zu verwirklichen, müßten wir alle relevanten Begriffe in unserer einschlägigen Grundsprache *definieren*.

Tatsächlich gibt es Beispiele für solche terminologische Vereinheitlichungen. Alle mathematischen Begriffe können mit Begriffen der Mengenlehre definiert werden. Physikern ist es gelungen, die Temperatur etwa eines Gases als die mittlere kinetische Energie der Gasmoleküle zu definieren, seinen Druck als den durchschnittlichen Impuls, den die bewegten Moleküle (je Zeit- und Flächeneinheit) auf die einschließende Wand übertragen, seine Entropie über die Zahl der Mikrozustände, die den vorliegenden Makrozustand realisieren könnten, usw. So werden die Begriffe der phänomenologischen *Thermodynamik* durch Begriffe der Molekül*mechanik* definiert und damit auf letztere *reduziert*.

Freilich verbinden alle diese Beispiele lediglich die Begriffe *einer* wissenschaftlichen Disziplin untereinander, indem sie etwa mathematische Begriffe auf Grundbegriffe zurückführen oder einige physikalische Begriffe durch andere definieren. Sie bleiben „*intra*diziplinär“. Aber es gibt auch Definitionen, die ganze Wissenschaften miteinander verbinden. Viele Begriffe der *Chemie* konnten auf Begriffe der Atom- und Molekül*physik* zurückgeführt werden. In der Biologie lassen sich für die Begriffe „Mutation“, „Fitness“ oder „Selektion“ angemessene physikochemische Explikationen geben. Eine solche terminologische Reduktion wollen wir *schwache Reduktion* nennen.

Aus logischen Gründen muß jede solche Definitionskette bei

Grundbegriffen enden, die nicht weiter definiert werden. Dementsprechend müßte auch unsere wissenschaftliche Einheitssprache mit solchen Grundbegriffen beginnen. Aber diese Tatsache würde weder ihre Brauchbarkeit verhindern noch ihre Vielseitigkeit beeinträchtigen. Verglichen mit den vielen unabhängigen Sprachen der gegenwärtigen Wissenschaft, von denen jede ihre eigenen Grundbegriffe hat, wäre die Zahl der Grundbegriffe immer noch beachtlich reduziert. Auch das wäre schon ein Vorteil.

Da *alle* realen Systeme *physikalische* Systeme sind, ist der aussichtsreichste Kandidat für eine Einheitssprache die Sprache der Physik. Trotz vieler Versuche und auch einiger Erfolge konnte ein solches physikalistisches Programm noch nicht durchgeführt werden. Ob es überhaupt zu verwirklichen ist, soll hier nicht diskutiert werden. Denn eine solche Einheitssprache ist, obwohl für die Einheit der Wissenschaft unabdingbar, immer noch nicht ausreichend, um die Einheit der Wissenschaft zu *liefern*.

Das kann man leicht einsehen. In ein und derselben Sprache können wir immer noch verschiedene Aussagen formulieren, die einander widersprechen. Wo bliebe die Einheit der Wissenschaft, wenn die Physiker behaupteten, der Entropiesatz sei richtig, während die Biologen ihn für falsch erklärten? Worin bestand die Einheit der Wissenschaft, als Lord Kelvin entdeckte, daß die Sonne nur für einige Millionen Jahre strahlen könnte, wenn gravitatives Schrumpfen ihre einzige Energiequelle wäre, während Darwin feststellte, daß die biologische Evolution auf ununterbrochenen „Sonnenschein“ über Hunderte von Jahrmillionen angewiesen war?[8] Offenbar benützen Kelvin und Darwin dieselbe wissenschaftliche Methode und dieselbe wissenschaftliche Sprache, um ihre jeweiligen Behauptungen zu formulieren und zu stützen; aber eine einheitliche Wissenschaft dürfte natürlich keine solchen Widersprüche enthalten.

Wir müssen also mindestens noch Verträglichkeit oder *logische Konsistenz* verlangen. Erst dann würde die Forderung nach einer Einheitssprache sinnvoll. Aber selbst das wäre nicht genug. Über die Widerspruchsfreiheit hinaus müssen wir noch engere logische Verknüpfungen suchen. Worin könnten sie bestehen?

c) Um Einheit der Wissenschaft zu erreichen, könnten wir fordern, daß die Systeme, die durch verschiedene Wissenschaften beschrieben werden, *isomorph* sind, daß sie also dieselbe Struktur haben.

Tatsächlich bedeutet es eine große Vereinfachung, wenn wir feststellen, daß ein schwingendes Pendel derselben Gleichung genügt wie ein elektrischer Schwingkreis (nämlich einer linearen Differentialgleichung zweiter Ordnung). Diese Entdeckung erlaubt es uns, unser Wissen über das eine System für das Studium des anderen zu benützen. Das Pendel dient dann als mechanisches Modell für den elektrischen Schwingkreis, dessen Eigenschaften unserer Anschauung viel weniger zugänglich sind. Dieses Modell gibt uns heuristische Hinweise; es regt uns zum Beispiel an, nach den elektrischen Analoga für potentielle und kinetische Energie zu suchen (das sind elektrische und magnetische Feldenergie) oder die Größen ausfindig zu machen, die im Schwingkreis für die Dämpfung verantwortlich sind (Widerstand und Selbstinduktion). Haben wir die Differentialgleichung für das Pendel einmal gelöst, so können wir die Ergebnisse auf das Studium des Schwingkreises übertragen.

Es gibt natürlich noch viele weitere Fälle von Isomorphien in der Wissenschaft.

Diamant und Silicium haben zwar verschiedene Bausteine, aber dieselbe Kristall*struktur;* sie sind isomorph. (Nur ihre elementaren Abstände – die Gitterkonstanten – sind geringfügig verschieden.)

Es gibt eine Wellengleichung, die für Wasserwellen, für Schallwellen, für elektrische Wellen, für elektromagnetische Wellen und (wenn es sie gibt) für Gravitationswellen gilt. Haben wir die Gleichung für einen Wellentyp einmal intensiv studiert, so können wir unsere Techniken, Lösungen, Fragen und Interpretationen auf andere Typen übertragen.

In den letzten Jahren hat sich herausgestellt, daß die verschiedenen elementaren Wechselwirkungen in der Natur alle durch nicht-abelsche Eichtheorien beschrieben werden können. Das ist eine weitere interessante Isomorphie, eine Art Konvergenz in Richtung auf eine gemeinsame *Struktur*. Sie legt den Gedanken nahe, daß jene elementaren Kräfte noch weiter vereinigt werden könnten. Diese Idee allerdings geht über den Isomorphiebegriff weit hinaus und soll den Abschnitten d und e vorbehalten bleiben.

Die Entdeckung, daß sowohl in Maschinen als auch in Organismen Rückkopplungs- und Kontrollmechanismen wirksam und für das Funktionieren dieser Systeme sogar entscheidend sind, die Tatsache also, daß Maschinen und Organismen teilweise isomorph sind, gab Norbert Wiener die Anregung, die *Kybernetik* zu begründen, eine Disziplin, deren eigentliches Anliegen das Studium solcher *gemeinsamer Strukturen ist.*[9]

In vergleichbarer Weise zeigen zahlreiche komplizierte Systeme, die aus vielen wechselwirkenden Teilen bestehen, ähnliches oder identisches Verhalten bei kritischen Punkten, vor allem bei Phasenübergängen. Typische Beispiele sind erhitzte Flüssigkeiten, Ferromagnete, Laser, Atmosphären, chemische Reaktionssysteme, konkurrierende Biomoleküle, Nervennetze, Computerschaltungen, tierische und menschliche Gemeinschaften. Sehr oft stellt sich heraus, daß solche Systeme trotz ihrer hohen Komplexität an kritischen Punkten durch sehr spezifische Größen („Ordnungsparameter“) und überraschend einfache Gesetze beschrieben werden können. Diese Tatsache bewog Hermann Haken, eine neue Disziplin zu begründen, die *Synergetik*, die solche kooperativen Phänomene untersucht und nach „universellem“ Verhalten oder nach *Isomorphien* in völlig verschiedenen Systemen sucht.[10]

Wir könnten sogar ein gewissen Befriedigung in der Tatsache finden, daß alle Naturwissenschaften Differentialgleichungen benützen, was ebenfalls eine gewisse Einheit der Methode (Benützung der Mathematik), der Sprache (Verwendung quantitativer Ablaufgesetze) und der Struktur (eine schwache Isomorphie) bedeutet.

Aber all dies liefert noch *nicht* die Einheit der Wissenschaft. Gewiß, die Entdeckung von Isomorphien beseitigt Redundanz und ist somit in völliger Übereinstimmung mit dem Ziel der Wissenschaft, wie es in Abschnitt 2 herausgestellt wurde. Aber dieses Ziel ist noch nicht wirklich erreicht. Ihrer Natur nach beziehen sich Isomorphien nur auf die Struktur, nicht auf die Bestandteile. Solange diese Isomorphien nicht *erklärt* sind, solange sie nicht auseinander oder aus einer einzigen neutralen Instanz gewonnen werden, könnten sie immer noch zufällig, kontingent sein.

Die Tatsache, daß ein elektrischer Schwingkreis in seinem Verhalten einem mechanischen Pendel isomorph ist, bedeutet nicht, daß er selbst ein mechanisches System wäre. Diamant und Silicium sind zwar isomorphe, aber doch verschiedene Materialien. Wasserwellen, Schall, elektromagnetische Signale zeigen Ähnlichkeiten in ihrer Ausbreitung, die interessant, unerwartet, heuristisch fruchtbar und didaktisch hilfreich sind. Trotzdem bleiben sie gänzlich verschiedene Prozesse. Daß alle grundlegenden Wechselwirkungen der Natur in einem gewissen Sinne isomorph sind, besagt (noch) nicht, daß sie identisch sind.

Ähnlichkeit oder Isomorphie liefern keine Identität, weder innerhalb noch außerhalb der Physik, weder zwischen rein physikalischen Objekten noch zwischen physikalischen und chemischen, biologischen, psychologischen, soziologischen oder anderen Systemen. Die Tatsache, daß Gravitationskräfte zwischen Massen (m_1, m_2), elektrostatische Kräfte zwischen Ladungen (q_1, q_2) und magnetische Kräfte zwischen Magnetpolen (Polstärken p_1, p_2) umgekehrt proportional zum Quadrat des Abstandes r sind,

$$K_{\text{Newton}} = G \frac{m_1 \cdot m_2}{r^2},$$

$$K_{\text{Coulomb}} = \frac{1}{4\pi\epsilon_0} \cdot \frac{q_1 \cdot q_2}{r^2},$$

$$K_{\text{magnetisch}} = \frac{1}{4\pi\mu_0} \cdot \frac{p_1 \cdot p_2}{r^2},$$

diese Tatsache macht jene Kräfte keineswegs identisch, obwohl sie auf eine tiefe Beziehung hinweisen könnte. Was wir brauchen, sind nicht

Korrelationen, sondern gesetzesartige *Identitäten*. Die physikalische Optik ist auf Maxwells Elektrodynamik reduziert, weil Lichtstrahlen elektromagnetische Wellen *sind*, und nicht, weil sie mit ihnen isomorph sind.

Wenn nun aber Isomorphie die Einheit der Wissenschaft nicht herstellt, werden wir nach einer noch stärkeren Verknüpfung suchen müssen.

d) Ein weiterer Aspekt bei der Einheit der Wissenschaft ist die *Einheit der Gesetze*. Sie bedeutet, daß die Gesetze der Wissenschaft nicht nur miteinander verträglich sein müssen, sondern daß einige oder die meisten davon aus anderen *abgeleitet* werden sollten. Diese Vorstellung kann in zwei Formen mit unterschiedlichem Anspruch auftreten. Die *erste* Version ist die Hoffnung, daß eine spezielle oder sogar jede Wissenschaft in dieser Weise vereinheitlicht werden könnte. Es könnte dann – unabhängig voneinander – eine Einheit der Physik, eine Einheit der Biologie, eine Einheit der Psychologie geben. Die *zweite* Version ist die Forderung, daß sogar die Gesetze *verschiedener*, möglicherweise aller empirischen Wissenschaften aus den Gesetzen einer einzigen Grundwissenschaft ableitbar sein sollten.

Über diese Auffassung ließe sich vieles sagen. Wir müssen uns auf einige Bemerkungen beschränken. Beginnen wir mit der schwächeren, der „intradisziplinären" Version. (Die „interdisziplinäre" Version behandeln wir dann in e.)

Wenn wir sagen, daß Aussagen aus anderen abgeleitet werden, so ist dies im Sinne der logischen Deduktion zu verstehen. Ableitungen sind logische Operationen; sie führen von Aussagen, die als Prämissen benutzt werden, zu (normalerweise anderen) Aussagen, die als Konklusionen auftreten. Diese Auffassung einer *Reduktion durch Deduktion* ist im Einklang mit dem deduktiv-nomologischen Modell wissenschaftlicher *Erklärung*, also mit dem Hempel-Oppenheim-Schema oder einer seiner verfeinerten Versionen.[11]

Die Vorstellung einer Einheit der Gesetze schließt alle vorhergehenden Auffassungen von der Einheit der Wissenschaft ein. Sie setzt die Einheit der Methode voraus (und ist sogar eine durchaus angemessene Durchführung dieser Einheitsidee); sie verwirklicht die Einheit der Sprache (Definierbarkeit der Begriffe oder schwache Reduktion) und die Einheit durch Isomorphien (da logische Ableitungen nicht nur die mathematische Struktur, sondern auch die Bedeutung bewahren). Es ist deshalb angemessen, diese Auffassung als *starke Reduktion* zu bezeichnen oder, wenn Mißverständnisse ausgeschlossen sind, einfach als *Reduktion*.

Es gibt viele Fälle starker Reduktion in den verschiedenen Wissenschaften. Die überzeugendsten Beispiele finden sich in den Strukturwissenschaften, vor allem in Logik und Mathematik. Das ist nicht überraschend; eben diesen Disziplinen entstammen ja auch die Ideen axiomatischen Vorgehens, wahrheitsbewahrenden Ableitens, korrekten Schließens.

Im Falle der Naturwissenschaften gibt es ein reicheres Spektrum, aber auch mehr Schwierigkeiten. Hier stoßen wir auf zusätzliche Probleme, da wir es mit Bedeutung, mit Bezug (Referenz), mit Objektivität, mit faktischer Wahrheit zu tun haben. Während man die geschichtliche Entwicklung der Mathematik als mehr oder weniger kumulativ ansehen kann, wobei nur wenig von dem, was einmal entdeckt ist, später verworfen werden muß, ist es in den empirischen Wissenschaften fast regelmäßig so, daß spätere Theorien frühere *korrigieren*. Wenn aber Theorien einander widersprechen, dann kann ihre wechselseitige Beziehung nicht die einer logischen Ableitung sein. Deshalb muß der Begriff der Reduktion so angepaßt und verfeinert werden, daß er Diskontinuitäten, Grenzfälle, vernachlässigbare Größen, kontrafaktische Bedingungen, Zusatzannahmen, Randbedingungen, „Simulation" von Theorien usw. einschließt. Der Wissenschaftstheorie ist es noch nicht gelungen, alle diese intertheoretischen Beziehungen in angemessener Weise zu explizieren.[12]

Unter diesen Vorbehalten wollen wir wenigstens einige exemplarische Fälle starker Reduktion aus der Physik nennen.

Galileis Fallgesetze und Keplers Gesetze der Planetenbewegung werden durch Newtons Mechanik und Gravitationstheorie vereinigt und somit stark reduziert. – Akustische Phänomene erweisen sich als mechanischen Ursprungs; so wird Akustik auf Mechanik reduziert. – Die geometrische Optik erweist sich als Grenzfall der Wellenoptik. – Die Gesetze der Elektrizität, des Magnetismus und sogar der Optik werden durch Maxwells Elektrodynamik vereinigt. – Die phänomenologische Thermodynamik wird (durch Boltzmann) auf molekulare Mechanik reduziert. – Einsteins Allgemeine Relativitätstheorie bietet eine einheitliche Auffassung von Raum, Zeit und Gravitation. – Ein sehr interessanter, aber wenig bekannter Fall von Vereinheitlichung ist der durch Einstein und Infeld erbrachte Nachweis, daß die relativistischen Bewegungsgleichungen schon in den Feldgleichungen enthalten sind und nicht unabhängig postuliert werden müssen.[13] – Die Quantenelektrodynamik faßt die Feld- und Teilcheneigenschaften der Strahlung zusammen. – Der eindrucksvollste Ansatz zu innerwissenschaftlicher Reduktion ist die Große Vereinigung (Grand Unified Theory) in der Physik, in der man versucht, starke, schwache und elektromagnetische Wechselwirkungen in einer einzigen umfassenden Theorie zu integrieren.[14]

Auch in der Biologie gibt es starke Reduktionen, weniger zahlreich, weniger genau, weniger eindeutig und deshalb stärker umstritten. Und es gibt Beispiele in Psychologie, Soziologie, Linguistik. Es wäre einfach zu aufwendig, sie alle aufzuzählen.

e) Wie schon zu Beginn von d erwähnt, gibt es eine noch allgemeinere Vorstellung von Einheit der Wissenschaft. Es ist die Idee (oder

Hoffnung), daß die Gesetze aller empirischen Wissenschaften aus *einer einzigen Grundwissenschaft* abgeleitet werden könnten. Dies ist natürlich die ehrgeizigste Auffassung, die deshalb auch die größte Herausforderung darstellt. Logisch ist sie lediglich eine Extrapolation oder Erweiterung der innerwissenschaftlichen starken Reduktion. So wie die Physik aus verschiedenen Bereichen besteht (und das gilt auch für Chemie, Biologie, Psychologie, Soziologie), so läßt sich auch die empirische Wissenschaft als Ganzes in mehrere autonome Wissenschaften unterteilen. Und wie historisch verschiedene Bereiche der Physik vereinigt wurden und – möglicherweise – noch weiter reduziert werden, so könnte im Prinzip auch die gesamte empirische Wissenschaft vereinigt und reduziert werden. Methodologisch, erkenntnistheoretisch und ontologisch hat diese Idee weitreichende Folgerungen. Wieder müssen wir uns mit einigen erläuternden Bemerkungen begnügen.

Nach allem, was wir über Wissenschaft wissen und aus unseren Beispielen für schwache und starke Reduktion gelernt haben, ist der beste Kandidat für unsere reduzierende Disziplin oder Basiswissenschaft erneut die Physik. Ob sich die Physik bereits in ihrer *gegenwärtigen* Gestalt als eine solche umfassende Disziplin eignet, ist umstritten und wohl eher zu verneinen. So ist die Einheit der Wissenschaft im Sinne einer starken intertheoretischen Reduktion keineswegs Realität, sondern allenfalls ein optimistisches Programm. Die folgenden Abschnitte sind Argumenten gewidmet, die einen solchen Optimismus stützen.

Zunächst einmal gibt es tatsächlich *Beispiele* starker intertheoretischer Reduktion. Es läge nahe, sie hier vorzustellen.[15] Räumliche Beschränkungen machen ein solches Unternehmen aus zwei Gründen unmöglich. Einmal verlangen solche Reduktionen, wenn sie verständlich und überzeugend sein sollen, in beachtlichem Umfange die Darstellung einschlägiger Fakten. Während ferner viele Fälle schwacher intertheoretischer Reduktion (Definition von Begriffen) ziemlich eindeutig sind, sind *alle Fälle starker Reduktion umstritten*, was noch sorfältigere, also noch ausführlichere Formulierungen bedingen würde.

Ob die chemischen Eigenschaften von Wasserstoffatomen durch die Quantenmechanik erklärt werden, ob Wasserstoff- und andere Moleküle als rein physikalische Systeme beschrieben werden können und ob die Chemie als Ganzes ein Zweig der Physik ist (etwa die Physik der Elektronenhülle von Atomen),[16] ob das Darwinsche Prinzip der natürlichen Auslese ein *physikalisches* Prinzip ist, ob mentale Zustände und Prozesse identisch sind mit *neuronalen*, also physiologischen, biochemischen, chemischen und letztlich physikalischen Zuständen und Prozessen, ob Soziologie auf Psychologie reduziert werden kann, ob Geist und Kultur auf Biologie zurückgeführt werden können,[18] – alle diese Fragen stellen noch herausfordernde *Probleme* dar; sie sind keineswegs Standardstoff unserer wissenschaftlichen Lehrbücher.

Diese Probleme lassen sich nicht durch linguistische Analyse, durch phänomenologische Selbstversenkung, durch transzendentale Reflexion oder durch andere Arten von Lehnstuhl-Philosophie lösen. Begründete Hoffnung auf gangbare Lösungen kann es nur geben, wenn zwei Bedingungen erfüllt sind: Unser faktisches Wissen muß noch beachtlich zunehmen, und wir müssen – in Abstimmung mit den wissenschaftlichen Befunden – unsere Reduktionsbegriffe genauer, realistischer und anwendbarer machen. Das wird nur durch intensive Forschung möglich sein. Hier liegt somit ein Gebiet fruchtbaren Wechselspiels zwischen faktischer Wissenschaft und Metawissenschaft: Metatheoretische Betrachtungen können die Naturforschung anregen, und empirische Befunde können uns helfen, unsere metawissenschaftlichen Begriffe zu verschärfen, vor allem indem sie aufzeigen, welche Arten naiver Reduktion *nicht* erreichbar sind und nicht weiter verfolgt zu werden brauchen.

4 Drei Diskussionsebenen: Ontologie, Erkenntnistheorie, Methodologie

Viele Probleme können auf verschiedenen Ebenen diskutiert werden. Da unsere Fragen und Argumente auf verschiedenen Ebenen auch unterschiedliche Relevanz und Reichweite haben, sollten wir uns und anderen immer klarmachen, auf welcher Ebene wir argumentieren. Die Probleme der Einheit der Wissenschaft und der Reduktion haben ontologische, erkenntnistheoretische und methodologische Aspekte. Tabelle 1 versucht, diese Ebenen und ihre Unterschiede zu verdeutlichen, indem sie typische Fragestellungen, charakteristische Probleme, einschlägige Thesen und ihre ontologischen, erkenntnistheoretischen und methodologischen Versionen einander gegenüberstellt.

Ontologie ist eine *faktische* Disziplin, die sich auf die Realität bezieht. Sie versucht, die grundlegenden Merkmale und Strukturen der realen Welt zu beschreiben. Es gibt daher keine scharfe Abgrenzung zwischen Ontologie und empirischer Wissenschaft. *Ontologie ist allgemeine Wissenschaft* oder allgemeine Kosmologie, und die Wissenschaften sind regionale Ontologien.[19] Die Ontologie behandelt Fragen, die in vielen wissenschaftlichen Disziplinen auftreten, aber durch keine von ihnen beantwortet werden.

Erkenntnistheorie wurde gelegentlich angesehen als eine rein *normative* Disziplin, deren typische Frage lautet: „Unter welchen Bedingungen sind Aussagen wahr?" oder „Wie können Aussagen als wahr oder objektiv gerechtfertigt werden?". Diese Rechtfertigungs-Auffassung von Erkenntnistheorie ist veraltet, da wir eingesehen haben, daß

Tabelle 1

Disziplin: Typische Frage:	**Ontologie** Wie ist die Welt beschaffen?	**Erkenntnistheorie** Was wissen wir über die Welt?	**Methodologie** Wie können wir solches Wissen erlangen?
Charakteristische Begriffe (Thesen)			
Heisenbergs Unschärfe-Relation („$\Delta x \cdot \Delta p \geqslant \frac{h}{4\pi}$“)	Elektronen *haben* nicht gleichzeitig scharfen Ort und Impuls.	Ort und Impuls eines Elektrons können nicht beide *genau gemessen* werden oder *bekannt* sein.	Versuche nicht, Ort und Impuls eines Elektrons gleichzeitig scharf zu messen!
Kausale Beziehungen („A ist kausal mit B verknüpft.“)	A ist die (eine) Ursache von B. (A verursacht, bewirkt B, löst B aus, ruft oder bringt B hervor. B folgt notwendig auf A.)	A ist das Antecedens einer adäquaten kausalen Erklärung für B.	Versuche, B durch A zu erklären! Bevorzuge dabei deduktiv-nomologische (DN-)Erklärungen!
Kausalprinzip („Jedes Ereignist hat eine Ursache.“)	Zu jedem Ereignis B gibt es ein Ereignis A (die Ursache), dessen naturnotwendige Folge (Wirkung) B ist.	Für jedes Ereignis gibt es eine adäquate kausale Erklärung.	Suche unermüdlich nach Ursachen und kausalen Erklärungen (vor allem dann, wenn etwas anders abläuft als erwartet)!
Emergenz („Das Ganze ist mehr als die Summe seiner Teile.“)	Systeme können Eigenschaften haben, die ihre Teile nicht besitzen.	Die (emergenten) Eigenschaften eines Systems können nicht aus der Kenntnis seiner Teile *erklärt* werden.	Versuche nicht, Systeme aus ihren Bestandteilen zu erklären!
Reduzierbarkeit der Biologie auf Physik („starke Reduktion“)	Lebende Systeme sind nach kausalen Gesetzen aus unbelebten Systemen entstanden.	Die Begriffe der Biologie können durch physikalische Begriffe definiert, ihre Gesetze aus physikalischen Gesetzen abgeleitet werden.	Versuche, den Ursprung des Lebens und die Eigenschaften der Organismen durch physikalisch-chemische Gesetze zu erklären! Versuche, Organismen aus abiotischen Substanzen zu synthetisieren!
Einheit der Wissenschaft (vgl. Abschnitt 5)	Einheit der Welt (ontologische Einheit)	Einheit der wissenschaftlichen Erkenntnis (erkenntnistheoretische Einheit)	Einheit der wissenschaftlichen Methode (methodologische Einheit)

keine Aussage *absolut* oder bedingungslos gerechtfertigt werden kann. Die moderne Erkenntnistheorie dagegen vereint deskriptive und explanative Elemente mit explikativen und normativen. Sie untersucht, wie wir tatsächlich dazu kommen, etwas zu wissen, und welche *relative* Rechtfertigung wir für unsere kognitiven Ansprüche geben können. Die Antworten auf diese Fragen werden natürlich stark von der zugrundeliegenden Ontologie abhängen.

Methodologie *könnte* als eine rein deskriptive Disziplin angesehen werden. Ohne Zweifel ist es interessant zu wissen, wie Wissenschaftler tatsächlich vorgehen. Aber die wirkliche Aufgabe der Methodologie ist eine normative. Wie *sollten* wir vorgehen, um unser Wissen zu verbessern? Somit können die Ergebnisse methodologischer Überlegungen als Regeln, als Befehle, als Verbote oder als Ratschläge formuliert werden. Als beratende Disziplin stützt sich auch die Methodologie auf Information darüber, was erkannt werden soll und was Erkenntnis ist. So wird jede Methodologie von der zugrundeliegenden Ontologie und Erkenntnistheorie abhängen.

Diese Bemerkungen zeigen, daß unsere drei Ebenen oder Disziplinen in sich eine Hierarchie bilden.[20] Die Reihenfolge, in der sie hier vorgestellt wurden, entspricht ihrer logischen Rangordnung. Die Ontologie ist der Erkenntnistheorie vorgeordnet, und Ontologie und Erkenntnistheorie sind der Methodologie vorgeordnet. So haben ontologische Aussagen erkenntnistheoretische Konsequenzen; Ontologie und Erkenntnistheorie haben methodologische Konsequenzen. Es kann sein, daß wir eine erkenntnistheoretische Position aus ontologischen Gründen übernehmen (oder ablehnen) oder daß wir methodologische Vorschläge aus ontologischen oder erkenntnistheoretischen Gründen akzeptieren. Wenn wir eine realistische Ontologie vertreten, müssen wir – um Inkonsistenzen zu vermeiden – unseren Realismus in unsere Erkenntnistheorie und Methodologie übernehmen.

Die Umkehrung gilt nicht. Aus einer erfolgreichen Methodologie können wir nicht zwingend ableiten, daß die zugrundegelegte Ontologie oder Erkenntnistheorie korrekt sind. Was wir tun können, ist nur, unsere ontologischen Hypothesen *plausibel* zu machen. Soweit unsere Methodologie Erfolg hat oder sogar erfolgreicher ist als eine andere Methodologie, haben wir immerhin *gute Gründe*, an unserer jeweiligen Ontologie festzuhalten.

Nach diesen Betrachtungen stellt die Ontologie die anspruchsvollste der drei genannten Ebenen dar. Zwar könnten wir im Prinzip auf Ontologie völlig verzichten, wie Positivismus und Relativismus es tun, ja sogar – wie der Instrumentalismus – auf (Ontologie und) jede Erkenntnistheorie. Dadurch, daß Positivismus, Relativismus und Instrumentalismus bescheidener sind, sind sie in ihren Voraussetzungen auch weniger anspruchsvoll, also weniger verletzlich als jede Form von Realismus (sei es der kritische, der wissenschaftliche oder der hypothetische Realismus).

Es gibt jedoch ein entscheidendes Argument gegen diese „bescheidenen" Positionen. Dieses Argument beruht auf dem *Erklärungswert des Realismus*. Weder Positivismus noch Relativismus oder Instrumentalismus sind in der Lage zu erklären, warum einige unserer Theorien erfolgreich sind und andere nicht. *Warum* sind manche Theorien bessere „Instrumente" für Beschreibung, Erklärung, Voraussage, Retrodiktion oder Systematisierung als andere? *Warum* eignen sich manche Theorien besser als andere dazu, „die Phänomene zu retten", wenn nicht wegen ihrer (partiellen) Wahrheit, ihrer Übereinstimmung mit der Realität, ihrer höheren Wahrheitsähnlichkeit? Der Realismus und die mit ihm verknüpfte Auffassung von Wahrheit (die Korrespondenztheorie), zeichnen sich also durch ihren höheren Erklärungswert aus.

Akzeptiert man den Erklärungswert einer Theorie als ein Bewertungskriterium, und zwar nicht nur bei faktischen Theorien (wo das offensichtlich die Regel ist), sondern auch bei erkenntnistheoretischen und methodologischen Konzeptionen (wo es bezweifelt werden könnte), dann ist der ontologische Realismus jeder „bescheideneren" oder ängstlicheren Position vorzuziehen.

Der ontologische Realismus hat einen weiteren Vorzug. Wie wir gesehen haben, hat er erkenntnistheoretische und methodologische Implikationen. Somit haben wir, wenn wir an einem ontologischen Realismus festhalten, auch gute Gründe für unsere erkenntnistheoretischen und methodologischen Maximen und Postulate. Positivismus, Relativismus und Instrumentalismus müssen ihre methodologischen Regeln durch Argumente rechtfertigen oder motivieren, die von jeder Ontologie unabhängig sind. Das wird nicht immer möglich sein. Warum sollten wir nach Quarks, nach Quasaren, nach Schwarzen Löchern suchen, wenn sie nichts weiter sind als nützliche Begriffe, hilfreiche Fiktionen, brauchbare Instrumente, ökonomische Zusammenfassungen? Niemand wird nach etwas suchen, dessen Existenz er bestreitet. Der ontologische Realismus ist deshalb auch *heuristisch* viel fruchtbarer als jede andere Position. Beide Argumente für eine realistische Ontologie – Erklärungswert und heuristischer Wert – sind im Zusammenhang mit der Einheit der Wissenschaft von größter Bedeutung.

5 Was bedeutet nun „Einheit der Wissenschaft"?

Wir haben gesehen, daß viele Probleme auf den verschiedenen Ebenen der Ontologie, der Erkenntnistheorie und der Methodologie diskutiert werden können. Das gilt für die Probleme des Realismus, der Wahrheit, der Kausalität, der Emergenz, der Reduktion. Es gilt auch für die Idee von der Einheit der Wissenschaft. Entsprechend der jeweiligen Ebene hat diese Idee ganz verschiedene Bedeutungen und Implikationen. Versuchen wir, eine Übersicht zu gewinnen.

a) *Ontologisch* bedeutet „Einheit der Wissenschaft“:

Die reale Welt, wie sie durch die verschiedenen Wissenschaften vorausgesetzt, beschrieben und erforscht wird, ist ein einziges einheitliches System.

Das bedeutet natürlich nicht, daß die Welt eine gußeiserne Blockwelt wäre, wie Parmenides sie sieht, noch daß sie aus einer amorphen Flüssigkeit oder aus unzusammenhängendem Staub bestünde. Es heißt auch nicht, daß die Welt nur aus einer einzigen Substanz aufgebaut wäre, daß die Dinge nur eine einzige Eigenschaft hätten, daß es nur *eine* Art von Dingen oder nur *ein* Komplexitätsniveau gäbe. Alle derartigen Weltmodelle sind – obwohl logisch möglich und als idealisierte Modelle oder als Grenzfälle heuristisch manchmal recht fruchtbar – empirisch falsch. Sie würden nicht einmal erkennende Wesen erlauben.

Die Welt ist zusammenhängend.

Kein Teil der Welt ist von allen anderen Teilen isoliert. Sie besteht auch nicht aus mehreren unabhängigen Teilwelten. Es ist nicht einfach Metaphysik, sondern *schlechte* Metaphysik, über die Eigenschaften von Para-Welten (neben oder jenseits unserer Welt) zu spekulieren, die überhaupt keine kausale Wechselwirkung mit uns hätten. Niemals könnten wir auch nur das Geringste über sie erfahren. Sogar Schwarze Löcher stehen in Wechselwirkung mit ihrer Umgebung und können dadurch entdeckt und identifiziert werden.

Die Beziehungen zwischen den verschiedenen Teilen der Welt beruhen (räumlich) auf physikalischen Wechselwirkungen und (zeitlich) auf kausalen Prozessen.

Es gibt vier elementare Wechselwirkungen in der Natur. Zwei von ihnen, die starke und die schwache Wechselwirkung, sind lediglich für die Stabilität der Elementarteilchen und der Atomkerne bedeutsam. Gravitative und elektromagnetische Kräfte sind dagegen verantwortlich für die Stabilität der makroskopischen Systeme, also der Welt, wie wir sie erleben.

Andererseits sind die Teilsysteme der Welt näherungsweise trennbar.

Das bedeutet, daß einige Teile der Welt als näherungsweise isoliert *betrachtet* werden dürfen (zum Beispiel in energetischer oder gravitativer Hinsicht). Diese Quasi-Separabilität ist bedingt durch die verschiedenen Stärken und Reichweiten der physikalischen Wechselwirkungen, durch die wechselseitige Aufhebung von Kräften (zum Beispiel durch die Neutralisierung von Ladungen) und durch die Möglichkeit der Abschirmung.

Die Welt ist nicht chaotisch, sondern strukturiert.

Es gibt Regelmäßigkeiten, Ähnlichkeiten, Invarianten, verbundene, aber trennbare Systeme. Andernfalls wäre Wissenschaft unmöglich (vgl. Abschnitt 2). Erst kürzlich haben die Physiker entdeckt, daß es viele chaotische Systeme gibt, in denen kleine Änderungen in den Anfangsbedingungen große Änderungen in den Endzuständen zur Folge haben. (Kleine Ursachen können große unregelmäßige Effekte haben. Somit ist die starke Kausalität verletzt.) Glücklicherweise ist die Welt nicht in jeder Hinsicht ein solches chaotisches System.

Eine einheitliche Ontologie liegt allen Wissenschaften zugrunde. (So sollte es wenigstens sein.)

So sollten zum Beispiel klassische Mechanik und Quantenmechanik keine verschiedenen Ontologien benützen. Tun sie es trotzdem, dann allenfalls vorläufig, bis besseres Wissen verfügbar ist.

Eine Chance für die Vereinheitlichung unseres Weltbildes liegt im Begriff der Evolution.

Wenn komplizierte Systeme in einem *einzigen* Evolutionsprozeß und gemäß kausalen Gesetzen aus einfachen hervorgegangen sind, dann sollte es möglich sein, ihr Entstehen durch eine *einzige* (oder einheitliche) Naturwissenschaft zu beschreiben. (Dieses *Evolutionsargument* wird in Abschnitt 6 weiter ausgebaut.)

b) *Erkenntnistheoretisch* bedeutet „Einheit der Wissenschaft“:

Als Wissenschaftler sind wir Realisten.

Im Alltag sind wir – wie alle Organismen – sowieso Realisten mit Ausnahme einiger anregender, aber doch irregeleiteter Philosophen. Im erkenntnistheoretischen Realismus werden unsere wissenschaftlichen Begriffe so gedeutet, daß sie sich auf reale Objekte, reale Eigenschaften, reale Wechselwirkungen beziehen.

Auch unser Erkenntnisbegriff muß realistisch sein.

Erkenntnis kann als eine adäquate Rekonstruktion und Identifikation realer (äußerer) Strukturen expliziert werden. Das wesentliche Element von Erkenntnis, von Wahrheit und von Bedeutung sind *Isomorphien*.

Da Mathematik eine Strukturwissenschaft ist, müssen wir ihre Anwendbarkeit erklären.

Mathematik kann zur Beschreibung der Welt angewandt werden, weil die Welt strukturiert ist und wir versuchen können, eine mathematische Struktur (oder Theorie) zu finden derart, daß die reale Welt eines ihrer Modelle ist.

Die „Naturgesetze“ gelten ohne Ausnahmen.

Naturgesetze sind Regelmäßigkeiten im Verhalten realer Systeme. Somit kann es – nach Definition – keine Wunder geben, welche die Naturgesetze verletzen, obwohl jedes *vermutete* Naturgesetz falsch sein kann.

Unser Erkenntnisapparat ist selbst ein Ergebnis der biologischen Evolution.

Wahrnehmung, Erfahrung und theoretische Erkenntnis sind Leistungen eines natürlichen Systems, unseres Zentralnervensystems. Jede Erkenntnistheorie sollte diese Tatsache berücksichtigen. Die Evolutionäre Erkenntnistheorie macht einen solchen Versuch.[21]

c) *Methodologisch* bedeutet „Einheit der Wissenschaft“:

Unsere Beschreibungen der Welt müssen *widerspruchsfrei* sein.

Wenn zwei Hypothesen über die Struktur der Welt einander widersprechen, dann ist mindestens eine von ihnen falsch. Da Inkonsistenzen, Widersprüche und Antinomien Symptome für Irrtümer, solche aber unerwünscht sind, stellen Widersprüche Herausforderungen an den Wissenschaftler dar und geben oft Hinweise für die weitere Forschung.

Unser faktisches Wissen muß in einer *intersubjektiv* verstehbaren Sprache formuliert und *intersubjektiv* prüfbar sein.

Wenn es eine einzige Welt gibt (wie unsere Ontologie es nahelegt), dann muß sie für alle Beobachter ein und dieselbe sein. Das führt zu der Forderung nach Intersubjektivität.

Darüber hinaus sollte unser faktisches Wissen *objektiv* sein.

Die „Objektivität“ von Erkenntnis schließt zwei Eigenschaften ein, eine positive und eine negative. Erstens soll unsere Erkenntnis sich auf die reale Welt *beziehen*. Zweitens sollte sie *unabhängig* sein vom erkennenden Subjekt oder Beobachter, von seinem Standort, seinem Bewegungs- oder Bewußtseinszustand, von experimentellen Methoden und von Konventionen. *Notwendige* Bedingungen für Objektivität sind somit einige *Invarianz*eigenschaften.

Versuche, wissenschaftliche Begriffe (durch Definition) und Hypothesen (durch Ableitung) soweit wie möglich zu reduzieren!

Diesen Rat könnte man „methodologischen Reduktionismus“ nennen. Er *folgt* aus unseren ontologischen und erkenntnistheoretischen Voraussetzungen. Sind diese korrekt, so wird eine solche Strategie Erfolg haben. Aber selbst wenn sie nicht korrekt sind, so ist doch diese Strategie heuristisch äußerst fruchtbar (s.u.).

Kausale Beziehungen in der Natur werden auf logische Beziehungen in unseren Theorien abgebildet.

Soweit evolutionäre Prozesse kausale Prozesse sind, die zu neuen Systemen mit neuen Eigenschaften führen, sollten diese evolutionären Prozesse durch logische Beziehungen dargestellt werden können, die unsere jeweiligen Theorien miteinander verbinden.

Lokalisiere und studiere möglichst genau jene Fälle, in denen eine Reduktion bisher unmöglich war!

Nur dadurch sind wir in der Lage, entweder die Reduktion doch noch durchzuführen oder herauszufinden, wo der reduktionistische Ansatz versagt. Das Programm des methodologischen Reduktionismus ist also fruchtbar und lehrreich sowohl dann, wenn es Erfolg hat, als auch dann, wenn es versagt. Deshalb gibt es *keine vernünftige Alternative zum methodologischen Reduktionismus*. Und ebensowenig gibt es eine vernünftige Alternative zur Einheit der Wissenschaft als einer methodologischen Maxime.

Finde heraus, *warum* reduktionistische Versuche fehlschlagen!

Die Ergebnisse werden uns helfen, entweder die Schwierigkeiten zu überwinden oder unsere Reduktionsbegriffe zu verfeinern. Ist für zwei Theorien eine strikte logische Ableitung („Reduktion durch Deduktion") nicht durchführbar, wie müssen wir unseren Reduktionsbegriff abändern, um die tatsächliche Beziehung zwischen den Theorien zu beschreiben? In welchem Sinne und inwieweit kann Einheit der Wissenschaft überhaupt erreicht werden?

Versuche, komplizierte Systeme aus ihren (einfacheren) Bestandteilen zu erklären!

Verschiedene Ebenen der Realität stellen im allgemeinen verschiedene Komplexitätsebenen dar. Wenn komplizierte Systeme aus einfacheren entstanden sind, dann sollte es möglich sein, diese verschiedenen Ebenen durch kausale Gesetze zu verbinden, vor allem durch Entwicklungsgesetze.

Wenn wir über die Einheit der Wissenschaft sprechen, sollten wir uns darüber im klaren sein, was wir meinen und was wir brauchen. Was wir meinen, ist Einheit der Wissenschaft in einem substantiellen ontologischen Sinn.[22] Und was brauchen wir?

Wir brauchen eine *Ontologie*, um eine rationale Entscheidung zwischen verschiedenen kognitiven Strategien, Erkenntnistheorien und Methodologien treffen zu können.
Wir brauchen eine *widerspruchsfreie* Ontologie aus wohlbekannten logischen Gründen.
Wir brauchen eine *wissenschaftliche* Ontologie, also eine Ontologie, die mit der Wissenschaft vereinbar ist, weil wissenschaftliche Erkenntnis die höchste Erkenntnisstufe ist, die wir kennen.
Wir brauchen eine *einheitliche* Ontologie, solange wir auf eine Einheit der Wissenschaft hoffen.
Wir brauchen eine *realistische* Ontologie, um den praktischen Erfolg und vor allem das Scheitern wissenschaftlicher Theorien zu erklären.
Wir brauchen eine *pluralistische* Ontologie einfach deshalb, weil die Welt eine solche Mehrschichtenstruktur aufweist.
Wir brauchen eine *systemtheoretisch orientierte* Ontologie, um sowohl der Komplexität der Welt als auch dem Auftreten neuer Eigenschaften Rechnung tragen zu können.
Wir brauchen eine *evolutionäre* Ontologie, weil sie uns die einzige Chance für eine Einheitswissenschaft gibt.

Und zusammen mit einer solchen einheitlichen Ontologie brauchen wir eine angemessene Erkenntnistheorie und Methodologie. Sollte man uns auffordern, für dieses spezielle Tripel von konsistenter, wissenschaftlicher, einheitlicher, realistischer, pluralistischer, systemtheoretischer, evolutionärer Ontologie, Erkenntnistheorie und Methodologie einen Namen zu finden, so wäre wohl „Naturalismus" am ehesten angebracht.

6 Das Evolutionsargument

Haben wir Chancen für eine Einheit der Wissenschaft? Gibt es positive Argumente zugunsten der Durchführbarkeit einer solchen Vereinheitlichung? Wer immer sich daranmacht, den gegenwärtigen Zustand faktischer Wissenschaft zu überschauen, ist beeindruckt oder sogar eingeschüchtert durch die unglaubliche Vielheit und Vielfalt wissenschaftlicher Disziplinen. Es ist nicht nur unmöglich, zu allen originelle Beiträge zu leisten; es ist auch völlig ausgeschlossen, daß irgend jemand sie alle beherrscht. Der typische Wissenschaftler ist Spezialist. Sogar zwei Physiker können in Gebieten arbeiten, die so weit voneinander entfernt sind, daß sie einander die Einzelheiten ihres jeweiligen Forschungsgebietes nicht wirklich mitteilen können.

Schlimmer noch, die wissenschaftlichen Disziplinen vermehren sich noch laufend, unser Wissen nimmt zu, die verfügbare wissenschaftliche Information explodiert. Auf den ersten Blick legen die Tatsachen also eher eine überwältigende *Uneinheitlichkeit* der Wissenschaft nahe. Welches Argument haben wir da zugunsten der *Einheit* der Wissenschaft?

Das beste Argument und das einzig zwingende wäre die Durchführung einer effektiven Reduktion aller faktischen Wissenschaften auf die Physik und möglicherweise aller Physik auf die Elementarteilchenphysik. Dazu müßten die einschlägigen Definitionen und Ableitungen angegeben und es müßte plausibel gemacht werden, daß alle wesentlichen Begriffe und Aussagen erfaßt sind. Von einem solchen Zustand sind wir weit entfernt. Nicht einmal für die Chemie, bei der wir gute Gründe für die Behauptung haben, sie sei vollständig auf die Physik reduzierbar, ist ein solcher Zustand erreicht. Wir werden uns mit weniger zwingenden Argumenten bescheiden müssen, mit „im-Prinzip"-Behauptungen, mit exemplarischen Fällen, mit heuristischen Argumenten.

Tatsächlich besteht heute einige Aussicht, die verschiedenen Aspekte der natürlichen Welt in einem großen Zusammenhang zu sehen und sogar zu einem einheitlichen Weltbild zurückzufinden. Zu verdanken ist dies der Tatsache, daß es bei *jedem* Objekt legitim ist zu fragen, wie es entstand, wie es sich entwickelte und wie es sich in Zukunft verhalten wird. Der zentrale Begriff eines solchen synoptischen Unternehmens ist also der *Evolutionsbegriff*.

Es gibt wissenschaftliche Disziplinen, die schon von ihrer Natur her die zeitliche Dimension in ihre Betrachtungen einbeziehen. Das sind die *historischen* Wissenschaften wie die Paläontologie, die Archäologie, die Geschichtsschreibung, die Etymologie.

Tabelle 2

Stadium:	**Statik**	**Kinematik**	**Dynamik**
Fragen:	Was gibt es? Wie ist es?	Wie ändert es sich in der Zeit?	Warum ist es stabil? Warum ändert es sich?
Objekte:	Zustände	Prozesse	Kräfte, Faktoren
Analysemethode:	strukturell, morphologisch	zeitlich, genetisch	kausal
Mechanik (auf der Erde)	Hebelgesetz *(Archimedes -250)*	Fallgesetz *(Galilei 1590)*	Gravitation *(Newton 1666)*
Planetenbewegung (Himmelsmechanik)	Heliozentrik *(Aristarch -200, Kopernikus 1530)*	elliptische Bahnen *(Kepler 1609)*	Gravitationsgesetz und Bewegungsgleichung *(Newton 1666)*
Planetensystem	Struktur *(Newton 1687)*	Entwicklung *(Kant 1755, Laplace 1800)*	Wirbeltheorie *(v. Weizsäcker 1944)*
Kontinente	Geographie *(Eratosthenes -200)*	Kontinentalverschiebung *(Wegener 1912)*	Plattentektonik *(Dietz, Hess 1962)*
Biologie	Taxonomie *(Linné 1740)*	Phylogenie *(Buffon 1760)*	Evolutionstheorie *(Darwin 1859)*
Psychologie	empirische Psychologie *(Wundt 1879)*	Entwicklungspsychologie *(Binet 1905)*	genetische Psychologie *(Piaget 1950)*
Sprachwissenschaft	Grammatik *(Port-Royal 1650)*	Lautwandel *(Grimm 1822)*	Substrattheorie *(Ascoli 1886)* (umstritten)
Wissenschaftstheorie	Struktur von Theorien *(Duhem 1905)*	Geschichte der Wissenschaft, Theorienwandel *(Popper 1934, Kuhn 1962)*	Theoriendynamik (nicht geklärt)

Bei anderen Disziplinen ist das nicht der Fall. Tatsächlich war es das erste Ziel der Physik, der Chemie, der Psychologie oder der Linguistik, zeitunabhängige Gesetze zu formulieren. Diese Wissenschaften suchen nach Aussagen, die *universell* gelten, an jedem Ort und für jeden Zeitpunkt. Die Aufgabe der biologischen Systematik zum Beispiel, wie sie von Linné verstanden wurde, war eine vollständige Beschreibung und Einordnung aller existierenden Pflanzen und Tiere. Die traditionelle Aufgabe des Grammatikers war es, alle linguistischen Regeln zu formulieren und zusammenzustellen, die gleichzeitig (synchron) in einer speziellen Sprache gelten.

Alle diese Disziplinen haben ihre Reichweite, ihre Kohärenz und ihren Aussagegehalt durch Einbeziehung der zeitlichen Dimension erweitert. In der Astronomie waren es Kant und Laplace, in der Geologie Buffon und Lyell, die erste brauchbare Hypothesen über die Entwicklung des Planetensystems und der Erde aufstellten. In der Biologie führten solche Ideen zu den Evolutionstheorien von Lamarck und Darwin. In der Sprachwissenschaft wurden die Lautwandelgesetze durch Rask (1818) und Jakob Grimm (1822) entdeckt. Zusammen mit Bopps historisch-vergleichender Methode (1816) eröffneten erst diese Entdeckungen die zeitliche oder *diachronische* Dimension für die Sprachwissenschaft.

Alle faktischen Wissenschaften durchlaufen drei verschiedene Stadien. In Analogie zur Physik können wir sie Statik, Kinematik und Dynamik nennen. Die Statik untersucht jeweils das *ruhende* System, die Kinematik seine *zeitliche* Entwicklung, die Dynamik die *Kräfte*, die für seine Stabilität und Entwicklung verantwortlich sind. Offenbar entspricht die chronologische Reihenfolge dieser Phasen ihrer inneren Komplexität. In Tabelle 2 versuchen wir, diese drei Stadien für verschiedene wissenschaftliche Disziplinen zu erhellen, indem wir beispielhaft Gesetze oder Theorien auflisten. Die Namen und Daten dienen der Illustration und erheben nicht den Anspruch auf Vollständigkeit.

Diese Tabelle belegt, wie fruchtbar der Entwicklungsgedanke gewirkt hat. Wir sprechen von kosmischer, astrophysikalischer, chemischer, molekularer, biologischer und kultureller Evolution. Wir erforschen Ursprung und Entwicklung des Universums, der Galaxien, der Sterne, des Planetensystems, der Erdatmosphäre und der Ursuppe, des Lebens, des Menschen und des Bewußtseins. Der faszinierend neue Aspekt bei diesen Entdeckungen ist die Tatsache, daß wir in diesem Gesamtbild Zusammenhang und Kontinuität zu sehen beginnen. Nicht nur ist es möglich, den Evolutionsgedanken in alle diese Gebiete unabhängig einzuführen, wir können jene evolutionären Prozesse auch schon als miteinander verbundene *Glieder einer einzigen übergreifenden und durchgehenden evolutiven Kette* sehen.[23]

Keine Disziplin kann sich dieser integrativen Wirkung des Evolutionsbegriffs entziehen. So verschieden reale Systeme auch in Größe oder Struktur, in Komplexität oder Verhalten sein mögen, wir dürfen sicher sein, daß sie alle in der kosmischen Evolution aus kleineren und einfacheren Teilen hervorgegangen sind. Deshalb dürfen wir hoffen, daß wir sie auch als Systeme *verstehen* lernen, die aus einfacheren Elementen bestehen und entstanden sind.

Zudem hoffen wir, daß wir unser Wissen zu einer einzigen einheitlichen Wissenschaft zusammenfügen können. Wieder ist es der Evolutionsgedanke, der diese Hoffnung nährt. Wenn alle Systeme in einem historisch einmaligen Prozeß fortschreitender Integration entstanden sind, wenn Elementarteilchen, Kerne, Atome, Moleküle, Makromoleküle, Protobionten, Einzeller, vielzellige Organismen, Pflanzen, Tiere, Menschen und andere Systeme in der Evolution durch kausale Prozesse entstanden sind und wenn Kausalbeziehungen in der Natur auf logische Beziehungen in wissenschaftlichen Theorien abgebildet werden, dann muß es möglich sein, *die evolutive Einheit der Natur in einer deduktiven Einheit der Wissenschaft zu spiegeln.*[24]

Betrachten wir als Beispiel den evolutiven Ursprung des Lebens. Die vermeintliche Kluft zwischen unbelebten Systemen und lebenden Organismen ist im Verlauf der kosmischen Evolution von der anorganischen Seite her überbrückt worden. Vor der Entstehung von Organismen waren rein biologische Gesetze bedeutungslos, da die Systeme, für die sie hätten gelten können, nicht existierten. Der erste Organismus muß also nach ausschließlich physikalisch-chemischen Gesetzen entstanden sein. Der Ursprung des Lebens muß sich, wenn überhaupt, durch Physik und Chemie erklären lassen, nicht durch Biologie. Insbesondere sollte die Lücke zwischen Biochemie und Biologie durch Deduktionen von der Biochemie her überbrückt werden. Die Biogenetik ist im Begriff, dieses faszinierende Gebiet zu erforschen.[25]

Da Evolution ein ontologischer Begriff ist, ist das Evolutionsargument offenbar ein *ontologisches* Argument zugunsten einer Einheit der Wissenschaft. Indem es die *Einheit der Natur* im ontologischen Sinne einer historisch kontinuierlichen und kausal verknüpften kosmischen Evolution voraussetzt, liefert es eine mächtige Stütze für die *Einheit der Wissenschaft* im Sinne einer starken Reduktion, einer Reduktion durch Deduktion (vgl. Abschnitt 3d).

Hier kommt uns die Unterscheidung von ontologischer, erkenntnistheoretischer und methodologischer Einheit zugute, die wir in Abschnitt 5 getroffen haben. Obwohl die ontologische Einheit der Wissenschaft die anspruchsvollste ist, wird gerade diese ontologische Einheit durch die Tatsachen der Evolution gestützt. Wir können hier auch deutlich sehen, wieviel *stärker* die Vorstellung einer ontologischen Einheit ist als zum Beispiel die einer methodologischen Einheit. Wie könnten wir jemals eine methodologische Einheit in irgendeinem substantiellen Sinne erhoffen, wenn wir nicht bereit oder in der Lage wären, die Einheit der Welt vorauszusetzen? Welche methodische

Einheit wäre noch erreichbar, wenn die Welt in verschiedene *unabhängige* Stücke, Ebenen oder Substanzen zerfiele?

Zugegeben, die Evolution kann die Einheit der Welt nicht *beweisen*. Sie kann auch die Einheit der Wissenschaft nicht *garantieren*. Und selbst eine ontologische Einheit, sei sie eine evolutionäre oder eine andere, führt nicht notwendig zu erkenntnistheoretischer oder methodologischer Einheit. Unsere Versuche, die Wissenschaft zu vereinheitlichen, könnten scheitern, selbst wenn eine ontologische Einheit besteht. Das entkräftet jedoch unser evolutionäres Argument nicht.

Mit anderen Worten, die Evolution gibt uns nicht mehr, aber auch nicht weniger, als einen positiven *Hinweis* auf die Einheit der Natur und dadurch eine *Chance* zur Einheit der Wissenschaft. *Ohne* Evolution könnten wir andererseits nicht einmal die Einheit der Natur behaupten, viel weniger die Einheit der Wissenschaft in irgendeinem subtantiellen Sinne.

Auch so stellt das Programm einer Einheit der Wissenschaft noch genügend Probleme. Und wenn wir den Verlauf der Evolution verfolgen, wenn wir die *scala naturae* hinaufsteigen, begegnen wir mehr und mehr *Schwierigkeiten*. Wie wir wissen, gelten die Gesetze der Physik für Chemie und Biologie, ja für alle höheren Disziplinen, während die spezifischen Gesetze der Biologie bei rein physikalischen Systemen nicht einmal *anwendbar* sind. Ganz ähnlich erscheinen, wenn wir von der Physik zur Chemie, zur Biologie, zur Psychologie, zur Soziologie „aufsteigen", immer neue Probleme, die auf den unteren Ebenen noch nicht da waren, aber dann nie mehr verschwinden. Das dürfte uns nicht zu sehr überraschen, da wir wissen, daß mit wachsender Komplexität neue Eigenschaften, neue Gesetze, also auch neue Probleme entstehen.

7 Zeitrichtung, Komplexität, Kausalität – was die evolutionäre Perspektive einschließt

Nachdem wir den integrativen Charakter der Evolutionsidee für die faktischen Wissenschaften erkannt haben, sind wir doppelt motiviert, nach einer angemessenen Explikation für den Begriff der Evolution zu suchen. Was heißt „Evolution"? Bedeutet sie lediglich Veränderung, nichts weiter als eine Folge unterschiedlicher Zustände? Oder können wir diesen Begriff genauer, konkreter, spezifischer, substantieller charakterisieren?

Tatsächlich steht der Evolutionsbegriff für mehr als bloße Veränderung oder zeitliche Abfolge. Es gibt drei zusätzliche Elemente evolutiver Prozesse: Richtung, wachsende Komplexität und kausale Verknüpfung.

Jeder evolutive Prozeß ist ein *gerichteter* Vorgang. Anfangs- und Endzustand sind voneinander verschieden. Wenn ein System sich überhaupt nicht ändert, also statisch ist, oder wenn es sich periodisch ändert, also stationär ist, dann sprechen wir nicht von einem evolutiven System. Offenbar zeigt die kosmische Evolution eine solche Gerichtetheit, eine Zeitrichtung oder einen „Zeitpfeil". Seit unser Universum im Urknall entstand, dehnt es sich kontinuierlich aus. Wegen dieser kosmischen Expansion sind keine zwei Momente der Evolution in jeder Hinsicht identisch, kein kosmisches Ereignis hat sich jemals wiederholt. Konfrontiert mit zwei Ereignissen, können wir immer eines als das frühere, das andere als das spätere identifizieren, wenigstens im Prinzip. Evolution ist also mit dem Zeitpfeil eng verknüpft.

Ein zweites charakteristisches Element ist der *Komplexitätszuwachs*. Im großen und ganzen hat die kosmische Evolution zu immer komplizierteren Systemen geführt. Sie begann mit punktförmigen Teilchen (Quarks und Leptonen, oder Präquarks[26]), die vergleichsweise einfach sind, und hat Elementarteilchen, Kerne, Atome, Moleküle, Zellen und schließlich bewußte Organismen hervorgebracht. Tatsächlich ist das Zentralnervensystem das komplizierteste System, das wir kennen. Diese Eigenheit der Evolution, die Tatsache, daß sie zu Systemen mit immer größerer Kompliziertheit geführt hat, ist zweifellos ihr auffälligstes Merkmal. Und doch ist dieses Merkmal kontingent, nicht notwendig. Es könnte auch anders sein. Es ist zwar eine Tatsache, daß die kosmische Evolution, wie wir sie kennen, durch wachsende Komplexität charakterisiert werden kann. Hätte sie jedoch mit komplizierten Systemen begonnen, so hätte sie auch zu *weniger* komplizierten Systemen führen können.

Tatsächlich gibt es viele Fälle von abnehmender Komplexität. Schwarze Löcher zum Beispiel, die Reste ausgebrannter Sterne, sind wesentlich weniger komplex als die ursprünglichen Sterne, von denen sie stammen. Viren sind degenerierte Organellen oder Einzeller. Tod und Verwesung von Organismen sind Prozesse, die die Komplexität verringern. Und ob der Endzustand des Universums mehr oder weniger Komplexität aufweisen wird als sein jetziger Zustand, ist noch nicht bekannt.[27]

Es gibt jedenfalls kein Naturgesetz und keine kausale Notwendigkeit, die das Anwachsen der Gesamtkomplexität des Universums garantieren könnten.

Gleichwohl ist es legitim und lehrreich, die Evolution, *wie wir sie kennen*, durch ihre Tendenz zu wachsender Komplexität zu charakterisieren. Dieser Aspekt schließt sogar das vorerwähnte Merkmal gerichteten Wandels ein. Wenn wir also den Evolutionsvorgang als einen organisierenden und strukturbildenden Prozeß charakterisieren, so brauchen wir seine Gerichtetheit nicht mehr ausdrücklich zu erwähnen.

Der dritte bedeutsame Aspekt evolutionärer Prozesse ist ihre *kausale Kohärenz*. Eine Folge von Zufallsereignissen würden wir niemals eine „Evolution" nennen. Die Ergebnisse bloßen Würfelns zählen nicht als evolutive Ereignisfolgen. Wir fordern vielmehr, daß spätere Zustände durch vorhergehende wesentlich beeinflußt, wenn nicht determiniert werden. Nun dann können wir Beschreibungen benützen, die wenigstens teilweise *deterministisch* sind; nur dann können wir zukünftige Ereignisse *vorhersagen*; und nur dann können wir *Gesetze* formulieren.

Diese Kausalitätsforderung schließt Zufallsereignisse nicht von der evolutionären Szene aus. Tatsächlich sind ja evolutive Prozesse stark mit Zufallsereignissen durchsetzt: Kernzerfälle, atomare Stöße, molekulare Übergänge, Mutationen, Symmetriebrüche, Populationswellen usw. Solche Ereignisse schwächen das deterministische Netz von Ursachen und Wirkungen; sie verringern unsere Chancen für genaue Vorhersagen; sie können durch wissenschaftliche Gesetze nicht erfaßt werden. Trotzdem ist das Gewebe der Wirklichkeit keineswegs chaotisch. Wie viele Denker wie Peirce, Bohm, Born, Monod, Eigen oder Popper betont haben, zeigt es vielmehr ein faszinierendes Wechselspiel von Zufall und Notwendigkeit.

Das gilt für alle Epochen der kosmischen Evolution, für astrophysikalische, chemische, molekulare, biologische, kulturelle Evolution. Es sieht sogar so aus, als ob der *Einfluß des Zufalls mit wachsender Komplexität noch zunähme*. Diese Feststellung bedeutet allerdings weder, daß die kosmische Evolution rein deterministisch begonnen hätte, noch bedeutet sie, daß nun die menschliche Geschichte völlig zufällig verliefe. Zufall und Notwendigkeit sind in *allen* Stadien der Evolution vorhanden und wirksam (wenn auch nicht in jedem einzelnen Vorgang).

8 Fortschritt, Entropie, Zufallsvariation – was die evolutionäre Perspektive nicht einschließt

Einige Autoren haben den Gedanken geäußert, wir könnten die Einheit der Wissenschaft noch verstärken, indem wir unseren Evolutionsbegriff *bereichern*. Wir wollen drei solche Vorschläge diskutieren: den Begriff des Fortschritts, den Entropiesatz und das Modell von zufälliger Variation und anschließender Selektion.

Zuerst einmal könnten wir versuchen, eine gewisse *Bewertung* vorzunehmen, indem wir feststellen, daß die Evolution nicht nur gerichteten Wandel einschließt, sondern auch einen auffälligen *Aufwärtstrend*, eine Tendenz zum *Besseren*, eine spezielle Art von *Fortschritt*.

Auf den ersten Blick erscheint diese Idee völlig vernünftig. Ist der Fortschritt in der Evolution denn nicht ganz offensichtlich? Sprechen nicht Biologen fortwährend von „niederen" und „höheren" Organismen, von primitiveren und entwickelteren Tieren? Ist es nicht *evident*, daß der Mensch die fortgeschrittenste Art auf der Erde ist?

Eine genauere Überprüfung sollte uns skeptisch machen. Entgegen allem Anschein ist die Evolution nicht notwendig mit Fortschritt verbunden. Vielmehr setzt der Fortschrittsbegriff immer schon eine gewisse Wertzuweisung voraus. Und jede Bewertung ist notwendigerweise *subjektiv*.

Normalerweise, und das ist nur zu natürlich, neigen wir dazu, Fortschritt anthropozentrisch zu definieren. Von unserem recht „menschlichen" Standpunkt aus deuten wir die Evolution so, als ob sie „fortschreite" zu mehr Arten, mehr Biomasse, höherer Spezialisierung, höherem oder wirkungsvollerem Stoffwechsel, geringerer Entropieproduktion, zur Zentralisierung von Funktionen, zu größerer Unabhängigkeit von Umweltbedingungen, zur Ausgestaltung des Zentralnervensystems, zur inneren Repräsentation äußerer Strukturen, zur Reflexion usw.

Alle diese Züge sind, so auffällig sie auch sein mögen, weder notwendig noch hinreichend, um Fortschritt zu definieren. Dasselbe gilt für unser „objektives" Komplexitätsmaß, wie wir es in Abschnitt 2 vorgestellt haben. Auch dieses Maß liefert nicht *automatisch* eine Definition für Fortschritt.

Ein Misanthrop könnte die Evolution sogar beschuldigen, einen *degenerativen* Trend aufzuweisen, der von einfachen und langlebigen Einzellern zu komplexen und daher instabilen und recht kurzlebigen Arten wie dem Menschen führt. Schlimmer noch, welchen Fortschrittsbegriff wir auch immer benützen, wir können nicht sicher sein, daß die Evolution diesen Trend beibehalten wird. Alle Tendenzen könnten umgekehrt, aller Fortschritt könnte in Rückschritt verwandelt werden. Die Evolution wird weiterschreiten, aber es gibt keine *Garantie* für Fortschritt in irgendeinem vernünftigen Sinne.

So ist der Begriff des Fortschritts zwar durchaus *vereinbar* mit dem Evolutionsbegriff, aber keineswegs mit ihm *kongruent* oder deckungsgleich. Wann immer wir Evolution als fortschreitend interpretieren, müssen wir *entscheiden*, welches Fortschrittskriterium wir benützen wollen. Eine solche Interpretation wird also notwendig ein *konventionelles* Element enthalten.

Es gibt allerdings einen anderen Zug der universellen Evolution, der sowohl allgemein als auch objektiv ist. Das ist die Zunahme der

Entropie. Bei allen Vorgängen, und deshalb auch bei allen *evolutiven* Vorgängen, muß sich die Entropie erhöhen. Könnten wir den Entropiebegriff nicht benützen, um die Evolution genauer zu *charakterisieren*? Das geht aus zwei Gründen nicht.

Zum einen ist der Begriff der Entropie sogar *zu* allgemein. Er gehört nicht nur zu den evolutiven, sondern zu *allen* realen Prozessen. Zum anderen ist der Satz von der Entropievermehrung zwar nicht im Widerspruch zur Evolution, aber auch nicht so recht mit ihr in Übereinstimmung. Denn Entropie wird häufig als ein Maß für *Unordnung* benützt. In allen Fällen, in denen diese Interpretation anwendbar ist (und die betreffenden Bedingungen können genau angegeben werden[28]), ist *wachsende Entropie gleichbedeutend mit wachsender Unordnung*, also mit abnehmender Komplexität, und das ist offenbar gerade nicht das, was wir uns unter Evolution eigentlich vorstellen.

Entgegen einer verbreiteten Meinung ist Entropie freilich *nicht immer* ein Maß für Unordnung, und die Zunahme von Ordnung oder von Komplexität kann sogar eine *Konsequenz* des Entropiesatzes sein. Das bedeutet, daß beide Arten von Vorgängen, konstruktive, bei denen die Komplexität *wächst*, und Zerfallsprozesse, bei denen sie *abnimmt*, im Einklang mit dem Entropiesatz sein und sogar aus ihm folgen können.

Gleichwohl können evolutive Prozesse *nicht gänzlich* aus dem Entropiesatz verstanden oder erklärt werden. Dafür brauchen wir – mindestens – die Gesetze der Nichtgleichgewichts-Thermodynamik. Als ein Gesetz der Gleichgewichts-Thermodynamik ist der Entropiesatz zwar nicht falsch, aber einfach ungeeignet, um für alle evolutiven Prozesse zuständig zu sein.

Eine dritte Idee, die einer sorgfältigen Betrachtung wert ist, ist die folgende. Könnten wir nicht eine spezielle Periode der kosmischen Evolution herausgreifen und versuchen, ihre speziellen Begriffe und Gesetze auf andere, möglicherweise auf alle Teile der Evolution zu *extrapolieren* und dadurch die Einheit der Wissenschaft zu stärken? Könnten wir nicht die Gesetze beispielsweise der biologischen Evolution auf den astrophysikalischen Bereich übertragen? Sind denn die Begriffe von Mutation und Selektion auf Organismen beschränkt, oder können sie auf Sterne ausgedehnt werden?

Und sogar wenn Mutations- und Selektionsvorgänge auf Lebewesen beschränkt sein sollten, könnten wir sie nicht zu einem Mechanismus von „zufälliger Variation und anschließender Auslese (blind variation and selective retention)“ verallgemeinern und dann auf *alle* evolutiven Prozesse anwenden? Könnten wir nicht dadurch einen vernünftigen und genügend reichen Evolutionsbegriff gewinnen und mit ihm die Einheit der Wissenschaft begründen?

Ob die Prinzipien der biologischen Evolution auf unbelebte Objekte anwendbar sind, hängt von zweierlei ab: von ihrer Bedeutung in der Biologie und dem tatsächlichen Verhalten unbelebter Systeme. Gar zu oft wird die genaue Bedeutung der Begriffe „Mutation“ und „Selektion“ nicht so recht verstanden. Wenn ein Biologe behauptet, die Evolution schreite über Mutation und Selektion voran, dann meint er damit nicht etwa nur, daß gewisse Systeme sich verändern (mutieren) und daß dann einige von ihnen eliminiert werden, während andere überleben (selegiert werden). Wenn er jene Begriffe benützt, setzt er vielmehr schon *voraus*, daß spezifische Mechanismen wirksam sind, vor allem solche der Selbstreplikation und der erblichen Übertragung genetischer Information. In diesem Rahmen sind Mutationen dann winzige erbliche Veränderungen dieser genetischen Information. Und „Selektion“ bedeutet „differentielle Reproduktion infolge unterschiedlicher Tauglichkeit“. Diese Explikation kann uns helfen, die lästige Frage „Wer selegiert eigentlich?“ zu vermeiden. Und Tauglichkeit kann ihrerseits durch eine geeignete Kombination dreier Eigenschaften definiert werden: Stabilität des Systems, Reproduktionsrate und Genauigkeit des Kopiervorgangs.

Diese Explikationen machen deutlich, auf welche Systeme die Begriffe „Mutation“ und „Selektion“ anwendbar sind: ausschließlich auf selbstreplikative Strukturen. Und sie machen plausibel, daß die Gesetze der biologischen Evolution tatsächlich auf Bereiche *jenseits* biologischer Prozesse angewandt werden können, nämlich auf die präbiotische molekulare Evolution. RNA-Moleküle zum Beispiel zeigen, obwohl sie noch unbelebt, also keine biologischen Systeme sind, einwandfrei Selbstreplikation. Auf sie können die Begriffe „Mutation“ und „Selektion“ ohne weiteres angewandt werden. Würden wir Maschinen bauen, die sich selbst reproduzieren[29], und sie auf spezielle Eigenschaften hin auswählen, dann hätten jene Begriffe ebenfalls ihren guten Sinn. Aber bei Sternen, Galaxien, Planeten und allen anderen (nicht-replikativen) Systemen, die uns sonst noch einfallen mögen, sind diese Begriffe sinnlos. Es besteht deshalb keine Aussicht, die Einheit der Wissenschaft auf die Begriffe der biologischen Evolution zu gründen.

Nachdem wir dies eingesehen haben, könnten wir daran denken, unsere biologischen Begriffe zu erweitern oder zu verallgemeinern auf *„Zufallsvariation und bewertende Auswahl“*. Da dieser Mechanismus weniger spezifisch ist als der von Mutation und Selektion in der Biologie, würde er nicht nur die biologische Evolution einschließen, sondern noch andere Prozesse, sogar abiotische wie die Kristallbildung oder chemische Reaktionen.

Leider schließt auch diese etwas verwässerte Version evolutiver Faktoren noch nicht alle evolutionären Prozesse ein, zum Beispiel nicht die Evolution der Sterne. Sie würden überhaupt nicht auf *deterministische* Vorgänge passen. Ein Planet probiert nicht verschiedene

Bahnen aus und läßt sich dann auf der Bahn nieder, die ihm am meisten zusagt, die am stabilsten ist oder auf der das Wirkungsintegral zum Minimum wird.

Kurzum, da nicht *alle* evolutiven Prozesse Zufallselemente enthalten, ist das Prinzip der Zufallsvariation mit anschließender Auslese nicht in der Lage, die Einheit der Wissenschaft herzustellen. Die Behauptung, es sei so, ist deshalb recht oberflächlich.

Dies schließt jedoch keineswegs die Möglickeit aus, daß dieses Prinzip Prozesse menschlichen Denkens im allgemeinen und wissenschaftlicher Kreativität im besonderen erfaßt. Es könnte durchaus der Fall sein, daß es nur eine einzige wissenschaftliche Methode gibt und daß diese einzige Methode durch Zufallsvariation und strenge Auswahl charakterisiert ist, was man üblicherweise „Versuch und Irrtumsbeseitigung" nennt. Diese auffällige Analogie zwischen biologischer Evolution und der Evolution wissenschaftlicher Erkenntnis wurde von vielen Denkern gesehen und untersucht, von denen Toulmin, Campbell und Popper wohl die bekanntesten sind.[30]

Es muß jedoch betont werden, daß diese Korrespondenz, dieser Parallelismus, zwar gewiß nicht zufällig ist, aber eben doch nur eine *Analogie* und keine Identität darstellt. Die zwei Arten von Evolution, die hier beteiligt sind, müssen noch immer sorgfältig unterschieden werden. In Biologie und faktischer Wissenschaft bezieht sich das Prinzip von Zufallsvariation und anschließender Auswahl auf *biologische* (und molekulare) Evolution, also auf *reale Systeme*, während es sich in der Wissenschaftstheorie auf Ideen, auf Wissen, auf *kulturelle* Evolution und auf die *Methode* bezieht. Selbst wenn es eine Grundlage für eine *methodologische* Einheit der Wissenschaft bieten könnte, kann dieses Prinzip doch niemals eine ontologische Einheit liefern, da sein Anwendungsbereich hierfür viel zu beschränkt ist.

In unserem Bemühen um die Einheit der Wissenschaft ist uns die Einheit der Methode, wie sie möglicherweise durch das Prinzip von Zufallsvariation und anschließender Auswahl geboten wird, sehr willkommen. Aber wir können uns mit diesem dürftigen Ergebnis nicht zufriedengeben. Was wir anstreben, ist die Einheit der Wissenschaft in dem reicheren, ehrgeizigeren und umfassenderen Sinn einer einheitlichen Ontologie. Für dieses Ziel gibt uns die allgemeine Evolution ein Argument und sogar eine Chance; sie gibt sogar einen Hinweis darauf, wie dieses Ziel zu erreichen ist: nämlich indem wir eben *diese Evolution in unseren wissenschaftlichen Theorien spiegeln.*

Zusammenfassung

Wissenschaft hat kognitive und praktische Ziele. (1) Ihr zentrales kognitives Ziel ist es, von der Redundanz der Welt Gebrauch zu machen, um eine weniger redundante oder sogar eine minimale Beschreibung von ihr zu geben. Mit diesem Ziel ist die Idee einer Einheit der Wissenschaft völlig vereinbar, wenn nicht sogar identisch. (2)

Die Einheit der Wissenschaft kann unter verschiedenen Gesichtspunkten diskutiert werden: Universalität der Methode, Definierbarkeit von Begriffen, Ähnlichkeit von Strukturen, Ableitbarkeit von Gesetzen. Die anspruchsvollste Auffassung ist dabei die Ableitbarkeit oder *Reduktion durch Deduktion.* (3) Und von den verschiedenen *Ebenen*, die für die Reduktion relevant sind – Ontologie, Erkenntnistheorie, Methodologie –, ist die ergiebigste die *ontologische Ebene.* (4) Was wir somit brauchen, ist eine widerspruchsfreie, wissenschaftliche, einheitliche, realistische, pluralistische, systemtheoretische und evolutionäre Ontologie. (5)

Das entscheidende Argument zugunsten einer Einheit der Wissenschaft in einem solch ehrgeizigen Sinne wird durch die Tatsachen der kosmischen *Evolution* geboten. Wenn sich komplexe Systeme durch kausale Prozesse aus einfacheren entwickelt haben, dann sollte es möglich sein, die Gesetze, die die komplexen Systeme beschreiben, aus den Gesetzen abzuleiten, die sich auf die einfacheren Teilsysteme beziehen. Die Schwierigkeiten auf dem Wege zu einer solchen ontologischen Einheit der Wissenschaft müssen sorgfältig studiert werden. (6)

Unser Evolutionsbegriff muß alle Arten materieller Evolution einschließen. Er kann durch die wachsende Komplexität der Systeme und den kausalen Zusammenhang der Prozesse charakterisiert werden. (7) Versuche, diese Begriff um weitere Prinzipien wie Fortschritt, Entropiewachstum oder die Prinzipien biologischer Evolution anzureichern, scheitern. Sogar das Prinzip von Zufallsvariation und anschließender Auswahl ist, obwohl es für eine *methodologische* Einheit der Wissenschaft konstitutiv ist, nicht auf alle Arten von Evolution anwendbar und kann deshalb kein Argument für eine starke Reduktion oder eine einheitliche *Ontologie* liefern. (8)

Anmerkungen und Literatur

1 In seiner lesenswerten Betrachtung „Das Ziel der Erfahrungswissenschaft" (abgedruckt in K. R. Popper: Objektive Erkenntnis. Hoffmann und Campe, Hamburg 1973, S. 213–229, ^{2}1984, S. 198–213) legt Popper schon durch den Titel und den darin verwendeten bestimmten Artikel nahe, daß Wissen-

schaft genau ein Ziel habe (nämlich Erklärungen zu geben). Das ist irreführend, wie zum Beispiel Toulmin, freilich ohne Bezug auf Popper, betont hat. Vgl. S. Toulmin: Voraussicht und Verstehen. Ein Versuch über die Ziele [!] der Wissenschaft. Suhrkamp, Frankfurt 1968, Kap. 1. u. 2.

2 M. E. Hellmann: The mathematics of public-key cryptography. Scientific American *241* (Aug. 1979) 130–9

3 Für eine Einführung siehe N. Pippenger: Complexity theory. Scientific American *238* (Juni 1978) 90–100. Pippenger beschließt seinen Artikel mit der vielsagenden Bemerkung: „Die wichtigste Lektion der Komplexitätstheorie ist der Nachweis, wie verschieden Phänomene sein können, die durch die Wechselwirkung einfacher Komponenten entstehen."

4 Siehe G.J. Chaitin: Randomness and mathematical proof. Scientific American *232* (Mai 1975) 47–52, bes. S. 49.

5 Diesen Punkt betont H. A. Simon: The sciences of the artificial. MIT Press, Cambridge/London 1969, S. 219–222.

6 R. O. Kapp: Ockam's razor and the unification of physical science. Brit. J. Phil. Science *8* (1958) 265–280

7 B. Halstead: Popper: good philosophy, bad science? New Scientist, 17. Juli 1980, S. 215. Bondi fährt fort: „Und das Wesentliche über die wissenschaftliche Methode hat Popper gesagt." Selbst wenn dieses Kompliment berechtigt sein sollte, wird doch der erste Teil – der im Text zitiert wird – dadurch nicht richtiger.

8 J. N. Hattiangadi: Alternatives and incommensurables: the case of Darwin and Kelvin. Phil. Science *38* (1971) 502–7. Den besagten Widerspruch zwischen Darwin und Kelvin betrachtet Darwin selbst als einen „Einwand, der vermutlich der schwerwiegendste aller bisherigen ist". Dazu C. Darwin: Die Entstehung der Arten. Reclam, Stuttgart 1963, S. 647 (Kap. 15).

9 Man beachte den Untertitel von N. Wiener: Kybernetik. Regelung und Nachrichtenübertragung in Lebewesen und Maschine. Econ, Düsseldorf 1963, und Rowohlt, Hamburg 1968.

10 H. Haken: Synergetik – eine Einführung. Springer, Berlin 1982
–,–: Synergetics. Die Naturwissenschaften *67* (1980) 121–8

11 C. G. Hempel: Aspekte wissenschaftlicher Erklärung. de Gruyter, Berlin 1974, Teil 10.
–,–: Philosophie der Naturwissenschaften. dtv, München 1974, Kap. 4.

12 Siehe zum Beispiel R. M. Yoshida: Reduction in the physical sciences. Dalhousie University Press, Halifax 1977. – W. Krajewski: Correspondence principle and the growth of science. Reidel, Dordrecht 1977. – W. Balzer/ D.A. Pearce/H.-J. Schmidt (eds.): Reduction in science: structure, examples, philosophical problems. Reidel, Dordrecht 1984.

13 Verständliche Darstellungen des Ansatzes (GUT) bieten die Artikel von Weinberg (Juli 1974) in Scientific American; von G. 't Hooft (Aug. 1980), Georgi (Juni 1981), Harari (Juni 1983) in Spektrum der Wissenschaft, oder S.L. Glashow: Physik der Zukunft: Die Große Vereinigung. Umschau *81* (1981) 3–8. – H. Fritzsch: Die große Vereinheitlichung. Bild der Wissenschaft (Juni 1983) 78–87. – S. Weinberg/A. Salam/S.L. Glashow: Nobel prize lectures. Reviews of Modern Physics *52* (1980) 515–543. –
Etwas technischer sind J. Iliopoulos: Towards a unified theory of elementary particle interactions. In H. Nelkowski et al. (eds.): Einstein Symposium Berlin. Springer, Berlin 1979, S. 89–113. – H. Georgi /S.L. Glashow: Unified theory of elementary-particle forces. Physics Today *33* (Sept. 1980) 30–39.

14 Siehe J. C. Graves: The conceptual foundations of contemporary relativity theory. MIT Press, Cambridge 1971, ch. 11. – C. W. Misner/K.S. Thorne/ J.A. Wheeler: Gravitation. Freemann, San Francisco 1973, §20.6.

15 Bescheidene Ansätze hierzu liefern P. Oppenheim/H. Putnam: Einheit der Wissenschaft als Arbeitshypothese. In L. Krüger (Hrsg.): Erkenntnisprobleme der Naturwissenschaften. Kiepenheuer & Witsch, Köln 1970, S. 339–371 (englisch 1958). – D. Shapere: Unification and fractionation in science: significance and prospects. In: Proc. 5th Int. Conference on the Unity of the Sciences, 1976. Int. Cultural Foundation Press, New York 1977, S. 867–880.

16 Hierzu vgl. die lehrreichen Ergebnisse in H. Primas: Chemistry, quantum mechanics and reductionism. Springer, Berlin 1981. – Eine kurze Darstellung der Problematik gibt M. Bunge: Is chemistry a branch of physics? Z. für Allg. Wissenschaftstheorie *13* (1982) 209–223.

17 M. Bunge: The mind-body problem. A psychobiological approach. Pergamon Press, Oxford 1980 (dt.: Das Leib-Seele-Problem. Mohr, Tübingen 1984)

18 C. J. Lumsden/E.O. Wilson: Genes, mind and culture – the coevolutionary process. Harvard University Press, Cambridge 1981
[dies.: Das Feuer des Prometheus. Piper, München 1984 (englisch 1983)]

19 Zu dieser modernen Auffassung von Ontologie siehe M. Bunge: Treatise on basic philosophy, Vols. 3, 4 (Ontology I and II). Reidel, Dordrecht 1977, 1979.

20 M. Bunge: The metaphysics, epistemology and methodology of levels. In L. L. White et al. (eds.): Hierarchical structures. Amer. Elsevier, New York 1969, S. 17–28. Abgedruckt in M. Bunge: Method, model and matter. Reidel, Dordrecht 1973, S. 160–8.
–,–: Levels and reduction. Amer. J. Physiology *223* (1977) 75–82.

21 Einführungen in die Evolutionäre Erkenntnistheorie geben K. Lorenz: Die Rückseite des Spiegels. Piper, München 1973 (auch dtv). – G. Vollmer: Evolutionäre Erkenntnistheorie. Hirzel, Stuttgart 1975, ^{4}1987

22 Ein ähnliches Argument liefert die anregende Arbeit L. Sklar: The evolution of the problem of the unity of science. In R. L. Seeger/R. S. Cohen (eds.): Philosophical foundations of science. (Boston Studies, vol. XI.) Reidel, Dordrecht 1974, S. 535–545.

23 Der integrative Charakter des evolutionären Denkansatzes zeigt sich in Büchern wie C. F. v. Weizsäcker: Die Geschichte der Natur. Vandenhoeck & Ruprecht, Göttingen 1954 (Hirzel, Zürich 1948). – H. v. Ditfurth: Im Anfang war der Wasserstoff. Hoffmann und Campe, Hamburg 1972 (auch Knaur-TB, 1975). – R. Riedl: Die Strategie der Genesis. Piper, München 1976. – E. Jantzsch: Die Selbstorganisation des Universums. Hanser, München 1979. – J. Gribbin: Genesis – the origins of man and the universe. Oxford University Press 1982.

24 Von diesem Argument wird Gebrauch gemacht in G. Vollmer: Einheit der Natur und Einheit der Wissenschaft – Probleme des Reduktionismus für die Biologie. Akten des 3. Int. Wittgenstein-Symposiums 1978. Hölder-Pichler-Tempsky, Wien 1979, S. 318–324 [im vorliegenden Band S. 200–210].

25 M. Eigen: Selforganization of matter and the evolution of biological macromolecules. Die Naturwissenschaften *58* (1971) 465–523. – Einen umfassenden Überblick über den aktuellen Stand dieser jungen Disziplin gibt B.-O. Küppers: Molecular theory of evolution. Outline of a physico-chemical theory of the origin of life. Springer, Berlin 1983 (mit ausführlicher Literaturliste).

26 Die Elementarität von Elementarteilchen und die Idee der Präquarks diskutiert H. Harari: Wie elementar sind Quarks und Leptonen? Spektrum der Wissenschaft, Juni 1983, S. 54–71.

27 Die Zukunft des Universums behandeln allgemeinverständlich R. Breuer: Vom Ende der Welt: Bild der Wissenschaft, Jan. 1981, 46–55. – D.A. Dicus et al.: Die Zukunft des Universums. Spektrum der Wissenschaft, Mai 1983, 118–130. – J. N. Islam: The ultimate fate of the universe. Cambridge University Press, 1983.

28 Daß Entropie nicht *immer* ein Maß für Unordnung ist, erläutert C. F. v. Weizsäcker: Evolution und Entropiewachstum. In E. v. Weizsäcker (Hrsg.): Offene Systeme I. Klett, Stuttgart 1974, S. 200–221.

29 Daß selbst Turing-Maschinen trotz ihrer Einfachheit so programmiert werden könnten, daß sie sich selbst reproduzieren, zeigt schon J. v. Neumann: The general and logical theory of automata. In L. A. Jeffress (ed.): Cerebral mechanisms in behavior. Wiley, New York 1951. – Zur Einführung eignet sich L. S. Penrose: Self-reproducing machines. Scientific American *200* (June 1959) 106–114.

30 S. Toulmin: Die evolutionäre Entwicklung der Naturwissenschaft. In W. Diederich (Hrsg.): Theorien der Wissenschaftsgeschichte. Suhrkamp, Frankfurt 1974, 249–275 (englisch 1967). Vgl. auch S. Toulmin: Kritik der kollektiven Vernunft. Suhrkamp, Frankfurt 1978 (englisch 1972), Teil 3. – D. T. Campbell: Evolutionary epistemology. In P. A. Schilpp (ed.): The philosophy of Karl Popper. Open Court, La Salle 1974, S. 413–463. – K. R. Popper: Objektive Erkenntnis. Hoffmann und Campe, Hamburg 1973, Teil II, bes. S. 81–86 (^{2}1984, Teil 2, bes. S. 68–73).

PROBLEME DES REDUKTIONISMUS FÜR DIE BIOLOGIE

1 Einheit der Natur und Einheit der Wissenschaft

Grundvoraussetzung naturwissenschaftlichen Forschens ist die Annahme einer bewußtseinsunabhängigen, zusammenhängenden und gesetzlich strukturierten Welt und deren Erkennbarkeit durch Wahrnehmung, Denken und eine intersubjektive Wissenschaft. Dieser „hypothetische Realismus" – insbesondere das darin enthaltene Kontinuitätspostulat – legt die Annahme nahe, eine solche einheitliche Welt müsse jenseits aller einzelwissenschaftlichen Spezialisierung durch eine einheitliche Wissenschaft beschrieben werden können. Mitglieder des Wiener Kreises hofften, das werde mit Hilfe der Physik möglich sein (Physikalismus), die Erfahrungswissenschaften seien auf die Physik „reduzierbar".

Eine derartige Reduzierbarkeit würde bedeuten, daß alle Begriffe der Erfahrungswissenschaften durch physikalische definiert, alle ihre Sätze aus solchen der Physik abgeleitet werden könnten. Die Ableitbarkeit der Aussagen ist dabei die stärkere Forderung; sie impliziert die Definierbarkeit der Begriffe. Ein streng reduktionistisches Programm wird folglich zwei Teilschritte enthalten: die Formulierung einer (physikalischen) Einheitssprache und die Schaffung einer (physikalischen) Einheitswissenschaft.

Niemand wird behaupten, dieses Programm sei bereits verwirklicht. Es war – nach anfänglicher Begeisterung (Carnap, Neurath u.a.) – lange nicht einmal mehr Gegenstand wissenschaftstheoretischer Diskussion. Die Wirklichkeitswissenschaften befinden sich selbst noch in einem so unabgeschlossenen Zustand, daß zunächst die Beziehungen zwischen ihren Sätzen und Theorien (intertheoretische Relationen) intensiver Forschung bedürfen, bevor man die Beziehungen zwischen ganzen Wissenschaften eingehend untersuchen kann.

Andererseits hat sich die Chemie mit der Entwicklung der Quantentheorie als ein Teilgebiet der Physik erwiesen. Mit einigen Einschränkungen, auf die hier nicht eingegangen werden soll, läßt sich behaupten, Chemie sei nichts anderes als die Physik der Atomhülle. Diese Formulierung soll natürlich nicht darüber hinwegtäuschen, daß längst nicht alle chemischen Erscheinungen physikalisch erklärt sind. Die *praktische* Schwierigkeit, komplizierte Vielteilchensysteme (Atome, Moleküle . . .) exakt zu beschreiben, ist jedoch kein Argument gegen die vermutete prinzipielle Korrektheit und Vollständigkeit der quantenmechanischen Gesetze für die Ableitung chemischer Gesetze.

Nehmen wir einmal an, die Chemie könne im Prinzip auf die Physik zurückgeführt werden, so stellt sich das Reduktionsproblem als nächstes für die Biologie. Kann die Biologie auf die Physik – oder gegebenenfalls auf Physik und Chemie – reduziert werden?

Für den Vertreter des eingangs skizzierten hypothetischen Realismus gibt es ein starkes *ontologisches* Argument, diese Frage zu bejahen. Nach allem, was wir wissen, steht der Kosmos in einem durchgehenden evolutiven Zusammenhang. In einem historisch-einmaligen Prozeß fortschreitender Integration bildeten sich aus Elementarteilchen Kerne, Atome, Moleküle, Makromoleküle, Protobionten, Einzeller, Vielzeller, Pflanzen, Tiere, Menschen (und andere Systeme). Insbesondere muß die Entstehung des Lebens aufgrund physikalisch-chemischer Gesetzmäßigkeiten erfolgt sein; denn *vor* der Entstehung von Organismen sind rein biologische Gesetze bedeutungslos, da es die Objekte noch nicht gibt, für die sie gelten. Die (angebliche) Kluft zwischen unbelebten und belebten Systemen ist also von der anorganischen Seite her überbrückt worden. Dementsprechend müßte sich auch die Entstehung des Lebens – wenn überhaupt – physiko-chemisch erklären lassen.

Bei dieser Argumentation schließen wir von der hypothetisch postulierten Einheit der Natur auf die Möglichkeit einer Einheitswissenschaft, die im wesentlichen mit der (heutigen oder noch zu entwickelnden) Physik identisch wäre. Nun ist aber niemand verpflichtet, Realist zu sein oder gar an einen nahtlosen evolutiven Zusammenhang der Strukturen in unserer Welt zu glauben. Trotzdem kann auch den Skeptiker das Reduktionsproblem als ein metatheoretisches beschäftigen, und er wird dann die *metatheoretischen* Argumente prüfen, die für bzw. gegen die Reduzierbarkeit der Biologie sprechen.

Das einzige zwingende Argument *für* diese Reduzierbarkeit wäre der Nachweis, daß die Reduktion bereits erfolgt ist. Dazu müßten die entsprechenden reduzierenden Definitionen und Ableitungen effektiv angegeben und es müßte plausibel gemacht werden, daß das vorgelegte Inventar an biologischen Sätzen vollständig ist. Von einem solchen Zustand sind wir – trotz beeindruckender Fortschritte in der Biogenetik – weit entfernt; er ist ja nicht einmal für die Chemie erreicht, bei der wir immerhin gute Gründe haben, die prinzipielle Reduzierbarkeit zu behaupten.

Bei diesem Stand der Diskussion wird es sinnvoll sein, die Hindernisse zu studieren. Wenn wir nicht zwingend *für* die Reduzierbarkeit argumentieren können, gibt es dann vielleicht zwingende Gründe *dagegen*? Eine Übersicht über die Argumente, die in diesem Zusammenhang häufig vorgebracht werden, geben wir in 2; die wichtigsten davon behandeln wir in den nachfolgenden Abschnitten: Entropiesatz und Leben (3), das Auftreten neuer Systemeigenschaften (4) und die Rolle des Zufalls (5).

2 Argumente gegen die Reduzierbarkeit der Biologie

Tabelle 1

Physik und Biologie hätten	**nämlich** **Physik**	**Biologie**	**Beurteilung des Arguments**
verschiedene Objekte	unbelebte Systeme	belebte Systeme	Die Physik behandelt *alle* Systeme, nicht nur unbelebte. Sie kümmert sich allerdings nicht um die typisch biotischen oder psychischen Eigenschaften, die einige ihrer Objekte aufweisen.
	wiederholte oder gar reproduzierbare Effekte	einmalige Vorgänge, individuelle Eigenschaften	Gegenbeispiele aus der Astro- und Geophysik: Kosmos (vgl. 5), Supernova, Bildung des Planetensystems, Sonnenflecken, Vulkanausbruch, Erdbeben, Eiszeiten, Mondforschung.
	Zufall unwesentlich	Zufall wesentlich	Vgl. 5.

Physik und Biologie hätten	**nämlich Physik**	**Biologie**	**Beurteilung des Arguments**
verschiedene Fragen	Wie? Warum?	Außerdem: Wie entstanden?	In der Physik gewinnt die Frage nach der Entstehung und Entwicklung eines Systems immer mehr an Bedeutung: chemische Elemente, Sterne, Planetensystem, Erde. Auch die Biogenese ist ein physikalisch-chemisches Problem.
		Wozu? („teleologische“ Frage)	Wird übersetzt in die („teleonomische“) Frage: „Welche Funktion ist es, deren arterhaltender Wert die betreffende Struktur herausselegiert hat?“ (Simpson, Lorenz, Monod) In dieser Form hat sie kausalen Charakter.
verschiedene Methoden	erklärend	beschreibend	Falsch seit Darwin.
	quantitativ	qualitativ	Falsch seit Mendel.
	stark mathematisiert	wenig mathematisiert	Wahr, aber kein Einwand: Aus präzisen Aussagen lassen sich durchaus unpräzise Folgerungen gewinnen (jedoch nicht umgekehrt).
verschiedene Ergebnisse	Stein fällt.	Vogel fliegt.	Kein Widerspruch: Der Vogel hat innere Freiheitsgrade, die ihn befähigen, die (physikalisch bedingte!) Luftreibung auszunützen. Nimmt man ihm diese Möglichkeit (durch Fesseln, Lähmung, Evakuieren), so folgt sein Schwerpunkt haargenau dem Fallgesetz. (Vgl.4)
	Entropie wächst.	Entropie nimmt ab.	Strukturbildung ist nicht nur mit dem Entropiesatz *vereinbar*, sondern unter gewissen Bedingungen sogar eine *Konsequenz* des Entropiesatzes (vgl.3).

Physik und Biologie hätten	nämlich Physik	Biologie	Beurteilung des Arguments
		Organismen zeigen Bewußtseinserscheinungen.	Dieses Argument führt in die Leib-Seele-Problematik. Es bezieht sich aber nur auf eine Teilklasse der Organismen, nämlich solche mit Bewußtsein. Das Reduktionsproblem für die *Biologie* sollte dagegen auf die *nicht*-psychischen Erscheinungen beschränkt bleiben. In einer projektiven Erkenntnistheorie läßt sich darüber hinaus zeigen, daß die angebliche oder tatsächliche Inkommensurabilität psychischer und physischer Phänomene *kein* Einwand ist gegen die Reduzierbarkeit der Psychologie, somit erst recht nicht der Biologie.

3 Entropiesatz und Leben

Die Thermodynamik ist eine physikalische Disziplin, die über das Verhalten bestimmter Zustandsgrößen wie Druck, Temperatur, Energie, Entropie bei physikalischen Systemen Aussagen macht. Entropie ist dabei ein Maß für den Energieanteil eines Systems, der nicht mehr in freie („nutzbare“) Energie umgewandelt werden kann. Der zweite Hauptsatz der Thermodynamik behauptet, daß die Entropie eines abgeschlossenen Systems nie abnehmen, sondern nur (bei reversiblen Vorgängen) gleichbleiben oder (bei irreversiblen Prozessen) *zunehmen* kann. Er heißt deshalb auch Entropiesatz. Er ist – im Gegensatz z.B. zum ersten Hauptsatz, dem Energiesatz – kein Erhaltungssatz, sondern sagt etwas über die *Richtung* physikalischer Vorgänge.

Organismen nun sind hochstrukturierte Gebilde. Sowohl Phylogenese (Stammesgeschichte, Evolution) als auch Ontogenese (individueller Werdegang, Entwicklung) sind Prozesse, bei denen der Ordnungsgrad deutlich zunimmt. Dieser Zuwachs an Ordnung scheint aber dem Entropiesatz (ES) zu widersprechen, jedenfalls dann, wenn man Entropie als ein Maß für *Unordnung* interpretiert, wie es auch bei Physikern üblich ist. Ein solcher Widerspruch würde natürlich die Reduktion der Biologie auf die Physik verhindern. Zu diesem Paradoxon werden vier verschiedene Positionen eingenommen, die in der folgenden Tabelle 2 nur schlagwortartig charakterisiert werden können.

Tabelle 2

	ES und Leben	**logisches Verhältnis von ES und Leben**	**Vertreter z.B.**
Unanwendbarkeitsthese	ES sagt nichts über Leben.	Irrelevanz	Planck
Unvereinbarkeitsthese	ES verbietet Leben.	Inkompatibilität	du Noüy
Verträglichkeitsthese	ES erlaubt Leben.	Kompensation	Monod
Reduzierbarkeitsthese	ES erzwingt Strukturen.	Implikation	v. Weizsäcker

Die übliche Auflösung des Paradoxons besteht in dem Hinweis, Organismen seien ja keine abgeschlossenen Systeme und erniedrigten ihre Entropie *auf Kosten der Umwelt*, in der die Entropie dafür *um so stärker* anwächst (Kompensationsthese). v. Weizsäcker hat jedoch darauf hingewiesen, daß die Entstehung von Strukturen nicht nur in diesem Sinne mit dem Entropiesatz *vereinbar* ist, sondern unter gewissen Bedingungen (Existenz einer Bindungsenergie und hinreichend niedrige Gesamtenergie) sogar eine *Konsequenz* des Entropiesatzes (Implikationsthese).

Das vermeintliche Paradoxon beruht also auf einer Interpretation von „Entropie", die nur für spezielle Systeme gültig ist: Nur wenn die Gesamtenergie (Temperatur) eines Systems groß ist gegenüber den auftretenden Bindungsenergien, ist Entropie wirklich ein Maß für „Unordnung". Andernfalls sind nicht nur weitab vom thermodynamischen Gleichgewicht, sondern sogar im Gleichgewichtszustand (maximale Entropie) Strukturen vor dem Chaos bevorzugt. (Beispiele: Planetensystem, Kristallwachstum, Biomoleküle wie Proteine und Nukleinsäuren.)

Die Existenz von Organismen liefert also weder ein Argument gegen die universelle Gültigkeit des Entropiesatzes noch gegen die Reduzierbarkeit der Biologie.

4 Das Auftreten neuer Systemeigenschaften

Das Gravitationsgesetz gilt nicht nur für unbelebte Objekte, sondern für alle Objekte, die überhaupt Masse haben, seien sie belebt oder unbelebt. Auch Neuronen oder Gehirne können den Energiesatz nicht außer Kraft setzen, sonst wäre er eben – auch als Satz der Physik – falsch. Ebenso muß der Entropiesatz (vgl. 3) auch für Organismen (tote wie lebende) gelten. Ein physikalischer Satz muß also für alle einschlägigen Systeme (alle mit Masse, mit Energie oder mit Entropie) Geltung haben; ob sie außerdem noch andere Eigenschaften aufweisen, spielt dabei keine Rolle. Die Physik gilt also auch für die Biologie, die Neurophysiologie, die Psychologie, für alle Wirklichkeitswissenschaften.

Diese „Permanenz der Naturgesetze“ (N. Hartmann) wirkt jedoch nicht in umgekehrter Richtung: Ein spezielles System kann Eigenschaften aufweisen, die von der Physik überhaupt nicht untersucht werden. So zeichnet sich ein Organismus u.a. durch Stoffwechsel, Reizbarkeit, Selbstreproduktion, Mutabilität aus. Diese Phänomene treten bei unbelebten Systemen nicht auf, die Begriffe sind auf Sterne und Steine nicht anwendbar.

Die Biologie als Wissenschaft beschäftigt sich zwar nur mit einer Teilklasse der Objekte, denen sich die Physik widmet; sie formuliert aber für diese Objekte neue Gesetze, die in der Physik nicht vorkommen. Der Grund dafür ist für den Systemtheoretiker leicht zu sehen: Ein *System* kann Eigenschaften haben, die keines seiner Teilsysteme aufweist. So sind Proton und Elektron *geladen*; ein Proton-Elektron-System (Wasserstoff-Atom) ist dagegen *neutral*. Wasserstoff und Sauerstoff sind *Gase*; Wasserstoff-Sauerstoff-Systeme (Wassermoleküle H_2O) bilden jedoch eine *Flüssigkeit*. Kohlenstoff und Stickstoff sind *harmlos*; ihre Verbindung (Cyan) ist *hochgiftig* Ein Stromkreis mit Widerstand und Kondensator zeigt *ansteigende* Spannung (am Kondensator), einer mit Widerstand und Spule *abklingende* Spannung (an der Spule); dagegen zeigt ein Stromkreis, der Kondensator und Spule hintereinander enthält, ein gänzlich unerwartetes Verhalten: Strom und Spannung *oszillieren*, schwanken zwischen positiven und negativen Werten hin und her; das System ist ein Schwingkreis.

Dieses Phänomen ist allein aus der Kenntnis des Ohmschen Gesetzes für den Widerstand und der entsprechenden Gesetze für Kondensator und Spule nicht vorherzusagen oder zu erklären. Es ist keine additive oder auch multiplikative Überlagerung der Elementarphänomene, sondern etwas Neues, ein qualitativer Sprung, eine „emergente", also neu auftauchende Eigenschaft, die vorher nicht einmal in Ansätzen vorhanden war. In diesem und nur in diesem Sinne ist „das Ganze mehr als die Summe seiner Teile". Allerdings besitzen wir in der Maxwellschen Elektrodynamik eine übergreifende physikalische Theorie, die sowohl das Ohmsche Gesetz als auch die Gesetze des Schwingkreises umfaßt. Ähnlich dürfen wir hoffen, in der Quantentheorie eine „Supertheorie" zu besitzen, welche die Chemie einschließt. Sie beschreibt ja nicht nur Atome, sondern auch Atomsysteme (Moleküle) und Systeme von solchen (Makromoleküle, Kristalle, Festkörper) bzw. deren Eigenschaften als Systemeigenschaften.

Da die kosmische Evolution in einer stufenweisen Integration von Teilsystemen zu immer höheren Einheiten besteht (Bresch), sind dabei immer wieder neue Systemeigenschaften aufgetreten. Auch die vorgenannten charakteristischen Merkmale lebender Systeme sind Systemeigenschaften. Hier ist die Theorie der Untersysteme (die Physik) i.a. nicht in der Lage, alle Eigenschaften der Gesamtsysteme aus den Gesetzen der Teilsysteme abzuleiten.

In diesem Sinne muß also das reduktionistische Programm „aufgeweicht" werden: Eine unmittelbare Reduktion der Biologie auf die heutige Physik ist aus systemtheoretischen Gründen nicht zu erwarten. Das schließt jedoch nicht aus, daß eine noch zu entwickelnde naturwissenschaftliche Disziplin dies einmal in umfassender Weise leisten könnte. Diese Disziplin dürfte eine Synthese aus Physik und Systemtheorie darstellen; ob sie noch den Namen Physik tragen soll, ist eine terminologische und deshalb zweitrangige Frage.

5 Die Rolle des Zufalls

Der Systemcharakter bringt eine weitere typische Schwierigkeit mit sich. Schon jeder Einzeller, erst recht aber jeder mehrzellige Organismus, besteht aus *sehr* vielen molekularen Bausteinen. Wie Jordan im Anschluß an Staudinger immer wieder betont, ist ein Organismus völlig *durchstrukturiert*: Er zeigt vom makroskopischen Körperbau über die Struktur der Zellen bis hinunter zur Konfiguration seiner Makromoleküle einen spezifischen Feinbau mit funktionaler Arbeitsteilung der Teilsysteme. Während viele physikalische Systeme (z.B. Sterne) die Organismen in quantitativer Hinsicht (Zahl der Bausteine) weit übertreffen, gleichen sie ihnen doch nicht unter diesem Strukturaspekt: Teile eines Himmelskörpers könnten gegeneinander ausgetauscht werden, ohne daß wesentliche Änderungen im Gesamtsystem aufträten; winzige Änderungen im Feinbau eines organismischen Moleküls (z.B. Austausch eines einzigen Nukleotids in der DNA) können dagegen bis auf die makroskopische Ebene (Phänotyp) abgebildet werden.

Diese völlige Durchstrukturierung der Organismen hat zur Folge, daß die Zahl der prinzipiell möglichen, qualitativ verschiedenen Konfigurationen (Arten und Individuen) ungeheuer groß ist. Sie ist nicht nur „astronomisch" (z.B. Weltalter in Sekunden: 10^{17}, in Elementarzeiten: 10^{40}, Zahl der Elementarteilchen im Weltall: 10^{80}), sondern viel größer (Elsasser: immens). Jordan bedient sich zur Illustration gerne der Zahl der hypothetisch möglichen Drosophila-Varianten: $2^{10\,000} \approx 10^{3000}$, die natürlich noch immer viel zu niedrig liegt.

Demgegenüber ist die Zahl der tatsächlich vorhandenen Strukturen verschwindend klein. Aus der unübersehbaren Menge physikalisch möglicher Individuen wird immer nur ein winziger Bruchteil wirklich existieren, der statistisch überhaupt nicht ins Gewicht fällt. Wegen dieses überastronomischen Mißverhältnisses zwischen möglichen und wirklichen organismischen Strukturen reichen in der Biologie auch statistische Methoden zur Erklärung oder gar zur Prognose nicht aus.

Welche Konfigurationen realisiert werden, ist nun aber wesentlich durch den *Zufall* bestimmt. Der Zufall ist also, wie Monod, Eigen, Elsasser u.a. immer wieder betonen, *konstitutiv* für Lebenserscheinungen, insbesondere für die biologische Evolution; er ermöglicht die große Variationsbreite und Individualität bei Organismen. So können wir zwar (unter günstigen Umständen) erklären, warum eine bestimmte Struktur entstehen *kann* und warum sie – einmal entstanden – lebensfähig ist und sich durchsetzen kann; aber wir können nicht erklären, warum sie überhaupt entstanden ist. So wird die Erklärungsmöglichkeit der Biologie (und damit ihre Reduzierbarkeit) durch die Zufallsfaktoren wesentlich eingeschränkt.

Diese Einschränkung ist nun zwar in der Biologie besonders auffällig, aber doch nicht für sie spezifisch. Auch die Physik kennt das Problem des Zufalls und der Kontingenz. Hier wird es jedoch entschärft durch die Möglichkeit, physikalische Aussagen in (notwendige) Naturgesetze und (zufällige) Rand- und Anfangsbedingungen aufzuteilen, weil es sich wiederholende und sogar reproduzierbare Vorgänge gibt. Wo dies nicht der Fall ist oder solche nicht bekannt sind, wird die Unterscheidung von Gesetz und Randbedingung – auch in der Physik – schwierig oder gar unmöglich. Der Kosmos als Ganzes z.B. steht uns nur in einem einzigen „Exemplar" zur Verfügung, und wir wissen nicht, ob beispielsweise die numerischen Werte der Naturkonstanten nur für unser Universum gelten oder in jedem physikalisch möglichen Universum den gleichen Wert hätten. Auch kennen wir nur *ein* Planetensystem (nämlich unseres), und auch hier wissen wir nicht recht, ob wir seine (und damit unsere) Existenz und seine Eigenschaften einem zufälligen, vielleicht äußerst seltenen Ereignis (Zusammenstoß zweier oder gar dreier Sonnen) verdanken oder ob Planetensysteme bei sonnenähnlichen Sternen die Regel sind. (Die Theoretiker nehmen letzteres an; die empirischen Belege sind aber noch dürftig.)

Der historische Gang der Naturwissenschaften zeigt nun, daß immer wieder Strukturen als naturgesetzlich bedingt erkannt werden, so daß der Bereich des Zufalls (der Kontingenz) immer weiter eingeschränkt werden konnte. Man könnte es durchaus als das Ziel aller Erfahrungswissenschaft ansehen, mehr und mehr Fakten als *notwendig* zu erkennen. Dieser Prozeß wird jedoch wegen des Zufallscharakters der Quantenereignisse und deren makroskopischer Abbildung nicht beliebig weit führen können, sondern sowohl im anorganischen als auch im organischen Bereich Erklärungslücken lassen. Insoweit ist der Unterschied zwischen Physik und Biologie zwar bedeutsam, aber doch nur ein quantitativer und kein prinzipieller.

6 Ist die Biologie auf die Physik reduzierbar?

Da ein positiver Beweis für die Reduzierbarkeit nur konstruktiv erbracht werden könnte und deshalb auf sich warten lassen wird, sind vor allem die Gegenargumente zu prüfen. Von den in diesem Zusammenhang vorgebrachten Argumenten konnten hier nur drei diskutiert werden.

Zur Thermodynamik, insbesondere zum zweiten Hauptsatz, steht die Existenz von Organismen nicht im Widerspruch. Nach den Arbeiten von Prigogine und Eigen ist sogar zu vermuten, daß die Entstehung von Leben mit Hilfe der derzeit existierenden Physik (Thermodynamik irreversibler Prozesse) erklärt werden kann. Aber auch ohne diese neueren Ergebnisse läßt sich das Entropie-Argument als *nicht stichhaltig* erkennen.

Das Auftreten neuer Systemeigenschaften (Lorenz: Fulguration) erfordert dagegen eine *Präzisierung* des Reduktionsbegriffs. Sie wäre auch für die Probleme intertheoretischer Relationen (z.B. Reduktion physikalischer Teildisziplinen aufeinander) und für das Leib-Seele-Problem fruchtbar.

Schließlich muß eingeräumt werden, daß der Zufall bei der Entstehung des Lebens und für den Verlauf der biologischen Evolution eine wesentliche Rolle spielt: Die Mannigfaltigkeit biologischer Arten und die Bandbreite individueller Unterschiede sind Ergebnisse zufälliger Ereignisse (Mutationen, Rekombination der Gene, Isolation, Situationstod). Entstehung und Evolution von Organismen auf der Erde waren (nach Eigen) zwar unvermeidlich, aber in Ausprägung und Verlauf nicht determiniert. Hier bleiben – wie in der Physik – grundsätzliche Erklärungslücken bestehen.

Vertretbar ist also nur ein systemtheoretisch entschärfter Reduktionismus, der die Rolle des Zufalls als konstitutiv für Lebenserscheinungen anerkennt.

Ganz unabhängig jedoch von der sachlichen (d.h. ontologischen und wissenschaftslogischen) Rechtfertigung des reduktionistischen Programms ist sein *heuristischer Wert* so groß, daß es schon deshalb verfolgt werden sollte. Tatsächlich vertritt auch jeder Wirklichkeitswissenschaftler in seiner Suche nach allgemeinen und tiefen Erklärungen im Grunde eine programmreduktionistische Haltung, aus der heraus er gelungene wie mißlungene Reduktionen als Informationen über die Schichtenstruktur der Welt interpretiert und so seinem Ziel – objektiver Erkenntnis – näherzukommen hofft.

REDUKTION UND EVOLUTION –
Argumente und Beispiele

1 Arten von Reduktion

Kein Problem scheint für die Wissenschaftstheorie zentraler zu sein als das Reduktionsproblem. Ob eine Aussage, eine Theorie oder ein ganzer Wissenschaftszweig auf eine andere Aussage, Theorie oder Disziplin zurückgeführt werden kann, ist eine typisch metawissenschaftliche Frage.

Der Begriff „Reduktion“, der zunächst einfach und eindeutig schien, erwies sich jedoch als kompliziert und mehrdeutig. Viele Autoren haben versucht, durch begriffliche Unterscheidungen wieder Klarheit in dieses Gebiet zu bringen.

So wird vorgeschlagen, zwischen den folgenden Arten von Reduktion zu unterscheiden:

- Definierbarkeit von Begriffen (terminologische oder „schwache“ Reduktion) gegenüber Ableitbarkeit von Aussagen (deduktive oder „starke“ Reduktion),[1]
- homogene Reduktion (wobei die Begriffe der zu reduzierenden Theorie bereits in der reduzierenden enthalten sind) gegenüber heterogener oder inhomogener Reduktion (wo das nicht der Fall ist),[2]
- strenge Reduktion (oder Reduktion durch Deduktion) gegenüber approximativer Reduktion (wobei ältere Theorien als „Grenzfälle“ von neueren erscheinen, möglicherweise unter sehr speziellen oder sogar kontrafaktischen Bedingungen),[3]
- Reduktion durch Bereichsverschmelzung (Ableitungs-, Erklärungs- oder Vereinigungs-Reduktion) gegenüber bereichs-bewahrender (Abfolge- oder Rechtfertigungs-)Reduktion,[4]
- Erklärung einer Theorie gegenüber einer Erklärung ihres Erfolges,[5]
- Reduktion durch Deduktion (oder auch durch Approximation) gegenüber Ersetzung (Elimination, Verdrängung) von Theorien,[6]
- Reduktion zwischen Theorien gegenüber Reduktion zwischen Gebieten oder Wissenschaftszweigen.[7]

Diese Liste könnte leicht noch verlängert werden[8]; aber um Vollständigkeit geht es hier nicht. Vielmehr richten wir unsere Aufmerksamkeit auf eine dieser Unterscheidungen, nämlich jene zwischen strenger und approximativer Reduktion.

Von dieser Unterscheidung wird vielfach Gebrauch gemacht. Das hat einen naheliegenden Grund. Strukturwissenschaften wie Logik und Mathematik weisen zahlreiche Fälle von strenger Reduktion auf. Diese Tatsache weckte bei vielen Philosophen die Hoffnung, ähnliche Fälle von Reduktion seien auch in den empirischen Wissenschaften die Regel. Hatten nicht sogar die Wissenschaftler selbst behauptet, daß in vielen historischen Fällen eine neue Theorie eine ältere irgendwie *enthalte*? Typische Fälle sind „Ableitungen" der Galileischen und der Keplerschen Gesetze aus Newtons Mechanik.[9]

Bei genauerer Überprüfung stellt sich jedoch heraus, daß strenge Reduktionen in der empirischen Wissenschaft äußerst selten sind. Am deutlichsten zeigt sich das darin, daß bei der Ablösung einer Theorie die neue der alten Theorie in den meisten Fällen widerspricht. So führen auch Newtons Mechanik und Gravitationstheorie zu Gleichungen, die den Gesetzen von Galilei und Kepler genaugenommen widersprechen.

Diese Entdeckungen oder Einsichten veranlaßten viele Wissenschaftstheoretiker, den entgegengesetzten Standpunkt einzunehmen und die Möglichkeit von Reduktionen in der faktischen Wissenschaft gänzlich zu verneinen. Theorien würden danach nicht auf neuere *reduziert*, sondern einfach *verdrängt*. Solche Ersetzungen erfolgten auf Grund von Vergleich und rationaler Bewertung oder, schlimmer noch, ohne jedes rationale Argument. Die prägnanteste und am häufigsten zitierte Behauptung in dieser Richtung ist Plancks Ausspruch: „Eine neue wissenschaftliche Wahrheit pflegt sich nicht in der Weise durchzusetzen, daß ihre Gegner überzeugt werden und sich als belehrt erklären, sondern vielmehr dadurch, daß die Gegner allmählich aussterben." Das ist auch im wesentlichen die Auffassung von Hanson, Kuhn oder Feyerabend.

Aktive Wissenschaftler schließen sich dieser pessimistischen Auffassung nur selten an. Angesichts der Unmöglichkeit einer strengen Reduktion sprechen sie lieber von Grenzfällen, besonderen Anfangsbedingungen, kontrafaktischen Annahmen, von tangentialer Einbettung, „Simulation" von Theorien, Korrespondenzregeln usw., sind aber durchaus noch bereit, den Begriff „Reduktion" zu benützen. Wissenschaftstheoretiker sollten diese Intuition des Wissenschaftlers ernst nehmen und sich um eine angemessene Explikation eines solchen schwächeren Reduktionsbegriffes bemühen, die sowohl mit dem Sprachgebrauch des Wissenschaftlers vereinbar ist als auch mit der Einsicht des Wissenschaftshistorikers, daß in der tatsächlichen Wissenschaft Fälle von strenger Reduktion fast überhaupt nicht vorkommen.

Tatsächlich ist hier in den letzten Jahren eine Wandlung eingetreten. Man hat intertheoretische Relationen genauer studiert und neue Reduktionsbegriffe entwickelt und angewandt. Gleichwohl scheint es eher eine Frage von Versuch und Irrtum zu sein, ob sich ein spezielles Paar von Theorien für die Anwendung eines bestimmten Reduktionsbegriffes eignet. Hier soll der vorliegende Beitrag Abhilfe schaffen. Durch Argumente und Beispiele versuchen wir zu zeigen, wo strenge Reduktion erreichbar ist und wo allenfalls approximative Reduktion erhofft werden kann.

2 Die Bedeutung von Reduktionen für die Einheit der Wissenschaft

Reduktionsprobleme können verschiedene Fragen betreffen, nämlich die *Einheit* der Wissenschaft einerseits (2), die *Geschichte* der Wissenschaft andererseits (3).

Unter „Einheit der Wissenschaft" kann man verstehen[10]

- Einheit der Methode (z.B. Versuch und Irrtumsbeseitigung, Vermutungen und Widerlegungen, hypothetisch-deduktive Methode),
- Einheit der Sprache (Definierbarkeit von Begriffen, „schwache" Reduktion),
- Konsistenz (weil Widersprüche eine Einheit der Wissenschaft allemal verhindern würden),
- Einheit der Gesetze (Ableitbarkeit von Aussagen, „starke" Reduktion).

Wir werden uns von vornherein auf den ehrgeizigsten Einheitsbegriff, auf die Einheit der Gesetze beziehen. Ist es möglich, alle oder viele wissenschaftliche Gesetze auf gewisse Grundgesetze bestimmter Grunddisziplinen zurückzuführen, zum Beispiel alle mathematischen Theorien auf die Mengenlehre, alle physikalischen auf die Elementarteilchenphysik, alle Natur- oder sogar alle empirischen Wissenschaften auf die Physik? Ist es möglich, Soziologie auf Psychologie, Psychologie auf Biologie, Biologie auf Chemie und Chemie auf Physik zu reduzieren?

Diese Fragen über Reduzierbarkeit stehen in engem Zusammenhang mit dem *Ziel der Wissenschaft*. Es lautet: Mache Gebrauch von der Redundanz der Welt, um sie einfach zu beschreiben.

Diese Feststellung bedarf vielleicht einer Erläuterung. Im Prinzip könnte die Welt chaotisch sein, völlig unregelmäßig, form- und gesetzlos. In Begriffen der Informationstheorie oder der Komplexitätstheorie wäre eine solche Welt völlig zufällig (random), redundanzfrei, äußerst komplex. Gezielte Handlungen, Voraussagen, Retrodiktionen, Erklärungen, ja sogar kurze Beschreibungen wären unmöglich.

Aber unsere Welt ist ganz anders. Sie ist zwar kompliziert genug, aber doch wenigstens teilweise stabil, geordnet und regelmäßig; sie zeigt Wiederholung und Gesetzmäßigkeit, also Redundanz. Und die empirische Wissenschaft läßt sich deuten als der Versuch des Menschen, von dieser Welt eine Beschreibung zu geben, und zwar nicht irgendeine, sondern die kürzestmögliche. Die Beseitigung von Redundanz kann man als das Ziel der Wissenschaft ansehen, jedenfalls als ihr *kognitives* Ziel.

Da deduktive Schlüsse keine neue Information liefern – sonst könnten sie nämlich nicht wahrheitsbewahrend sein –, ist Einheit der Wissenschaft im anspruchvollsten Sinne (eben als Reduktion durch Deduktion) mit dem Ziel der Wissenschaft nicht nur vereinbar, sondern praktisch identisch: *Reduktion beseitigt Redundanz*. Ein idealer Endzustand faktischer Wissenschaft wäre also eine minimale, redundanzfreie Beschreibung der realen Welt. Als regulative Idee in einem solchen Unternehmen dient nicht nur Wahrheit, sondern auch so etwas wie Einfachheit, Ökonomie, Sparsamkeit, Eleganz.

Eine solche Minimalbeschreibung könnte nun ihrerseits kohärent sein oder aus mehreren unabhängigen Teilen bestehen, die verschiedene Bereiche der Wirklichkeit abbilden. Vorstellungen von Reduzierbarkeit und Einheit der Wissenschaft stützen sich offenbar auf die erste Möglichkeit: Eine zusammenhängende Welt soll durch eine zusammenhängende einheitliche Wissenschaft beschrieben werden.

Könnte eine solche Einheitswissenschaft erreicht oder als möglich erwiesen werden, so würde das unser Weltbild erheblich beeinflussen. Sie würde uns helfen, unsere Stellung in diesem Universum zu bestimmen. Sie würde die traditionellen Trennwände zwischen den verschiedenen Wissenschaften beseitigen. Sie würde eine integrierte (wirklich „psychosomatische") Medizin anregen, in der Körper und Geist nicht künstlich getrennt und als unabhängige Wesenheiten „behandelt" würden. Darüber hinaus wäre sie auch didaktisch äußerst hilfreich. Somit ist Reduktion in der Wissenschaft kein rein akademisches Problem; sie verweist vielmehr auf sehr allgemeine und weitreichende Fragen.

Gibt es Argumente zugunsten einer einheitlichen Wissenschaft? Gibt es Gründe, warum die Einheit der Wissenschaft nicht nur willkommen, sondern auch erreichbar sein sollte? Ist die Idee einer Einheit der Wissenschaft nichts als Wunschdenken, oder gibt es Chancen, eine solche Einheit zu verwirklichen?

Das beste Argument zugunsten einer (deduktiven) Einheit der Wissenschaft – und überhaupt das einzig zwingende – bestünde darin, die erforderlichen Reduktionen tatsächlich durchzuführen, Wissenschaft als einheitliches Ganzes vorzustellen, also die erträumte kohärente Minimalbeschreibung zu liefern.

Obwohl eine solche Beschreibung, wie man zeigen kann[11], weder eindeutig ist noch als minimal erkennbar wäre, ist es doch offenkundig, daß wir von einer solchen Minimalbeschreibung noch weit entfernt sind. Der vorherrschende Trend in der Wissenschaft scheint nicht Vereinheitlichung, sondern eher Aufspaltung zu sein. Mehr und mehr Tatsachen werden bekannt, mehr Komplexitätsebenen werden unterschieden, mehr Theorien werden entworfen, mehr Disziplinen entwickeln sich. Der typische Wissenschaftler ist Spezialist. Wo bleibt da die Einheit der Wissenschaft?

Solange die Einheit der Wissenschaft nicht effektiv nachgewiesen werden kann, werden wir uns auf schwächere Argumente stützen müssen, auf Analogien und Beispiele, auf Plausibilitätsüberlegungen, auf erfolgreiche Reduktionen und gescheiterte Reduktionsversuche. Mehr können wir auch hier nicht tun. Immerhin gibt es ein gutes Argument zugunsten der Reduzierbarkeit. Wir werden es das „Evolutionsargument" nennen (vgl. 7). Wir werden zeigen, daß die Vorstellung einer universellen Evolution tatsächlich die Idee einer Einheit der Wissenschaft, einer Reduktion durch Deduktion, stützt.

3 Die Bedeutung von Reduktionen für die Geschichte der Wissenschaft

Wissenschaft hat ihre Geschichte. Dasselbe gilt für die einzelnen Wissenschaftszweige. Man kann versuchen, eine solche Geschichte lediglich zu beschreiben. Man kann aber auch den Wunsch hegen, eine stärker zusammenhängende Darstellung zu haben, Erklärungen geben zu können, Voraussagen über die Zukunft der Wissenschaft zu machen, methodologische Regeln aufzustellen, gute von schlechter Wissenschaft zu unterscheiden und Wissenschaftlern raten zu können, wie sie vorgehen sollen, wenn sie erfolgreich sein wollen. Deshalb versuchen Wissenschaftstheoretiker, für die Geschichte der Wissenschaft eine *rationale Rekonstruktion* zu geben.

In dieser Hinsicht sind Fälle von Theorienwandel besonders interessant. Nehmen wir einmal an, daß mehrere Theorien sich auf ähnliche Objektklassen und ähnliche Erscheinungen beziehen. Während für einige Zeit eine von ihnen als wahr oder angemessen gilt, fällt sie später in Ungnade, wird als inadäquat angesehen und schließlich durch eine ihrer Konkurrentinnen ersetzt. In der Wissenschaftsgeschichte kommt das sogar recht häufig vor. Warum wenden sich Wissenschaftler einer neuen Theorie zu? Und selbst wenn sie keine guten Gründe oder überhaupt keine Gründe für ihre Präferenz haben sollten, ist es dann wenigstens möglich, ihre Entscheidung nachträglich zu rechtfertigen, also zu zeigen, warum sie tatsächlich Recht hatten mit dem, was sie taten (oder auch zu zeigen, wie sie hätten entscheiden sollen, wenn sie alle verfügbare Information angemessen berücksichtigt hätten)? Ist es also möglich, die Geschichte der Wissenschaft rational zu rekonstruieren?

Wer sich um eine solche rationale Rekonstruktion bemüht, wird versuchen, wissenschaftliche Theorien über gewisse Kriterien zu vergleichen und als „besser“ oder „schlechter“ zu bewerten. Begründen ließe sich eine solche Bewertung zum Beispiel über den Nachweis, daß die neue Theorie T_2 *gehaltvoller* ist als die alte Theorie T_1, daß also T_2 mehr Fakten erklärt als T_1 und zugleich T_1 logisch impliziert. In einem solchen Falle dürften wir ohne weiteres davon sprechen, daß T_2 „besser“ ist als T_1 und daß T_1 auf T_2 *reduziert* werden kann. In der Wissenschaftsgeschichte ist das jedoch keineswegs der Regelfall. Vielmehr ist es im allgemeinen so, daß eine spätere („bessere“) Theorie ihre Vorgängerin *korrigiert*, ihr also *widerspricht*. Wenn aber die neue Theorie der alten widerspricht, dann kann sie, wenn sie widerspruchsfrei ist, jene nicht logisch enthalten.

Was immer also die Beziehung zwischen aufeinanderfolgenden Theorien ist, es kann nicht die einer einfachen logischen Folgerung sein und nicht die einer Reduktion durch Deduktion. Ihre Beziehung ist komplizierter, also auch schwieriger zu erläutern. Worin diese Beziehung genau besteht, ist noch immer Gegenstand intensiver wissenschaftstheoretischer Diskussion.

Es ist wohlbekannt oder wenigstens einleuchtend, daß Reduktionsprobleme im Hinblick auf die Wissenschaftsgeschichte eng verknüpft sind mit der Frage wissenschaftlicher *Rationalität*. Wissenschaftler sind menschliche Wesen, und als solche handeln oder entscheiden sie nicht immer rational. Aber das ist nicht der entscheidende Punkt. Irrationale Entscheidungen einzelner Wissenschaftler könnten ja durch andere Wissenschaftler ausgeglichen werden, so daß die wissenschaftliche Gemeinschaft sich immer noch rational verhielte. Der entscheidende Punkt ist also, ob die Wissenschaft als Ganzes ein rationales Unternehmen ist.

Eben diese Frage wird im Hinblick auf die Geschichte der Wissenschaft von einigen Denkern mit Nein beantwortet. Denn wenn nicht einmal Theorien mit demselben Bereich intendierter Anwendungen als „besser“ (oder „schlechter“) beurteilt, wenn sie überhaupt nicht sinnvoll *verglichen* werden können, dann kann auch der Übergang von einer Theorie zu einer anderen nicht rational gerechtfertigt werden. Nach den *innerhalb* der Wissenschaft entwickelten Maßstäben müßten dann die Entscheidungen nicht nur einzelner Wissenschaftler, sondern auch der wissenschaftlichen Gemeinschaften durchaus beliebig, zufällig, irrational erscheinen.

Es hätte dann auch wenig Sinn, von einer „Evolution“ der Wissenschaft zu sprechen oder, wie es Einstein und Infeld in ihrem gemeinsamen Buch tun, von der „Evolution der Physik". Wenn wir den Ausdruck „Evolution" benützen, meinen wir normalerweise einen kontrollierten, gerichteten (wenn auch nicht zielgerichteten), quasi-kontinuierlichen Prozeß. Eine Folge von irrationalen Gestaltwandeln, Bekehrungserlebnissen oder Revolutionen dagegen dürfte wohl kaum eine Evolution genannt werden. Eine derartige Einschätzung der Wissenschaft würde freilich der Auffassung der meisten Wissenschaftler über die Wissenschaftsgeschichte, über die Vergleichbarkeit wissenschaftlicher Theorien und über Reduktion widersprechen. Diese Paradoxie zeigt mindestens, daß Reduktion kein Randproblem ist, sondern für Wissenschaft und Wissenschaftstheorie ein zentrales Problem darstellt.

4 Zwei Arten von Evolution

Wir haben zwei Bereiche unterschieden, für die Reduktion relevant oder sogar zentral ist: Einheit der Wissenschaft (in 2) und Geschichte der Wissenschaft (in 3). In beiden Fällen sind wir auf Evolutionsvorgänge gestoßen: auf die universelle Evolution einerseits, auf die Evolution der Wissenschaft andererseits.

Beide Arten von Evolution sind natürlich miteinander verknüpft. Faktische Wissenschaft bezieht sich auf reale Systeme und Prozesse und auch auf *evolutive* Prozesse; und die Evolution der Wissenschaft ist ihrerseits ein wesentlicher Bestandteil der kulturellen, also auch der universellen Evolution. Auch dauern beide Evolutionsprozesse noch an.

Gleichwohl sind diese Prozesse voneinander merklich verschieden und müssen sorgfältig auseinandergehalten werden. Der Begriff der universellen oder kosmischen Evolution bezieht sich auf *reale* Systeme, auf das Universum als Ganzes, auf Galaxien und Quasare, auf Sterne und Planeten, auf Kontinente und Atmosphären, auf Atome und Moleküle, auf Biomoleküle und Organismen, auf Populationen und Gesellschaften, auf kulturelle und ökonomische Systeme. Die Evolution der Wissenschaft betrifft dagegen *Ideen*, begriffliche Konstrukte, Hypothesen und Theorien, Methoden, Erkenntnis und Wahrheit. Während die universelle Evolution Millionen und Milliarden von Jahren dauert, erstreckt sich die Evolution der Wissenschaft lediglich auf einige Jahrhunderte oder höchstens Jahrtausende. Erstere ist gekennzeichnet durch einen anhaltenden Komplexitätszuwachs und durch kausale Verknüpfungen zwischen den verschiedenen Stadien, letztere durch einen allgemeinen Wissenszuwachs und durch bestimm-

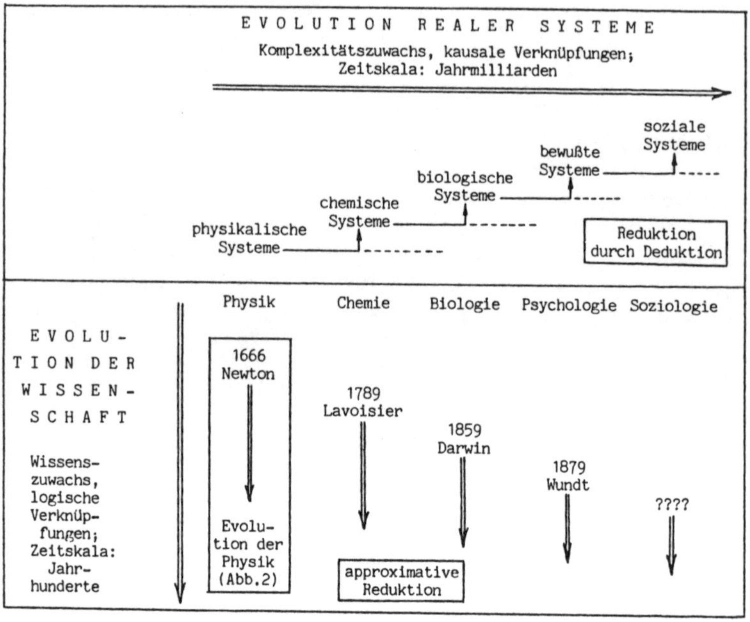

Abb. 1: Zwei Arten von Evolution: Evolution realer Systeme und Evolution der Wissenschaft. Diesen verschiedenen Arten von Evolution entsprechen verschiedene Arten von Reduktion: Reduktion durch Deduktion und approximative Reduktion.

te logische Beziehungen zwischen den verschiedenen Teilen dieses Wissens.

In Abb. 1 sind diese beiden Arten von Evolution dargestellt. Ihr Unterschied wird durch die beiden räumlichen Dimensionen hervorgehoben: Die Evolution realer Systeme verläuft von links nach rechts, die Evolution der Wissenschaft von oben nach unten.

Soweit wir wissen, begann die kosmische Evolution mit dem Urknall, möglicherweise mit Quarks und Leptonen (oder mit Präquarks), und führte allmählich zu neuen und komplexeren Systemen, zu Elementarteilchen, Atomkernen, Atomen, Molekülen usw. Sie begann also mit physikalischen Systemen, die ausschließlich durch physikalische Eigenschaften charakterisiert sind, und führte im Laufe der Zeit und wo immer die Bedingungen günstig waren, zu chemischen Substanzen, die über ihre physikalischen Merkmale hinaus noch chemische Eigenschaften zeigen, zu selbstreplikativen Strukturen, zu Organismen, zu Wesen mit Bewußtsein und zu sozialen Systemen.

Obwohl in diesem Prozeß eine ungeheure Vielzahl an neuen Strukturen entstand – neue Eigenschaften, neue Beziehungen, neue Regelmäßigkeiten, neue Gesetze –, wurde doch kein Gesetz einer tieferen Stufe durch Systeme höherer Stufen verletzt. Typische Fragen in diesem Zusammenhang wären: Entgehen Vögel Newtons Gesetz von der universellen Gravitation? Kann das Alter der Sonne, wie es die Physik ermittelt (Lord Kelvin), sich unterscheiden von dem, das die Biologie fordert (Darwin)? Können sich Organismen dem Entropiesatz entziehen? Können freier Wille oder Geist oder Bewußtsein, wenn man sie als Gehirnfunktionen auffaßt, den Satz von der Energieerhaltung umgehen? Natürlich nicht.

Organismen verletzen nicht die physikalischen Gesetze; die Biologie darf der Physik nicht widersprechen. Wenn solches der Fall zu sein scheint, dann war das physikalische Gesetz, das man für wahr hielt, einfach von vornherein falsch. Die kosmische Evolution ist ein übergreifender, quasi-kontinuierlicher, widerspruchsfreier Prozeß zunehmender Komplexität, der alle realen Systeme betrifft.

Nun werden reale Systeme, ihre Eigenschaften, Vorgänge und Wechselwirkungen erforscht, beschrieben und – wenn wir Glück haben – erklärt durch die Wissenschaft, vor allem durch empirische Wissenschaften wie Physik, Chemie, Biologie, Psychologie, Soziologie, Geschichte oder Ökonomie. Alle diese Wissenschaften haben ihre Geschichte. Ihre Ursprünge verlieren sich in den Mythen und Religionen des vorgeschichtlichen Menschen. Betrachten wir jedoch nicht nur Beobachtung, Spekulation und Logik als konstitutiv für Wissenschaft, sondern auch das Experiment und den Gebrauch der Mathematik, dann ist Wissenschaft eine Erscheinung der letzten vier Jahrhunderte. Wir können dann sogar die historischen Zeitpunkte, zu denen diese Disziplinen zu Wissenschaften wurden, durch die Arbeiten großer Wissenschaftler markieren. (Dazu dienen in Abb. 1 die Namen Newton, Lavoisier, Darwin und Wundt.)

Natürlich enthalten solche Angaben immer ein konventionelles Element. Wir könnten Newton durch Galilei ersetzen, Lavoisier durch Priestley, Darwin durch Lamarck. Gleichwohl bliebe dabei das qualitative Bild unverändert, nämlich die Abfolge dieser Disziplinen. Die neuzeitlichen Wissenschaften entstanden in der gleichen Reihenfolge wie die Systeme, die sie untersuchen. Das ist natürlich kein Zufall. Je komplizierter Systeme sind, desto länger brauchte die kosmische Evolution, um sie hervorzubringen, und desto länger brauchte der Mensch, um sie wissenschaftlich zu bearbeiten.

Die Ursprünge der neuzeitlichen Wissenschaften sind von eigenem Interesse; sie sind jedoch nicht Gegenstand unserer augenblicklichen Überlegungen. Nicht nur die Wissenschaft insgesamt, auch jede Einzelwissenschaft hat ihre Geschichte, ihre Evolution. So sprechen wir von der Evolution der Physik (nicht nur der physikalischen Systeme!), von der Evolution der Biologie (nicht nur von biologischer Evolution!) usw. In diesen „Geschichten" erweist sich der Begriff der approximativen Reduktion als besonders fruchtbar. Ein typischer Fall ist die Evolution der Physik.

5 Die Evolution der Physik

Es gibt mehrere faktische Wissenschaften, deren Geschichte durch die folgenden Merkmale charakterisiert werden kann: Anreicherung des Wissens, Verbesserung der Meßgenauigkeit, Korrektur von Fehlern, Tieferlegung von Theorien und Aufspaltung der Disziplinen. Selbst wenn diese Beschreibung nicht auf alle Disziplinen passen sollte, so gilt sie doch bestimmt für die *Physik*. Mit mesokosmischen Objekten und Phänomenen beginnend, haben die Wissenschaftler mehr und mehr Information gesammelt. Sie haben Alltagserfahrungen ersetzt durch Beobachtungen, gezielte Untersuchungen, geplante Experimente, quantitative Messungen, Arbeit im Labor und instrumentelle Forschung. Sie haben Theorien entwickelt, die umfassende Beschreibungen liefern, adäquate Erklärungen, zuverlässige Voraussagen, anregende Fragen. Dabei haben sie mehr und mehr Teilgebiete der Physik begründet.

Einige dieser Trends sind in Abb. 2 dargestellt. Die ersten Zeilen nennen Objekte wissenschaftlicher Forschung („Systeme") und die zugehörigen physikalischen Disziplinen. Diese Disziplinen werden dann von oben nach unten durch ihre Geschichte verfolgt. Die wichtigsten physikalischen Theorien sind durch die Namen ihrer Schöpfer repräsentiert. Natürlich kann nur ein kleiner Teil dieser bewundernswerten Wissenschaftler Erwähnung finden.

Theorien, die einander ablösen und sich etwa auf denselben Bereich intendierter Anwendungen beziehen, sind durch doppelte Linien (oder Pfeile) miteinander verbunden. Je zwei davon eignen sich für eine Fallstudie in Theoriendynamik oder approximativer Reduktion. Fälle dieser Art gibt es natürlich noch viele mehr. Es ist also keineswegs erforderlich, solche Studien auf die Standardfälle Ptolemäus-Kopernikus, Kepler-Newton, Galilei-Newton oder Newton-Einstein zu beschränken. Waagerechte Pfeile deuten an, daß bestimmte Wissenschaftler auch zu anderen Gebieten der Physik Beiträge geleistet haben.

Es ist wohlbekannt, daß die Physik im Altertum mit Himmelsmechanik und irdischer Mechanik begann. Das Mittelalter hat hierzu

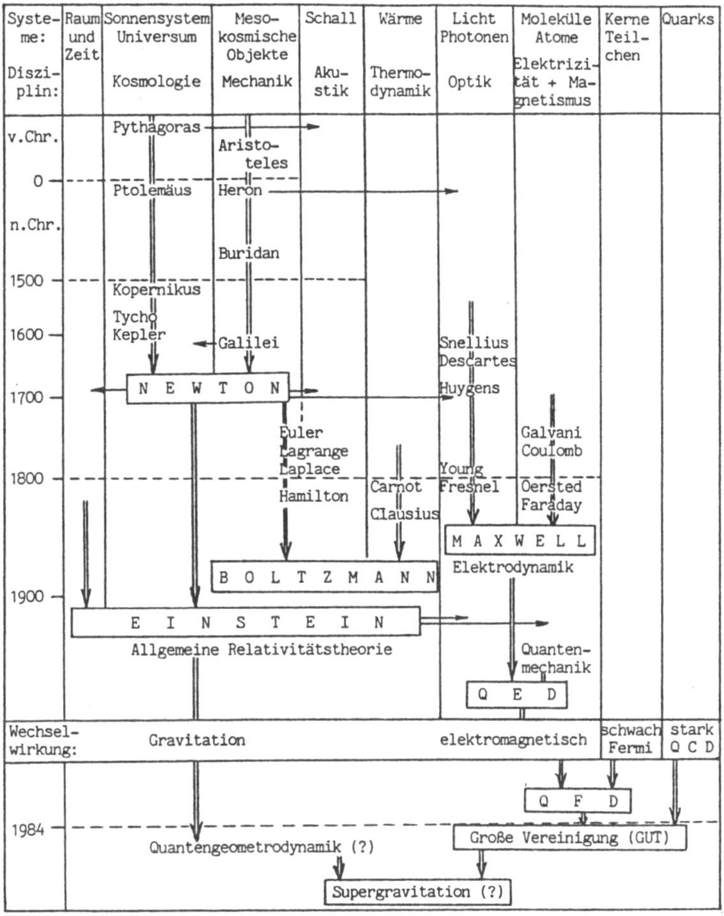

Abb. 2: Die Evolution der Physik. Trotz aller Aufspaltung gelingen auch immer wieder Vereinigungen durch umfassende Theorien. Die großen Vereiniger der Physik – Newton, Maxwell, Boltzmann und Einstein – stehen in Kästchen, an denen die Trennung von (mindestens) zwei Disziplinen endet. Jüngere Vereinigungen können kaum einem einzigen Wissenschaftler zugeschrieben werden. Die Quantenelektrodynamik (QED von Feynman, Tomonaga und Schwinger) vereint Elektrodynamik und Quantenmechanik. Die Quanten-Flavour-Dynamik (QFD von Glashow, Salam, Weinberg) verbindet elektromagnetische und schwache Wechselwirkungen. Die Quantenchromodynamik (QCD von Gell-Mann) beschreibt die starke Wechselwirkung und soll in der „Großen Vereinigung" mit der QFD zusammengefügt werden. Solche „Grand Unified Theories" (GUTs) werden zur Zeit entwickelt und geprüft. Quantentheorien der Gravitation (z.B. die Quantengeometrodynamik QGD) und einheitliche Theorien aller Wechselwirkungen (Supergravitation) sind vorläufig noch recht spekulativ.

nichts Wesentliches beigetragen. Abb. 2 erwähnt nur Buridan, um an seine interessante Impetus-Theorie zu erinnern, die ziemlich genau zwischen den Bewegungstheorien von Aristoteles und von Galilei liegt.

Daß die neuzeitliche Physik erst in der Neuzeit entstand, ist nur scheinbar eine Tautologie. Optische Phänomene wurden ab 1600 untersucht. Die Akustik wurde dadurch zu einer Wissenschaft, daß sie ab 1700 in die Mechanik integriert wurde. Die Lehren von Elektrizität und Magnetismus wurden mit dem Ausgang des 18. Jahrhunderts zu Wissenschaften, die Thermodynamik während des 19. Jahrhunderts. Molekül- und Atomphysik, Kern- und Elementarteilchenphysik sind erst Ergebnisse unseres eigenen Jahrhunderts.

So belegt Abb. 2 den bereits erwähnten allgemeinen Trend zur Aufspaltung physikalischer Theorien und physikalischen Wissens. Wer immer die Physik und ihre Geschichte studiert, ist beeindruckt oder sogar enttäuscht von diesem Prozeß zunehmender Verzweigung am Baum physikalischer Erkenntnis. Die zu Beginn dieses Kapitels gegebene Charakterisierung trifft also zumindest auf die Physik zu.

Es gibt aber noch einen weiteren Aspekt. Trotz aller Verzweigungen gibt es, jedenfalls in der Physik, noch eine andere Tendenz, die auf *Vereinheitlichung* gerichtet ist. Hin und wieder gelingt es den Wissenschaftlern, eine umfassende Theorie zu formulieren, die zwei bisher getrennte Bereiche oder Disziplinen vereinigt. Solche Leistungen gelten mit Recht als große Erfolge. Sie sind Schritte in Richtung auf die Einheit der Wissenschaft, wenigstens der Physik. Sie wirken dem Verzweigungseffekt des erwähnten Wissenswachstums entgegen. Sie geben auch dem uralten philosophischen Traum von einer *Einheit der Natur* neue Nahrung.

Die großen Vereiniger der Physik sind Isaac Newton (der irdische und Himmelsphysik in seiner Mechanik und Gravitationstheorie vereinigt), James Clerk Maxwell (der Elektrizität, Magnetismus und Optik zur Elektrodynamik zusammenfaßt), Ludwig Boltzmann (der die Thermodynamik auf statistische Mechanik reduziert) und Albert Einstein (dessen Allgemeine Relativitätstheorie Raum, Zeit und Gravitation zur Geometrodynamik verschmilzt).

Natürlich existieren noch weitere vereinigende Theorien in der Physik, weniger umfassend und weniger bekannt. Um Vollständigkeit geht es hier jedoch nicht. Es soll nur deutlich werden, daß die Evolution der Physik – und letztlich der ganzen Wissenschaft – antagonistische Trends zeigt, nämlich Aufspaltung *und* Vereinigung. Ob die Physik (oder die Wissenschaft) in einem fiktiven Endzustand zu einer völligen Vereinheitlichung finden oder aufgespalten bleiben wird, ist nicht bekannt.

Jedoch gibt es in der gegenwärtigen Physik einige Hinweise darauf, daß eine Vereinheitlichung der fundamentalen Naturkräfte tatsächlich möglich sein könnte. Elektromagnetische und schwache Wechselwirkungen dürfen bereits jetzt als in der Quanten-Flavour-Dynamik, der Theorie der elektroschwachen Wechselwirkung, vereinigt gelten. Im Augenblick (1984) versucht man, die „Große Vereinigung" zu formulieren und empirisch zu prüfen, in der auch die starke Wechselwirkung in dieses Mosaik einbezogen wird. Und schließlich existieren schon jetzt faszinierende Ideen zu einer umfassenden Theorie, die auch noch die Gravitation einschließen und damit alle bekannten Wechselwirkungen der Natur vereinigen würde (s. Abb. 2). So ist die Vereinheitlichung der Physik nicht nur ein äußerst ehrgeiziges, sondern auch ein höchst erfolgreiches Forschungsprogramm.

Angesichts dieser Fortschritte in der Grundlagenphysik könnten wir versucht sein, mit Stephen Hawking zu fragen: „Ist das Ende der theoretischen Physik bereits absehbar?"[13] Werden schließlich auch Kosmologie und Elementarteilchenphysik vereinigt, reduziert auf eine umfassende Theorie, auf eine Weltformel? Wir werden jedoch nicht versuchen, diese Fragen zu beantworten.

Erfolgreiche Vereinigungen stellen neuartige Reduktionsprobleme.[14] In den meisten Fällen wird eine Vereinigungstheorie zwei bisher unverbundene Theorien nich einfach *verbinden*. Sie wird sie vielmehr korrigieren, ihren bisherigen Erfolg erklären und zugleich neue Voraussagen machen. Für die in Abb. 2 genannten vereinigenden Theorien der Physik, z.B. für die Theorien von Newton, Maxwell oder Einstein, läßt sich das alles leicht nachweisen.

Als Ergebnis halten wir fest: Die Geschichte der Physik zeigt konvergierende und divergierende Tendenzen. Während Verzweigungen durchaus als kumulativ angesehen werden können, lassen sich Vereinigung und Korrektur nicht so interpretieren. In keinem Falle ist Reduktion durch Deduktion oder strenge Reduktion anwendbar, weil aus widerspruchsfreiem Wissen weder neue noch damit unverträgliche Information gewonnen werden kann. Bei dem Versuch, die *Evolution der Wissenschaft*, insbesondere der Physik, zu rekonstruieren, wird deshalb höchstens die approximative Reduktion anwendbar sein.

Für die Rekonstruktion der Evolution in der *Natur* gelten jedoch andere Gesichtspunkte.

6 Die Hierarchie der Wissenschaften

In der Natur gibt es Systeme unterschiedlicher Komplexität: physikalische, chemische, biologische, Systeme mit Bewußtsein (vgl. Abb. 1). Sie werden beschrieben und manchmal erklärt durch Wissenschaften von *ab*nehmender Allgemeinheit, aber von *zu*nehmender Komplexität: Physik, Chemie, Biologie, Psychologie.

Es wäre jedoch nicht sinnvoll, diese Wissenschaften so zu charakterisieren, daß sie elementfremde Objektklassen hätten, z.B. die Physik so zu sehen, als ob sie ausschließlich unbelebte Systeme erforschte, während die Biologie ganz andere Systeme, eben Organismen, untersuchte. Wäre diese Charakterisierung korrekt, so könnten Physik und Biologie einander an keiner Stelle widersprechen. Und da die Psychologie Systeme mit psychischen Merkmalen, mit Bewußtsein, Selbstbewußtsein und Denken untersucht, dürften auch Biologie oder Neurophysiologie niemals in Widerspruch zur Psychologie geraten.

Und doch kommt solches in der Wissenschaft durchaus vor. Jedenfalls finden wir immer wieder, daß Aussagen verschiedener Disziplinen unvereinbar sind. Darwin als Biologe und Kelvin als Physiker kamen hinsichtlich des Alters der Sonne zu ganz verschiedenen Ergebnissen. Einige Denker vermuten, der Satz von der Entropievermehrung sei auf Organismen nicht anwendbar (Planck) oder in der Biologie sogar falsch (du Noüy). Wenn der Interaktionismus wahr sein sollte, so müßte, wie Eccles sogar einräumt, der Satz von der Energieerhaltung bei den Wechselwirkungen zwischen Geist und Gehirn verletzt sein.

Viel angemessener ist deshalb eine Sichtweise, in der die faktischen Wissenschaften ihre Interessengebiete lediglich verschieden stark einschränken. Die Physik untersucht *alle realen Systeme*, ob tot oder lebendig, unbeseelt oder beseelt. Freilich kümmert sie sich nicht um alle Eigenschaften dieser Systeme. Die Chemie *spezialisiert sich* dann auf Systeme, die chemische Reaktionen zeigen, auf Atome und Moleküle, auf Polymere und noch größere Systeme. Einige dieser Systeme zeigen noch *weitere* Eigenschaften, z.B. Selbstreplikation, Vererbung, Tod. Sie heißen lebende Systeme und sind als solche Objekte der Biologie. Die Psychologie schließlich beschränkt sich auf *spezielle* Organismen, nämlich Systeme mit Bewußtsein, und studiert ihr besonderes Verhalten. Die Objektklassen dieser Wissenschaften lassen sich also am besten über Mengeneinschließung charakterisieren. Das wird in Abb. 3 versucht.

Der Fall der Soziologie liegt anders und ist deshalb etwas komplizierter. Im Prinzip kann man für alle realen Systeme fragen, wie sie miteinander und mit anderen realen Systemen wechselwirken und welche kooperativen Phänomene es gibt. Das geschieht bei physikalischen Systemen innerhalb der Physik, z.B. in der Thermodynamik, in der Festkörperphysik oder in der Synergetik. Auch bei chemischen Systemen ist dafür die Chemie selbst zuständig, bei lebenden Systemen echte biologische Disziplinen wie Ökologie, Ethologie und Soziobiologie. Bei Systemen mit Bewußtsein jedoch, besonders beim Men-

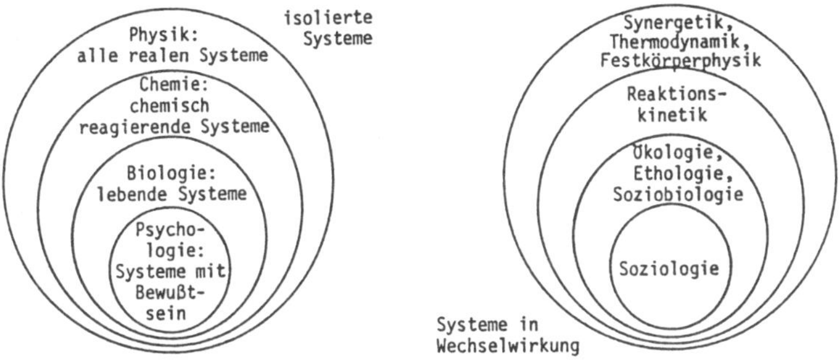

Abb. 3: Die Hierarchie der empirischen Wissenschaften

schen, gehören solche Untersuchungen *nicht* in die zuständige Disziplin, z.B. in die Anthropologie, sondern in eine autonome Wissenschaft, die Soziologie. (Diese Sonderrolle mag einer der Gründe sein für die anhaltende Unsicherheit über den wissenschaftlichen Status der Soziologie.) Ähnliche Betrachtungen würden auch für die historischen Aspekte der Systeme und die Geschichtswissenschaft gelten. Die Disziplinen, die Systeme in Wechselwirkung untersuchen, sind ebenfalls in Abb. 3 dargestellt.

Mit einer solchen hierarchischen Ordnung der empirischen Wissenschaften und ihrer Objekte sind wir nun auch in der Lage, ihre evolutiven Zusammenhänge zu erkennen.

7 Das Evolutionsargument

Nicht nur haben alle realen Systeme ihre *individuelle* Geschichte; sie sind durch eine *gemeinsame* Geschichte noch stärker miteinander verwoben. Nicht nur *bestehen* alle komplexen Systeme aus kleineren und einfacheren Teilen; sie sind auch im Laufe der Evolution aus anderen (meist einfacheren) Systemen *entstanden*. Quarks, Elementarteilchen, Atomkerne, Atome, Moleküle, Makromoleküle, Organellen, Einzeller, mehrzellige Organismen, Pflanzen, Tiere, Menschen (und andere Systeme) stellen nicht nur eine *scala naturae* dar, eine Stufenleiter zunehmender Komplexität, sondern gleichzeitig eine evolutionäre Abfolge, eben die Reihenfolge ihres Entstehens. Die Wissenschaft hat begonnen, *Evolution als universelles Geschehen* zu erkennen.

Dieser kosmische Prozeß verläuft in der Hauptsache nach kausalen Gesetzen, jedenfalls oberhalb der Quantenereignisse. Frühere Zustände realer Systeme sind mit späteren Zuständen kausal verknüpft. Das gilt nicht nur für Zerfalls- oder Erhaltungsprozesse, sondern auch für das Entstehen neuer Systeme. Es gilt für alle Arten von Evolution, für kosmische Prozesse, organismische Evolution, menschliche Geschichte, Individualentwicklung, künstliche Synthese.

Nun hat die philosophische Analyse gezeigt, daß wissenschaftliche Theorien kausale Beziehungen (zwischen Ereignissen) auf logische Beziehungen (zwischen Aussagen) abbilden. Wenn das so ist, sollte es möglich sein, die Prozesse der Evolution in unseren wissenschaftlichen Theorien zu spiegeln. Und wenn komplexe Systeme in einer wenigstens teilweise deterministischen Weise aus einfacheren entstanden sind, dann sollte es auch möglich sein, zumindest einige Eigenschaften und Gesetze dieser komplexen Systeme aus unserem Wissen über einfachere Systeme abzuleiten. Somit liefern die Tatsachen der kosmischen Evolution ein Argument zugunsten einer Reduktion durch Deduktion. Sie wecken die *Hoffnung*, daß eine solche *evolutionäre Reduktion* durchführbar sein sollte. Sie geben uns sogar einen *Hinweis*, wie wir vorzugehen haben: Wir sollten versuchen, evolutionäre Prozesse in wissenschaftlichen Theorien nachzubilden, *die evolutionäre Einheit der Natur in einer deduktiven Einheit der Wissenschaft zu spiegeln*.

Für diese evolutionäre Reduktion dürfte keine approximative Reduktion nötig sein, jedenfalls dann, wenn unsere zugehörigen wissenschaftlichen Theorien korrekt sind. (Eine Diskussion dieser fragwürdigen Prämisse erfolgt in 8.) Die Natur bedarf keiner Näherungsverfahren. Das spätere, das komplexe System sollte aus seinen früheren, einfachen Teilsystemen deduktiv erklärt werden. Vollständiges Wissen über die Teile sollte ausreichen zur Erklärung von Ganzheiten.

Der Ursprung des Lebens möge als Beispiel dienen. Wenn unser evolutionäres Gesamtbild richtig ist, dann sind Äonen kosmischer Evolution dahingegangen, in denen lebende Systeme nicht existieren konnten und nicht existiert haben. Da es jetzt lebende Organismen gibt, zumindest in diesem winzigen Ausschnitt des Universums, muß ein Übergang von unbelebter zu belebter Materie stattgefunden haben. Darüber hinaus muß die scheinbare Kluft zwischen unbelebten Systemen und lebenden Organismen *von der anorganischen Seite her* überbrückt worden sein, da es vor der Existenz von Organismen einfach keine Systeme gab, auf die biologische Gesetze hätten Anwendung finden können.

Wenn aber die physikalischen und chemischen Eigenschaften der Materie ausreichend waren, um spezielle selbstreplizierende Systeme, also Leben, zu erzeugen, dann sollten physikalische und chemische *Gesetze* auch ausreichen, um deren Entstehung zu *erklären*. Das bedeutet, daß die Lücke zwischen Biochemie und Biologie durch Deduktionen *von der Biochemie her* überbrückt werden müßte. Die Biogenetik als junge Disziplin ist dabei, dieses faszinierende Gebiet zu erforschen. (Es braucht wohl nicht betont zu werden, daß der *heuristische* Weg zu solchen Reduktionsgesetzen auch die umgekehrte Richtung gehen kann.)

Offenbar unterstützt das Evolutionsargument eine reduktionistische Auffassung. Freilich kann Evolution weder die Einheit der Natur *beweisen* noch die Einheit der Wissenschaft *garantieren*. Aber das ist weder neu noch tragisch. Solange uns Menschen perfektes Wissen versagt ist, werden wir uns mit Vermutungswissen und mit guten Argumenten zufriedengeben (müssen). Das Evolutionsargument scheint jedenfalls ein gutes Argument zu sein.

Es gibt weitere Argumente, die in dieselbe Richtung (Reduktion durch Deduktion) weisen, aber geringeres Gewicht haben. Wir werden sie das „Syntheseargument" und das „Entwicklungsargument" nennen.

Das *Syntheseargument* verweist auf unsere Fähigkeit, komplexe Dinge aus einfachen zu *synthetisieren*, und zwar wiederholt, zuverlässig und voraussagbar. Wir sind in der Lage, solche synthetischen Prozesse zu planen, zu kontrollieren, zu variieren, zu nutzen. So haben Physiker schwere Elemente synthetisiert; Wöhler hat organische Verbindungen aus anorganischem Material gewonnen; Miller hat Biomoleküle aus abiotischen Substanzen hergestellt; und Biochemiker synthetisieren Virusgenome aus rein enzymatischem Substrat. Wieder sind wir überzeugt, daß solche Prozesse von kausalen Gesetzen regiert werden. Deshalb sollte es möglich sein, sie auf Begriffe und Theorien abzubilden, sie theoretisch zu beschreiben und zu erklären, spätere Stadien auf frühere zurückzuführen.

Das *Entwicklungsargument* beruft sich auf die Tatsache, daß Organismen sich aus undifferenzierten Stadien zu höchst komplizierten Systemen *entwickeln*, aus kleinen Zellen zu großen, erwachsenen Individuen. Auch diese Entwicklung folgt kausalen Gesetzen. Sollte es dann nicht möglich sein, solche kausalen Prozesse in einer Theorie der ontogenetischen Entwicklung zu spiegeln, Endzustände aus Anfangszuständen zu *erklären*? Wieder würden kausale Verknüpfungen in der Natur durch logische Verknüpfungen in der Theorie, Erzeugungsvorgänge durch Ableitungsbeziehungen gespiegelt.

Obwohl beide Argumente in ihrer Struktur dem Evolutionsargument ähneln, sind sie doch nicht so überzeugend wie jenes. Synthese und Entwicklung sind nicht die besten Modelle für die Prozesse der universellen Evolution, und zwar aus mehreren Gründen.

Zum einen werden Syntheseprozesse von intelligenten Wesen (Wissenschaftlern) geplant und durchgeführt. Gerade die Beteiligung eines solchen äußeren Agenten *könnte* aber ein entscheidendes Element für den Verlauf von Syntheseprozessen sein. *In der Evolution gibt es dagegen keinen äußeren Agenten*. Es ist ja gerade die Aufgabe und das Ziel der Wissenschaft, ohne eine solche allgegenwärtige, allwissende und allmächtige äußere Autorität auszukommen.

Zum anderen weisen Entwicklungsprozesse zwar keinen solchen bewußten Agenten auf; sie werden jedoch durch ein genetisches Programm gesteuert und kontrolliert. *Es gibt aber auch kein Programm in der kosmischen oder biologischen Evolution*. Es ist ja gerade die Leistung der Wissenschaft, zum Beispiel von Darwins Theorie, zu zeigen, wie die Evolution ohne ein solches Programm auskommen konnte. (Dieser Unterschied ist übrigens auch mitverantwortlich für die Fragwürdigkeit von Haeckels biogenetischem „Grundgesetz", wonach die ontogenetische Entwicklung eine geraffte Wiederholung der Phylogenese sein soll.)

So könnten wir gezwungen sein, das Syntheseargument so zu lesen: „Unter der Leitung eines intelligenten äußeren Agenten können die Produkte einer Synthese aus den Anfangsbedingungen abgeleitet werden." Und das Entwicklungsargument würde lauten: „Bei Kontrolle durch ein hinreichend raffiniertes Programm kann der Endzustand einer Entwicklung auf den Anfangszustand reduziert werden." Aber das reicht eben nicht. Das Evolutionsargument ist dagegen kein Kandidat für eine solche kryptotheistische oder kryptovitalistische Interpretation. Es besagt ganz einfach und ohne Einschränkung: „Die Ergebnisse der Evolution können auf vorherige Bedingungen zurückgeführt werden." Das ist offenbar die stärkste Behauptung. Deshalb sollten wir unsere Aufmerksamkeit auf das Evolutionsargument richten.

Gleichwohl dürfen wir nicht die Schwierigkeiten übersehen, die hier trotz allem bestehen.

8 Schwierigkeiten für eine „evolutionäre" Reduktion

Beim Evolutionsargument dient die universelle Evolution als Hinweis darauf, daß eine Reduktion durch Deduktion möglich und ein ehrgeiziges Programm zur Einheit der Wissenschaft durchführbar sein sollte. Es gibt jedoch mehrere Probleme, die wir beachten müssen.

Ein Problem entsteht aus der Tatsache, daß selbst unsere besten Theorien keine letztgültigen Wahrheiten sind. Sie könnten falsch sein, und oft genug sind sie es auch. Das Evolutionsargument gilt aber nur für richtige (wahre) Theorien. Wenn System S_2 aus System S_1 entstanden ist, dann müßte Theorie T_2, sie sich auf S_2 bezieht, Theorie T_1, die sich auf S_1 bezieht, logisch implizieren. Wenn jedoch T_1 oder T_2 noch fehlerhaft sind, dann ist es unwahrscheinlich, daß zwischen T_1 und T_2 irgendeine logische Folgerungsbeziehung besteht.

Nehmen wir wieder die Biologie als Beispiel. Lebende Systeme haben sich aus nichtlebenden entwickelt. Nach dem Evolutionsargument sollte eine fiktive ideale Physik in der Lage sein, den Ursprung des Lebens zu erklären. Darüber hinaus würde sie alle Gesetze einer gleichermaßen fiktiven idealen Biologie umfassen. Solange die Biologie nicht in diesem vollkommenen Zustand ist, könnte auch eine vollkommene Physik eine solche unvollkommene Biologie nicht logisch einschließen. Das bedeutet, daß wir uns sogar in evolutionären Zusammenhängen oft mit approximativen Reduktionen zufriedengeben müssen.

Diese Einsicht wird unseren Optimismus hinsichtlich starker Reduktionen dämpfen; jedoch macht sie die Idee einer evolutionären Reduktion nicht wertlos. Erstens bleibt sie eine *regulative Idee*, die wir benützen und anstreben können, auch wenn wir sie letztlich nicht verwirklichen werden. Zweitens hat die Evolution unzählig viele Stadien durchlaufen. Die Wissenschaft könnte sie verfolgen, einige präzise, andere nur näherungsweise. Der Fortschritt der Wissenschaft verläuft allemal nur stückweise. Wir sollten nicht erwarten, daß wir alles auf einmal herausfinden. Für *einige* evolutive Schritte mag Reduktion durch Deduktion schon angemessen sein. Auf jeden Fall ist es sinnvoll, mit dieser These zu arbeiten. Drittens wird es hilfreich sein, daß man sich Klarheit darüber verschafft, wo und warum der Begriff einer Reduktion durch Deduktion *nicht* angemessen ist. Wir haben bereits gesehen, daß er im allgemeinen nicht auf die Evolution der Wissenschaft anwendbar ist (wenn nicht ein wissenschaftlicher Fortschritt gerade in der Rekonstruktion eines evolutiven Schrittes besteht). Diese Einsicht zwingt jeden Wissenschaftstheoretiker zu einer Entscheidung: Entweder besteht er darauf, nur Fälle strenger Reduktion zu studieren. Dann sollte er seine Aufmerksamkeit auf evolutionäre Prozesse richten und versuchen, evolutionäre Reduktionen zu erzielen. Oder er konzentriert sich auf Probleme des Theorienwandels und wird dann mit den Schwierigkeiten approximativer Reduktion einig werden müssen. Das ist jedenfalls eine klare und lehrreiche Alternative.

Es gibt noch mehr Schwierigkeiten für eine evolutionäre Reduktion. Wenn wir von der Physik zur Chemie, zur Biologie, zur Psychologie aufsteigen, dann tauchen nicht nur neue Merkmale auf, sondern auch neue Probleme für eine evolutionäre Reduktion. Eine dieser Schwierigkeiten ist *Komplexität* überhaupt. Obwohl Komplexität in der Evolution ein kreatives Element ist, spielt sie in der Wissenschaft eine erschwerende Rolle. So kann es sein, daß wir über alle nötigen Informationen verfügen, um ein System vollständig zu beschreiben, und doch nicht in der Lage sind, seine Eigenschaften aus den verfügbaren Gleichungen und Daten abzuleiten, vorauszusagen oder zu erklären. Wir schaffen es einfach nicht, die erforderlichen Rechnungen durchzuführen.

Als ein Beispiel betrachten wir das Verhältnis zwischen Chemie und Physik. Die meisten Wissenschaftler sind überzeugt, daß Atome und Moleküle ausschließlich von den bekannten Prinzipien der Elektrodynamik und der Quantenmechanik beherrscht werden, also von den Maxwellschen Gleichungen, von der Schrödinger-Gleichung (oder der Dirac-Gleichung) und von Paulis Ausschließungsprinzip. Hinsichtlich dieser Grundprinzipien scheint unser Wissen vollständig zu sein. Trotzdem waren die Physiker bisher nicht in der Lage, das Verhalten eines Uran- oder auch nur eines Sauerstoff-Atoms aus diesen Gesetzen abzuleiten. Die meisten Atome und erst recht alle Moleküle sind für solche „ab initio"-Rechnungen zu kompliziert.

Dieses Problem ist keineswegs spezifisch für die Beziehung (und erhoffte Reduktion) zwischen Chemie und Physik. Es erscheint in jedem Stadium der Evolution, auf jedem Komplexitätsniveau, in jedem Wissenschaftszweig. Es tritt nicht nur bei Beziehungen zwischen verschiedenen Wissenschaften auf, sondern schon innerhalb der Physik. In vielen Fällen werden wir uns auf Näherungen stützen müssen, auf statistische Methoden, auf Mittelwerte, auf Zusatzannahmen.

Das bedeutet allerdings nicht, daß wir auf die approximative Reduktion zurückgreifen müßten, die für den Theorienwandel konstitutiv ist. Wenn wir mit Komplexitätsproblemen einig werden wollen, so müssen wir uns nicht unbedingt mit Widersprüchen, kontrafaktischen Bedingungen oder unrealistischen Annahmen herumschlagen. Obwohl unsere Anfangsinformation nicht ausreichen mag, um die erhoffte Reduktion zu liefern, so daß ergänzende Annahmen erforderlich sind, kann doch diese Zusatzinformation durchaus mit allen unseren Grundgesetzen und Grundtatsachen vereinbar sein, ja sogar im Prinzip aus diesen *folgen*, ohne effektiv daraus *ableitbar* zu sein.

Wir haben somit eine weitere Art von Reduktion herausgearbeitet, weder streng (wie Reduktion durch Deduktion) noch widersprüchlich (wie beim Theorienwandel). Diese neue Art von Reduktion spielt dann eine Rolle, wenn evolutionäre Reduktion im Prinzip möglich wäre, aber aus Komplexitätsgründen praktisch undurchführbar ist. Vielleicht hätte sogar nur diese Art von Reduktion die Bezeichnung „approximative" Reduktion verdient.

Nun ist Komplexität immer noch ein recht allgemeiner Begriff. Man kann die Hindernisse für evolutionäre Reduktion wesentlich genauer angeben. Spezielle Arten von komplexen Systemen sind zum Beispiel chaotische Systeme, Rückkopplungssysteme, Systeme mit Zufallselementen usw. Wir werden sie nicht im einzelnen diskutieren, sondern nur zusammenstellen. Abb. 4 nennt verschiedene Wissenschaften, ihre Forschungsobjekte, einige neue Eigenschaften, die auf der jeweiligen Stufe relevant sind, und die mit ihnen auftretenden *zusätzlichen* Probleme.

Wissenschaft	Forschungsobjekte	Neue Eigenschaften	Zusätzliche Probleme
Physik	alle Systeme, z.B. Teilchen, Felder, Atome		
	Viel-Körper-Systeme	kooperative Effekte	Komplexität starke Kausalität verletzt ("chaotische Systeme")
Chemie	molekulare Systeme	Autokatalyse	zyklische (kybernetische) Kausalität
Biologie	lebende Systeme	Selbstreplikation, Vererbung, Mutationen	konstitutive Rolle des Zufalls Einmaligkeit, Individualität
	höhere Organismen	Schmerz und Leiden	ethische Probleme des Experimentierens
Psychologie	bewußte Systeme Mensch	Reflexion Innenaspekt	Beobachtungseffekte Leib-Seele-Problem
Soziologie	soziale Systeme		kleine Zahl einschlägiger Systeme

Abb. 4: Schwierigkeiten für eine „evolutionäre" Reduktion

9 Zusammenfassung

Der Begriff „Reduktion" ist mehrdeutig. Während strenge Reduktion in den Strukturwissenschaften die Regel ist, ist sie in den Erfahrungswissenschaften die Ausnahme. Hier sind approximative Reduktionen viel häufiger. (1) Trotzdem gibt es auch in den Erfahrungswissenschaften Fälle, in denen die strenge Reduktion (oder Reduktion durch Deduktion) anwendbar ist oder wenigstens als regulative Idee dienen kann. Dies läßt sich zeigen, indem man die verschiedenen Bereiche untersucht, in denen Reduktionsprobleme auftreten, nämlich Einheit der Wissenschaft (2) und Geschichte der Wissenschaft (3). In beiden Fällen haben wir es mit evolutionären Prozessen zu tun, mit der Evolution realer Systeme (universelle Evolution) einerseits, mit der Evolution der Wissenschaft andererseits. (4) Für die Evolution der Wissenschaft kann die Physik als Beispiel dienen. Bei aller Aufspaltung zeigt die Evolution der Physik doch auch Theorienwandel, Korrektur und Vereinigung von Theorien. Hier ist approximative Reduktion angemessen. (5) Im Falle der universellen Evolution ist das anders. Die Hierarchie der Wissenschaften beruht auf der zunehmenden Komplexität der realen Systeme. (6) Diese Folge spiegelt ihrerseits den kreativen Prozeß der universellen Evolution. Und wenn komplexe Systeme nach kausalen Gesetzen aus einfachen Systemen *hervorgegangen* sind, dann sollte es möglich sein, diese evolutionären Prozesse in unseren wissenschaftlichen Theorien zu spiegeln und das Komplexe aus dem Einfachen zu *erklären*. Dieses „Evolutionsargument" legt die Hoffnung nahe, daß zwischen verschiedenen Disziplinen und Wissenschaften eine strenge Reduktion wenigstens im Prinzip möglich sein sollte. (7) Gleichwohl ist hier kein Platz für naiven Optimismus. Obwohl unser Argument einen heuristischen Hinweis gibt, der zur richtigen *Strategie* führen kann, bleiben doch die Probleme noch schwierig genug, die sich uns auf Grund der Komplexität der meisten realen Systeme stellen. (8)

Anmerkungen und Literatur

1 R. Carnap: Logical Foundations of the Unity of Science, Int. Enc. of Unified Science I, 1. 1938. Abgedruckt in H. Feigl/W. Sellars (eds.): Readings in Philosophical Analysis. Appleton-Century-Crofts, New York 1948, 408–423.

2 E. Nagel: The Structure of Science. Routledge & Kegan Paul, London 1961, 339–341. Nagel stützt sich dabei auf frühere Arbeiten von 1949. Die Unterscheidung zwischen homogener und inhomogener Reduktion treffen auch L. Sklar: Types of Inter-Theoretic Reduction. Brit. J. Phil. Science *18* (1968) 109–124, S. 110, und K. Friedman: Is Intertheoretic Reduction Feasible? Brit. J. Phil. Science *33* (1982) 17–40, S. 20.

3 Der Begriff einer approximativen Erklärung ist angedeutet, aber nicht ausgearbeitet, bei C. G. Hempel: Aspekte wissenschaftlicher Erklärung. de Gruyter, Berlin 1977, Kap. 12.2.1. Siehe auch E. Scheibe: The Approximative Explanation and the Development of Physics. In P. Suppes et al. (eds.): Logic, Methodology, and Philosophy of Science, IV. North Holland, Amsterdam 1973, 931–942. – R. M. Yoshida: Reduction in the Physical Sciences. Dalhousie University Press, Halifax 1977.

4 T. Nickles: Two Concepts of Intertheoretic Reduction. J. Phil. *70* (1973) 181–201. Nickles benützt ungeschickte Indizes: $reduction_1$, $reduction_2$. Im Hinblick auf dieselbe Unterscheidung spricht Wimsatt von „erklärender" und von „Abfolge"-Reduktion. Siehe W. C. Wimsatt: Reductive Explanation: A Functional Account. In R. S. Cohen et al. (eds.): PSA 1974. Reidel, Dordrecht 1976, 672–710.

5 Sklar[2], S. 112

6 T. S. Kuhn: Die Struktur wissenschaftlicher Revolutionen. Suhrkamp, Frankfurt 1967 ([1]1962). – P. K. Feyerabend: Explanation, Reduction, and Empiricism. In H. Feigl/G. Maxwell (eds.): Scientific Explanation, Space and Time. University of Minnesota Press, Minneapolis 1962, 26–97. – K. R. Popper: Scientific Reduction and the Essential Incompleteness of All

Science. In F. J. Ayala/T. Dobzhansky (eds.): Studies in the Philosophy of Biology. Reduction and Related Problems. Macmillan, London 1974, 259–284. – Nach Kuhn, Feyerabend und sogar nach Popper sind die interessanten Fälle von Reduktion in der faktischen Wissenschaft Fälle von Ersetzung. Ähnlich argumentiert M. Spector: Concepts of Reduction in Physical Science. Temple University Press, Philadelphia 1978. Ihn wiederum kritisiert R. Yoshida: Reduction as Replacement. Brit. J. Phil. Science *32* (1981) 400–410.

7 L. Darden/N. L. Maull: Interfield Theories. Phil. Science *44* (1977) 43–46. – N. L. Maull: Unifying Science without Reduction. Stud. Hist. Phil. Science *8* (1977) 143–162. Repr. in E. Sober (ed.): Conceptual Issues in Evolutionary Biology. An Anthology. MIT Press, Cambridge 1984, 509–530.

8 Weitere Ansätze zur Klassifikation verschiedener Reduktionsbegriffe macht K. F. Schaffner: Approaches to Reduction. Phil. Science *34* (1967) 137–147.

9 M. Born: Natural Philosophy of Cause and Chance. Clarendon Press, Oxford 1949, und Dover, New York 1964, 129–134, behauptet sogar, Newtons Gravitationsgesetz könne aus den Keplerschen Gesetzen „abgeleitet" oder „deduziert" werden und nicht nur umgekehrt.

10 Eine vergleichende Darstellung dieser Begriffe von Einheit der Wissenschaft gibt G. Vollmer: Die Einheit der Wissenschaft in evolutionärer Perspektive [im vorliegenden Band S. 163–199].

11 Daß die Minimalität einer Beschreibung nicht in jedem Falle bewiesen werden kann, betont G. J. Chaitin: Randomness and Mathematical Proof. Sci. American *232* (Mai 1975) 47–52.

12 Siehe auch G. Vollmer: Theoriendynamik und Ablösung einer Theorie durch eine neue (bessere): Simulation statt Erklärung. In G. Patzig/E. Scheibe/W. Wieland (Hrsg.): Logik, Ethik, Theorie der Geisteswissenschaften (XI. Dt. Kongreß für Philosophie, 1975). Meiner, Hamburg 1977, 493–9.

13 S. Hawking: Is the End in Sight for Theoretical Physics? Cambridge University Press, Cambridge 1980 [Ist das Ende der theoretischen Physik in Sicht? In J. Boslough: Jenseits des Ereignishorizontes. Rowohlt, Hamburg 1985, S. 129–150]

14 Siehe z.B. R. L. Causey: Unified Theories and Unified Science. In R. S. Cohen et al. (eds.): PSA 1974. Reidel, Dordrecht 1976. – P. Kitcher: Explanatory Unification. Phil. Science *48* (1981) 507–531.

WOHER STAMMT DIE ASYMMETRIE DER ZEIT?
Zeitpfeile in Physik und Kosmologie

1 Zeitordnung, Zeitumkehr, Zeitrichtung und Zeitpfeile

Über Zeit ist schon viel nachgedacht worden. Hier geht es jedoch nur um einen von mehreren Aspekten, um die Irreversibilität der Naturvorgänge. Zur Explikation einiger zentraler Begriffe müssen wir die Verkettung oder *Ordnung* natürlicher Ereignisse von der *Richtung* natürlicher Prozesse unterscheiden.[1]

Die zeitliche Ordnung der Ereignisse – oder ihre *Zeitordnung* – ist dabei die Tatsache, daß sich die Geschehnisse der Welt längs eines eindimensionalen Kontinuums aufreihen lassen. Ihre zeitlichen Beziehungen zueinander lassen sich dann durch eine reelle Funktion $t(e_1, e_2)$ ausdrücken, die auf Ereignispaaren definiert ist. Diese Funktion, die auch noch vom Bezugssystem und von der verwendeten Skaleneinheit abhängen kann, soll den zeitlichen Abstand zweier Ereignisse wiedergeben.

Die *Asymmetrie der Zeitordnung* ist dann nichts anderes als eine formale Eigenschaft dieser Funktion, die Eigenschaft nämlich, bei Vertauschung der Argumente das Vorzeichen zu wechseln:

$$t(e_2, e_1) = - t(e_1, e_2).$$

Mit der Umkehrbarkeit oder Nichtumkehrbarkeit physikalischer Prozesse hat diese Asymmetrie noch nichts zu tun. Vielmehr wäre die Auszeichnung einer Zeitrichtung hier ein mögliches zusätzliches Element.

Ganz analog kann man den räumlichen Abstand zwischen Raumpunkten x_1, x_2 durch eine reelle Funktion $d(x_1, x_2)$ wiedergeben, die bei Vertauschung der Punkte ihr Vorzeichen wechselt. Auch diese „Asymmetrie der Raumordnung" hätte mit der Auszeichnung bestimmter Richtungen noch nichts zu tun.

Zeitumkehr (oder Zeitspiegelung T) ist ebenfalls nichts Reales. Es ist eine formale Operation, die Ersetzung von t durch –t in einer beliebigen Formel, in der die Zeit als Variable vorkommt. Dieser mathematischen Operation entspricht keine physikalisch realisierbare. Unter Zeitumkehr kann sich eine Formel verändern oder unverändert bleiben. Sie heißt Zeitumkehr-invariant oder *T-invariant*, wenn sie sich unter T nicht ändert. So ist die Newtonsche Bewegungsgleichung $m\ddot{x} = K(x)$ bei Kräften, die nicht explizit von der Zeit abhängen, T-invariant: Aus

$$m\frac{d^2x(t)}{dt^2} = K(x) \quad \text{wird} \quad m\frac{d^2x(-t)}{d(-t)^2} = m\frac{d^2x'(t)}{dt^2} = K(x'),$$

und nach der Umbenennung $x'(t) \Rightarrow x(t)$ wieder die ursprüngliche Gleichung. Zeitumkehr-Invarianz ist also weder eine Eigenschaft „der Zeit“ noch gewisser physikalischer Prozesse, sondern lediglich bestimmter Formeln.

Die Frage dagegen, ob einige Naturvorgänge umkehrbar sind, betrifft eine Eigenschaft der realen Welt, nicht irgendwelcher Formeln oder Gleichungen. Wenn wir also behaupten, Naturvorgänge seien irreversibel, so sagen wir damit etwas über die Welt, darüber, was in der Welt „da draußen“ der Fall ist, vorkommt, möglich ist.

Natürlich werden sich die Eigenschaften der realen Welt in unseren Beschreibungen spiegeln. So müssen Gleichungen, die umkehrbare Prozesse beschreiben, T-invariant sein. Eine T-invariante Gleichung kann jedoch sowohl umkehrbare als auch nicht-umkehrbare Vorgänge beschreiben. Sie enthält also noch nicht alle mögliche Information über die Welt. Die fehlende Information kann aber z.B. in Form von Anfangs- und Randbedingungen vorliegen und die Auswahl einer geeigneten, d.h. realistischen Lösung sicherstellen. T-Invarianz und Reversibilität sind also nicht nur nicht synonym, sondern auch nicht faktisch gleichwertig.

Die Tatsache, daß es Ereignisketten gibt, deren Teilereignisse nie in umgekehrter Reihenfolge vorkommen, werden wir hier auch „Zeitrichtung“ oder „Zeitpfeil“ nennen. Dies ist vielleicht keine sehr glückliche Bezeichnung, legt sie doch die Vermutung nahe, „die Zeit“ trage selbst eine Asymmetrie, eine Richtung, einen Pfeil in sich. In einer Auffassung, die der Zeit absoluten Charakter zuschreibt, wie sie z.B. Newton formulierte, in der Zeit also auch dann real wäre und vielleicht sogar vergehen, fließen, eilen könnte, wenn überhaupt keine materiellen Dinge existierten, mag so etwas denkbar und formulierbar sein. Unsere Rede von Zeitpfeilen soll jedoch auch dann noch sinnvoll sein, wenn „nur“ eine relationale Zeitauffassung zugrundegelegt wird, wie sie etwa Leibniz vertrat und wie sie heute auch durch die Physik nahegelegt wird.[2] „Zeitrichtung“ meint jedenfalls nicht eine ausgezeichnete Richtung „der Zeit“, sondern eine Auszeichnung gewisser

Tab. 1: Zeitpfeile (irreversible Prozesse) können zur Feststellung der Zeitrichtung dienen.

Von zwei Ereignissen ist dasjenige später, bei dem . . .	**Zeitpfeil**	**Symbol**	**Aber vielleicht gibt es**
. . . wir das Gefühl haben, es sei später.	Psychologie	Ψ	Täuschungen? (!)
. . . ein Organismus weiter entwickelt ist.	Entwicklung (Ontogenese)	EW	Verjüngungskur (Altweibermühle)?
. . . eine Art sich fortentwickelt hat.	Evolution (Phylogenese)	EV	evolutiven Rückschritt?
. . . ein System komplizierter ist.	Komplexitätszuwachs	KX	Systemzerfall? (!)
. . . eine exotherme Reaktion weiter fortgeschritten ist.	Chemie	C	endotherme Reaktionen? (!)
. . . zwei wechselwirkungsfreie Teilchen sich weiter voneinander entfernt haben.	Kinematik	KIN	konvergente Vorgänge, die weit draußen beginnen?
. . . ein Reibungsvorgang langsamer ist.	Mechanik	MEC	„negative" Reibung?
. . . eine Wasser- oder Schallwelle weiter ausgebreitet ist.	Hydrodynamik, Akustik	MEC	konzentrisches Einlaufen?
. . . ein elektromagnetisches Signal (z.B. Kugelwelle) sich weiter ausgebreitet hat.	Elektrodynamik	ED	avancierte Signale?
. . . ein Kaon in zwei Pionen zerfallen ist ($K_2^0 \rightarrow 2\pi$).	schwache Wechselwirkung	BETA	Kaonsynthese?
. . . eine Messung erfolgt (die Wellenfunktion kollabiert) ist.	Quantenmechanik	QM	„Explosion" der Wellenfunktion?
. . . die Entropie eines abgeschlossenen Systems höher ist.	Thermodynamik	TD	statistische Schwankungen? (!)
. . . es mehr Schwarze Löcher gibt.	Singularitäten	SING	Weiße Löcher?
. . . das Universum größer ist.	Kosmologie	KOS	Rekontraktion des Universums?
In einer Kausalbeziehung ist die Ursache früher, die Wirkung später.	Kausalität	KAU	Können Ursache und Wirkung unabhängig von der Zeitordnung definiert werden?

Prozesse als irreversibel. Für diesen Sachverhalt hat sich auch die Bezeichnung „Zeitpfeil“ eingebürgert, die wir im folgenden verwenden werden.

Irreversible Prozesse können als Kriterien für die Feststellung (oder Festlegung) einer Zeitrichtung dienen. Da es verschiedene Klassen irreversibler Prozesse gibt, dürfen wir auch von verschiedenen Zeitpfeilen sprechen.

So beruht der elektrodynamische Zeitpfeil (ED) auf der Tatsache, daß elektromagnetische Strahlung die Tendenz hat, sich über den gesamten Raum auszubreiten. Von zwei Ereignissen ist demnach dasjenige später, bei dem ein elektromagnetisches Signal (z.B. eine von einem Sender ausgesandte Kugelwelle) sich bereits weiter ausgebreitet hat. Könnte man auf einem Film solche Strahlung sichtbar machen, so ließe sich das Ende des Films (bzw. einer Filmszene) daran erkennen, daß die Strahlung sich hier schon auf größere Räume verteilt hat. Ähnlich ist es mit anderen Zeitpfeilen, wie sie in Tabelle 1 angegeben sind.

Die Existenz irreversibler Prozesse ist eine Erfahrungstatsache. Daß ein Prozeß irreversibel ist, kann man ihm nicht unmittelbar ansehen; es kann auch nie mit letzter Sicherheit bewiesen werden. Selbst wenn der umgekehrte Vorgang bisher nie beobachtet wurde und durch gut bestätigte Naturgesetze ausgeschlossen wird, könnte es doch sein, daß er uns morgen begegnet. Auch jedes vermeintliche Naturgesetz bleibt vorläufig, korrigierbar, möglicherweise falsch.

Irreversibilitätsbehauptungen haben also den gleichen Vorläufigkeitscharakter wie andere vermutete Gesetzmäßigkeiten auch. In der letzten Spalte von Tabelle 1 sind denkbare widerlegende Instanzen aufgeführt, die den jeweils vermuteten Zeitpfeil zunichte machen würden.

Schon innerhalb der Physik gibt es also mehrere Zeitpfeile, die sich unabhängig voneinander definieren lassen, weil sie verschiedene Klassen von Vorgängen betreffen. Am wichtigsten sind hier der elektrodynamische und der kosmische Zeitpfeil. In anderen Disziplinen tauchen weitere Zeitpfeile auf, u.a. in Chemie, Biologie und Psychologie. Wir werden jedoch annehmen, daß sich diese Zeitpfeile auf die physikalischen zurückführen lassen, daß also die Irreversibilität chemischer, biologischer und psychologischer Prozesse auf der Irreversibilität physikalischer Vorgänge beruht.[3] Es gibt auch Versuche (u.a. bei Kant, Reichenbach, Grünbaum), die Später-Relation über die Kausalrelation zu explizieren, also in einer kausalen Abfolge die Ursache als früher, die Wirkung als später zu definieren. Dabei würden also die verschiedenen Zeitpfeile auf einen kausalen Zeitpfeil zurückgeführt. Eine solche Reduktion ist zwar begrifflich durchführbar (indem man eine asymmetrische Kausalbeziehung als undefinierten Grundbegriff voraussetzt); es ist jedoch keineswegs klar, wie Ereignisse unabhängig von allen Zeitpfeilen als Ursache und Wirkung identifiziert werden können. Aus Platzgründen müssen wir auch diese interessante Problematik undiskutiert lassen.[4]

Im folgenden werden wir uns nur mit den rein physikalischen Zeitpfeilen befassen.[5] Dabei sollen uns folgende Fragen beschäftigen: Wie werden irreversible Vorgänge in der Physik beschrieben? Geht der Zeitpfeil in die Grundgleichungen der Physik ein? Welche Rolle spielen die Randbedingungen? Lassen sich die physikalischen Zeitpfeile miteinander in Verbindung bringen, vielleicht sogar auf einen einzigen Zeitpfeil zurückführen? Woher stammt dann dieser Urpfeil?

2 Beschreibung irreversibler Vorgänge

Ein wichtiges kognitiv-theoretisches Ziel der Erfahrungswissenschaft ist es, die Welt möglichst einfach, d.h. redundanzfrei zu beschreiben. Da es viele Prozesse gibt, die nach unserem Wissen irreversibel sind, wird man erwarten, daß sich die Existenz dieser Zeitpfeile auch in unserer Beschreibung der Welt niederschlägt. Ist Irreversibilität sogar ein Grundzug der Natur, so sollte sich das auch und gerade in den Grundgleichungen naturwissenschaftlicher Disziplinen bemerkbar machen. Wir erwarten also, daß die fundamentalen Gleichungen der Physik – Bewegungsgleichungen, Kraftgesetze, Feldgleichungen – sich bei Zeitumkehr ändern, also T-*variant* sind.

Zunächst ist es auch gar nicht schwer, Beispiele für diese T-Varianz zu finden. So enthält die Gleichung für eine Bewegung unter Reibung ($m\ddot{x} = K - R\dot{x}$) eine erste, unter Strahlungsdämpfung

$$\left(m\ddot{x} = K - \frac{2e^2}{3c^3} \cdot \dddot{x} \right)$$

eine dritte Ableitung nach der Zeit. Auch im zweiten Fickschen Gesetz für die Diffusion,

$$\frac{\partial c}{\partial t} = D \cdot \Delta c$$

(Konzentration c, Diffusionskoeffizient D), in der Fouriergleichung für die Wärmeleitung,

$$\frac{\partial T}{\partial t} = \frac{\lambda}{c\rho} \cdot \Delta T$$

(Temperatur T, Wärmeleitvermögen λ, spezifische Wärmekapazität c, Dichte ρ), und vor allem im zweiten Hauptsatz der Thermodynamik, dem Entropiesatz

$$\frac{dS}{dt} \geqslant 0$$

treten erste Ableitungen nach der Zeit auf.

Diese und andere Gleichungen, die in Tabelle 2 aufgeführt sind, werden also dem Zeitpfeil der zugehörigen Phänomene, der Existenz irreversibler Prozesse, auf phänomenologischer Ebene zunächst einmal gerecht. Freilich stellen sie noch keineswegs die *Grund*gleichungen der jeweiligen Disziplin dar. Reibungsverluste entstehen durch Stöße sehr vieler Teilchen, Strahlungsverluste durch Abstrahlung elektromagnetischer Wellen; Diffusion und Wärmeleitung erklären wir uns über das Zusammenwirken sehr vieler Elementarprozesse an Quanten, Atomen und Molekülen. Sogar der Entropiesatz der phänomenologischen Thermodynamik (Clausius 1850) hat durch Boltzmann eine molekularstatistische Deutung, also eine Tieferlegung erfahren.

Auf der Suche nach der Rolle der Zeitpfeile in der Physik sollten wir deshalb auch zu den Grundgleichungen vorstoßen. (Solche Grundgleichungen sind ebenfalls in Tabelle 2 angegeben.) Beginnen wir mit der Elementarteilchenphysik. Dies ist keineswegs selbstverständlich; denn bei Elementarteilchen-Prozessen, bei denen Reibungsvorgänge oder Entropie-Überlegungen keine wesentliche Rolle spielen, würde man wohl noch am ehesten eine Invarianz gegenüber Zeitumkehr erwarten. Dieser Auffassung waren lange Zeit auch die meisten Physiker. 1964 wurde jedoch entdeckt, daß der Zerfall von neutralen Kaonen (K_2^0-Mesonen), der wie der Neutronenzerfall aufgrund der schwachen Wechselwirkung erfolgt, die T-Invarianz zu einem geringen, aber meßbaren Anteil verletzt.

Diese Verletzung der T-Invarianz ist allerdings nur indirekt festzustellen. Aus sehr allgemeinen Erwägungen heraus, auf denen insbesondere die relativistische Quantenfeldtheorie wesentlich aufbaut, hält man das CPT-Theorem für gültig, wonach alle physikalischen Gesetze gegenüber einer Kombination von Ladungsvertauschung (C), Raumspiegelung (P) und Zeitumkehr (T) invariant sein sollten. Danach sollte zu jedem physikalisch möglichen Prozeß auch der CPT-gespiegelte Prozeß möglich sein. Nun zerfällt von 10^9 Kaonen eines CP-verletzend in zwei Pionen.[6] Da hierdurch eine CP-Verletzung empirisch nachgewiesen ist, muß man, wenn man das CPT-Theorem aufrechterhalten will, auf eine geringfügige Verletzung der T-Invarianz schließen.

Das bedeutet nicht, daß für Kaonen die Zeit irgendwie rückwärts liefe; es bedeutet nur, daß dieser Zerfall nicht reversibel ist, daß also neu-

Tab. 2: Irreversible Prozesse (Spalte 1) werden phänomenologisch durch Gleichungen beschrieben, die nicht T-invariant sind (Spalte 2). Die zugehörigen Grundgleichungen (Spalte 3) sind jedoch in der Regel T-invariant (Spalte 4). (Die einzige Ausnahme bildet der Kaonen-Zerfall.) Die beobachtete Irreversibilität muß deshalb anders erklärt werden (Spalte 5).

Zeitpfeil gerichteter Prozeß	phänomenologische Beschreibung	einschlägige Grundgleichung	Verhalten bei $t \to -t$	häufige „Erklärung" für Nichtumkehrbarkeit
Beta Kaonen-Zerfall $K_2^0 \to \pi^0 + \pi^0$	CPT-Theorem + CP-Verletzung → *T*-Verletzung	Hamilton-Dichte $H_W = g\, J^\lambda(\vec{x})\, W_\lambda(\vec{x})$ + herm. konj.	*T*-variant!	kosmische Asymmetrie zwischen Materie und Antimaterie
MEC		Bewegungsgleichung		viele Atome (viele Stöße) und Statistik
Reibung	$m\ddot{x} = K - R\dot{x}$	$m\ddot{x} = K$	invariant	
gedämpfte Schwingung	$\ddot{x} + \gamma\dot{x} + \frac{a}{m}x = 0$	oder Hamilton-Gl.:		
		$\dot{q} = \frac{\partial H}{\partial p}, \quad -\dot{p} = \frac{\partial H}{\partial q},$	invariant	
		oder Variations-Prinzip, z.B.		
		$\delta \int_{t_1}^{t_2} (T - V)\, dt = 0$	invariant	
Ausbreitung von Seilwellen, Wasserwellen, Schallwellen		Wellengleichung:		
		$\frac{1}{c^2}\ddot{\varphi} - \Delta\varphi = 4\pi\rho$	invariant	asymmetrische Randbedingungen, z.B. Wellenerregung in einem Zentrum, nie im Unendlichen
		mit einlaufenden,		

ED	Abraham-Lorentz:	Maxwell-Gleichungen:		
Strahlungsdämpfung	$m\ddot{x}=K-\frac{2e^2}{3c^3}\dddot{x}$	$\operatorname{div}\vec{E}=\frac{1}{\varepsilon_0}\rho$	invariant, da mit $t\to -t$ auch $\vec{B}\to -\vec{B}$	viele Beschleunigungs-phasen
Joulesche Wärme	$N=\frac{U^2}{R}=I^2R$ (unabhängig von der Stromrichtung)	$\operatorname{rot}\vec{E}=-\dot{\vec{B}}$ $\operatorname{div}\vec{B}=0$ $\operatorname{rot}\vec{B}=\mu_0\vec{j}+\frac{1}{c^2}\dot{\vec{E}}$		viele Ladungsstöße
Ausbreitung elektromagnetischer Wellen	z.B. auslaufende Kugelwelle: $u(r,t)=\frac{C}{r}exp\left[i\omega\left(t-\frac{r}{c}\right)\right]$ (Geschwindigkeit c, Kreisfrequenz ω)	Wellengleichung mit avancierten, *retardierten* und gemischten Lösungen.	invariant	Beschränkung auf retardierte Lösung „aus Kausalitätsgründen" *oder* Ausstrahlungsbedingung: $\lim_{r\to\infty} r\left(\frac{\partial u}{\partial r}+i\frac{\omega}{c}u\right)=0$ (Sommerfeld) *oder* Kosmos als Absorber (Feynman, Wheeler)

Tabelle 2. (Fortsetzung)

Zeitpfeil gerichteter Prozeß	phänomenologische Beschreibung	einschlägige Grundgleichung	Verhalten bei $t \to -t$	häufige „Erklärung" für Nichtumkehrbarkeit
QM		Schrödinger-Gleichung: $-\frac{\hbar}{i}\dot{\Psi} = H\Psi$ es gilt Mikro-reversibilität	invariant, da mit $t \to -t$ auch $i \to -i$	
Messung	„Kollaps" der Wellenfunktion	? (nicht Schrödinger-Gl.)	invariant?	Eingriff des Bewußtseins (Wigner); Aufspaltung der Welt (Everett); asymmetrische Gleichung für die Messung (Bohm)
TD Diffusion	zweites Ficksches Gesetz: $\frac{\partial c}{\partial t} = D \Delta c$			„Statistik", unwahrscheinlicher (entropiearmer) Anfangszustand
Wärmeleitung	Fourier-Gleichung: $\frac{\partial T}{\partial t} = \frac{\lambda}{c\rho} \Delta T$			
Mischung	Liouville-Gleichung Master-Gleichung			

Entropiezunahme	Entropiesatz: $\frac{dS}{dt} \geq 0$	mit der Definition $S := k(-H) := k \cdot \ln W$ und Stoßzahlansatz folgt H-Theorem: $\frac{dH}{dt} \leq 0$	invariant!	entropiearme Anfangsbedingungen insb. des Kosmos
KOS kosmische Expansion	Weltradius: $R(t) \sim t^{2/3}$ (Einstein-de Sitter) $R(t) \sim e^{H_0 t}$ (stationäres Universum, Bondi, Gold, Hoyle)	Feldgleichungen: $R_{\mu\nu} - \frac{1}{2} g_{\mu\nu} R = \frac{8\pi G}{c^4} T_{\mu\nu}$ bzw. Friedmann-Gl. für Weltradius R: $\dot{R}^2 = \frac{2GM}{R} - k$	invariant invariant	Anthropisches Prinzip Fluktuations-Hypothese Chaotische Kosmologie
SING Bildung Schwarzer Löcher	die Gesamtoberfläche Schwarzer Löcher kann niemals abnehmen (Hawking)	Schwarzschild-Metrik: $ds^2 = -\left(1 - \frac{2M}{r}\right) dt^2 + \left(1 - \frac{2M}{r}\right)^{-1} dr^2 + r^2\left(d\vartheta^2 + \sin^2\vartheta\, d\varphi^2\right)$	invariant	Weiße Löcher gibt es nicht (Penrose) Schwarze und Weiße Löcher sind ununterscheidbar (Hawking)

trale Kaonen nicht in jedem Falle aus ihren Zerfallsprodukten wieder aufgebaut werden können. In gewissem Sinne können also Kaonen zwischen Vergangenheit und Zukunft unterscheiden. Oder besser: Anhand von Kaonen können wir ermitteln, welcher von zwei Zeitpunkten später liegt (vgl. Tabelle 1). Mit ihrer Hilfe könnten wir also auch die „wahre" Richtung eines Films bestimmen. Dazu gibt es zwar noch viele weitere Möglichkeiten. Bemerkenswert am Kaonenzerfall ist jedoch, daß sich die erwähnte zeitliche Asymmetrie auch in den maßgebenden Grundgleichungen ausdrückt, also in den Gleichungen für die hier wirksame schwache Wechselwirkung (V-A-Kopplung). In diesem Falle ist es also das *dynamische Gesetz*, das eine zeitliche Richtung auszeichnet bzw. zwischen Vergangenheit und Zukunft unterscheidet.

3 Die zeitliche Symmetrie der physikalischen Grundgesetze

Wenn Zeitpfeile wirklich so auffällige und durchgehende Merkmale unserer realen Welt sind, dann sollten sie sich bei einer angemessenen physikalischen Beschreibung dieser Welt in den Grundgleichungen der Physik spiegeln. Beim Kaonenzerfall haben wir diese Erwartung bestätigt gefunden. Geht man jedoch zu weiteren Grundgleichungen über, so erlebt man eine Überraschung: Sie sind alle ohne Ausnahme T-invariant! Sie ändern sich also nicht, wenn man in ihnen t durch –t ersetzt.

Für die Newtonsche Bewegungsgleichung haben wir das schon auf S. 235 gezeigt, freilich unter der Voraussetzung, daß die fraglichen Kräfte nicht explizit von der Zeit abhängen. Mit Ausnahme der schwachen Wechselwirkung ist diese Voraussetzung bei allen elementaren Wechselwirkungen, die wir kennen, erfüllt: Gravitation, Coulomb-Kraft, starke Wechselwirkung usw. zeichnen keine Zeitrichtung aus. Sind also $\vec{v}_i$, $\vec{v}_i{}'$ (i = 1,2) die Geschwindigkeiten zweier Teilchen vor und nach einem Zusammenstoß und notieren wir einen Stoß durch $\vec{v}_1, \vec{v}_2 \rightarrow \vec{v}_1{}', \vec{v}_2{}'$, so gilt für die zugehörigen Wirkungsquerschnitte das klassische Prinzip der Mikroreversibilität

$$\sigma(\vec{v}_1, \vec{v}_2 \rightarrow \vec{v}_1{}', \vec{v}_2{}') = \sigma(-\vec{v}_1{}', -\vec{v}_2{}' \rightarrow -\vec{v}_1, -\vec{v}_2).$$

Filmen wir z.B. den Zusammenstoß zweier Teilchen und lassen den Film dann rückwärts ablaufen, so zeigt auch die Umkehrung wieder einen physikalisch möglichen Prozeß. *Wie* die Teilchen dabei miteinander wechselwirken – gravitativ, elektrisch, magnetisch, elektromagnetisch oder stark –, spielt hierfür keine Rolle.

Gleiches gilt nun natürlich auch für die zur Newtonschen äquivalenten Formulierungen der klassischen Mechanik: Lagrange-Gleichungen, Hamilton-Gleichungen, Hamilton-Jacobi-Gleichung, Hamiltonsches Variationsprinzip, Poisson-Klammern usw. Die gesamte klassische Teilchenphysik ist also T-invariant. Dasselbe gilt erwartungsgemäß auch für die Kontinuumsphysik und für die spezielle und die allgemeine Relativitätstheorie. Wie aber steht es mit der Elektrodynamik?

Die Gleichungen von Maxwell enthalten erste Zeitableitungen der Feldstärken ($\vec{E}$, $\vec{B}$) und scheinen daher nicht T-invariant zu sein. Hier muß man sich jedoch klarmachen, daß „Zeitumkehr" nur eine Umkehr *aller* beteiligten Prozesse bedeuten kann. Somit müssen auch die Ströme $\vec{j}$ und die von ihnen erzeugten Magnetfelder $\vec{B}$ umgedreht werden. (Andere Magnetfelder gibt es gar nicht.) Mit der Ersetzung von t durch $-t$ sind also auch $\vec{j}$ durch $-\vec{j}$ und $\vec{B}$ durch $-\vec{B}$ zu ersetzen. Unter diesen Substitutionen erweisen sich dann auch die Grundgleichungen der Elektrodynamik als T-invariant. Entsprechend ändert sich zwar in der Lorentz-Kraft

$$\vec{K}_L = e\left(\vec{E} + \frac{\vec{v}}{c} \times \vec{B}\right)$$

bei Zeitumkehr ein Vorzeichen, da $\vec{v}$ in $-\vec{v}$ übergeht; aber auch hier muß natürlich noch $\vec{B}$ durch $-\vec{B}$ ersetzt werden, so daß $\vec{K}_L$ letztlich doch T-invariant ist.

Ähnliches gilt für die Schrödinger-Gleichung

$$-\frac{\hbar}{i}\,\dot{\Psi}(\vec{x}, t) = H\Psi(\vec{x}, t).$$

Zwar sind – wieder mit Ausnahme der schwachen Wechselwirkung – die Hamilton-Operatoren aller bekannten physikalischen Systeme T-invariant. Jedoch enthält die Schrödinger-Gleichung eine erste Zeitableitung und geht daher unter T in

$$\frac{\hbar}{i}\,\dot{\Psi} = H\Psi$$

über, scheint also nicht T-invariant zu sein. Die Lösung Ψ der Schrödinger-Gleichung ist jedoch für sich keine meßbare Größe. Alle physikalisch relevanten, insbesondere alle meßbaren Größen sind Skalarprodukte, Betragsquadrate usw. Und diese werden auch bei Zeitumkehr nicht verändert: Die Wahrscheinlichkeit für einen elementaren quantenmechanischen Übergang ist gleich der Wahrscheinlichkeit für den umgekehrten Vorgang. Diese Tatsache bezeichnet man auch als das Prinzip der quantenmechanischen Mikroreversibilität. (Formal kann man dieser Symmetrie dadurch Rechnung tragen, daß man in der Schrödinger-Gleichung bei Zeitumkehr auch noch i durch –i ersetzt.)

Neben dieser nur scheinbaren Auszeichnung einer Zeitrichtung enthält die Quantenphysik jedoch noch ein weiteres irreversibles Element: den Meßprozeß. Bei einer Messung geht ein Quantensystem aus einem (möglicherweise) gemischten Zustand in einen Eigenzustand der gemessenen Observablen über. Da dieser Übergang plötzlich zu erfolgen scheint, spricht man auch von einem „Kollaps" der Wellenfunktion. Werden mehrere Messungen nacheinander durchgeführt, so ähnelt die Entwicklung der Zustandsfunktion im Profil einem Sägeblatt mit asymmetrischen Zähnen. Dabei verändert sich das System zwar zwischen den einzelnen Messungen gemäß der Schrödinger-Gleichung. Im Meßprozeß gehorcht es ihr jedoch anscheinend nicht; insbesondere verhält es sich nicht mehr reversibel.

Dieser Sachverhalt ist um so merkwürdiger, als man Meßobjekt und Meßgerät wahlweise auch als ein einziges großes Quantensystem auffassen könnte, das als Ganzes der Schrödinger-Gleichung gehorchen müßte. Wo ist dann in dieser alternativen Beschreibung die Irreversibilität geblieben?

Zur Auflösung dieses Paradoxons wurden mehrere Vorschläge gemacht.[7] Zur Erklärung werden u.a. bemüht: die Rolle des Bewußtseins als eines nicht quantenmechanischen Systems (Wigner), eine Aufspaltung der Welt in sämtliche quantentheoretischen Alternativen (Everett), verborgene Parameter mit einer explizit zeitasymmetrischen Gleichung zur Beschreibung des Meßprozesses (Bohm). Am wenigsten exotisch scheint eine Lösung, in der die Irreversibilität des quantenmechanischen Meßprozesses auf die Irreversibilität thermodynamischer Prozesse zurückgeführt wird. Der quantenmechanische Zeitpfeil wird hier weder geleugnet noch wegerklärt, sondern mit einem anderen Zeitpfeil in Zusammenhang gebracht. Die Quantenmechanik würde danach jedoch keinen eigenen Zeitpfeil enthalten. Mit der Reduzierbarkeit von Zeitpfeilen in diesem Sinne werden wir uns noch beschäftigen.

Nach all diesen Überlegungen scheint nun der thermodynamische Zeitpfeil TD doch eine Sonderstellung innezuhaben. Und hat nicht auch Boltzmann das H-Theorem ($dH/dt \leqslant 0$ mit $H: = -\ln W$ und der Zahl W der einen Makrozustand realisierenden Mikrozustände) thermostatistisch gewonnen und somit über die Definition $S: = -kH$ (Entropie S, Boltzmann-Konstante k) den Entropiesatz $dS/dt \geqslant 0$ abgeleitet bzw. molekularstatistisch *bewiesen*? Drückt sich also wenigstens der *thermodynamische* Zeitpfeil in den Grundgleichungen der Thermodynamik aus? Auch hier ist die Antwort negativ.

Boltzmanns H-Theorem zeigt nämlich nur, daß ein energetisch abgeschlossenes System, das sich zu einem bestimmten Zeitpunkt, z.B. jetzt, nicht im thermodynamischen Gleichgewicht (also nicht im Zustand maximaler Entropie) befindet, mit überwältigender Wahrscheinlichkeit in einen Zustand größerer Entropie übergehen wird (einfach deshalb, weil dieser Zustand auf mehr Arten realisiert werden kann). Für die *Zukunft* liefert das H-Theorem also tatsächlich den Entropiesatz. Blickt man jedoch in die *Vergangenheit,* so sagt der *Entropiesatz,* daß das fragliche System früher höchstwahrscheinlich in einem Zustand *kleinerer* Entropie war; nach dem *H-Theorem* dagegen müssen wir schließen, daß es – ebenfalls mit überwältigender Wahrscheinlichkeit – in einem Zustand *höherer* Entropie gewesen sein sollte (wiederum deshalb, weil auch in der Vergangenheit ein Zustand größerer Entropie durch viel mehr Konfigurationen verwirklicht werden konnte). Auch das H-Theorem ist also zeitsymmetrisch; ohne Zusatzannahmen führt es nicht auf den Entropiesatz, der ja Prozesse mit wachsender Entropie auszeichnet. Auch in der Thermodynamik ist der Zeitpfeil also nicht in den Grundgleichungen verankert. (Die Zusatzannahme, die Boltzmann in seine Ableitung hineinsteckt, ist der Stoßzahlansatz, der dem Mikrogeschehen eine einseitige Zeitrichtung zuschreibt.)

4 Die Rolle der Randbedingungen

Wenn die beobachteten Zeitpfeile sich nicht in den Grundgleichungen wiederfinden, so bedeutet das natürlich nicht, daß es die Zeitpfeile nicht gäbe, daß also die Existenz irreversibler Prozesse eine Täuschung wäre. Es besagt nur, daß der Ursprung der Irreversibilität eben nicht in den uns bekannten Naturgesetzen liegt. Das ist eine Lehre, die wir aus unseren physikalischen Theorien ziehen müssen.

Man könnte den Verdacht hegen, es handle sich hierbei vielleicht gar nicht um eine Erfahrungstatsache, sondern nur um eine notwendige Folgerung aus unserem Gesetzesbegriff, um eine analytische Konsequenz dessen, was wir unter einem Naturgesetz verstehen. Wenn wir tatsächlich erst dann bereit wären, von einem Grundgesetz zu sprechen, wenn es T-invariant ist, dann wäre es natürlich kein Wunder, daß unsere physikalischen Grundgesetze diese Invarianzeigenschaft aufweisen (obwohl es auch dann noch erstaunlich sein könnte, daß wir solche Gesetze überhaupt finden).

Diese Vermutung wird jedoch durch die Theorie der schwachen Wechselwirkung widerlegt. Dort kennen wir durchaus ein Grundgesetz, das nicht zeitsymmetrisch ist. Ob unsere Grundgesetze T-invariant sind oder nicht, ist also nicht eine Frage der Terminologie oder der Konvention, sondern eine Frage physikalischer Erfahrung. Und in diesem Sinne erweisen sich eben jene Grundgesetze tatsächlich als T-invariant.

T-invariante Gleichungen können noch ganz verschiedene Lösungen haben, symmetrische und asymmetrische. So kann eine T-invariante Wellengleichung nicht nur Lösungen verschiedener *räumlicher* Symmetrie haben, z.B. ebene Wellen, Kugelwellen, stehende Wellen usw., sondern auch verschiedener *Zeit*abhängigkeit, z.B. einlaufende, auslaufende und gemischte Lösungen. Auch T-invariante Lösungen sind natürlich mögliche, aber eben nicht die einzig möglichen Lösungen.

Die Auswahl der jeweils gesuchten („physikalischen") Lösung aus dem Spektrum mathematisch möglicher Lösungen erfolgt über zusätzliche Auswahlkriterien, z.B. über Anfangs- und Randbedingungen, Symmetrieforderungen, Kausalitätsargumente oder Normierungsbedingungen. Diese Bedingungen (im folgenden der Kürze halber als „Randbedingungen" bezeichnet) entstammen nicht der Gleichung selbst, sondern sind von ihr logisch unabhängig; sie werden der Lösung gewissermaßen von außen aufgeprägt.

Die Nichtumkehrbarkeit physikalischer Vorgänge wird also in der Regel über die Randbedingungen in die physikalische Theorie eingeführt. Diese Randbedingungen zeigen eine zeitliche Asymmetrie: Sie sind vor und nach einem (irreversiblen) Vorgang niemals dieselben. Vor allem weisen die Endbedingungen immer eine höhere Entropie auf.

Das Motiv für die Einführung solcher asymmetrischer Randbedingungen bzw. für die Bevorzugung solcher Lösungen, die einen Zeitpfeil zeigen, ist natürlich die Tatsache, daß wir irreversible Prozesse beschreiben wollen. Letztlich rechtfertigt also nur der Erfolg die jeweilige Auswahl. Die Theorie selbst liefert ja gerade kein Selektionskriterium. Daran ist prinzipiell nichts auszusetzen. Auch Naturgesetze werden schließlich danach bewertet und ausgewählt, ob sie sich bei der Beschreibung, der Erklärung oder der Vorhersage von Naturvorgängen bewähren. Warum sollte das bei den Randbedingungen anders sein?

Trotzdem ist die Situation unbefriedigend. Es wäre dem Wissenschaftler jedenfalls viel lieber, wenn schon die Theorie alle erreichbare Information lieferte und nicht erst noch zusätzliche Bedingungen herangezogen werden müßten. Deshalb wird bei der Beschreibung irreversibler Prozesse immer wieder versucht, die Irreversibilität als notwendige Folge der Theorie erscheinen zu lassen. Die einseitige Auswahl gewisser Lösungen wird dabei als nahezu selbstverständlich, der physikalischen Intuition entsprechend oder als statistisch bedingt hingestellt. (Derartige Scheinerklärungen sind in der letzten Spalte von Tabelle 2 angegeben.)

So beruft man sich für die Bevorzugung retardierter Potentiale bzw. retardierter Lösungen in der Elektrodynamik gerne auf „die Kausalität" in der Natur, wohl auch darauf, daß Sendeantennen zwar elektromagnetische Wellen ins Unendliche abstrahlen, daß eine konzentrische Einstrahlung elektromagnetischer Wellen aus dem Unendlichen dagegen *erfahrungsgemäß* nie vorkommt. In diesem Sinne formuliert auch Sommerfeld seine „Ausstrahlungsbedingung"[8], der jede physikalisch realisierbare Lösung u(r, t) eines Strahlungsproblems genügen muß:

$$\lim_{r \to \infty} r \cdot \left(\frac{\partial u}{\partial r} + i \frac{\omega}{c} u \right) \stackrel{!}{=} 0.$$

Diese Bedingung tritt zu den Maxwell-Gleichungen hinzu und verbietet zum Beispiel konzentrische Einstrahlung.

Die Irreversibilität der Naturvorgänge wird also zwar in der Regel als Erfahrungstatsache hingenommen und *beschrieben*, aber ihrerseits nicht *erklärt* oder theoretisch bewältigt. Diese Aufgabenstellung soll uns im folgenden beschäftigen.

5 Reduktion von Zeitpfeilen

Bisher haben wir die verschiedenen Zeitpfeile unabhängig voneinander behandelt. Diese Vorgehensweise erinnert an die historische Situation der Physik, in der diese in mehrere autonome Teildisziplinen zerfiel. Inzwischen hat sich die Struktur der Physik jedoch grundlegend geändert. Ihre Teildisziplinen definieren sich nicht mehr nach den menschlichen Sinnesorganen (Tastsinn ≙ Mechanik, Auge ≙ Optik, Ohr ≙ Akustik, Wärmesinn ≙ Wärmelehre), sondern nach der Komplexität der jeweiligen Untersuchungsobjekte, und bilden infolgedessen eine Hierarchie, in der alle Teile miteinander zusammenhängen und aufeinander aufbauen.

In dieser Situation wird man sich fragen dürfen, ob nicht auch die zahlreichen Zeitpfeile miteinander zusammenhängen. Diese Fragestellung hat zwar noch nicht zu einer endgültigen Lösung, wohl aber zu höchst interessanten Überlegungen und Hinweisen geführt.

Will man Zeitpfeile erklären, so wird man das Zustandekommen der besonderen, z.B. statistisch äußerst unwahrscheinlichen, Randbedingungen erklären müssen. Die Hoffnung, dafür den Kaonenpfeil

BETA in Anspruch nehmen zu können, ist allerdings nicht in Erfüllung gegangen. Es gibt keinerlei Hinweise darauf, wie die geringe zeitliche Asymmetrie der schwachen Wechselwirkung mit anderen Zeitpfeilen, insbesondere mit den makroskopischen, in Verbindung stehen sollte. Eine Reduktion jener Zeitpfeile auf den dynamischen Zeitpfeil der schwachen Wechselwirkung ist deshalb nicht zu erwarten.

Da die übrigen Grundgesetze keine Zeitrichtung auszeichnen, können wir asymmetrische Randbedingungen auch nur über noch frühere Randbedingungen erklären. So geraten wir in eine Erklärungskette, die erst mit dem Entstehen unseres Universums, in der Standard-Kosmologie also mit dem Urknall, endet – oder besser: beginnt. Die Suche nach dem Ursprung der Irreversibilität in unserer Welt führt also fast zwangsläufig in die Kosmologie.

So läßt sich der elektrodynamische Zeitpfeil möglicherweise auf den kosmischen zurückführen. Dazu muß man zunächst einmal eine völlig zeitsymmetrische Elektrodynamik haben. Tatsächlich haben schon Schwarzschild 1903, Tetrode 1922 und Fokker 1927 Fernwirkungstheorien mit endlicher Signalgeschwindigkeit vorgeschlagen. Wheeler und Feynman gelang es dann 1945 und 1949, die Elektrodynamik zeitsymmetrisch, also ohne die Auszeichnung retardierter Potentiale, ohne Hinzunahme einer theoriefremden „Ausstrahlungsbedingung“ o.ä., aufzubauen. Um den beobachteten elektrodynamischen Zeitpfeil gleichwohl zu erklären, griffen sie allerdings noch auf asymmetrische Anfangsbedingungen zurück, für die sie eine statistische Begründung anstrebten.

Der entscheidende Schritt besteht aber darin, den lokalen Zeitpfeil der Elektrodynamik mit dem globalen Zeitpfeil des Kosmos in Zusammenhang zu bringen. Diese Idee wurde 1958 von Gold erläutert[9] und 1962 von Hogarth ausgearbeitet.[10] Allerdings ist eine solche Deutung nicht mit jedem Weltmodell verträglich. Eine Entscheidung über die Durchführbarkeit des Programms steht deshalb noch aus.[11]

Eine zweite Hauptaufgabe wird es dann sein, auch den thermodynamischen Zeitpfeil auf den kosmischen zurückzuführen. Die irreversiblen Prozesse der Thermodynamik finden bekanntlich gerade dann statt, wenn ein System sich nicht im Gleichgewicht befindet, den Zustand maximaler Entropie also noch nicht erreicht hat. Offenbar weist auch der uns bekannte Ausschnitt des Universums kein solches Gleichgewicht auf; seine Entropie kann vielmehr noch wachsen. Eben darauf beruhen ja alle astrophysikalischen Prozesse und die Lebensvorgänge auf der Erde. Wir „leben“ davon, daß die Sonne entropiearme Strahlung (Temperatur 6000 K) an das offene System Erde liefert, das seinerseits entropiereiche Wärmestrahlung (Temperatur 300 K) an das kühle Weltall abgibt. Stünde der uns umgebende Weltraum dagegen im Strahlungsgleichgewicht mit der Sonne, so wäre auf der Erde kein Leben mehr möglich. Der Weltraum dient also als Energie- und Entropiesenke, und die irreversiblen thermodynamischen Prozesse in unserer Umgebung sind darauf unabdingbar angewiesen. Zwar nimmt die Entropie aufgrund solcher Prozesse ständig zu; aber durch die Expansion des Weltalls nimmt die Entropie*dichte* – also die Entropie pro Volumeneinheit – ständig ab (Beispiel: Abkühlung der Hintergrundstrahlung). Die Expansion des Weltalls *ermöglicht* also immer noch weitere irreversible Prozesse. So ist auch der thermodynamische Zeitpfeil an den kosmischen gekoppelt.[12]

Thermodynamik und Elektrodynamik sollten dann zusammen auch ausreichen, den mechanischen Zeitpfeil zu erklären. Ob der quantenmechanische Zeitpfeil eine analoge Reduktion, wie sie bereits auf S. 246 angedeutet wurde, erlaubt, muß wohl im Augenblick noch offen bleiben.

Unvermeidlich stellt sich die Frage, ob sich vielleicht alle Zeitpfeile auf einen einzigen zurückführen lassen. Alle irreversiblen Prozesse wären dann letztlich aus dem gleichen Grunde irreversibel. Das ist jedenfalls ein faszinierender Gedanke. Der beste Kandidat für einen solchen „Urpfeil" ist wohl der kosmische. Auch wir haben nun schon mehrere Hinweise in diese Richtung gefunden, die wir hier allerdings nicht weiter verfolgen können.

6 Zeitrichtung und Kosmologie

Selbst wenn sich herausstellen sollte, daß alle Zeitpfeile ihren Ursprung letztlich im kosmischen Zeitpfeil haben, bliebe noch immer die Frage offen, woher dann eigentlich der Kosmos seinen Zeitpfeil hat. Warum z.B. ist der Kosmos nicht im thermodynamischen Gleichgewicht? Beruht auch dieser Zeitpfeil auf Randbedingungen des Urknalls? Sind diese Randbedingungen zufällig, kontingent, oder wird eine zukünftige Kosmophysik auch diese Randbedingungen noch erklären können? Zu diesen Fragen sollen wenigstens noch einige Spekulationen vorgestellt werden.

Anthropisches Prinzip

Unter allen denkbaren Welten sind nur jene „bewohnbar", die über genügend lange Zeiträume genügend kleine Entropie aufweisen. Unsere Welt ist natürlich eine solche; sonst gäbe es uns ja nicht. Wo immer intelligente Wesen existieren und Wissenschaft treiben, werden sie sich fragen, warum ausgerechnet sie in einer entropiearmen Welt leben.

Aber die Antwort ist immer die gleiche: Wäre es nicht so, so könnten sie gar nicht existieren und solche Fragen stellen. Das Entropie-„Defizit" ist eine notwendige Bedingung solchen Fragens.[13]

Das anthropische Prinzip liefert jedoch keine befriedigende Erklärung. Es stellt zwar eine Kopplung her zwischen der Beschaffenheit der Welt und der Existenz intelligenter Beobachter; aber diese Kopplung ist keine kausale und liefert deshalb auch keine kausale Erklärung. Will man diese Kopplung nicht teleologisch deuten (starkes anthropisches Prinzip: „die Welt wurde so geschaffen, *damit* es später Beobachter geben konnte"), so bleibt die eigentliche Frage unbeantwortet. Wer sich mit dem anthropischen Prinzip zufriedengibt, leistet letztlich einen Erklärungsverzicht. Ein solcher mag angebracht sein, wenn es sich um kontingente Fakten handelt. So kann man das augenblickliche Alter und die jetzige Größe des Universums mit der Existenz des Menschen in Zusammenhang bringen: Die Welt ist so alt, wie sie ist, weil es uns, wäre sie wesentlich jünger, noch nicht gäbe und, wäre sie wesentlich älter, nicht mehr geben könnte. Und sie ist so groß, wie sie ist, weil sie, wäre sie kleiner, gar nicht so lange hätte stabil bleiben können.

In anderen Fällen, insbesondere bei der Entropie des Universums bzw. seiner Teilsysteme, kann das anthropische Prinzip allenfalls eine vorläufige Antwort geben, die durchaus noch durch eine echte kausale Erklärung abgelöst werden könnte. Auch solche Antworten sind schon mehrfach versucht worden.

Boltzmanns Fluktuationshypothese

Nach Boltzmann (1895) befindet sich das Universum im Großen im thermodynamischen Gleichgewicht, also im Entropie-Maximum. Da jedoch der Entropiesatz nur ein statistisches Gesetz ist, kommt es immer wieder zu Abweichungen vom Gleichgewicht, zur lokalen Abnahme der Entropie, zu örtlichen Schwankungen. Solche Schwankungen sind allerdings um so seltener, je größer sie sind. Trotzdem sind sie nicht unmöglich, und in einem ewigen Universum kommen sogar beliebig große Schwankungen vor.

Nur in einem derartigen Entropietal ist Leben möglich, und natürlich leben auch wir am Abhang eines solchen Entropietales. Allmählich nähert sich die Entropie auch in diesem Ausschnitt des Universums wieder ihrem Maximalwert; aber an anderen Orten und zu anderen Zeiten kann es zu ähnlichen Entropietälern kommen.[14] Die naheliegende Frage, wieso gerade wir das Glück haben, in einer so ungewöhnlich großen Schwankung zu leben, erübrigt sich dann allerdings aufgrund des anthropischen Prinzips: Die Entropieschwankung war eine notwendige Voraussetzung unserer Existenz; nur Wesen in einem solchen Entropietal können überhaupt eine solche Frage stellen.

Gegen Boltzmanns Fluktuationshypothese sprechen allerdings drei gewichtige Einwände. Zunächst einmal sind kleine Fluktuationen wahrscheinlicher als große. Auch die Fluktuation, der wir unsere Existenz verdanken, ist also eher eine kleine als eine große. Es wäre deshalb zu erwarten, daß wir, wenn immer unsere Fernrohre weiter in die Tiefen des Alls vorstoßen, in unserer kosmischen Nachbarschaft Regionen größerer Entropie finden. Die bisherige Geschichte der Astronomie lehrt jedoch genau das Gegenteil: Jeder astronomische Fortschritt zeigt, daß unser Universum auch in den neu entdeckten Bereichen niedrige Entropie aufweist. Die Boltzmannsche Hypothese ist also zwar an ihren Folgerungen prüfbar, aber über eben diese Folgerungen auch vielfach widerlegt.

Ferner sollten wir nach dem H-Theorem nicht nur für die Zukunft erwarten, daß unser Weltausschnitt größere Entropie aufweisen wird, sondern müßten – wegen der T-Invarianz des H-Theorems (vgl. S. 247) – annehmen, daß unsere Welt auch in der Vergangenheit mit erdrückender Wahrscheinlichkeit höhere Entropiewerte hatte als heute. Wir sollten also gerade an der Talsohle eines solchen Entropietales leben. Alle Erinnerungen, Dokumente, archäologischen Funde und Fossilien wären dann aber nur *zufällig* so entstanden, wie wir sie heute vorfinden. Eine Fluktuation, die gerade nur das heute herrschende Entropie-Defizit aufweist, wäre jedenfalls viel wahrscheinlicher als eine, die in der Vergangenheit ein noch viel größeres Entropie-Defizit verlangt hätte. Spuren, die auf eine entropieärmere Zeit hinzudeuten scheinen, wären viel eher in einer einzigen zufälligen Schwankung zusammengewürfelt worden, als daß sie einem noch tieferen und damit noch unwahrscheinlicheren Entropietal entstammen könnten. Woran ich mich jetzt erinnere, das habe ich nicht gestern oder vor Jahren erlebt, sondern das hat sich gerade eben erst als Engramm in meinem Gehirn gebildet. Ich bin nicht vor Jahren geboren und habe mich unter Entropievermehrung entwickelt, sondern ich bin überhaupt gerade erst entstanden! Eine solche Deutung von Spuren aus der (dann nur fiktiven) Vergangenheit widerspricht jeder psychologischen, historischen, archäologischen, geologischen, ja jeder wissenschaftlichen Praxis.[15] Auch deshalb läßt sie sich nicht aufrechterhalten.

Schließlich wäre zu fragen, was in einem Raumgebiet geschieht, in dem die Entropie gerade abnimmt. Auch hier gäbe es natürlich irreversible Prozesse; aber viele oder sogar alle Zeitpfeile würden in die umgekehrte Richtung weisen. Jedenfalls müßten auch und gerade die thermodynamischen Vorgänge mit abnehmender Entropie verbunden sein. Es ist nicht leicht, sich eine solche Welt auszumalen.

Man kann zwar einen Film rückwärts laufen lassen und behaupten, dieser Film stelle nun das Geschehen in unserem fiktiven Universum dar. Wie aber würden wir dieses Geschehen erleben?

Dazu muß man sich klarmachen, daß mit der Umkehr der physikalischen Zeitpfeile auch die der Chemie und der Biologie umgedreht würden. Da aber – jedenfalls in einer naturalistischen Weltauffassung – unser subjektives Erleben auf Gehirnprozessen beruht und somit auch der psychologische Zeitpfeil an die physikalische Zeit gekoppelt ist, müßte dann auch der psychologische Zeitpfeil in die umgekehrte Richtung weisen. Wieder hätten dann also alle Zeitpfeile dieselbe Richtung. Wir würden jene fiktive Welt ganz genau so erleben wie jetzt unsere. Wir könnten also die beiden Abhänge des Entropietales gar nicht unterscheiden. Wir würden somit auch jetzt nicht wissen, ob wir uns tatsächlich im Aufstieg oder vielmehr im Abstieg befinden! Es wäre sinnlos, von einer „objektiven" Zeit zu sprechen, der unser subjektiver Zeitsinn dann entspricht oder nicht. Es wäre überhaupt sinnlos, von Zeit in einem objektiven Sinne zu sprechen. Damit würden wir uns erneut in Gegensatz zu aller empirischen Wissenschaft stellen.

Misners chaotische Kosmologie (Mixmaster-Universum)

Wir dürfen davon ausgehen, daß das Universum sich nicht im thermodynamischen Gleichgewicht befindet und daß seine Entropie noch laufend zunimmt. Aber welche Entropie hat es heute? In der Kosmologie ist es üblich, die Entropie über das Verhältnis von Strahlung zu Materie anzugeben, insbesondere über das Zahlenverhältnis von Photonen und Elementarteilchen. Je nach Weltmodell kommt man dabei auf 10^8 bis 10^9 Quanten pro Baryon. Eine Milliarde Photonen pro Baryon scheint eine recht hohe Zahl zu sein. Um diese Zahl – und vor allem die Entstehung der Galaxien – zu erklären, hat Misner 1968 ein kosmologisches Modell entworfen, in dem der Urknall völlig chaotisch beginnt. Ein solches maximales Chaos würde auch maximale oder jedenfalls sehr hohe Entropie bedeuten. Dissipative Effekte (Teilchenstöße, Neutrino-Viskosität, Paarerzeugung u.a.) hätten dann jedoch sehr schnell (fast) alle Irregularitäten, Anisotropien, Inhomogenitäten usw. ausgebügelt. So erkläre sich die erstaunliche Uniformität des heutigen Universums.

Nun hat aber das Mixmaster-Universum einerseits nicht den erhofften Erfolg gebracht. Es ist nicht erwiesen, daß ein chaotischer Urknall tatsächlich zum heutigen Zustand des Universums führen würde. Andererseits ist es fraglich, ob man die Entropie des Universums ($10^{8\cdots9}$ pro Baryon) wirklich als hoch ansehen sollte. Theoretisch könnte diese Zahl nämlich noch wesentlich höher liegen, etwa bei 10^{40}. Diese Entropie könnte in den geometrischen Unregelmäßigkeiten Schwarzer Löcher bzw. der alles verschluckenden Endsingularität stecken. Im Vergleich hierzu ist die tatsächliche Entropie des Universums sogar verschwindend gering. Eine Erklärung für ihren Wert sollte deshalb nicht in einer anfänglich chaotischen Geometrie gesucht werden.

Penroses Vision

Nach Penrose[16] liegt der Grund für die niedrige Entropie des Kosmos nicht in einer speziellen Materieverteilung, sondern in einer speziellen Raumzeitgeometrie beim Urknall. Diese Geometrie ist alles andere als chaotisch; sie ist hochsymmetrisch. Die Materie (einschließlich der Strahlung) befand sich dagegen ursprünglich im thermischen Gleichgewicht.

Die Zunahme der Entropie, die ja eines der charakteristischen Merkmale unseres Kosmos ist, wird dann durch die Entwicklung der kosmischen Geometrie ermöglicht, ja erzwungen. Nach der allgemeinen Relativitätstheorie ist nun die Raumzeitgeometrie eng mit der Gravitation verknüpft. Die allgemeine Relativitätstheorie selbst ist zwar zeitsymmetrisch; eine endgültige Gravitationstheorie muß jedoch auch Quanten-Effekte einbeziehen. Was die Theoretiker suchen, ist deshalb eine Quanten-Gravitationstheorie, die Quantenmechanik und allgemeine Relativitätstheorie als Grenzfälle enthält. Von einer solchen Theorie erwartet Penrose darüber hinaus, daß sie *nicht* mehr T-invariant sein werde. In der zukünftigen Quanten-Gravitationstheorie wäre also auch der kosmische Zeitpfeil nicht in den Randbedingungen, sondern in den dynamischen Grundgleichungen enthalten.[17]

Penrose rechtfertigt seine Vision vor allem mit Hinweisen auf Lücken in unserem heutigen Wissen. Erstens könne seine These die Frage beantworten, die auch wir uns gestellt haben: Woher kommt die Asymmetrie der Zeit? Zweitens seien die Probleme des quantenmechanischen Meßprozesses noch ungeklärt und könnten vielleicht gerade in einer nichtlinearen (und möglicherweise zeitasymmetrischen) Quantentheorie bzw. Quanten-Gravitationstheorie gelöst werden. Drittens suggeriere die Größenordnung (10^{-9}) der T-Verletzung beim K^0-Zerfall – der einzigen bisher, die sich auch in der zugehörigen Grundgleichung spiegelt (vgl. S. 244) – einen Zusammenhang mit der Entropie des Universums (10^9 pro Baryon). Viertens würde eine solche fundamentale Asymmetrie die Nichtexistenz Weißer Löcher sicherstellen bzw. erklären.

Zweifellos ist Penroses Idee noch sehr spekulativ. Sie macht aber wenigstens den Versuch, etwas zu erklären, was sonst unerklärt hingenommen werden müßte. Es gibt schließlich kein Faktum, bei dem die Frage „warum?“ sinnlos wäre. (Sie kann allenfalls verfrüht sein.) Vielmehr ist es Aufgabe der Wissenschaft, möglichst viele Tatsachen unserer Welt als gesetzmäßig, als verursacht, als notwendig zu erkennen.

Auch die Existenz irreversibler Prozesse ist eine solche Tatsache oder vielmehr ein ganzes Bündel solcher Tatsachen. Da die Problematik der Zeitpfeile in viele wissenschaftliche Disziplinen hineinspielt, kann sie vielleicht auch nur durch gemeinsame Anstrengung mehrerer Fächer gelöst werden. Eben das macht ihre Schwierigkeit, aber auch ihren Reiz aus. Möglicherweise gehört die Antwort in eine Kosmophysik, von der wir im Augenblick nur träumen können. Aber warum sollten wir uns in unserer Forschung nicht auch von Träumen leiten lassen?

[Anmerkungen und Literatur]

1 Zur Explikation dieser zentralen Begriffe s. M. Bunge: Time asymmetry, time reversal, and irreversibility. Studium Generale *23* (1970) 562–570; auch in J. T. Fraser et al. (eds.): The study of time. Vol. I. Springer, Berlin 1972. Eine kurze Zusammenfassung bietet M. Bunge: The arrow of time. Int. J. Physics *3* (1970) 77–79.

2 Vgl. M. Bunge: Physical time: the objective and relational theory. Philosophy of Science *35* (1968) 355–388.

3 Zu den hier genannten „höheren“ Zeitpfeilen vgl. H. Sachsse: Über die Richtung der Naturprozesse. Philosophia Naturalis *9* (1965) 427–457.

4 Eine Darstellung der „kausalen“ Theorie der Zeit gibt A. Grünbaum: Philosophical problems of space and time. Reidel, Dordrecht [2]1973, ch. 7.

5 Gute Einführungen in die physikalischen Fragestellungen geben K. Kraus: Über die Richtung der Zeit. Physik. Blätter *29* (1973) 9–19. – P. Jordan: Albert Einstein. Huber, Frauenfeld 1969, S. 219–237. – R. P. Feynman: The character of physical law. MIT Press, Cambridge 1967, ch. 5. – Eine ausgezeichnete Darstellung für Physiker bietet P. C. W. Davies: Physics of the time asymmetry. University of California Press, Berkeley [1]1974, [2]1977. – Eine sorgfältige Abwägung der verschiedenen Argumente findet sich in B. Kanitscheider: Philosophie und moderne Physik. Wiss. Buchgesellschaft, Darmstadt 1979, Kap. III. A. – Den aktuellen Stand der Zeitpfeil-Problematik diskutiert auf hohem Niveau H.D. Zeh: Die Physik der Zeitrichtung. Springer, Berlin 1984, wobei thermodynamische und quantenmechanische Zeitpfeile im Vordergrund stehen.

6 H. Schopper: Stand der Experimente zur Gültigkeit der Quantenelektrodynamik und der Spiegelungssymmetrien. Nova Acta Leopoldina *39*, Nr. 212 (1974) 25–48, S. 42–45

7 Davies[5], pp. 172–4. – Zeh[5], § 4

8 A. Sommerfeld: Vorlesungen über theoretische Physik, Band VI (Partielle Differentialgleichungen der Physik). Geest & Portig, Leipzig [1]1947, [5]1962, S. 171–2
9 T. Gold: The arrow of time. Am. J. Physics *30* (1962) 403–410
10 J. E. Hogarth: Cosmological considerations of the absorber theory of radiation. Proc. Roy. Soc. (London) *A267* (1962) 365–383
11 Einen guten Überblick gibt F. Jegerlehner: Zeitrichtung und Kosmologie. Fortschritte der Physik *16* (1968) 137–198. Neuere Ergebnisse referiert J. G. Cramer: The arrow of electromagnetic time and the generalized absorber theory. Foundations of Physics *13* (1983) 887–902.
12 Die Kopplung von Thermodynamik und Kosmologie behandelt B. Gal-Or: Cosmology, physics and philosophy. Springer, Berlin 1981.
13 R. Breuer: Das anthropische Prinzip. Meyster, München 1981
14 L. Boltzmann: Vorlesungen über Gastheorie (1898), Band II, S. 257
15 Hierzu auch C. F. v. Weizsäcker: Der zweite Hauptsatz und der Unterschied von Vergangenheit und Zukunft. Annalen der Physik *36* (1939) 275–283. Auch in: Die Einheit der Natur. Hanser, München 1971, S. 172–182.
16 R. Penrose: Singularities and time-asymmetry. In S. W. Hawking/W. Israel (eds.): General relativity. Cambridge University Press, Cambridge 1979, pp. 581–638
17 Penrose[16], p. 636

KOPF UND COMPUTER

1 Unterwegs zum Superhirn?

Viele Buchtitel der letzten Jahre legen die Vermutung nahe, daß wir uns an einer geschichtlichen Wende befinden. Sie wird im allgemeinen als eine Wende zum Schlechteren gesehen:

„Menschheit am Wendepunkt"
„Wachstum bis zur Katastrophe"
„Das Selbstmordprogramm"
„Die biologische Zeitbombe"
„Der Zukunftsschock"
„Ein Planet wird geplündert"
„Das Ende der Verschwendung"

Anscheinend sind wir auf dem Wege in eine recht düstere Zukunft. Andererseits hatte noch fast *jede* Generation das Gefühl, in einer Krise zu leben. Das zu erkennen, brauchen wir nicht einmal Oswald Spenglers „Untergang des Abendlandes" zu lesen; Gesellschafts- und Kulturkritik ist eine zeitlich und räumlich durchgehende Erscheinung. Haben wir dann überhaupt eine Sonderstellung? Beruht es nicht auf einer perspektivischen Täuschung, wenn wir ausgerechnet *unserer* Epoche einen besonderen Stellenwert geben – so wie sich jeder im Mittelpunkt des Horizonts oder in der Achse des Regenbogens sieht? Zeichnet sich unsere Situation vor den zahlreichen sogenannten „historischen Augenblicken" der Vergangenheit aus?

Tatsächlich unterscheidet sich die heutige politische, wirtschaftliche, verkehrs- und informationstechnische Situation in einem wesentlichen Aspekt von allen früheren: Die internationale Verflechtung hat nahezu die ganze Erde erreicht. Die *Endlichkeit der Erdoberfläche* setzt aber allem räumlichen Wachstum eine Schranke: Sie stellt eine *Randbedingung mit Grenzcharakter* dar, eine Art ökologischer Naturkonstante, die in unsere Überlegungen entscheidend eingehen muß.

Bisher konnten wir so tun, als ob die Erde, ihre Rohstoffvorräte und Energiequellen unendlich wären. Diese Fiktion können wir jedoch nicht mehr aufrechterhalten. Zwar können Handelsbeziehungen, Freundschaftsverträge, politische Abhängigkeiten noch intensiver werden; entscheidend ist die Tatsache, daß *ein* Ereignis die ganze Menschheit trifft oder treffen kann. Lokale Konflikte eskalieren zu Weltkriegen; ein nuklearer Zwischenfall kann die gesamte Atmosphäre verseuchen; künstliche Viren aus einem Labor gefährden alle Menschen; die Beeinflussung des Wetters hat großräumige Folgen und so weiter. Hinzu kommen die kumulativen Effekte: Umweltverschmutzung, Abbau von Mineralien und Energieträgern, Rodung der Wälder, Ausdehnung der Wüstengebiete, Zersetzung der schützenden Ozonschicht, Raubbau an Fischen und Meeresnahrung, Verstädterung. Der gefährlichste kumulative Effekt ist freilich das überexponentielle Anwachsen der Erdbevölkerung. Es ist wohl nicht übertrieben, wenn man die *Bevölkerungsexplosion als das Hauptproblem unserer Zukunft* ansieht. Weil die Erdoberfläche endlich ist, wird sie demnächst – wie es ein Buchtitel andeutet – zum „Stehplatz für Milliarden".

Wir stehen aber nicht nur vor einer Bevölkerungslawine, sondern auch vor einer *Informationslawine*. Man schätzt, daß sich unser Wissen in jeweils fünfzehn bis zwanzig Jahren verdoppelt. Aber jede Antwort liefert neue Fragen, neue Probleme. Unser Wissen gleicht dem Inhalt eines Luftballons, der aufgeblasen wird. Zwar vergrößert sich sein Rauminhalt; aber gleichzeitig nimmt auch die Grenze zum Außenraum, zum Unbekannten, nimmt die Zahl der offenen Probleme zu, und es wird immer schwieriger, den Bereich des Wissens noch etwas weiter auszudehnen. Das heißt, daß die Probleme spezieller, schwieriger, komplexer werden.

Früher konnte ein Wissenschaftler noch jedermann erklären, woran er arbeitet. Heute braucht man ein mehrjähriges Studium, um nur die Problemstellung zu verstehen, der sich ein Forscher gewidmet hat. Und das Verständnis der Problem*lösungen* erfordert noch mehr Sachkenntnis, noch längeres Studium.

Ein Beispiel: Wer weiß schon, wofür die Nobelpreisträger des letzten Jahres ihre Auszeichnungen erhielten? Gerne wüßten wir ja genauer, welches eigentlich die Hauptprobleme moderner Forschung sind; aber wer kann sie uns verständlich und doch zugleich sachlich angemessen erklären? Und die Anforderungen wachsen noch.

Der Weg in die Zukunft ist jedenfalls mit Problemen gepflastert, mit Problemen, die wir lösen müssen, wenn wir überleben wollen, mit Problemen, die zugleich immer schwieriger werden. Der globale, erdumspannende Charakter dieser Probleme macht neue Strategien notwendig. Wir können uns nicht mehr darauf verlassen, daß die

Naturordnung schon zu unserem Wohle funktionieren werde. Die Erhaltung des Status quo erforderte früher Passivität, heute Aktivität. *Wenn nichts geschieht, kann viel passieren!*

Werden wir diese Probleme lösen? Reichen unser Wissen, unsere kognitiven Fähigkeiten, unsere Problemlösungsmethoden aus, der Schwierigkeiten Herr zu werden? Können wir unsere Erkenntnismöglichkeiten erweitern, neue Wege zum Wissen finden? Die Frage nach den *Erkenntnismöglichkeiten der Zukunft* ist eine sehr heikle Frage. Denn wie sollten wir mit unseren gegenwärtigen Mitteln etwas über zukünftige Erkenntniswege aussagen können? Müßten wir diese Erkenntnisse dazu nicht schon besitzen? Nun, Prognosen werden gewonnen, indem man gegenwärtige Trends in die Zukunft verlängert, „extrapoliert". In unserem Falle müssen wir dazu klären, was wir unter Erkenntnisfähigkeit verstehen wollen und ob sie bisher einer Entwicklung unterworfen war.

Erkenntnis ist Wissen, ist – jedenfalls in den *Wirklichkeits*wissenschaften, auf die wir uns hier beschränken – zutreffende Information über die Umwelt; oder noch etwas genauer: Erkenntnis ist korrekte Rekonstruktion von Umweltstrukturen aus Sinnesreizen. Wir dürfen uns also vorstellen, daß von den Gegenständen der Umwelt Signale ausgehen, elektromagnetische Wellen, mechanische Schwingungen oder Molekülströme, die unsere Sinnesorgane erreichen und mit ihnen Energie austauschen. Diese Wechselwirkung wird dann von unserem Zentralnervensystem, insbesondere von unserem Gehirn, als Information über die Umwelt interpretiert, und die Welt wird daraus hypothetisch rekonstruiert.

Typisch für das Erkenntnisvermögen des Menschen – aber auch der höheren Wirbeltiere – ist dabei die Fähigkeit, ein *inneres Abbild, eine interne Repräsentation der Außenwelt* zu entwerfen. Diese Fähigkeit ist – jedenfalls beim Menschen – nicht auf die augenblickliche Umgebung beschränkt, sondern sie bezieht auch vergangene und sogar zukünftige, also nur *mögliche* Sachverhalte mit ein. In unserer Vorstellungswelt können wir *alternative Annahmen durchspielen*. Wir können zum Beispiel beim Schach in Gedanken verschiedene Züge erwägen, ohne sie wirklich auszuführen. Wir können die verschiedenen Züge dann bewerten und den besten auswählen.

In unserer Vorstellungswelt können wir auch Gedankenexperimente machen, die wir in Wirklichkeit *nie* durchführen. Zum Beispiel können wir uns überlegen, wie hoch ein Sportler auf dem Mond springen würde. Obwohl sicher niemand auf die Idee kommt, auf dem Mond einen sportlichen Wettkampf austragen zu lassen, können wir doch die Sprunghöhe ermitteln: Sie liegt wegen der geringeren Anziehungskraft des Mondes über zehn Meter.

In unserer Vorstellungswelt können wir auch gänzlich unrealisierbare Bedingungen, irreale Fälle, kontrafaktische Annahmen durchdenken. Was wäre, wenn die Erde zum Beispiel eine Hohlkugel wäre, wie manche Hohlweltphantasten zuweilen behaupten? Antwort: Wir könnten kräftefrei darin umherschweben, ohne der lästigen Gravitation ausgesetzt zu sein.

In unserer Vorstellungswelt können wir also *hypothetische Welten entwerfen*, „simulieren". Neben der reinen Abbildfunktion, die uns Umwelt und Gegenwart erleben läßt, und dem Gedächtnis, das uns die Daten der Vergangenheit abrufbar speichert, ist vor allem die *Simulationsfunktion* eine Voraussetzung unseres Erkenntnisvermögens. Statt alles leibhaftig erfahren zu müssen, können wir vieles ersatzweise in Gedanken durchleben und schon dabei Gefahren und Irrtümer erkennen. Wir können uns vorstellen, wie wir uns an einem scharfen Messer schneiden, wenn wir es anfassen, und können so die Berührung von vornherein vermeiden. Auf elementarer Stufe ist also Denken nur ein *Hantieren im Vorstellungsraum*. Diese Fähigkeit erspart Zeit, Energie und Risiko.

Diese Fähigkeit könnte nun in mehrfacher Hinsicht einem Wandel unterworfen sein. Zunächst einmal kann sie sich im Laufe eines Lebens verändern. Der Mensch kommt ja nicht fertig zur Welt. Spätestens seit den Untersuchungen von Jean Piaget, die für die Entwicklungspsychologie richtungweisend waren, wissen wir, daß Kinder nicht nur in körperlicher, sondern auch in geistiger Hinsicht eine Entwicklung mitmachen, die ganz bestimmte Stufen und Strukturen erkennen läßt. Diese Entwicklung vollzieht sich unter dem Einfluß von Erbgut und Umwelt bei jedem Individuum neu; sie ist – wie die Biologen sagen – ein *ontogenetischer Prozeß*.

Im Gegensatz dazu steht der *phylogenetische Prozeß*, der die gesamte Menschheit betrifft. Darwin hat uns gelehrt, daß und wie biologische Arten entstehen und daß letztlich alle Organismen miteinander verwandt sind. Auch der Mensch als biologische Art ist aus tierischen Vorformen entstanden. Die Vermutung liegt nahe, daß *auch die geistigen Fähigkeiten des Menschen ein Ergebnis der Evolution* sind. Da die biologische Evolution keineswegs mit dem Menschen abgeschlossen ist, wäre auch in kognitiver Hinsicht eine Weiterentwicklung denkbar.

Und schließlich könnte die Erkenntnisfähigkeit des Menschen, so wie sie phylogenetisch-stammesgeschichtlich entstanden ist und ontogenetisch-individuell reift, durch geeignete Hilfsmittel, durch Werkzeuge oder besser durch „*Denkzeuge*" verbessert werden.

Daß die genannten Prozesse verschieden sind, erkennt man am deutlichsten an der Unterschiedlichkeit der Informationsspeicher: einerseits *individuelle Infor-*

1) erkentnismässig

mation im Gehirn in Form elektrochemischer Erregungskreise oder molekularer Codierung; andererseits *genetische Information* in der Erbsubstanz, also in Nukleinsäure-Ketten; schließlich *kulturelle Information* in Museen, Bibliotheken, Datenbanken in Form von Kunstwerken, Büchern, Mikrofilmen.

Alle drei Wandlungsprozesse kommen vor; sie hängen auch eng miteinander zusammen; aber im Hinblick auf unsere Frage nach den Erkenntnismöglichkeiten der Zukunft wollen wir sie streng auseinanderhalten. Beginnen wir mit dem zweiten, dem rein *biologischen* Prozeß.

Es besteht kein Zweifel, daß unsere Erkenntnisfähigkeit wenigstens teilweise genetisch bedingt ist. Das heißt, daß unser Erbgut für das Funktionieren unseres Gehirns eine wesentliche Rolle spielt. Die Belege dafür und die philosophischen Konsequenzen aus dieser Einsicht untersucht die „Evolutionäre Erkenntnistheorie". Wir werden jedoch hier diese Theorie nicht in Einzelheiten vortragen, sondern uns mit einigen Beispielen begnügen.

Wie vor allem Konrad Lorenz betont hat, ist das Denken, ist auch die Fähigkeit zu erkennen, die Funktion eines natürlichen Organs, nämlich des Zentralnervensystems bzw. des Gehirns. Dieses Organ hat sich in seiner Leistungsfähigkeit und mit all seinen Beschränkungen in Jahrmillionen entwickelt und sich dabei an die Bedürfnisse des Organismus und an die Bedingungen der Umwelt *angepaßt*.

Dieser *Passungs*charakter läßt sich an vielen Einzelheiten belegen. Zum Beispiel ist das menschliche Auge gerade für *den* Ausschnitt des elektromagnetischen Spektrums empfindlich, für den auch die Erdatmosphäre durchlässig ist. Wir sehen also gerade in dem Bereich, in dem es – naiv gesprochen – etwas zu sehen gibt. Ferner ist die untere Empfindlichkeitsschwelle unseres Auges so beschaffen, daß die statistischen Schwankungen des Photonenstromes gerade nicht mehr registriert werden. Wäre das Auge empfindlicher, so würde doch nur informationsloses Flimmern wahrgenommen. Ähnlich verhindert beim Ohr ein Filter, daß die Brownsche Molekularbewegung der Luftmoleküle, die das Trommelfell durchaus noch zum Schwingen bringt, letztlich aber doch informationslos ist, als Geräusch interpretiert wird.

Solches Zusammentreffen ist keineswegs zufällig. Die Evolutionäre Erkenntnistheorie erklärt diese *Passung* als Ergebnis einer *Anpassung*, die sich im Laufe der Stammesgeschichte vollzogen hat. Dieser Prozeß hat aber keineswegs mit dem Menschen seinen plötzlichen Abschluß gefunden. Die genetische Ausstattung des Gehirns, somit auch seine kognitiven Leistungen – Abbildfunktion, Gedächtnis und Simulationsfähigkeit – unterliegen auch in Zukunft den biologischen Prozessen von Mutation und Selektion. Diese Tatsache könnte uns für die Zukunft mit Besorgnis oder mit Hoffnung erfüllen. Wird das Gehirn der Zukunft leistungsfähiger sein als unseres? Oder unterliegt es etwa einem genetischen Verfall durch nachteilige Mutationen oder durch mangelnde oder fehlgeleitete Auslese?

Eine *genetische* Veränderung des Gehirns können wir tatsächlich nicht ausschließen; sie ist sogar unvermeidlich. Jedoch laufen diese phylogenetischen Prozesse sehr langsam ab. Bis sich zum Beispiel eine Mutation durchsetzt, die einen Vorteil von 1 Prozent bietet, vergehen, je nach Nachkommenzahl, 500 bis 1000 Generationen, also beim Menschen zehn- bis zwanzigtausend Jahre.

Und sogar diese Zahlen gelten nur für *dominanten* Erbgang; bei *rezessiven* Mutationen dauert so etwas noch wesentlich länger. Das bedeutet für die Zukunft, die wir meinen, wenn wir nach zukünftigen Erkenntnismöglichkeiten fragen, daß wir für eine Verbesserung der Erkenntnisfähigkeit *nicht* auf die biologische Evolution setzen sollten; bei den erforderlichen Zeiträumen ist diese Alternative uninteressant.

Es bedeutet gleichzeitig für die Vergangenheit, daß sich auch in den letzten drei- bis viertausend Jahren genetisch nicht viel geändert haben kann. Die Menschen der uns bekannten Hochkulturen haben somit immer etwa die gleiche genetische Erkenntnisfähigkeit, das gleiche kognitive Inventar, die gleiche Weltbildapparatur mitgebracht, die auch wir aufweisen. Ein Genie des Altertums wäre auch heute noch ein Genie – und umgekehrt. Archimedes würde heute vielleicht ein Gauß, Pythagoras ein Einstein, Euklid ein Hilbert.

Sie müßten ihre Genialität allerdings an anderen Problemen beweisen. Der Mathematiker und Philosoph Blaise Pascal hat als Kind selbständig viele Sätze der Geometrie entdeckt, obwohl ihn sein Vater von der Mathematik fernhalten wollte. Berühmt wurde er dadurch natürlich nicht, sondern nur durch andere Entdeckungen. Aber vielleicht wäre er im Altertum ein Euklid geworden.

Nun gut – die natürliche Auslese arbeitet offenbar zu langsam. Aber man kann doch die Evolution durch *künstliche Auslese* beschleunigen. Durch künstliche Selektion wurden Nutzpflanzen und Haustiere in durchaus historischen Zeiträumen gezüchtet. Liegt nicht hierin eine Chance, ein Gehirn zu erzielen, das den Zukunftsproblemen gewachsen ist?

Die Möglichkeit, Menschen mit besonderen Fähigkeiten zu *züchten*, mag prinzipiell bestehen. Hier greifen aber andere Einwände. Zunächst einmal verträgt sich der Zuchtgedanke nicht mit unserer Vorstellung von Menschenwürde. Aber sogar wenn man von dieser moralischen Beurteilung absehen wollte, bliebe doch das Problem unlösbar, *welches* Erbgut und *welche* Leistungen eigentlich erwünscht sind. Wollen wir Künstler, Ingenieure, Athleten, Erfinder? Eine solche Entscheidung setzt eine Bewertung voraus, die sich nicht aus Erkenntnissen über die Welt, überhaupt nicht aus Tatsachen ableiten läßt. Auf dieses Problem werden wir in 5 zurückkommen.

Die gleichen Argumente gelten für *operative* oder *chemische Manipulationen am Erbgut* oder für die *mehrfache Erzeugung von Individuen mit identischer Erbmasse*. Wollen wir wirklich mehrere Einsteins, etwa Einsteins in Serie? Zum Glück sind wir gar nicht auf solche Frankenstein-Experimente angewiesen.

Trotz der relativen zeitlichen Konstanz unserer genetisch bedingten Erkenntnisfähigkeit hat es in den letzten Jahrtausenden, Jahrhunderten und Jahrzehnten *auch ohne künstliche Auslese einen beachtlichen Erkenntnisfortschritt, einen fast unglaublichen Wissenszuwachs* gegeben, eine „Informationslawine", wie wir anfangs feststellten. Dieser Erkenntnisfortschritt ist offenbar nicht der genetischen Wandlungsfähigkeit des Gehirns zuzuschreiben; ihn verdanken wir anderen Faktoren, anderen Veränderungen, anderen Wegen zu mehr Wissen. Es ist demnach auch nicht der biologische, sondern der kulturelle Informationstransfer, von dem wir – wenn überhaupt – Verbesserungen erwarten sollten.

Unter den Möglichkeiten, durch überlegte Erziehung und mit Hilfe geeigneter Werkzeuge unsere Erkenntnis zu erweitern, wird dem Computer eine besondere Rolle zufallen. Er hat ähnliche Fähigkeiten wie unser Gehirn: Er kann Informationen über die Außenwelt speichern; er kann diese Informationen miteinander verknüpfen und daraus logische Schlüsse ziehen; und – was vielleicht das wichtigste ist – er kann Welten „simulieren", besitzt also die Simulationsfähigkeit, die wir als wesentlich für unser Erkenntnisvermögen erkannt haben.

Wenn wir darüber hinaus hoffen, daß der Computer uns nicht nur ersetzt, sondern stellenweise sogar *mehr* leistet als unser Gehirn, so beruht diese Hoffnung auf dem Umfang der speicherbaren Information, auf der Schnelligkeit und Präzision, mit der solche Information abgerufen werden kann, und vor allem auf der größeren Objektivität, mit der ein elektronischer Rechner arbeitet.

2 Gehirnverschwendung

Aus der Einsicht heraus, daß die Erkenntnisfähigkeit des Menschen nicht eine unveränderliche Naturkonstante ist, sondern ein Ergebnis der Stammesgeschichte, fragten wir, ob das Gehirn sich nicht auch in Zukunft weiterentwickeln könnte. Werden unsere Nachkommen bessere Gehirne besitzen, mit denen sie die drängenden, ja bedrohlichen Probleme der Zukunft werden lösen können? Zwar ist auf lange Sicht mit einer genetischen Veränderung auch des menschlichen Gehirns zu rechnen; die erforderlichen Zeiträume sind jedoch viel zu lang, als daß diese Möglichkeit ernsthaft in Frage käme. Die Aufgaben, die sich uns auf einer übervölkerten Erde stellen, sind Aufgaben der nächsten Jahrzehnte, nicht der nächsten Jahrmillionen.

Deshalb wenden wir uns jetzt der Möglichkeit zu, das Gehirn zu nehmen, wie es ist, und das Beste daraus zu machen.

Auch schon auf dieses Gehirn dürfen wir in gewisser Weise stolz sein. Wir haben es zwar nicht entworfen oder geschaffen – wir haben es noch nicht einmal verstanden –; aber wir haben es. Nach allem, was wir wissen, ist *das menschliche Gehirn das komplizierteste System, das die Natur bis jetzt hervorgebracht hat.*

Diese Behauptung klingt zunächst überraschend. Denn es gibt doch viel größere Objekte in unserer Welt als diese zwei bis drei Pfund Nervengewebe unter unserer Schädeldecke, zum Beispiel Elefanten, Sterne, das Planetensystem, unsere Milchstraße oder den Kosmos als Ganzes. Sind in diesen Systemen nicht viel mehr Zellen, Atome, Elementarteilchen vereinigt, und sind sie nicht deshalb viel komplizierter?

Gibt es überhaupt ein Maß für Komplexität, nach dem man verschiedene Systeme miteinander vergleichen könnte? Oder heißt „kompliziert“ nichts weiter als „verwickelt, schwer durchschaubar, unübersichtlich“?

Ein Maß für Kompliziertheit, für Komplexität, ist tatsächlich nicht leicht anzugeben. Dabei kommt es jedenfalls nicht allein auf die Zahl der Bestandteile an. Worauf es ankommt, das sind die Wechselwirkungen der Elemente untereinander, die Beziehungen eines Teilchens zu seinen Nachbarn. Entscheidend ist die *Vernetzung* des Systems, also die Vielfalt der Wechselwirkungen und die Zahl der jeweiligen Wechselwirkungspartner.

Ein System ist stabil, wenn es weder auseinanderbricht noch in sich zusammenstürzt. So verdanken die meisten astronomischen Gebilde ihre Stabilität jeweils zwei Faktoren, einer anziehenden und einer abstoßenden Kraft.

Die *anziehende* Kraft ist bei allen Himmelskörpern ab einer gewissen Größe die Schwerkraft. Sie verhindert, daß Mond oder Erde auseinanderfliegen oder das Sonnensystem verlassen. Sie hält die Sterne zusammen, läßt unsere Milchstraße ihre Spiralform behalten, veranlaßt die Galaxien, in Haufen beieinander zu bleiben, und bewahrt vielleicht auch – das ist aber nicht gesichert – das gesamte expandierende Universum vor dem immerwährenden Auseinanderfliegen.

Die *abstoßende* Kraft ist bei rotierenden Systemen die Fliehkraft, bei den meisten normalen Sternen der thermische Druck aus dem Innern, bei anderen Sternen, zum Beispiel bei Weißen Zwergen oder bei Neutronensternen, ein quantenmechanisches Prinzip, das sogenannte Pauliprinzip.

Diese astrophysikalischen Tatsachen sind zwar nicht gerade Schulwissen, aber doch noch relativ leicht zu durchschauen. Das liegt daran, daß es sich nur um jeweils zwei Kräfte handelt und daß diese Kräfte alle Teile des Systems in gleicher Weise erfassen. Für die Sonne zum Beispiel würde es keine Rolle spielen, wenn man ihr an einer Stelle etwas Materie entnähme und an einer anderen Stelle wieder einfügte.

Organismen sind dagegen ganz anders aufgebaut. Sie sind, wie der Biochemiker Staudinger betont hat, von der makroskopischen Ebene bis hinunter zur Ebene der Moleküle völlig *durchstrukturiert*. Deshalb ist es *nicht* gleichgültig, ob man einem Organismus ein Stück entnimmt und an einer anderen Stelle wieder einsetzt. Deshalb auch gibt es zwischen den Bestandteilen eines Organismus auf jeder Ebene eine ungeheure Vielfalt von Wechselwirkungen.

Dieser Gesichtspunkt gilt nun erst recht für das Gehirn. Trotz seines einheitlichen Äußeren ist es – was erst seit einigen Jahren gesichert ist – funktionell stark gegliedert, das heißt, für verschiedene Aufgaben sind auch verschiedene Teile des Gehirns verantwortlich. Die meisten Hirnpartien sind sogar höchst spezialisiert und keineswegs gegeneinander austauschbar. Insgesamt hat das Gehirn über 15 Milliarden Bausteine, die Neuronen. Sie sind durch Nervenfasern miteinander verbunden. Die *Elemente*, aus denen unser Gehirn besteht, sind somit denkbar einfach: Nervenzellen und Nervenfasern. Auch in ihrer *Funktion* sind sie schon recht genau erforscht. Aber mit dieser Beschreibung ist das Wesentliche eben noch nicht erfaßt, so wenig, wie die durchaus korrekte Angabe, ein Fahrrad bestehe aus lauter Atomen, als Charakterisierung ausreichend wäre.

Von der Kompliziertheit der Neuronenverbindungen kann man sich einfach keine anschauliche Vorstellung machen. Aber vielleicht gibt der Hinweis zu denken, daß die Schaltleitungen im Gehirn zusammen über 500 000 Kilometer lang sind. Jedes Neuron steht mit Hunderten, ja Tausenden anderer Neuronen in direkter Verbindung. So gibt es im Gehirn schätzungsweise 500 Billionen Schaltstellen, sogenannte Synapsen. Die Signale im Zentralnervensystem werden elektrochemisch übertragen und erreichen Geschwindigkeiten bis zu hundert Metern pro Sekunde, also ein Drittel der Schallgeschwindigkeit. Man schätzt, daß das Gehirn bis zu 100 Milliarden Informationseinheiten oder Bit speichern kann.

Wir nennen diese Zahlen nicht, um mit den Ergebnissen der Gehirnforschung zu verblüffen, sondern um eine Ahnung davon zu geben, worauf die Kompliziertheit unseres Gehirns beruht: auf der Vielfalt der Neuronenverbindungen, auf der ungeheuer dichten „Verdrahtung“, wie der Elektroniker sagen würde. All die wunderbaren Leistungen unseres Gehirns – Gedächtnis, Lernfähigkeit, Urteilsvermögen, Bewußtsein und Selbstbewußtsein, Denken und Simulationsfähigkeit, schöpferische Tätigkeit und Originalität – sind Funktionen dieses vernetzten Systems. Diese Tatsache führt uns auf mehrere neue Überlegungen.

Erstens ist es nicht verwunderlich, daß wir dieses Netzwerk von Neuronen, Dendriten, Nervenfasern, Synapsen, Erregungskreisen, Moduln noch *nicht durchschauen;* denn es gibt ja nichts in der Natur und auch nichts von Menschen Erdachtes, was so kompliziert wäre. Wegen ihrer Kleinheit und wegen ihres einheitlichen Äußeren sind die einzelnen Neuronen experimentell auch nur schwer zu erfassen. Aber selbst wenn der Neurophysiologe den Schaltplan des Gehirns so schnell aufschlüsseln könnte wie der Radiotechniker ein Rundfunkgerät, so bräuchte er dazu nach Karl Steinbuch immer noch 40 000 Jahre. Diese gigantische Zeitspanne könnte allenfalls durch den Computer verkürzt werden.

Daraus lernen wir zweitens, daß unser vorläufiges Unvermögen, das Gehirn zu durchschauen, noch nicht die Annahme rechtfertigt, Erinnerungen, Vorstellungen, Gedanken oder Gefühle seien unphysikalische oder unbiologische oder überhaupt immaterielle Vorgänge. Es sind Funktionen eines sehr komplizierten, aber eben doch materiellen Systems. *„Funktionen eines sehr komplizierten materiellen Systems“* – diese Formulierung könnte uns nach dem genaueren Verhältnis von Körper und Geist fragen lassen, nach dem *Leib-Seele-Problem,* das Philosophen, Psychologen, Anthropologen und natürlich auch Neurophysiologen beschäftigt. Wir wollen diese Problematik jedoch unberührt lassen.

Drittens stellt sich bei einem so phantastischen Organ wie dem Gehirn die Frage, ob wir es überhaupt schon richtig zu schätzen und zu nutzen wissen. Bedenken wir, daß es zum Beispiel 300 Mark kostet, einen Großrechner auch nur für eine Minute Rechenzeit zu mieten! Das Gehirn ist weit leistungsfähiger als jeder existierende Computer, und jeder von uns trägt ein solches Instrument mit sich herum, zur kostenlosen Benutzung sozusagen. Es verbraucht höchstens eine Kilowattstunde am Tag, mit einem Gegenwert von etwa einem Groschen. Ist es nicht *Gehirnverschwendung*, wenn wir die Fassungskraft des Großrechners unter unserer Schädeldecke so wenig beanspruchen, wenn wir unser Gehirn nur unzulänglich ausbilden? Gibt es nicht Möglichkeiten, dieses wertvolle Instrument besser zu nutzen und auf diese Weise zu höheren Erkenntnisleistungen zu gelangen?

Solche Möglichkeiten gibt es, und sie lassen sich sowohl beim einzelnen Menschen wie auch beim Zusammenwirken vieler mit Erfolg anwenden. Am aussichtsreichsten erscheinen überlegte Erziehung, Formulierung fruchtbarer Fragestellungen, Verkoppelung mehrerer Gehirne und Entwicklung geeigneter Werkzeuge.

Drei Möglichkeiten, unsere Erkenntnisfähigkeit zu erweitern, ließen sich unterscheiden. Da ist erstens die biologisch-genetisch-stammesgeschichtliche Möglichkeit. Sie verweist uns auf Mutationen oder auf Neuzüchtung des Erbguts. Wegen der erforderlichen Zeiträume bzw. aus moralischen Gründen kommt sie nicht in Betracht. Sinnvoll und annehmbar erscheint jedoch die zweite, die ontogenetisch-individuelle Möglichkeit, unser Erkenntnisvermögen zu steigern. Darunter fallen alle Fragen einer zukunftsorientierten Bildung und *Erziehung*. Besonders aussichtsreich erscheint eine dritte Möglichkeit, den erforderlichen Informationszuwachs zu sichern. Es ist der *kulturelle Informationsgewinn* durch geeignete Forschungsstrategien, Teamwork, Sprachentwicklung und Werkzeuge.

Diese Möglichkeiten lassen sich zwar schwerpunktmäßig benennen, wie wir das soeben versucht haben; aber sie lassen sich nicht mehr klar gegeneinander abgrenzen, da sie stark miteinander verflochten sind. Denn natürlich ist eine erfolgreiche Erziehung von der Benützung geeigneter Werkzeuge abhängig, und umgekehrt gehört zur Bedienung einer Maschine eine intensive Ausbildung.

Auch eine überlegte Erziehung wird von den biologischen Fakten auszugehen haben. Dafür ist die Entdeckung bedeutsam, daß die Vernetzung der Neuronen bei der Geburt noch nicht abgeschlossen ist, sondern im wesentlichen in den ersten Lebensmonaten erfolgt. Für die weitere Entwicklung und somit für die späteren Leistungen des Gehirns ist es also entscheidend, welche Eindrücke das neugeborene Kind in dieser kurzen Prägungsphase erhält und verarbeitet. Frederic Vester vermutet zum Beispiel, daß schon in den ersten drei Monaten das spätere Lernverhalten festgelegt wird. Ob man also visuell besser lernt oder auditiv, allein oder in Gesellschaft, bei Nebengeräuschen oder in konzentrierter Stille, im Gespräch oder besser ganz für sich, zu welchen *Lerntyp* man sich einmal entwickeln wird, das würde demnach durch die frühesten Erlebnisse und Erfahrungen bestimmt.

Diese Überlegung ist deshalb so wichtig, weil man dem Kleinkind ja nicht unmittelbar anmerkt, welche Reize es verarbeitet und speichert. Es wird deshalb auch noch vieler geduldiger Beobachtungen auf Seiten der Forscher und später der Eltern und Erzieher bedürfen, bis man Kindern optimale Umwelten, Reize und Anregungen bieten lernt.

Ein zweiter pädagogischer Gesichtspunkt ist die Tatsache, daß es heutzutage nicht mehr ausreicht, Wissen zu vermitteln, sondern daß wir *lernen* müssen, wie man sich Wissen *aneignet*, wie man *lernt*, wie man *neue* Information verarbeitet, wie man Probleme löst, wie man sich auf unerwartete Gegebenheiten einstellt, wie man Bekanntes auf neue Situationen überträgt und so weiter. Nicht zufällig definiert man Intelligenz gerne als die Fähigkeit, sich in *neuen* Situationen angemessen zu verhalten.

Bis ins letzte Jahrhundert durfte ein Fünfundzwanzigjähriger zum Beispiel nach der Meisterprüfung oder beim Verlassen der Hochschule damit rechnen, daß sein Wissen für die Bewältigung seiner Lebensaufgabe ausreichen werde. Heute reicht es mit Sicherheit nicht mehr. Die Veränderungen unserer Umwelt erfolgen so schnell, daß sie sich schon innerhalb einer Generation bemerkbar machen. Eltern verstehen nicht mehr, was ihre Kinder an der Schule lernen: Dualsystem, Mengenlehre, Atomphysik, Plattentektonik, Sexualaufklärung, generative Grammatik, elektronische Musik. Kinder wähnen ihre Eltern hinter dem Mond zu Hause, wenn diese verständnislos den Kopf schütteln. Kein Wunder, daß auch die Konflikte zwischen den Generationen sich verschärfen.

Eine verantwortungsbewußte Pädagogik wird also nicht nur einen hohen Wissensstand, sondern zugleich die Fähigkeit vermitteln, dieses Wissen zu *vermehren*. Der Kaufmann würde sagen: Wir brauchen nicht nur ein großes Kapital, sondern vor allem einen hohen Zinssatz zur Vermehrung des Kapitals.

Es geht also nicht allein um den Informations*stand,* sondern um den Informations*zuwachs.* Nur so können wir hoffen, der immer schneller zunehmenden Informationslawine Herr zu werden.

In diesen Bereich, also zu den Zielen einer zukunftsweisenden Erziehung, gehört auch die Fähigkeit, die richtigen Fragen zu stellen. Es wird immer wieder – und mit Recht – betont, daß wissenschaftlicher Fortschritt vor allem von der richtigen Problemstellung abhängt. Deshalb gehört schon zum Verständnis der Frage große Sachkenntnis.

Wenn man die wenigen Geräte betrachtet, mit denen Otto Hahn die Kernspaltung entdeckte, so könnte man den Eindruck haben, jeder tüchtige Radiobastler hätte die gleiche Entdeckung machen müssen. Aber nur weil Otto Hahn wußte, was er suchte, nämlich neu entstehende Elemente, konnte er sie überhaupt finden und somit die Kernspaltung nachweisen.

Gut gefragt ist halb gewußt, könnten wir formulieren. Dies ist nun nicht ein mehr oder weniger kurioses, aber letztlich zufälliges Faktum, sondern es läßt sich wissenschaftstheoretisch begründen. Wissenschaft schreitet nicht von Beobachtung zu Beobachtung fort, sondern von Problem zu Problem. Diesen Gesichtspunkt hat der Philosoph Karl Popper besonders betont. Da es keinen logischen Weg von den Tatsachen zu ihrer theoretischen Beschreibung oder Erklärung gibt, bleibt uns nur der umgekehrte Weg: Wir müssen kühne Vermutungen aufstellen und sie dann kritisch auf ihre logischen Konsequenzen und auf ihre Vereinbarkeit mit der Erfahrung prüfen.

Zur Genialität gehört dann offenbar beides: der Mut, gewagte Hypothesen zu formulieren, und genügend wissenschaftliches Urteilsvermögen, um die falschen Vermutungen möglichst schnell wieder zu eliminieren. Kann man diese Fähigkeit lernen? Kann man das Aufstellen origineller Hypothesen und das Ausschalten der Widersprüche gar einem Computer anvertrauen? Wir sehen jedenfalls, daß wir über den schöpferischen Prozeß, über den kreativen Akt viel mehr wissen müßten, um diese Fragen wirklich zu beantworten.

Eines aber können wir schon verstehen: warum Zusammenarbeit so nützlich ist. Die Effektivität des Teamwork beruht nicht nur – wie man zunächst vermuten wird – auf der wechselseitigen Ergänzung verschiedener Spezialisten. Natürlich spielt auch dieser Informationsaustausch eine große Rolle. Noch wichtiger ist aber, daß ein Team ein *System* bildet. Ein System kann Eigenschaften aufweisen, die keines der Teilsysteme besitzt, also *neue Systemeigenschaften*.

So sind Wasserstoff und Sauerstoff Gase; Wasserstoff-Sauerstoff-Systeme dagegen, also H_2O-Moleküle, bilden eine Flüssigkeit, eben Wasser. Kohlenstoff und Stickstoff sind harmlos; ihre Verbindung Cyan ist hochgiftig. Bilden mehrere Forscher ein Team, so ergänzen sich die Fähigkeiten der Mitarbeiter nicht nur additiv, sondern können sich gewissermaßen multiplizieren oder gar potenzieren. Der Vorteil des Teamwork liegt also weniger darin, daß beispielsweise der Praktiker etwas weiß, was der Theoretiker nicht wußte, sondern darin, daß das Team etwas kann, was *keiner* der Teilnehmer konnte. Auch hier liegt eine Erziehungsaufgabe. Zugleich liegt hier eine Chance für den Gebrauch von Computern, insbesondere von solchen, mit denen ein unmittelbarer Dialog möglich ist. Denn je schneller der Informationsaustausch zwischen Gehirn und Maschine erfolgt, desto leistungsfähiger wird das neue System „Kopf-plus-Computer" sein.

Als weitere Möglichkeit, unsere Erkenntnismittel zu erweitern, nannten wir die Entwicklung leistungsfähiger *Sprachen*. Erkenntnis ist zwar zunächst nicht an Sprache gebunden; aber wenn sie sich als Erkenntnis ausweisen, also mitgeteilt und überprüft werden soll, muß sie sprachlich formuliert werden. Damit gewinnt die Sprache eine überragende Rolle für die Erkenntnis, vor allem für die wissenschaftliche Erkenntnis.

Zwar besitzt Sprache auch eine gewisse Eigenständigkeit, ein Eigenleben, was sie für den Sprachforscher so interessant macht. Gleichzeitig aber hat sie *Werkzeugcharakter*, ist sie Mittel zum Zweck: Sie ermöglicht oder erleichtert Kommunikation, Informationsaustausch. Gerade als Werkzeug ist aber auch die menschliche Sprachfähigkeit ein Ergebnis der biologischen Evolution. Sie ist eine „Haushaltserfindung", die für das Überleben wertvoll war. Können wir erwarten, daß dieses mesokosmische Instrument zur Beschreibung einer Wirklichkeit brauchbar ist, die nicht unmittelbar erfahren oder erlebt wird, zum Beispiel zur Erforschung des Mikrokosmos, der Weltstruktur im Ganzen oder besonders komplizierter Systeme? Nach der Evolutionären Erkenntnistheorie, die ja den Passungscharakter unseres Erkenntnisapparates betont, hieße das, die Möglichkeiten natürlicher Sprachen überbewerten.

Deshalb benötigen wir *künstliche Sprachen*, neue Begriffe für neue Objekte und neue Strukturen. Es ist kein Wunder, daß die Wissenschaften längst diesen Weg gegangen sind. Die Prägung und Verwendung von Fachausdrücken, insbesondere die Einführung theoretischer Begriffe, ist unter diesem Gesichtspunkt unvermeidlich. Man versuche nur, die physikalische Aussage $E = mc^2$, also Energie gleich Masse mal Quadrat der Lichtgeschwindigkeit, in die Alltagssprache zu übersetzen; es ist unmöglich.

Das menschliche Gehirn hat eine Kapazität, die wir kaum ausnützen – bisher jedenfalls nicht. Wozu dann auch noch Computer? Nun, das Füttern von Computern ist weniger aufwendig als die Ausbildung eines menschlichen Gehirns. Treiben wir nicht vielleicht auch in diesem Sinne „Gehirnverschwendung"? Könnten wir unsere Erkenntnisziele nicht leichter erreichen, wenn wir die niedrigen oder gar alle Gehirnleistungen Computern anvertrauten?

3 Nachricht vom Computer: Ich denke, also bin ich.

Schon die Gegenwart, erst recht aber die Zukunft, stellt uns vor Probleme, von denen wir noch nicht wissen, ob und wie wir sie lösen werden. Wir sind auf der Suche nach neuen Erkenntniswegen, neuen Strategien, neuen Problemlösungsmethoden, nach Erkenntnismöglichkeiten der Zukunft. Wir haben uns überlegt, welche Aufgaben eine verantwortungsvolle Erziehung erfüllen muß, und haben eingesehen, daß nur lebenslange Lernbereitschaft der Dynamik unserer Welt gerecht werden kann. Wir setzen auch einige Hoffnung in die Zusammenarbeit mehrerer, weil ein Team als System unter Umständen etwas leistet, was keiner der Teilnehmer leisten könnte. Diese Überlegung läßt sich natürlich auch auf andere Systeme übertragen. So fragen wir uns, wozu das System „Kopf-plus-Computer" fähig sein könnte. Und zuvor: Was kann überhaupt eine Maschine, was nicht?

Vor fünfzig Jahren war die Frage, wozu ein Mensch fähig ist, eine Maschine aber nicht, noch leicht zu beantworten. Man brauchte nur einige Tätigkeiten aufzuzählen, zum Beispiel „sich etwas merken, rechnen, logische Schlüsse ziehen, Schachspielen; Zeichen erkennen, Texte übersetzen, etwas aus Erfahrung lernen, Probleme lösen; sprechen oder gesprochene Texte verarbeiten; dichten oder komponieren". Der Unterschied zwischen Mensch und Maschine war so ungeheuer groß, daß es auf die *genaue* Grenzziehung gar nicht ankam.

Ähnlich war es früher nicht schwierig, belebte von unbelebten Systemen zu unterscheiden oder Merkmale anzugeben für die Abgrenzung zwischen Pflanzen und Tieren.

Aber überall in den Wissenschaften wurden solche Lücken geschlossen, haben sich die Grenzen verwischt. Es wurde ein Lebewesen entdeckt, ein Einzeller mit dem wohlklingenden Namen „Euglena", der sich durch Photosynthese ernähren kann wie eine Pflanze, aber auch durch Aufnahme von Fremdorganismen, also durch Fressen wie ein Tier. Euglena ist also eine Übergangsform zwischen Pflanze und Tier.

Viren andererseits stehen an der Grenze zwischen belebten und unbelebten Systemen. Sie können auskristallisieren wie ein Mineral, sie können sich aber auch auf Kosten einer Wirtszelle vermehren wie ein Lebewesen. Soll man sie nun unter die Organismen einreihen oder nicht?

Grenzziehungen sind schwieriger geworden. Das müssen wir beherzigen, wenn wir versuchen, grundsätzliche Unterschiede zwischen Mensch und Maschine, zwischen Gehirn und Computer zu finden. Alle die zuvor genannten Leistungen werden – mehr oder weniger perfekt – schon heute von Computern vollbracht. Vielleicht sind wir daraufhin versucht, neue Tätigkeiten aufzuzählen und zu sagen: „Aber lügen kann ein Computer bestimmt nicht. Elektronische Rechner können doch nur, was man ihnen eingegeben hat; uns überraschen, etwas erfinden, schöpferisch sein können sie sicher nicht. Maschinen haben keine Gefühle, sie können sich nicht freuen oder ärgern, nichts bereuen. Sie können jedenfalls nicht über sich selbst nachdenken; sie können nicht philosophieren, und niemals wird ein Computer zu der Einsicht kommen: Ich denke, also bin ich."

Solche intuitiven Argumente klingen zunächst sehr überzeugend, und sie sind auch für die derzeit existierenden Maschinen korrekt. Vor intuitiven Unmöglichkeitsbehauptungen dieser Art sollte uns aber die Wissenschaftsgeschichte warnen. Vielfach wurde auch behauptet, Menschen würden niemals fliegen können oder den Anziehungsbereich der Erde verlassen; Flugzeuge und Raketen haben diese Vermutungen längst widerlegt.

Bis ins 19. Jahrhundert war man fest davon überzeugt, daß organische Substanzen nur in Organismen entstehen könnten; Stoffe der organischen Chemie aus anorganischen Ausgangsstoffen herzustellen, galt als unmöglich. 1828 jedoch gelang es dem Chemiker Friedrich Wöhler, Harnstoff zu synthetisieren. Damit war bewiesen, daß es zur Bildung organischer Substanzen keiner besonderen „Lebenskraft“, keiner „vis vitalis“ bedurfte, wie die Vitalisten sie forderten.

Die Lücke zwischen anorganischer und organischer Chemie war damit geschlossen. Heute stellen wir Kunststoffe und Arzneimittel zu Tausenden her, und die Radioastronomen haben entdeckt, daß im interstellaren Raum zahlreiche organische Substanzen sogar spontan entstehen, darunter Methan, Cyan, Acetaldehyd, mehrere Aminosäuren und andere Lebensbausteine.

Ein anderes Beispiel: Auguste Comte erklärt im Jahre 1835, es sei sinnlos, über die chemische Zusammensetzung von Sternen zu spekulieren; denn darüber lasse sich niemals etwas erfahren; positives Wissen über die Chemie der Sterne sei prinzipiell unmöglich. Nur zwanzig Jahre später entwickeln Kirchhoff und Bunsen die Spektralanalyse, mit deren Hilfe die chemischen Bestandteile eines leuchtenden Objektes, also auch eines Sterns, ermittelt werden können.

Comtes Behauptung ist damit widerlegt. Paradoxerweise wissen wir heute über das Innere der Sterne besser Bescheid als über das Innere der Erde.

Durch solche Erfahrungen vorsichtig geworden, müssen wir uns mit der Frage, was ein Computer kann, doch etwas gründlicher auseinandersetzen.

Manches können Computer nur deshalb nicht, weil noch niemand sie dafür eingesetzt hat. Welchen Sinn hätte es zum Beispiel, einen Computer zu bauen, der ausschließlich gegen sich selbst Halma spielt, der die Haare auf meinem Kopf zählt oder der über Witze an der richtigen Stelle lacht? Der Bau von Elektronenrechnern ist schließlich auch eine Kostenfrage; und man könnte schon Zweifel haben, ob es sinnvoll ist, dem schnellsten Computer der Welt ausgerechnet ein Schachprogramm einzugeben.

Manches können Computer zwar jetzt nicht, aber doch in absehbarer Zukunft. Die Leistungsfähigkeit eines Computers bemißt sich nach seiner Rechengeschwindigkeit, nach der Informationsmenge, die er speichern, und nach dem Umfang der Programme, die er bearbeiten kann. Diese Leistung hat sich bisher etwa alle zwei Jahre verdoppelt, also in jeweils zehn Jahren um den Faktor dreißig. Es ist anzunehmen, daß die Entwicklung in den kommenden Jahrzehnten einen ähnlichen Verlauf nimmt.

Bei der Erhöhung der Rechengeschwindigkeit stößt man zwar an eine prinzipielle Grenze. Die elektrischen Impulse im Rechner breiten sich nämlich mit der Geschwindigkeit des Lichtes aus, und die Lichtgeschwindigkeit ist ja die höchstmögliche Signalgeschwindigkeit überhaupt. So braucht ein Impuls für dreißig Zentimeter Kabel eine milliardstel Sekunde, und der Zeittakt, in dem der Computer arbeitet, kann nicht beliebig verkürzt werden.

Diese Schwierigkeit kann man aber durch Verkleinerung der Bauelemente umgehen, und Miniaturisierung ist ja auch der Prozeß, den wir in der Entwicklung von Taschenrechnern sozusagen mit eigenen Augen verfolgen konnten. Die Mindestgröße eines Taschencomputers wird heute gar nicht mehr durch die Ausmaße der Elektronik bestimmt, sondern durch die Bedienungstafel, also durch die Größe der Tastknöpfe und der Leuchtanzeige; denn ein Taschenrechner, den man nur mit der Stecknadel bedienen oder nur mit der Lupe ablesen könnte, wäre zwar leicht zu bauen, würde aber seinen Zweck verfehlen.

Die Marksteine dieser zunehmenden Verkleinerung der Bauelemente waren elektromechanische Relais, dann Elektronenröhren, später Transistoren, schließlich integrierte Schaltkreise und neuerdings sogenannte Mikroprozessoren, winzige, maschinell hergestellte Bauteile, die selbst wieder ganze Rechenoperationen oder logische Schritte ausführen können. Die Verkleinerung erhöht aber nicht nur die Rechengeschwindigkeit; sie vermindert auch die Herstellungskosten und den Energieverbrauch, und sie macht die Rechenautomaten leichter. Beides war für die Entwicklung der Raumfahrt unerläßlich; gerade hier braucht man leichte, energiesparende und vor allem zuverlässige Systeme für Steuerung, Datenübertragung und Nachrichtenverarbeitung. Natürlich haben auch militärische Bedürfnisse bei dieser Entwicklung Pate gestanden.

Und für die Entwicklung neuer, effektiver Systeme, die nach alternativen Funktionsprinzipien arbeiten, ist im Augenblick noch keine Grenze abzusehen. Gerade die Existenz des Gehirns macht uns in dieser Hinsicht optimistisch. Sollte, was im Organismus möglich ist, nicht auch mit elektronischen Bauteilen möglich sein? Ein solcher Analogieschluß ist natürlich nicht zwingend; aber er ist ein fruchtbares heuristisches Prinzip, dem wir viele Fortschritte verdanken. Kybernetik, Computertechnik, Systemtheorie und Bionik leben ja von solchen Übertragungsmöglichkeiten.

Zum Beispiel wissen wir, daß das Gehirn mit seinen verschiedenen Teilen mehrere Funktionen gleichzeitig ausführen kann. Zwar richten sich Bewußtsein und Aufmerksamkeit immer nur auf einen Gegenstand, aber wir sind durchaus in der Lage, im Gehen, sagen wir bei einem Spaziergang, ein Flugzeug zu beobachten und gleichzeitig darüber zu sprechen. Das Gehirn steuert dabei zugleich die Fortbewegung, das Gleichgewicht, die optische Wahrnehmung und das Sprechen. Computer arbeiten dagegen noch seriell, das heißt, sie können verschiedene Schritte immer nur nacheinander ausführen. Jedoch versucht man bereits – unserem Analogieschluß entsprechend –, sie auf simultanes Operieren umzustellen.

Nun gut; hier mag noch einiges Wirklichkeit werden, was zunächst unmöglich schien. Aber besteht nicht doch ein prinzipieller Unterschied zwischen Gehirn und Computer? Sind die zu erwartenden

Verbesserungen im Sinne kleinerer Bauteile, größerer Schnelligkeit, genauerer Ergebnisse, umfangreicheren Gedächtnisses nicht rein quantitativer Natur, der Unterschied zum Gehirn aber ein qualitativer?

Das Paar „quantitativ-qualitativ" ist freilich begrifflich schwer zu fassen. Man muß dabei objektive Gegebenheiten und subjektive Eindrücke streng trennen. Quantitative Unterschiede werden nämlich von uns oft qualitativ interpretiert.

Zum Beispiel unterscheiden sich die verschiedenen Bestandteile des sichtbaren Lichtes eigentlich nur quantitativ – sie haben verschiedene Wellenlänge, Frequenz, Energie –; sie werden von uns aber qualitativ verschieden gesehen, nämlich als verschiedene Farben. Gehen wir über den sichtbaren Bereich hinaus ins Infrarot, so ändert sich die Wellenlänge wieder nur quantitativ; da hier aber statt des Auges unser Wärmesinn angesprochen wird, haben wir ein qualitativ neues Erlebnis.

Beim Computer und seinen Leistungen läßt sich etwas Ähnliches feststellen. Ein Gerät, das zehnmal so schnell rechnet wie seine Vorgänger, kann plötzlich Dinge, die vorher unmöglich waren. Zum Beispiel wird es bald Schachprogramme geben, die jeden menschlichen Spieler besiegen und nur noch gegeneinander antreten können, wobei sie sogar voneinander lernen. Daß wir ihre Taktik dann nicht mehr durchschauen, wird etwas qualitativ Neues sein in der Geschichte des königlichen Spiels.

Noch überraschender ist die Lösung des sogenannten „Vierfarbenproblems". Eine Landkarte wird sinnvollerweise immer so eingefärbt, daß benachbarte Länder verschiedene Farben erhalten, damit man sie leicht unterscheiden kann. Mit drei Farben kommen die Kartenmacher dabei nicht aus. Wie jeder anhand einer Skizze leicht nachprüfen kann, geraten dabei fast immer gleiche Einfärbungen aneinander. Man braucht also mindestens vier Farben. Andererseits kommt man, wenn man sich nur die notwendige Mühe macht, auf jeden Fall mit vier Farben zurecht. Solange farbige Landkarten gemacht wurden, fand sich keine, für die fünf Farben erforderlich gewesen wären. Deshalb vermuteten die Mathematiker, daß diese Regel für alle ebenen Karten gilt. Aber sie konnten ihre Vermutung, den sogenannten „Vierfarbensatz", nicht durch Beweis erhärten. Erst 1976 ist es gelungen, ihn zu beweisen – und zwar nur mit Hilfe eines Computers!

Das Vierfarbenproblem ist somit gelöst; aber kein Mensch kann den Beweis von Hand nachvollziehen, weil das Jahrhunderte in Anspruch nehmen würde. Dies ist in der Mathematik eine ganz neue Situation, *etwas qualitativ Neues.* Soll man einen Beweis anerkennen, den ohne Computer niemand nachprüfen kann? Viele Mathematiker mit traditioneller Ausbildung lehnen das ab. Andere bevorzugen dagegen den maschinellen Beweis, weil es leichter ist, ein Computerprogramm auf Korrektheit zu überprüfen als Rechnungen von Hand.

Auf jeden Fall wird der Computer auch als Werkzeug für Beweise eine immer größere Rolle spielen. Selbst wenn für den Vierfarbensatz ein kürzerer und eleganterer Beweis gefunden werden sollte, der sich auf dem Papier nachvollziehen ließe, so bleiben doch mit Sicherheit Probleme genug, die sich *nur* noch mit Hilfe von Computern lösen lassen.

Solche Beispiele sollten uns davon überzeugen, daß man trotz aller Wesensverschiedenheit zwischen Gehirn und Computer vorsichtig sein sollte mit Behauptungen, Computer könnten niemals dies oder jenes, zum Beispiel, sie könnten niemals *denken*. Wann wären wir denn bereit, einem System zuzugestehen, daß es denkt? Nach dem englischen Mathematiker Turing dürften wir behaupten, eine Maschine denke, wenn eine über die Versuchsanordnung nicht informierte Versuchsperson nach halbstündiger Konversation mit der Machine nicht entscheiden kann, ob ihr Gesprächspartner ein Mensch ist oder eine Maschine. Dieser sogenannte Turing-Test reicht jedoch nicht aus. Es kommt ja nicht nur darauf an, wie *erfolgreich* jemand etwas tut, sondern auch darauf, *wie* er es zustandebringt.

Die Grenze ist wieder einmal sehr schwer abzustecken. Spielt man zum Beispiel noch Schach, wenn man verlieren will? „Sieht" man eigentlich noch, wenn man eine Brille benutzen muß, eine Lupe, ein Mikroskop? „Sieht" man auch noch, wenn man ein Elektronen-Mikroskop benutzt, das gar nicht mehr mit Licht arbeitet, sondern die Welleneigenschaften von Elektronen ausnutzt? Denkt ein Schimpanse nach, wenn er sich beim Lösen von Problemen am Kopf kratzt?

Freilich kann man eine menschliche Tätigkeit immer so definieren, daß nur Menschen sie ausüben können. Dazu fordert man einfach, nicht nur das Ergebnis, sondern auch der Weg müsse in allen Einzelheiten mit der menschlichen Tätigkeit übereinstimmen. Können Maschinen denken? Sie können es natürlich nicht, wenn man den Begriff „Denken" wilkürlich auf biologische Gehirne mit Neuronen und Synapsen beschränkt. Dann ist das Problem durch Sprachregelung gelöst; aber wir wissen eigentlich nicht mehr als zuvor.

Eine faire Charakterisierung dagegen wird vielleicht die drei Hauptfunktionen menschlichen Denkens nennen, nämlich Gedächtnis, Abbildfunktion und Simulationsfunktion, und dann prüfen, ob Computer eben diese Funktionen ausüben können. Können sie es, dann denken sie auch, dann verdienen sie den Namen „Elektronengehirn".

Wir wissen, daß sie mindestens zwei dieser Leistungen vollbringen, nämlich Gedächtnis und Simulation. Das *Gedächtnis* eines Computers ist zwar vorläufig noch um Größenordnungen kleiner als das menschliche, aber es ist zuverlässiger und erlaubt schnelleren Zugriff.

Die *Simulationsfähigkeit* ist die Fähigkeit, hypothetische Modelle durchzuspielen und auf ihre Konsequenzen zu überprüfen. Besonderes Aufsehen haben in den letzten Jahren die sogenannten „Weltmodelle" erregt, mit denen die Zukunft der Menschheit unter verschiedenen Annahmen erfaßt werden soll, in denen also zukünftige oder wenigstens mögliche Welten simuliert werden. Mit der Formel „Macht gleich Bevölkerungszahl mal Stahlproduktion" (Wilhelm Fucks) ist es dabei natürlich nicht getan. Bei solchen Prognosen müssen so viele Faktoren, Einflußgrößen und Abhängigkeiten berücksichtigt werden, daß nur ein Computer die gesamte Datenmenge verarbeiten kann. Deshalb ist die Verwendung datenverarbeitender Maschinen für eine seriöse Zukunftsforschung unerläßlich.

Ein zweiter Gesichtspunkt kommt hinzu. Menschen haben Gefühle, Wünsche, Ideale. In ihre Weltmodelle werden subjektive Deutungen und Bewertungen eingehen. Ein Pessimist wird einer optimistischen Prognose mißtrauen und höchstens einer pessimistischen Vorhersage Vertrauen schenken. Computer dagegen haben keine Wünsche – vorerst jedenfalls. Sie verdrängen nicht Tatsachen, die ihnen mißfallen, und verheimlichen nicht Ergebnisse, die ihrer Überzeugung widersprechen. Sie sind weltanschaulich neutral; sie sind objektiv oder wenigstens so objektiv wie die Daten und Programme, die ihnen eingegeben werden. Das macht sie zur Lösung unserer Probleme erst recht unentbehrlich; denn nur bei objektiver Berücksichtigung aller einschlägigen Daten besteht überhaupt eine Chance zur Lösung unserer Zukunftsaufgaben.

Die dritte charakteristische Leistung menschlichen Denkens, die *Abbildfunktion,* ist die Fähigkeit, ein inneres Modell der Umwelt zu konstruieren. Sie wird von Computern nicht oder nur in Ansätzen erbracht. Aber wenn sie eines Tages auch dies können, denken sie *dann*? – Sicher müssen wir, wenn wir diese Frage beantworten wollen, noch viel genauer herausfinden, was Denken ist und wie unser Gehirn denkt. Oder sind wir nur bereit, von Denken zu sprechen, solange wir den Vorgang *nicht* durchschauen?

Andererseits vollbringt der Computer gewisse Leistungen, gerade *weil* er es anders macht. Wir verlangen ja auch nicht, der Mensch solle den Compter imitieren – da würde er glatt versagen. Wir bauen Computer, damit sie uns ergänzen, nicht nur, damit sie uns vertreten.

Warum sollten sie dabei ausgerechnet auf dem Niveau stehenbleiben, auf dem wir stehen? Die bisherigen Forschungen beweisen, daß dort keine Grenzen liegen, wo wir sie zunächst vermuteten. Wo die wirkliche Grenze gezogen ist, wissen wir noch nicht. Daß die Möglichkeiten der Computer trotz alledem nicht unbeschränkt sind und welche Konsequenzen diese Einsicht für die Beurteilung des menschlichen Gehirns hat, ist Thema des nächsten Kapitels.

4 Werden wir uns selbst begreifen?

Über dem Eingang zum Orakel von Delphi stand die Aufforderung: Erkenne dich selbst! Offenbar ist das eine schwere Aufgabe. Seit Jahrtausenden, vielleicht seit Jahrmillionen, denken die Menschen über sich selbst nach. Inzwischen können wir manches, was früheren Generationen unmöglich schien. Wir heilen Krankheiten und bauen Atombomben. Wir fliegen zum Mond und wissen Bescheid über das Innere der Sonne, sogar über das Innere von Sternen, die wir nicht einmal sehen. Wir machen uns Gedanken über den Ursprung des Universums und über die Entstehung des Lebens. Aber uns selbst verstehen wir nicht. Wird uns eines Tages auch das gelingen?

Das Organ, dem wir all die typisch menschlichen Eigenschaften verdanken, Erkennen und Fühlen, Sprache und Denken, Bewußtsein und Selbstbewußtsein, ist das Gehirn. Nur wenn wir dieses Organ durchschauen, können wir hoffen, vielleicht auch seine Funktionen und damit uns selbst zu begreifen. Wir alle tragen dieses phantastische Instrument mit uns herum und nehmen es in Anspruch; aber wir verstehen es nicht. Für unser Unvermögen gibt es sicher viele Gründe. Einige dieser Hindernisse wollen wir daraufhin untersuchen, ob sie überwunden werden können.

Da ist zunächst einmal die ungeheure *Kompliziertheit* des Gehirns. Das menschliche Zentralnervensystem ist – wie bereits betont – das komplizierteste System, das die Natur bisher hervorgebracht hat. Diese unglaubliche Kompliziertheit beruht auf der Vielfalt der Neuronenverbindungen. Wollte ein Hirnforscher versuchen, alle Neuronen, Dendriten, Nervenfasern und Synapsen in ein Diagramm einzuzeichnen, so bräuchte er für einen solchen „Schaltplan des Geistes" 40 000 Jahre. Selbst wenn es – vielleicht mit Hilfe eines Computers – in wesentlich kürzerer Zeit gelänge, so wäre damit noch gar nichts gewonnen, weil eine derartige Zeichnung vom Umfang einer ganzen Bibliothek viel zu unübersichtlich wäre, als daß man irgend etwas über die *Funktion* der einzelnen Teile und Untersysteme sagen könnte.

Hier könnten nun tatsächlich Computer weiterhelfen. Computer scheuen sich nicht vor umfangreichem Datenmaterial, sie vergessen nichts, und sie sind auch komplizierten Zusammenhängen gewachsen

– freilich nicht *beliebig* komplizierten. Es wäre – jedenfalls im Prinzip – durchaus denkbar, daß ein elektronisches Gerät die Analyse eines menschlichen Gehirns vornimmt und seine wesentlichen Eigenschaften ermittelt.

Computer werden ja längst in der medizinischen Praxis eingesetzt. Sie können zum Beispiel Gehirnwellen aufzeichnen und durch eine sogenannte Fourieranalyse die verschiedenen Anteile an Alpha-, Beta-, Delta- und Theta-Rhythmen herausfiltern und so die Diagnose erleichtern. Aber von einer Gesamtanalyse des Gehirns sind wir noch sehr weit entfernt, da wir noch nicht einmal so recht wissen, wonach wir eigentlich suchen sollen.

In Zukunftsromanen dagegen wird natürlich ein solches Vorgehen schon praktiziert. In dem Buch „A wie Andromeda" von Hoyle und Elliot erweisen sich Funksignale aus dem Weltraum als verschlüsselte Anleitung zum Bau eines gigantischen Supercomputers, den keiner der Konstrukteure mehr durchschaut und der die weitere Entwicklung auf der Erde lenkt. Bevor er jedoch die Leitung übernehmen kann, muß er – der Computer – zunächst einmal herausfinden, wie die irdischen Gehirne funktionieren, wie Menschen denken. Dies gelingt ihm, indem er in Sekundenschnelle das Gehirn eines Menschen untersucht, einer Frau, die zwischen zwei seiner elektrischen Kontakte getreten ist.

Komplexität ist jedoch nicht die einzige Schwierigkeit für die Gehirnforschung. Eine *zweite* ist die *Individualität.*

Bei der Ausbildung des Gehirns entwickeln sich im Laufe des Lebens viele individuelle Unterschiede, sowohl aufgrund unterschiedlicher genetischer Programme als auch aufgrund unterschiedlicher Umwelteinflüsse und schließlich auch aufgrund zahlreicher Zufallsfaktoren, die in die Entwicklung eines Organismus hineinspielen. So ließen sich die Detailkenntnisse, die an einem speziellen Gehirn gewonnen würden, gar nicht ohne weiteres auf das nächste Individuum übertragen.

Ein solcher Denkfehler wird gerade in dem erwähnten Zukunftsroman begangen. An einem einzigen Gehirn läßt sich gar nicht herausfinden, was die Regel und was die Ausnahme ist. Nur indem man viele, sehr viele Gehirne untersucht, wird man erkennen, was allen menschlichen Gehirnen gemeinsam ist.

Vor dem Problem steht allerdings nicht nur die Hirnforschung, sondern die gesamte Naturwissenschaft. Wenn von einer Gattung nur ein einziges Exemplar zur Verfügung steht, kann der Wissenschafter nicht zwischen dem Allgemein-Notwendigen und dem Individuell-Zufälligen unterscheiden. Das gilt zum Beispiel für die Erforschung des Planetensystems, von dem wir ja bisher nur ein einziges kennen, nämlich unseres.

Es gilt auch für die Entstehung des Lebens auf der Erde. Sie hat sich, soweit wir wissen, nur ein einziges Mal abgespielt, und wir sind eines ihrer vorläufigen Ergebnisse. Es ist zwar wahrscheinlich, daß sich

Ähnliches auch auf anderen Himmelskörpern, also auf den Planeten ferner Fixsterne, ereignet hat; aber wir wissen nicht, wie solch fernes Leben aussieht. Beruht es statt auf Kohlenstoff-Basis vielleicht auf Silizium-Basis? Ist nicht Wasser, sondern etwa Ammoniak das übliche Lösungsmittel? Da wir nur *eine* Form von Leben kennen, wissen wir nicht, was für *jede* Form von Leben gilt und was nicht. Ein Einzelfall rechtfertigt eben noch keine Verallgemeinerungen. So wird der Weg der Gehirnforschung nicht der sein, ein einziges Gehirn möglichst genau zu untersuchen. Tatsächlich stehen uns ja auch genügend Gehirne zur Verfügung, beliebig viele, wenn wir so wollen; denn jeder von uns trägt ja eines mit sich herum.

Eine *dritte* Schwierigkeit bei der Erforschung des Gehirns und des menschlichen Denkens ist die Tatsache, daß es hier *zwei Zugänge* zu geben scheint, und zwar zwei völlig verschiedene. Der eine Zugang ist der *von innen,* der subjektive Zugang. Er beruht auf Selbstbeobachtung, auf der Analyse der eigenen Erlebnisse und Gefühle, auf psychischen Erfahrungen und auf psychologischen Experimenten. Der andere Zugang ist der *von außen,* der objektive Zugang. Er besteht in der Beobachtung anderer, in der Aufzeichnung und Auswertung von Gehirnwellen, in der neurophysiologischen Untersuchung des Gehirns und seiner Funktionen. Diese beiden Zugänge scheinen ganz verschiedene, ja unvereinbare Informationen über das menschliche Gehirn zu liefern, und diese Informationen werden auch in ganz unterschiedlicher Ausdrucksweise mitgeteilt. Was kann die Auskunft „ich habe Angst" zu tun haben mit gleichzeitig entstehenden Gehirnwellen bestimmter Frequenz? Was verbindet Träume, die ich habe, mit den schnellen Augenbewegungen, die dabei an mir festzustellen sind?

Das sind nur einige von vielen noch längst nicht beantworteten Fragen, die mit dem verwickelten *Leib-Seele-Problem* zusammenhängen, das schon der Philosoph Arthur Schopenhauer den „Weltknoten" nannte. Wir sollten aber die Tatsache, daß wir hier zwei gänzlich verschiedene Aspekte oder Projektionen desselben Systems kennen, nicht als Nachteil, sondern eher als Vorteil ansehen. Denn das Gehirn ist zwar das komplizierteste System in der Natur, aber es ist auch das einzige System, zu dem wir *zwei* Zugänge haben, nämlich außer dem objektiven auch noch den subjektiven. Ohne den subjektiven Zugang hätte sich das Leib-Seele-Problem zwar nie gestellt; aber hätten wir dann überhaupt eine Chance, dieses System je zu verstehen?

Die *vierte* Schwierigkeit dabei ist die Tatsache, daß wir seine höchste Leistung, *das Denken, denkend verstehen* wollen, daß also der Gegenstand der Untersuchung mit dem Werkzeug der Untersuchung identisch ist. In solchen Fällen der Rückbezüglichkeit treten leicht Widersprüche auf, sogenannte Antinomien. Die älteste derartige Antinomie ist der Satz „ich lüge jetzt". Denn wenn es stimmt, daß ich lüge, während ich ihn ausspreche, dann sage ich ja die Wahrheit, da ich ja zugebe, daß ich lüge. Also: Wenn ich lüge, sage ich die Wahrheit. Wenn es aber nicht stimmt, daß ich lüge, dann sage ich die Unwahrheit, lüge also. Ich lüge also genau dann, wenn ich nicht lüge, und das ist offenbar Unsinn.

Der Satz „ich lüge jetzt" ist in sich widerspruchsvoll. Das kommt daher, daß er etwas über sich selbst auszusagen versucht, daß er sich auf sich selbst bezieht.

Ähnliche Probleme stecken in dem Befehl „gehorche nicht!", in der Aufforderung „sei doch spontan!" oder in der Anpreisung des Dorffriseurs „ich rasiere genau *die* Männer meines Dorfes, die sich nicht selbst rasieren". Rasiert dieser Mann eigentlich auch sich selbst oder tut er es nicht? Rasiert er sich, dann stimmt es nicht, daß er nur diejenigen rasiert, die sich *nicht* selbst rasieren. Rasiert er sich selbst aber nicht, dann rasiert er eben nicht alle, die sich nicht selbst rasieren. Die Ankündigung ist demnach *in jedem Falle falsch*.

Solche Fälle von Selbstbezug sind also problematisch; sie können Widersprüche erzeugen (müssen es allerdings nicht). Widersprüche sind aber unerwünscht. Aus einem System von Aussagen, die einen Widerspruch enthalten, kann man nämlich nach den Gesetzen der Logik jede beliebige Aussage gewinnen, auch jede falsche und zu jeder Behauptung auch ihr Gegenteil. Damit ist ein solches System wertlos.

Nach alledem stellen wir die Frage: Wird auch der Versuch, das Denken denkend zu erfassen, in seiner Rückbezüglichkeit zu Widersprüchen führen? Wird das Denken an dieser letzten und größten Aufgabe, die es sich stellt, scheitern, an der Aufgabe, sich selbst zu begreifen?

Wir haben gesehen, daß sich einige der typischen Schwierigkeiten, die sich der Selbsterkenntnis des Menschen entgegenstellen, durch Computer abmildern lassen. Aber auch der Leistungsfähigkeit von Computern sind Grenzen gesetzt. Sie liegen zwar nicht dort, wo sie zunächst vermutet wurden; aber es gibt sie, und sie lassen sich angeben.

Zunächst einmal gibt es *praktische* Schwierigkeiten. In den letzten Jahren wurde entdeckt, daß es Probleme gibt, die zwar im Prinzip durch Computer lösbar wären, da man wohlbestimmte Rechenverfahren angeben kann, nach denen die Aufgaben zu behandeln wären. Sie würden aber einen Computer erfordern, der größer wäre als das gesamte Universum und länger rechnen müßte als vom Urknall bis heute. Solche Probleme sind also aus praktischen Gründen absolut unlösbar.

Gibt es nicht auch *theoretisch* begründete Hindernisse? Ein Computer kann doch nach gängiger Meinung nur das, was man ihm eingegeben hat. Deshalb, so meint man, kann er uns nicht überraschen, nicht kreativ sein, nichts erfinden, nichts Neues entdecken. Dieser Einwand ist in einem einfachen, aber zu einfachen Sinne berechtigt. Natürlich können Computer nur das speichern, kombinieren und dazulernen, was mit ihren Bauelementen – der sogenannten hardware – und mit ihren Programmstrukturen – der software – möglich ist.

In diesem vereinfachten Sinne sind auch Menschen durch das festgelegt, was ihnen eingegeben wurde. Auch der Mensch hat Bauelemente und Programmstrukturen. Zum Teil sind sie genetisch bedingt; zum Teil werden sie durch Wechselwirkung mit der Umwelt erworben. In einem weniger trivialen Sinne jedoch ist die Behauptung, Menschen könnten nur, was man ihnen eingegeben hat, natürlich falsch.

Aber auch Computer können mehr als eben das. Computer können uns durchaus überraschen. Sie machen nicht nur unerwartete *Fehler,* was ja eher unerwünscht ist, sondern finden auch neue, originelle *Lösungen.* So nennt eine Schachzeitschrift bei der Wiedergabe eines Spiels zwischen Schachmeister und Computer den zwölften Zug des Computers „. . . eine Überraschung, wie man sie von Schachprogrammen bisher kaum gewohnt ist". Dieser Zug war kein Zufallstreffer und kein Programmierfehler, sondern eine taktische Leistung, die dem Rechner eine überlegene Spielstellung einbrachte, überraschend für den Gegner und die gesamte Schachwelt. Er war zwar im Programm nicht ausdrücklich vorgesehen, ergab sich aber doch zwangsläufig aus den eingegebenen Spiel- und Bewertungsregeln. Überraschend war er nur deshalb, weil die Autoren des Programms nicht alle Konsequenzen überblicken konnten. Ein Schachcomputer kann eine größere Anzahl von Zügen vorausberechnen als jeder menschliche Schachspieler, und das macht seine diesbezügliche Überlegenheit aus.

Der Computer gewinnt seine Ergebnisse zwangsläufig, deterministisch. Wer sagt uns aber, daß das menschliche Gehirn nicht ebenfalls zwangsläufig zu seinen Ergebnissen gelangt? Vielleicht ist auch das Gehirn eine Maschine, nicht eine elektronische, sondern eine biochemische, aber so kompliziert, daß wir die Zwangsläufigkeit der Prozesse nicht erkennen?

Gegen die Behauptung, das Gehirn sei nichts weiter als eine komplizierte Maschine, gibt es ein interessantes Argument, das aus der mathematischen Grundlagenforschung stammt. Der Logiker und Mathematiker Kurt Gödel hat im Jahre 1931 einen Satz über formale Systeme bewiesen, den sogenannten ersten Unvollständigkeitssatz, oft auch einfach Gödelsches Theorem genannt.

Formale Systeme sind zum Beispiel die Schachregeln oder die Regeln anderer Brettspiele, die Schritte eines Rechenprogramms oder die Axiomensysteme der Mathematik. Gödel untersuchte nun solche formalen Systeme, die erstens widerspruchsfrei sind und zweitens die gewöhnliche Arithmetik enthalten. Er konnte zeigen, daß es in jedem solchen System Sätze über das System gibt, die sich in dem System zwar formulieren, nicht aber beweisen lassen, obwohl sie mit anderen Mitteln als wahr erkannt werden können. Nach Gödel ist also jedes widerspruchsfreie formale System, das mindestens die Arithmetik enthält, in dem Sinne unvollständig, daß es darin Sätze gibt, die wahr sind, aber darin nicht bewiesen werden können.

Nun läßt sich auch die Arbeitsweise eines Computers als formales System auffassen. Diese Erkenntnis verdanken wir Alan Turing. Damit können wir den Gödelschen Satz auf Computer anwenden. Nach Gödel gibt es dann also für jeden Computer Probleme, die er nicht lösen kann, nämlich Sätze über den Computer, die *er* nicht beweisen kann, obwohl *wir* sie beweisen können. Sind wir also dem Computer überlegen? Nicht unbedingt, denn die Situation ist immer noch völlig symmetrisch: Es kann ja auch umgekehrt Probleme geben, die *wir* nicht lösen können, wohl aber der *Computer*.

Nun gehen wir noch einen Schritt weiter. Nehmen wir einmal an, das menschliche Gehirn sei nichts weiter als ein hochkomplizierter Computer. Dann dürfen wir die Einsichten von Gödel und Turing auf das Gehirn übertragen. Es gibt dann Probleme, die das Gehirn selbst betreffen, die unser Gehirn aber nicht lösen kann. Das ist nun doch eine überraschende Entdeckung: Unter der Annahme, das Gehirn sei ein Computer, können wir beweisen, daß es *Probleme* gibt, *die wir nicht lösen können*! Vielleicht wird uns dabei doch etwas schwindlig.

Für die heutige Psychologie und die heutige Gehirnforschung spielt das Gödelsche Theorem allerdings keine Rolle. In unserem Wissen und in unseren Fragen sind wir noch so weit von dieser Grenze entfernt, daß wir getrost so tun dürfen, als ob es diese Grenze gar nicht gäbe. Aber der Satz hat grundsätzliche Bedeutung für das Selbstverständnis des Menschen. Der Versuch, ihn auf das Gehirn anzuwenden, stellt uns vor eine *dreifache Alternative*.

Man kann *erstens* behaupten, das menschliche Denken sei gar *nicht widerspruchsfrei*; dann ist der Gödelsche Satz nicht anwendbar, da eine seiner Voraussetzungen, Widerspruchsfreiheit, nicht erfüllt ist. Das ist jedoch keine befriedigende Lösung. Wir verwickeln uns zwar oft, viel zu oft, in Widersprüche. Aber wir versuchen doch regelmäßig, diese Widersprüche zu beseitigen, wenn wir sie entdecken, und wir erwarten, daß uns das auch immer gelingen wird.

Wenn wir unser Denken letztlich für widerspruchsfrei halten, müssen wir uns allerdings damit abfinden, daß wir dieser Widerspruchsfreiheit niemals werden sicher sein können; denn nach einem anderen

Resultat von Gödel kann ein widerspruchsfreies System seine eigene Widerspruchsfreiheit grundsätzlich nicht selbst beweisen.

Man kann *zweitens* der Meinung sein, das Gehirn arbeite gar *nicht als formales System*, nicht wie eine Turingmaschine, nicht wie ein Computer, es habe eine andere Funktionsweise und könne deshalb auch niemals durch einen Computer heutiger Bauart simuliert werden. Auch das wäre eine wichtige Erkenntnis über uns selbst.

Es wäre gleichzeitig eine Erkenntnis, die unsere Neugier weckt; denn wenn unser Gehirn nicht wie eine der heute existierenden oder geplanten Maschinen arbeitet – wie arbeitet es dann? Läßt sich dafür eine objektive Beschreibung geben? Enthält unser Gehirn vielleicht einen Zufallsgenerator, eine Vorrichtung, die mikroskopische Zufallsereignisse makroskopisch abbildet und, genau wie ein Würfel, ein Roulette-Rad oder die Lotto-Maschine, Zufallszahlen erzeugt? Ein solcher Zufallsgenerator läßt sich leicht in eine elektronische Rechenmaschine einbauen, und längst arbeiten viele Programme damit, zum Beispiel das sogenannte Monte-Carlo-Verfahren, das dazu dienen kann, Zufallsprozesse der Mikrophysik zu simulieren.

Ein Gehirn mit einem Zufallsgenerator wäre keine reine Turing-Maschine mehr; sein Verhalten wäre nicht streng determiniert und deshalb auch nicht voraussagbar; es wäre unerwartet und überraschend. Sollte darin das Wesen des Schöpferischen liegen: ein Zufallsgenerator als Quelle aller Spontaneität, als Erklärung für Willensfreiheit und Originalität? Diese Erklärung ist sicher noch zu einfach; aber sie führt möglicherweise in die Richtung, in die unsere Überlegungen gehen müssen. Freilich sollten wir uns dabei wieder selbstkritisch fragen, ob wir vielleicht nur so lange von Schöpfertum sprechen, wie wir die Vorgänge *nicht* durchschauen. Auch dieses Problem werden wir jedenfalls nicht durch Sprachregelung lösen, sondern nur durch intensive Forschung.

Man kann schließlich *drittens* die Gödelschen Resultate so deuten, daß sie eine grundsätzliche *Grenze für das menschliche Mathematisierungsvermögen* anzeigen. Formales Vorgehen ist danach zwar eine äußerst fruchtbare, aber keine universell anwendbare Methode. In dieser Interpretation würden die Gödelschen Sätze am meisten zum Selbstverständnis des Menschen beitragen. In Anlehnung an ein berühmtes Werk von Immanuel Kant hat deshalb der Logiker Heinrich Scholz die Gödelschen Untersuchungen eine neue „Kritik der reinen Vernunft" genannt.

Gelegentlich werden die Gödelschen Ergebnisse auch dahingehend gedeutet, keine wissenschaftliche Forschung könne jemals die Vielfalt des menschlichen Geistes ausloten. Vielleicht ist diese Behauptung wahr; aber aus den Gödelschen Sätzen folgt sie nicht. Diese sagen ja nur, daß gewisse Aussagen *über* ein System nicht *innerhalb* des Systems bewiesen werden können.

Vielleicht also kann der Einzelne nicht hoffen, sich selbst zu verstehen; das würde aber nicht ausschließen, daß er andere verstehen könnte. Vielleicht könnten wir ja auch über die Begrenzung des Einzelgehirns hinwegkommen, etwa einen Computer bauen, der zwar nicht sich selbst, wohl aber *uns* versteht; der, indem er immer mehr dazulernt, für uns bald undurchschaubar würde; der uns jede Frage über unser Gehirn beantwortet, auch wenn wir die Begründung nicht nachvollziehen können? Den wir, wie Hoimar von Ditfurth es ausdrückt, als „Intelligenzsonde" in geistige Räume schicken könnten, von wo er mit neuen Ergebnissen und Ideen zurückkäme, so wie uns Raumsonden vom Mond Bodenproben zurückbringen?

Angenommen, wir könnten einen solchen Supercomputer bauen, sollten wir es auch tun? Bisher haben wir uns nur Gedanken darüber gemacht, was wir können. Die Frage, was wir sollen und dürfen, wird das letzte Kapitel behandeln.

5 Dürfen wir, was wir können?

Einige der ältesten und beliebtesten Zukunftsromane stammen von Jules Verne. Der Hauptreiz seiner Erzählungen liegt in der gesunden Mischung aus Utopie und Abenteuer. Während einige seiner Titel für alle Zeiten utopisch bleiben werden, zum Beispiel die „Reise ins Innere der Erde", klingen andere gar nicht mehr wie ferne Zukunftsmusik. Die „Reise um die Welt in 80 Tagen" schaffen wir heute spielend, und auch „von der Erde zum Mond" waren schon Menschen unterwegs. Was für Jules Verne in ferner Zukunft lag, ist für uns bereits Geschichte geworden.

Geschichte, was heißt das? Auf den Augenblick bezogen, erscheint die Einteilung des Geschichtlichen in Vergangenheit, Gegenwart und Zukunft eindeutig. Aber mit fortschreitender Zeit wechselt sie ihren Bezugspunkt; sie ist relativ auf mein bewußtes Erleben, ist subjektiv. Ganz ähnlich ist die Aufgliederung der abendländischen Geschichte in Abschnitte wie Altertum, Mittelalter und Neuzeit in einem noch größeren Maßstabe subjektiv und nur für eine begrenzte Zeitspanne gültig. Da diese Einteilung bereits im 18. Jahrhundert eingeführt wurde, sehen sich die Historiker inzwischen schon gezwungen, das 19. Jahrhundert als „neuere Zeit" und das 20. gar als „neueste Zeit" anzusprechen. Irgendwann aber – vielleicht nach weiteren zweihundert Jahren – wird auch unser Jahrhundert keineswegs mehr als „neu" oder „modern“ angesehen werden; vielleicht gehören wir dann eher zu einer Art „Mittelalter“?

Trotz dieser Relativität der Begriffe „Jetztzeit, Gegenwart, Neuzeit, Moderne“ gibt es doch *objektive* Gründe, die den Historiker bewegen können, an bestimmte Zeitpunkte der Vergangenheit Schnitte zu legen. So ist auch der Schnitt zwischen Mittelalter und Neuzeit um das Jahr 1500 durchaus begründet.

Es ist allerdings nicht ein einzelnes Ereignis, das diesen Schnitt rechtfertigt, also nicht unbedingt die Erfindung der Buchdruckerkunst, auch nicht die Entdeckung Amerikas, weder der Beginn der Reformation noch das Aufkommen der Nationalstaaten, auch nicht das kopernikanische Weltsystem oder die Kunst eines Leonardo da Vinci; es ist das Zusammentreffen dieser vielen Faktoren in einer geistigen Strömung, die dem Menschen ein *neues Selbstverständnis* gab. Die Jahrhunderte danach waren getragen und geprägt von einer ungeheuren Aufbruchstimmung, von einem unbändigen Erkenntnisoptimismus, von einem Gefühl der Selbstbefreiung, der Emanzipation des abendländischen Menschen aus der Abhängigkeit von Kaiser und Papst.

Bis ins 20. Jahrhundert fühlt sich der Mensch dann nicht nur als Geschöpf, sondern zugleich als Schöpfer. Statt sich seiner Umwelt anzupassen, schneidert er sich die Umwelt entsprechend seinen Bedürfnissen zurecht. Er glaubt, alle Welträtsel seien lösbar und in Kürze gelöst.

Als sich 1874 ein Abiturient über seine Berufsaussichten informieren wollte, riet ihm ein Universitätsprofessor vom Physikstudium dringend ab: Die Physik sei im wesentlichen abgeschlossen; hier gebe es nicht mehr viel zu entdecken; fast alles sei bereits erforscht. Der Abiturient ließ sich allerdings nicht abschrecken; er studierte trotzdem Physik. Er machte später Entdeckungen, die unser Weltbild revolutionieren sollten. Es war der Begründer der Quantentheorie, der spätere Nobelpreisträger Max Planck.

Den naiven Erkenntnisoptimismus seines Beraters teilen wir heute nicht mehr. Zwar hat sich die technologische Entwicklung fortwährend beschleunigt, und die Grenzen des medizinisch und technisch Machbaren wurden zunehmend weiter hinausgeschoben; Mondflug und Computertechnik, Kernreaktor und Neutronenbombe sind nur aktuelle Beispiele aus dieser Erfolgsbilanz. Aber unsere Einstellung zu diesen Leistungen und Errungenschaften ist eine andere geworden. Das zeigt sich schon in Buchtiteln wie diesen: „Forscher zwischen Wissen und Gewissen“; „Grenzen der Machbarkeit“; „Dämonische Wissenschaft“; „Die Verantwortung der Wissenschaft im Atomzeitalter“.

Wir fragen nicht mehr nur „Was können wir?“, sondern gleichzeitig auch: „Was sollen wir, was dürfen wir tun? *Dürfen wir, was wir können?*“

Dürfen wir, was wir können? Während diese Frage lange Zeit, vielleicht jahrhundertelang, bedenkenlos bejaht wurde, während jede Neuentwicklung als Triumph menschlichen Erfindergeistes verkündet, jede neue Entdeckung als eine Frucht faustischen Drängens nach mehr Wissen gefeiert wurde, sind wir heute vorsichtig und eher mißtrauisch geworden: Dürfen wir, was wir können, auch tun?

Der Verhaltensforscher Wolfgang Wickler charakterisiert den Menschen als ein Geschöpf, das mehr will, als es kann, und mehr kann, als es soll. Das Können, eingespannt zwischen Wollen und Sollen, sei deshalb gewöhnlich Hauptgegenstand unseres Wissensdurstes. Aber gelegentlich kümmert uns doch auch die Frage nach dem Dürfen. Wer gibt uns dann Maßstäbe für unser Verhalten, Normen für unsere Entscheidungen?

Die Frage, was wir tun sollen, ist allerdings logisch unabhängig von der Frage, wie die Welt aussieht: Aus Fakten folgen keine Normen, aus Tatsachen keine Gebote oder Verbote, aus dem, was ist, nichts darüber, was sein soll. Dies war nicht allen Denkern klar. Die Annahme, aus Tatsachen könne man auf Normen schließen, nennt man den *naturalistischen Fehlschluß*. Die typische Form dieses Fehlschlusses lautet also: „*Weil* etwas in der Natur der Fall ist, *muß* es auch so sein.“ Oder etwas spezieller: „In der Natur gilt diese bestimmte Regelmäßigkeit; *also* muß sich auch der Mensch danach richten.“

Wir wollen ein Beispiel studieren.

In der Enzyklika „Humanae vitae“, die sich mit der Frage der Geburtenregelung befaßt, wird behauptet, es gebe ein *Naturgesetz*, das Paarungsverhalten und Fortpflanzung untrennbar verknüpfe. In der Tierwelt seien also Paarung und Zeugungsvorgang grundsätzlich verbunden. *Deshalb* – so heißt es – dürfe auch beim Menschen der eheliche Akt nicht durch empfängnisverhütende Mittel von der Möglichkeit zur Befruchtung abgekoppelt werden, die Empfängnis nicht „naturwidrig“ verhindert werden.

In dieser Argumentation stecken sogar zwei Fehler. Der erste Fehler liegt in der *Behauptung*, Paarung und Fortpflanzung seien *natur*gesetzlich aneinander gebunden. Diese Behauptung ist nicht nur gänzlich untheologisch, indem sie in den Kompetenzbereich des Naturwissenschaftlers eingreift und sich damit dem Risiko aussetzt, empirisch widerlegt zu werden; sie ist sogar wirklich *falsch*. Wie die Verhaltensforschung zeigt und wie Wolfgang Wickler in seinem Buch „Sind wir Sünder?“ vielfach belegt hat, dient auch in der Tierwelt das Paarungsverhalten in vielen Fällen gar nicht der Fortpflanzung, sondern dem Zusammenhalt der Partner oder einer ganzen Tiergruppe. Paarungsverhalten spielt also auch als soziale Klammer eine wesentliche, häufig sogar ausschließliche Rolle.

Der zweite Fehler liegt in der *Schlußfolgerung*, auch der Mensch müsse sich diesem angeblichen Naturgesetz beugen. Hier wird offenbar von vermeintlichen Fakten auf Normen geschlossen, also gerade der naturalistische Fehlschluß begangen. Denn warum sollte sich der Mensch nach den Tieren richten? Betonen nicht auch die meisten Religionen gerade den Unterschied zwischen Mensch und Tier? Diese Kritik sagt freilich nichts über Wert und Unwert der Geburtenregelung; sie richtet sich nur gegen die fehlerhafte *Begründung* in der Enzyklika.

Aus der Erkenntnis, wie die Welt beschaffen *ist*, folgt eben nicht, wie sie beschaffen sein *sollte*.

Ein zweites Beispiel: Das Studium der biologischen Evolution lehrt uns, daß im Laufe von Jahrmilliarden immer komplexere Organismen entstanden sind. Immer mehr biologische Information wurde im einzelnen Organismus vereint und von Generation zu Generation weitergegeben. Der Biologe hat dabei gute Gründe, von einer *Höher*entwicklung, von einem evolutiven *Fortschritt*, zu sprechen und den Menschen als *die höchste* Stufe der bisherigen Entwicklung einzuordnen.

Aber auch aus dieser Bewertung *folgt* keineswegs die Verpflichtung, die Menschheit ständig zu vermehren oder auch nur zu erhalten. Erst wenn wir – ganz unabhängig von den Tatsachen der Evolution – zusätzlich eine Vorschrift, eine Norm setzen oder akzeptieren, können wir eine solche Verpflichtung begründen. Derartige gesetzte Grundnormen gab es in der Menschheitsgeschichte durchaus, etwa den Auftrag, sein Volk zu vervielfachen. So könnte man auch Forderungen aufstellen wie die, den Bestand der Menschheit zu sichern, das Gleichgewicht der Natur zu erhalten, die Evolution zu beschleunigen oder wenigstens nicht zu behindern, die biologische Information zu bewahren oder die Artenvielfalt sogar noch zu vermehren.

Solche *Grundnormen* spielen in der Ethik die gleiche Rolle wie die Axiome in der Mathematik oder die Grundgesetze in der Physik: Sie werden selbst nicht weiter bewiesen; vielmehr verzichtet man auf eine Letztbegründung, weil man irgendwo anfangen muß.

Da solche Grundnormen nicht mehr logisch abgeleitet werden können, müssen wir uns für oder gegen sie *entscheiden*. Insofern sind Grundnormen nicht eine Frage der Erkenntnis, sondern eher des Bekenntnisses. Deshalb ist ein guter Naturwissenschaftler nicht unbedingt auch ein guter Gesetzgeber oder ein guter Politiker. Deshalb ist auch die Hoffnung trügerisch, mehr Information werde uns wie von selbst eine bessere Ethik verschaffen. Geeignete ethische Normen sind nicht in der Natur zu finden wie Bodenschätze, weder auf dem Berge Sinai, wie die Bibel berichtet, noch als Naturrecht noch als Diktat übernatürlicher Mächte. Und ihre Geltung ist auch nicht die Geltung von Naturgesetzen, die sich überprüfen lassen und als richtig oder falsch erweisen können.

Das hindert uns jedoch nicht, Normen – also Gebote und Verbote – aufgrund von Tatsachen oder sogar allein aufgrund der Logik sinnvoll zu *kritisieren*. Logisch kann man sehr wohl zeigen, daß Normen nicht miteinander vereinbar sind; und naturwissenschaftlich lassen sich z.B. politische Forderungen als gefährlich oder unerfüllbar erkennen, etwa weil ihrer Erfüllung ein Naturgesetz im Wege steht.

Erfahrungswissenschaftliche Tatsachen, Handlungsbedingungen und Handlungsfolgen bilden die unüberschreitbaren Randbedingungen, innerhalb deren Normen sich bewegen müssen. Deshalb kann ein Wissenschaftler politische Entscheidungen durchaus *kritisieren*.

Offenbar reichen jedoch Kenntnisse der Logik und der Naturgesetze nicht aus, um Normen *positiv* zu bestimmen. Die Ziele, die wir uns setzen, hängen von subjektiven Bewertungen ab. Deshalb ist es so viel schwerer, bei der *Ordnung* der Welt zu einer intersubjektiven Einigung zu kommen als bei der *Beschreibung* der Welt. Kriege werden um Werte und Normen geführt, nicht um Tatsachen.

Diese grundsätzliche Überlegung erleichtert uns nun die Antwort auf die Frage, die wir gestellt haben: Dürfen wir, was wir können? Sie lautet: Nein, wir dürfen es nicht. Jedenfalls *folgt* aus dem, was wir können, noch *nicht*, was wir sollen und dürfen.

Aber vielleicht gibt es hier doch einen Ausweg. Denn möglicherweise wird man sich wenigstens darauf einigen können, was Verschlechterungen unserer Situation sind, wenn man schon über Verbesserungen nicht einhellig urteilt. Statt das Paradies auf Erden anzustreben, das sich doch jeder anders vorstellt, würde man sich dann das bescheidenere Ziel setzen, wenigstens *Verschlechterungen zu vermeiden*. Und es sieht so aus, als sei die Erhaltung des Status quo auf unserem Raumschiff Erde schon Aufgabe genug.

Dieses Prinzip würde gleichzeitig die Forderung einschließen, daß wir uns *keine Vorteile auf Kosten unserer Nachkommen* verschaffen dürfen; denn Wohlstand und Lebensqualität sollen ja auch für sie erhalten bleiben. Diese Forderung klingt zwar elementar, ist aber sehr schwer einzulösen. Denn wird ein Politiker auch gewählt, der verkündet: „Mitbürger, schnallt Euren Gürtel enger, damit Eure Enkel in fünfzig oder hundert Jahren noch satt werden!“? Er würde sich unbeliebt machen. Bisher haben solche Appelle jedenfalls wenig gefruchtet. Es ist eine Schwäche des demokratischen Systems, daß der Wahlerfolg meist auf der Seite der kurzfristigen Versprechungen liegt statt auf der Seite der langfristig verantwortungsvollen Planung.

Zudem wird es schwieriger, auch nur den Besitzstand zu wahren. Denn der gegenwärtige technologische Stand ist in hohem Maße von Rohstoffen und Energiequellen abhängig. Die Bodenschätze werden aber nicht nur weniger, sondern sie sind immer *schwieriger* zu gewinnen: Die Vorräte liegen tiefer, sie sind weniger ergiebig, müssen über größere Entfernungen transportiert oder unter ungünstigen klimatischen Bedingungen gewonnen werden. Also wird eine noch ausgeklügeltere Technologie erforderlich, die wiederum noch mehr Rohstoffe und vor allem noch mehr Energie verlangt. So entsteht eine Spirale, bei der technologischer Stand und Rohstoff- bzw. Energie-Bedarf nicht nur miteinander verzahnt sind, sondern sich wechselseitig in die Höhe schrauben.

Wird diese Spirale beliebig verlängert werden können?

Es gibt Vermutungen, wonach sie in etwa fünfzig Jahren abbrechen wird. Der Hauptgrund dafür ist die Endlichkeit der Erdoberfläche und der Vorräte. Es ist eine berechtigte Frage, ob dann die Spirale überhaupt noch einmal in Gang gesetzt werden kann. Denn wie will man bei einem etwaigen Neuanfang mit primitiven Mitteln das leisten, was vorher nur mit hochentwickelter Technologie möglich war? Es könnte sein, daß die Menschheit dann auf solche Energien und Rohstoffe beschränkt bliebe, die laufend nachgeliefert werden können, also Wasserkraft, Gezeiten- und Sonnenenergie, Holz, Algen und so weiter. In technologischer Hinsicht dürften wir damit etwa den Stand erreichen, der zu Anfang des 19. Jahrhunderts herrschte.

Wir wollen diese Vision nicht weiter ausmalen. Man kann sich auch nach eben einer solchen Welt, in die Goethezeit zum Beispiel, zurücksehnen. Wir sollten nur zur Kenntnis nehmen, daß sogar die Wahrung des Besitzstandes, die Erhaltung des Status quo, eine schwierige Aufgabe sein kann, von der wir noch nicht wissen, ob und wie wir sie lösen werden.

Unter solchen Aspekten gewinnt die Frage nach den Erkenntnismöglichkeiten der Zukunft mehr als akademisches Interesse. Die Notwendigkeit neuer Erkenntniswege ist nicht zu leugnen. Große Hoffnungen setzen wir dabei auf die Weiterentwicklung elektronischer Rechenmaschinen. Sie könnten weiterhelfen, wo wir versagen.

Computer werden verbessert werden, und sie werden bei der Behandlung komplexer Systeme und der mit ihnen verbundenen Probleme unverzichtbar sein. Der Welthandel zum Beispiel wird so kompliziert sein, daß nur noch Computer alle wesentlichen Daten werden berücksichtigen können. Man wird dem Computer dann auch

Entscheidungen anvertrauen. Die Bewertungskriterien müssen ihm dabei natürlich vorgegeben sein.

Man wird zum Beispiel versuchen, mit programmierbaren Wirtschafts- oder Welthandelsmodellen herauszufinden, durch welche Maßnahmen Arbeitslosigkeit und Geldentwertung *gleichzeitig* bekämpft werden können. Man wird solche Vorschläge befolgen, ohne ihre Berechtigung nachweisen zu können. In vielen Fällen wird man dann auch nachträglich feststellen, daß die Entscheidung des Computers doch eine Fehlentscheidung war. Solange wir nicht allwissend sind, werden wir auf die Methode von Versuch und Irrtumsbeseitigung angewiesen sein. Der Wert des Computers liegt darin, daß er uns auf Grund seiner Fähigkeiten manche Irrtümer von vorneherein ersparen und so den Weg zur richtigen Lösung verkürzen kann.

Vielen wird bei diesem Gedanken nicht ganz wohl sein. Wir fühlen uns in die Rolle von Goethes Zauberlehrling gedrängt. Der weiß zwar, wie er den Besen zum Wasserholen veranlassen kann, nicht aber, wie er seinem erschreckend tüchtigen Werkzeug Einhalt gebieten soll. Und er jammert:

> Herr, die Not ist groß.
> Die ich rief, die Geister,
> Werd ich nun nicht los.

Rufen wir Geister, die wir später nicht mehr loswerden? In Zukunftsromanen gibt es ja schon Roboter, die so etwas wie einen eigenen Willen haben. Tatsächlich macht ein Computer, der uns überrascht, der originelle Lösungen findet, auf den neutralen Beobachter durchaus den Eindruck, er habe einen freien Willen. Dieser Eindruck mag täuschen; auf jeden Fall wird man bei Computern und Programmen, die Entscheidungen fällen sollen, die aber in ihrer Entscheidungsfindung von uns nicht mehr völlig durchschaut werden, zusätzliche Vorsichtsmaßnahmen treffen müssen. Wie ein elektrisches Gerät für alle Fälle geerdet ist, so müßten solche Entscheidungscomputer ethisch abgesichert sein. Ihnen müßten Grundnormen einprogrammiert werden, gegen die sie grundsätzlich nicht verstoßen können. Isaac Asimov, Autor genialer Zukunftsromane, nimmt zum Beispiel an, daß in allen höheren Computern der genannten Art als oberste Normen die „drei Gesetze der Robotik“ verankert sein müßten.

Diese Gesetze lauten:
Erstens: Ein Roboter darf Menschen nicht verletzen oder zulassen, daß ihnen Schaden zugefügt wird .
Zweitens: Ein Roboter muß den Weisungen von Menschen gehorchen, außer wenn sie dem ersten Gebot widersprechen.
Drittens: Ein Roboter muß seine eigene Existenz schützen, außer wenn dies dem ersten oder zweiten Gebot widerspricht.

John Wade hat entdeckt, daß sich diese Gebote auf Werkzeuge allgemein übertragen lassen in der einfachen Formulierung: Den Menschen als Zielgeber erhalten; die Ziele erhalten; das Werkzeug als Mittel zur Erreichung der Ziele erhalten!

Vielleicht scheinen diese Betrachtungen nun doch zu weit in die Zukunft oder in die Welt der Zukunftsromane zu greifen. Aber sollte man nicht beim Einsatz neuer Werkzeuge rechtzeitig über Sicherheitsfragen nachdenken? Diese Vorsicht hätte uns jedenfalls bei Kernkraftwerken einige Probleme erspart. Und sicher wollen wir doch, daß in der Zusammenarbeit von Kopf und Computer der Kopf die Führung behält!

NAMENVERZEICHNIS

SACHVERZEICHNIS